utb 3451

Eine Arbeitsgemeinschaft der Verlage

Böhlau Verlag · Wien · Köln · Weimar
Verlag Barbara Budrich · Opladen · Toronto
facultas · Wien
Wilhelm Fink · Paderborn
A. Francke Verlag · Tübingen
Haupt Verlag · Bern
Verlag Julius Klinkhardt · Bad Heilbrunn
Mohr Siebeck · Tübingen
Ernst Reinhardt Verlag · München · Basel
Ferdinand Schöningh · Paderborn
Eugen Ulmer Verlag · Stuttgart
UVK Verlagsgesellschaft · Konstanz, mit UVK/Lucius · München
Vandenhoeck & Ruprecht · Göttingen · Bristol
Waxmann · Münster · New York

Ein umfassendes, nach Themengebieten gegliedertes Literaturverzeichnis finden Sie als kostenloses Zusatzmaterial zum Buch unter:

www.utb-shop.de/medienwirkungsforschung-3362.html

Prof. Dr. Heinz Bonfadelli lehrte bis 2015 am Institut für Publizistikwissenschaft und Medienforschung der Universität Zürich.

Prof. Dr. Thomas N. Friemel lehrt am Institut für Publizistikwissenschaft und Medienforschung der Universität Zürich.

Heinz Bonfadelli, Thomas N. Friemel

Medienwirkungsforschung

6., überarbeitete Auflage

UVK Verlagsgesellschaft mbH · Konstanz
mit UVK Lucius · München

Online-Angebote oder elektronische Ausgaben sind erhältlich unter
www.utb-shop.de.

Bibliografische Information der Deutschen Bibliothek
Die Deutsche Bibliothek verzeichnet diese Publikation in der Deutschen Nationalbibliografie; detaillierte bibliografische Daten sind im Internet über <http://dnb.ddb.de> abrufbar.

1. Auflage 1999
2. Auflage 2001
3. Auflage 2004
4. Auflage 2011
5. Auflage 2015
6. Auflage 2017

Einbandgestaltung: Atelier Reichert, Stuttgart
Einbandfoto: © iStock.com/ClarkandCompany
Druck und Bindung: Pustet, Regensburg

UVK Verlagsgesellschaft mbH
Schützenstr. 24 · D-78462 Konstanz
Tel.: 07531-9053-0 · Fax: 07531-9053-98
www.uvk.de

UTB-Band Nr. 3451

ISBN 978-3-8252-4699-0

Inhalt

Vorwort

Seit jeher interessieren sich die Menschen für die Wirkungen von Sprache und Kommunikation, und dies trifft – nicht zuletzt wegen ihrer großen Verbreitung – speziell auf die modernen Massenmedien zu. Es erstaunt darum nicht, dass sich die Publizistik- und Kommunikationswissenschaft (z.B. Dröge/Weissenborn/Haft 1969; Schenk 1987), zusammen mit anderen Disziplinen wie Psychologie (vgl. Six/Gleich/Gimmler 2007; Batinic/Appel 2008), aber auch Soziologie (vgl. Neumann-Braun/Müller-Doohm 2000; Jäckel 2011, 2012), schon früh mit dem Thema *Medienwirkungen* zu beschäftigen begonnen hat. Diese intensive sozialwissenschaftliche Auseinandersetzung mit den Effekten der Medien ist nicht zuletzt als Reaktion auf eine starke *praxisorientierte Nachfrage* von Wirtschaft und Medien (Stichwort: Werbewirkungen), Staat und Politik (Stichworte: Propaganda und Wahlkampf), aber auch von Kulturkritik und (Medien-) Pädagogik (Stichworte: „TV als Droge im Wohnzimmer“, „Baller-Games und Aggressivität“ oder „Internetsucht“ und „Handy“-Abhängigkeit) zu verstehen.

Weil Wirkungen von Medien jedoch *flüchtig* und *kaum je direkt erfahrbar* sind, führt *Nichtwissen* gepaart mit *Überschätzung* nicht selten zu Schuldzuweisungen und Vorwürfen an die Medien. An dieser *„Sündenbockrolle“* sind die Medien selbst nicht unschuldig, stellen doch Journalisten im Gefolge spektakulärer Gewaltereignisse (z.B. Massaker an US-Schulen wie in *Columbine 1999*) meist einen (direkten) Einfluss oder eine Mitverantwortung der Medien (Stichwort: Mediengewalt) fest.

Eine solche Fokussierung auf gesellschaftlich problematische und sozial unerwünschte Medienwirkungen von Propaganda, Werbung und Gewalt verdrängt aber andere, durchaus positive Leistungen der Medien wie die Vermittlung von politischer Information (Stichwort: TV-Nachrichten) oder der Einsatz von Medien zur Gesundheitsprävention und zur Umweltsensibilisierung (Stichwort: öffentliche Kommunikationskampagnen). Hinzu kommt, dass in journalistischen Medientexten immer wieder vorschnell und unkritisch die Meinung vertreten wird, die Medienwirkungsforschung selbst sei nach wie vor über das Wirkungspotenzial der Medien uneins bzw. verfüge gar nicht über ein konsentiertes und empirisch abgesichertes Grundlagenwissen.

Angesichts der *hohen Relevanz von Medienwirkungen* nicht nur für Praktiker aus Politik, Werbung, Medien, Bildung und Kultur, sondern ebenso in der publizistik-

und kommunikationswissenschaftlichen Forschung und Lehre erstaunt es, dass im deutschen Sprachraum lange Zeit keine aktuellen Einführungen in die Medienwirkungsforschung verfügbar waren. Diesem Mangel sollte das 1999 veröffentlichte Lehrbuch „*Medienwirkungsforschung I: Grundlagen und theoretische Perspektiven*" abhelfen. 2002 folgte Band II zu den *Anwendungen der Medienwirkungsforschung in den Bereichen Politik, Wirtschaft und Kultur*. Beide Bände wurden 2004 aktualisiert.

Zusammen mit Thomas Friemel erfolgte 2011 eine restrukturierte Neuauflage in einem Band, die nun als grundlegend überarbeitete und aktualisierte 6. Auflage der „Medienwirkungsforschung" vorliegt. Insbesonders wurde versucht, den durch Internet und Social Web bewirkten Veränderungen in Richtung *Medienkonvergenz* auch für die Medienwirkungsforschung Rechnung zu tragen. Auch wurde die didaktische Ausrichtung des Lehrbuchs durch neu aufgenommene Lernziele am Anfang jedes Kapitels sowie durch zusätzliche Merksätze, Übungsaufgaben und kommentierte Literaturangaben optimiert.

Das vorliegende Lehrbuch bietet eine *breit angelegte Einführung* sowohl für Studierende der Publizistik- und Kommunikationswissenschaft als auch für Praktiker in den Medien und in der Öffentlichkeitsarbeit. Es fokussiert die *zentralen theoretischen Perspektiven* der Medienwirkungsforschung. Neben der Erörterung der wesentlichen *Basiskonzepte* werden *methodische Fragen* erläutert, und nicht zuletzt wird auch der *Stand der empirischen Forschung* dargestellt.

Im *ersten Kapitel* steht der *Gegenstand* der Medienwirkungsforschung als Grundlage im Zentrum, d.h. die vielfältigen Wirkungsphänomene, die darauf bezogenen *Fragestellungen*, die *Forschungsentwicklung* sowie die dazu formulierten theoretischen *Erklärungsversuche* und *Forschungsmethoden*. Die folgenden *Kapitel 2-4* sind ist nach den Phasen im Kommunikationsprozess gegliedert und behandelt Fragen der *Medienzuwendung bzw. Mediennutzung*, gefolgt von der *Rezeptionsforschung* und den Theorien zu *postkommunikativen Wirkungsphänomenen* wie Veränderung von Wissen und Einstellungen. Die weiteren *Kapitel 5-7* fokussieren drei verschiedene Kontexte, in denen sich Medienwirkungen manifestieren: *thematischer Kontext, interpersonaler Kontext und gesellschaftlicher Kontext*. Und *Kapitel 8* verortet als Fazit idealtypisch die Ansätze der Medienwirkungsforschung im gesellschaftlichen Kontext.

Noch ein Hinweis zur *Zitationsform:* Bei mehreren Quellenverweisen erfolgt dies in *der zeitlichen Reihenfolge* des Erscheinens der Beiträge und Studien: beginnend mit den ältesten und endend mit den aktuellsten Veröffentlichungen. Dies erleichtert den Nachvollzug der Entwicklung der Medienwirkungsforschung.

Zürich, Mai 2017 — Heinz Bonfadelli & Thomas N. Friemel

1 Medienwirkungen als Forschungsbereich

Lernziele

1. Sie lernen als Grundlage das Forschungsfeld der Medienwirkungsforschung kennen, d.h. den Gegenstand mit seinen Themen und Problemen.
2. Sie können die wichtigsten Medienwirkungsphänomene, ihre Dimensionen und die darauf bezogenen Fragestellungen unterscheiden.
3. Sie kennen die historische Entwicklung der Wirkungsforschung und können die drei wichtigsten Phasen mit den leitenden Theorien unterscheiden.
4. Sie verstehen die wichtigsten Methoden und Untersuchungsanlagen und die damit verbundenen Probleme der Medienwirkungsforschung.

Im ersten einleitenden Kapitel wird die Beschäftigung der Kommunikationswissenschaft und Medienforschung mit den Wirkungen der Massenmedien auf die einzelnen Menschen und die Gesellschaft sowohl in einer *historischen Perspektive* als auch in *systematischer Absicht* dargestellt und verortet. Bezogen auf die Entwicklung und den Stand der Medienwirkungsforschung interessieren Fragen wie: Was ist der *Gegenstand* der Wirkungsforschung und welche *Probleme* untersucht sie? Welche *Fragen* werden gestellt? Wie werden Medienwirkungen erklärt und verstanden: Auf welche *Ursachen* werden sie zurückgeführt? Und durch welche *Instanzen und Prozesse* sind sie vermittelt? Welche *Methoden* werden bei der Beantwortung dieser Fragen angewandt, und welche *Forschungen* sind durchgeführt worden?

1.1 Gegenstand

Wissenschaft als Theoriebildung und empirische Forschung reagiert oft mehr oder weniger direkt auf *soziale Probleme*, zu deren Verständnis und *Lösung* sie beitragen will bzw. soll. Finanzielle Ressourcen werden hierzu mobilisiert in Abhängigkeit der gesellschaftlich empfundenen Dringlichkeit sowie der Stärke des bestehenden Änderungswillens. Solche außerwissenschaftlichen Prioritäten – z.B. öffentliche Diskurse über „Mediengewalt" oder „Handy-Sucht" – können auch binnenwissenschaftliche Prioritäten beeinflussen.

Die Suche nach den Ursachen eines Problems und darauf bezogenen Erklärungsmöglichkeiten geschieht meist im Rahmen eines außerwissenschaftlichen

Vorverständnisses, das bestimmt, wie ein Problem gesehen wird. Derartige *Problemdefinitionen* können bestimmte Fragestellungen oder Faktoren als Ursachenzuschreibungen in den Vordergrund rücken und andere ausblenden: etwa die Frage nach der *Wirkung von Mediengewalt*, aber nicht nach dem *Umgang mit Gewalt in den Medien* oder dem Beitrag der Medien zur Entstehung von *Aggressivität*, aber nicht nach *Angst* im Alltag (Röser 1997: 438ff.). Zu fragen ist darum: Welche *Alltagsprobleme* haben zur Herausbildung der Medienwirkungsforschung geführt und waren bzw. sind für deren Entwicklung von Bedeutung?

1.1.1 Medienwirkungen als gesellschaftliches Problem

Seit jeher sind die Möglichkeiten der intendierten Beeinflussung durch Mittel der Kommunikation (Rhetorik) und Massenkommunikation (Propaganda) bei verschiedensten gesellschaftlichen Akteuren auf Interesse gestoßen. Dies gilt im besonderen Maße für die modernen Medien, die einerseits potenziell große Publika erreichen, deren Auswirkungen andererseits wegen ihrer technischen Vermittlung und Einseitigkeit sowie ihres dispersen Publikums flüchtig und kaum sichtbar sind. Dabei geht es sowohl um das vermutete unspezifische Wirkungspotenzial von Fernsehen, Internet, Computerspielen oder der Mobilkommunikation in Form von Suchtverhalten, als auch um den Medien zugeschriebene soziale Probleme wie Essstörungen, Komatrinken, Sexsucht, Geschlechterstereotype, Diskriminierung von Migranten, Politikverdrossenheit oder Gewalt (Schweiger 2013: 15). Die jeweiligen Medieneffekte werden *normativ* (Bonfadelli 2013) unter negativem Vorzeichen und allenfalls mit Zitaten von sog. „Experten" emotional kontrovers diskutiert. Und speziell Laien neigen zur Überschätzung des Wirkungspotenzials der Medien, was in der Folge zur *Projektion einer Sündenbockrolle* auf die Medien führt.

Ein *Interesse an Medienwirkungen* bekunden verschiedenste gesellschaftliche Instanzen. Im Folgenden werden einige zentrale Akteure vorgestellt.

Medienkonzerne und Rundfunkunternehmen

Die Kluft zu den Rezipienten und der Orientierungszwang an ihnen – Stichwort „Ökonomie der Aufmerksamkeit" – sowie zunehmende Kommerzialisierung im Medienbereich (Frey-Vor/Siegert/Stiehler 2008: 40ff.; Siegert/Brecheis 2017: 69ff.) erzeugen ein starkes Interesse an Leserschafts- und Publikumsforschung als *Instrumente der Kommunikationsoptimierung:* redaktionelles Marketing, Redesign des Zeitungslayouts (Bucher 1996; Bucher/Schumacher 2012) oder Usability von Internetangeboten (Böhme-Dürr/Graf 1995; Bucher/Jäckel 2002; Groner/Raess/

Sury 2008). Die Forschung bleibt jedoch meist beschränkt auf Einzelfälle, d.h. auf ein bestimmtes Medium und seine Inhalte. Und ein Großteil dieser Wirkungsstudien wird von den Medien selbst in Auftrag gegeben oder durchgeführt.

Medienschaffende

Im Unterschied zu den Medienunternehmen scheint das Interesse der Medienschaffenden an Medienwirkungen eher *ambivalent* zu sein: Inwieweit sollten sie mögliche Effekte ihrer Medienprodukte auf Rezipienten antizipieren und in ihrer Arbeit vorausschauend mitberücksichtigen? Unterliegen sie einer *Verantwortungsethik*? – Solche normativen Ansprüche, etwa im Gefolge von Kriegsberichterstattung erhoben oder ausgelöst durch Reality-TV und Talkshows, werden meist mit Verweis auf die Informationspflicht des Journalismus zurückgewiesen.

Werbewirtschaft

Aufgrund ihrer Finanzierung durch Werbung müssen Medien für die Werbewirtschaft Angaben über ihre Reichweitenmachen, was zur *Werbeträgerforschung* als Leserschafts-, Hörer-, Zuschauer- und Internetforschung führte (Meyen 2004; Frey-Vor/Siegert/Stiehler 2008); stimuliert wurde im Gefolge auch die *Werbewirkungsforschung* (Schenk/Donnerstag/Höflich 1990; Brosius/Fahr 1996; Spanier 2000; Schönbach 2009; Brosius/Jandura 2010; Weber/Fahr 2013; Hüsser 2016), zur Zeit speziell auch zur Online-Werbung (Siegert et al. 2016).

Staat

Propagandabestrebungen, etwa während des I. oder II. Weltkriegs, haben viel zur Herausbildung der modernen Wirkungsforschung beigetragen. Ein Großteil der amerikanischen Sozialwissenschaftler – z.B. Carl I. Hovland – arbeitete damals im Auftrag der Armee (Lowery/DeFleur 1995). Von Interesse war dabei z.B. die Frage: Wie können Filme zur Information und Motivation der Soldaten beitragen? Zudem hat die Wirkungsforschung im Zusammenhang mit der Evaluation von öffentlichen *Kommunikationskampagnen* zur Gesundheitsprävention oder zum Umweltbewusstsein (Bonfadelli/Friemel 2010; Rice/Atkin 2013) an Bedeutung gewonnen. Befunde der Medienwirkungsforschung bildeten zudem die Basis für *medienpolitische Entscheidungen* wie z.B. bei der Begleitforschung zu den Pilotprojekten mit Kabelfernsehen in Deutschland oder zur Einführung der Lokalradios (Becker/Schönbach 1989), auch in der Schweiz (www.bakom.admin.ch).

Parteien

Der Stellenwert der Medien als wichtige Propagandamittel im Wahlkampf führt einerseits zu immer mehr und auch umfassenderer politischer Werbung und PR

(Pfetsch/Dahlke 1996; Röttger 2009), andererseits zu einem Druck auf die Wirkungsforschung, politische Einflussmöglichkeiten der Medien als *„Propaganda"* und *„Persuasion"* zu erforschen (O'Keefe 2002; Perloff 2008; Cialdini 2010; Dillard 2010; Ajzen 2012; Dillard/Shen 2013; Holbert/Tchernev 2013; Wirth/Kühne 2013). – Ein frühes Beispiel sind die Wahlstudien von Paul F. Lazarsfeld (Langenbucher 2008) in den 1940er-Jahren in den USA (vgl. Kap. 6.2.1); und in jüngerer Zeit haben *Emotionen in der persuasiven Kommunikation* eine größere Bedeutung erlangt (Nabi 2009; Pfau 2009; Dillard/Seo 2013; Wirth 2013).

Kulturkritik

Seit dem Aufkommen des Films zu Beginn des 20. Jahrhunderts sind die Medien periodisch zum Ziel kulturkritischer Vorwürfe geworden: Günther Anders (1961), Marie Winn (1977), Jerry Mander (1978), Neil Postman (1985), Pierre Bourdieu (1998), Joshua Meyrowitz (2009). Verschiedenste Institutionen und Gruppen wie Kirchen, Schulen oder Ärzte haben im Zeitverlauf den Medien Film, Radio, Comics, Fernsehen, Video, der Rockmusik, Computerspielen oder dem Handy vorgeworfen, „eine Droge zu sein", „Gewalt anzustiften", „die Lesefertigkeiten zu beeinträchtigen" oder „die Sitten herabzusetzen". Solche Vorwürfe haben die Forschung zum Thema Medienwirkungen stark beeinflusst. Beispiele sind in den USA die Payne-Fund-Film-Studies der 1920er-Jahre oder 1972 der NIMH-Bericht des Surgeon General's Scientific Advisory Committee zur TV-Gewalt (Lowery/DeFleur 1995), das DFG-Forschungsprogramm „Medienwirkungen" in den 1980er-Jahren (Schulz 1992), die Studie „Safer Internet for Children" der Europäischen Kommission (2007) oder das Forschungsprojekt „Mediatisierte Welten" der DFG ab 2010 (Krotz/Despotović/Kruse 2017).

Rezipienten

Begriffe wie „Beeinflussung" bzw. „Persuasion" durch die Medien, „Irreführung" durch Werbung oder „Manipulation" durch Medienpropaganda im Sinne von Medienmacht werden von den Nutzern der Medien selbst gebraucht, so z.B. von Eltern zur Rechtfertigung erzieherischer Maßnahmen. Im Allgemeinen dürfte das Problembewusstsein des Publikums bezüglich „Medienwirkungen" jedoch eher gering sein, erlebt dieses doch Medienzuwendung als eigenaktives und selbstgesteuertes Verhalten, während die sog. „Anderen" als stark beeinflusst betrachtet werden: *Third-Person-Effekt* (vgl. Kap. 6.5). Dies gilt speziell für negativ bewertete Wirkungen wie politische Propaganda, Werbung oder Mediengewalt. Allerdings spielen bei der Zuwendung zu Medien und der Auswahl von Medienangeboten *Qualitätsurteile der Rezipienten* eine wichtige Rolle, was sich in der angewandten Forschung äußert (Beck/Schweiger/Wirth 2004; Fretwurst/Bonfadelli 2012).

1.1.2 Themenfokus: Medienkompetenz

Die oben angesprochene Kulturkritik an den Medien und ihren Wirkungen hat nicht zuletzt zur Entwicklung von *(schulischer) Medienerziehung* bzw. *Medienpädagogik* beigetragen, welche auf *Medienkompetenz* (engl. media literacy, media skills) als basale Fähigkeit im Umgang mit Medienangeboten in der heutigen Mediengesellschaft fokussiert. Deren Ziel ist es, Menschen zu kompetenten Mediennutzern zu erziehen. *Kompetenter Medienumgang* heißt, je nach medienpädagogischem Ansatz (Schorb 2003) anders gewichtet: a) aus einem vielfältigen Medienangebot selbstbestimmt und bedürfnisorientiert auszuwählen, b) Medienbotschaften angemessen verstehen und bewerten zu können, c) Medieneinflüsse zu erkennen und aufarbeiten zu können, d) Medien hinsichtlich ihrer gesellschaftlichen Relevanz zu analysieren und zu bewerten und e) Medien selber gestalten zu können (Aufenanger 2002; Six/Gimmler 2007; Hugger 2008; Trepte 2008). Von Bedeutung sind *ungleiche Zugangschancen* (van Dijk 2009; Friemel 2016) und *Kompetenzen im Umgang mit dem Internet* (Friemel/Signer 2010), aber auch die *Sensibilisierung bezüglich Risiken* (Livingstone/Hadden 2011). – Medienerziehung kann nach der Meta-Analyse von Jeong/Cho/Hwang (2012) durchaus wirksam sein.

Zwischen Medienkompetenz und Medienangeboten auf der einen Seite sowie Mediennutzung und Medienwirkungen auf der anderen Seite bestehen vielfältige und komplexe Wechselwirkungen. Die Medienpsychologin Hertha Sturm hat sich schon früh im Rahmen ihres *rezipienten-orientierten Ansatzes* (Sturm 1981, 1982) mit den Konsequenzen speziell der medienspezifischen Angebotsweisen des Fernsehens und den kognitiven wie affektiven Voraussetzungen eines kompetenten Medienumgangs von Heranwachsenden auseinandergesetzt und Folgerungen für die Medienpädagogik und eine rezipientenorientierte Mediendramaturgie (Sturm 2000) formuliert.

Prämisse

Die Forschungen von Hertha Sturm basieren auf der *Prämisse*, dass nicht nur Medieninhalte wie z.B. Gewalt, sondern auch *formale Angebotsweisen der Medien* ihre Auswirkungen auf die Rezipienten haben. Umgekehrt erwerben die Heranwachsenden im *Prozess der Mediensozialisation*, d.h. im steten Umgang mit inhaltlichen Angeboten und formalen Codes der verschiedenen Medien z.B. Fernsehen vs. Printmedien, eine je anders akzentuierte *Medienkompetenz*.

Befunde

Nach Hertha Sturm (1984, 2000) waren es vorab *fernsehtypische Charakteristika*, welche die Herausbildung von kognitiven Fertigkeiten als formale Medienwirkungen beeinflusst haben. Ihre dazu formulierten Thesen wurden in der Folge zum Teil empirisch überprüft (vgl. Bickham/Schmidt/Huston 2012):

1. **Schnelligkeit und Aufmerksamkeitserfordernis.** Das Medium Fernsehen erfordert wegen der Schnelligkeit seiner sprachlichen, aber auch bildlichen Angebotsweisen vom Rezipienten eine kontinuierlich gespannte Aufmerksamkeit, was die Bildung eigener Vorstellungen behindert und Kreativität sowie Phantasie unterdrückt.
2. **Kurzfristigkeit und rascher Wechsel.** Ständig rascher Wechsel von Themen und Bildfolgen sowie unvollständige Handlungsabläufe stellen hohe Anforderungen an die Informationsverarbeitung. Interpretierende und reflektierende Leistungen brauchen Zeit; diese werden aber durch das TV erschwert: *„fehlende Halbsekunde"*. Dies führt längerfristig zu nachlassenden Aufmerksamkeitsspannen. Vor allem Kinder sind begrenzt aufnahmefähig, ermüden rasch und nehmen einzelne Eindrücke eher unverbunden wahr.
3. **Fremdgesteuerte Informationsaufnahme.** Im Gegensatz zum Lesen kann die Informationsaufnahme beim Fernsehen weder angehalten noch den individuellen Voraussetzungen der einzelnen Rezipienten angepasst werden, was das Verständnis und das Lernen beeinträchtigt.
4. **Dominanz des Bildes und Text-Bild-Schere.** Zuschauer hangeln sich dem anschaulichen Bilderfluss entlang; weil die Bildebene jedoch oft nur Nebeninformationen enthält, erfolgen notwendige aktive Verstehensleistungen nur vereinzelt. Die Tiefen- bzw. Strukturinformation der Textebene wird wegen der Konzentration auf Bilder nur ungenügend aufgenommen und verstanden. Dementsprechend gering bleibt die Erinnerungsleistung (vgl. Wember 1976; Brosius/Birk 1994; Winterhoff-Spurk 2001: 43ff.).
5. **Interferenz-Effekte.** Die rasche Abfolge von mitunter ganz verschiedenen Inhalten beim Fernsehen – z.B. Nachrichten – erschwert deren Aufnahme. Es kommt zu Vermischung in der Erinnerung. Zusammenfassende, synthetisierende Leistungen unterbleiben.
6. **Diskrepanz zwischen Information und Affekt.** Ursache der schlechten Erinnerung bei TV-Nachrichten wird nicht zuletzt auf die Diskrepanz zwischen emotionalem Bildgehalt und sachlichem Off-Ton zurückgeführt. Hoch emotionalisierte Meldungen z.B. in sog. „Bad News" bzw. Katastrophenberichte behindern die kognitive Verarbeitung und Erinnerung der nachfolgenden Nachrichten (Mundorf et al. 1990; Mundorf/Laird 2002).
7. **Zeigarnik-Effekt.** Schließlich geht einer der Befunde dahin, dass Gefühle, die Zuschauer beim Fernsehen mit Fernsehhelden verbinden, sehr stabil sind (vgl. Kap. 3.3 zu parasozialer Interaktion). Im Gegensatz dazu wird

das mit den gleichen Personen verbundene Wissen viel rascher vergessen. Frage: Welche Folgen hat es, wenn vertraute TV-Akteure aus Serien plötzlich verschwinden: Verlust- und Trennungsangst bei Kindern. Zudem erzeugen auch nicht abgeschlossene Handlungen Dissonanzen, was als *„Zeigarnik-Effekt"* bezeichnet wird.

Übertragung auf Neue Medien

Im Unterschied zur medienzentrierten Perspektive von Hertha Sturm gingen Reeves/Nass (1996) in ihrer *„Media Equation"-Perspektive* davon aus, dass allgemeine (sozial-)psychologische Gesetzmäßigkeiten bezüglich Wahrnehmung, Gedächtnis und Informationsverarbeitung direkt auf den Umgang mit dem Computer übertragen werden können. Nach ihnen besteht kein Unterschied zwischen „realer Welt" und „Medienwirklichkeit". Folgende Gesetzmäßigkeiten wurden empirisch überprüft (vgl. Krämer et al. 2016: 404ff.):

1. **Höflichkeit.** Menschen verhalten sich auch Computern gegenüber höflich, d.h. auch dort gelten Regeln wie: Es ist höflich, sich zu verabschieden, sich beim Reden anzuschauen oder kommunikative Prämissen wie Wahrhaftigkeit oder Verhältnismäßigkeit einzuhalten.
2. **Interpersonale Distanz.** Räumliche Arrangements bestimmen die Intensität von Reaktionen, d.h. auch mediale Nähe evoziert Aufmerksamkeit.
3. **Interpersonale Bewertungen wie Lob.** Alle Menschen lieben es, gelobt zu werden; dies gilt auch für die PC-Interaktion.

1.1.3 Entwicklung und Steuerung der Forschung

Vermeintliche Auswirkungen der Massenmedien und neu von Internet und Social Media wurden kontinuierlich thematisiert – und zwar meist vor dem Hintergrund einer *alltagsweltlichen Konzeption von Medienallmacht.* Dies ist mit ein Grund, dass die Erforschung individueller und gesellschaftlicher Medienwirkungen als Forschungsproblem die Entwicklung der Kommunikationswissenschaft in den USA (Roberts/Bachen 1981; McLeod/Kosicki/Pan 1991; Sparks 2002; Preiss et al. 2007; Bryant/Oliver 2008; Nabi/Oliver 2009; Potter 2014; Perloff 2015; Rössler et al. 2017) lange Zeit dominiert hat. Für die Entwicklung der Wirkungsforschung war nicht unproblematisch, dass *außeruniversitäre Erkenntnisinteressen* einen starken Einfluss ausübten, und zwar nicht nur auf die *Auswahl* der untersuchten Probleme, sondern auch auf das *Verständnis* der Medienwirkungen, die theoretischen Ansätze und methodischen Zugriffe (Lowery/DeFleur 1995).

Diese *Themensteuerung* in der Wirkungsforschung zeigt sich in Form von wissenschaftlichen „Moden", welche die Forschungsaufmerksamkeit steuern. Im Bereich „Kinder und Jugendliche" äußert sich dies wie folgt: Die Erforschung der Auswirkungen von *Fernsehgewalt* verlagerte sich Ende der 1970er-Jahre auf *prosoziale* (sozialverträgliche) Effekte, in den 1980er-Jahren standen *Werbewirkungen* wie das Verstehen von Werbebotschaften im Zentrum (Wartella/Reeves 1985) und zu Beginn der 1990er-Jahre kam es in den USA wie in Europa zu einer Renaissance des Problems *Mediengewalt* (Friedrichsen/Vowe 1995; Merten 1999). Neu folgten Studien zum Umgang der Heranwachsenden mit *PC und Internet* (Brown/Cantor 2000; Buckingham 2002; Livingstone/Haddon 2009), mit Fragestellungen zur *Interaktivität* (Lin 2009; Metzger 2009), zur Vermischung von massenmedialer und interpersonaler Kommunikation oder zu deren *Glaubwürdigkeit und Qualität* (Groebel 1997; Winterhoff-Spurk/Vitouch 1989; Schorr 2000; Beck/Schweiger 2001; Schulz 2008). Neu ist eine intensivere Beschäftigung mit den affektiven Wirkungsphänomenen *unterhaltender Medienangebote* zu konstatieren (Zillmann/Vorderer 2000; Bryant/Miron 2002; Nabi 2009; Vorderer/Hartmann 2009; Wirth 2013, 2014).

Eine *zeitliche Fixierung der Forschung auf bestimmte Medien* ist ebenso zu beobachten, ohne dass der Gesamtkonstellation der Medien genügend Aufmerksamkeit geschenkt würde. Jedes „neue" Medium hat so nach seiner Einführung die Wirkungsforschung für eine gewisse Zeit dominiert: *Presseforschung* um die Jahrhundertwende, *Film- und Radioforschung* in den 1920er- und 1930er- sowie 1940er-Jahren und die durch das Thema „Gewalt" dominierte *TV-Forschung* in den 1960er- und 1970er-Jahren sowie *Computerspiele* in den 1980er-Jahren. Die Einführung der sog. *„Neuen Medien"* und die damit verknüpften Legitimationsprobleme – speziell in Europa – lenkten die Aufmerksamkeit in Form von *Begleitforschung* ab Mitte der 1980er-Jahre zudem auf Fragen der Nutzung und Akzeptanz sowie der sozialen Auswirkungen von *Bildschirmtext, Kabelpilotprojekten* (Deutschland) und der *Versuchsphase mit lokalem Rundfunk* (Schweiz). Ab Mitte der 1990er-Jahre besetzten *Computer, Multimedia, Internet und Web ‚2.0* zunehmend die Forschungsagenda (Lievrouw/Livingstone 2002; Mundorf/Laird 2002; Rössler 2007; Lin 2009; Metzger 2009; Jandura/Fahr/Brosius 2013).

Auf theoretischer Ebene prägten markante *Paradigmenwechsel* die Entwicklung der Wirkungsforschung (Donsbach 1995: 52ff.; Brosius 1997: 12ff.; Jäckel 2008: 65ff.; McQuail 2010: 451ff.; Neuendorf/Jeffres 2017): Neben den drei Hauptphasen (Medienallmacht – Medienohnmacht – moderate Effekte; vgl. Kap. 1.3) sticht der in den 1970er-Jahren vollzogene Wechsel weg vom Einstellungswandel und hin zu kognitiven und affektiven Wirkungen ins Auge.

In *methodischer Hinsicht* stieg seit den 1980er-Jahren das Interesse einerseits an *qualitativen Rezeptionsstudien* (Rössler/Hasebrink/Jäckel 2001; Rössler/Kubisch/

Gehrau 2002) – etwa in der Tradition der Cultural Studies (Hall 1981, 1999; Miller 2009) – und andererseits an *medienpsychologischen Prozessen,* welche Medieneffekte mediatisieren (Trepte/Reinecke 2013; Krämer et al. 2016; Wirth 2013).

Zusammenfassend kann wegen des oben konstatierten wissenschaftsexternen Problemdrucks und der durch die Medienentwicklung induzierten Prioritäten der Forschung festgehalten werden, dass bestimmte Problembereiche des Feldes „Medienwirkungen" in der Vergangenheit intensiv bearbeitet worden sind, während zu anderen weniger empirische Studien existieren. Zudem haben die vielen beschränkten Einzelstudien mit monomedialer Fixierung zu *keiner übergreifenden und integrativen Theoriebildung* geführt (Berghaus 1999: 181; Bilandzic 2014). In theoretischer Hinsicht sollten Medienwirkungen deshalb vermehrt als komplexe, längerfristig ablaufende und dynamische Prozesse, die nicht nur das Einzelindividuum, sondern *makrotheoretisch* soziale Systeme im umfassenden Sinn betreffen, thematisiert und mittels *Mehrebenendesigns* im *Medienvergleich* analysiert werden (Schulz 1982: 64ff.; Pan/McLeod 1991: 144ff.; Donsbach 1995: 67; McQuail 2010: 451ff.; Perse 2001: 14f.; Schweiger 2013; Falkenburg/Peter 2013).

1.1.4 Definitionen von Medienwirkungen

Mit welchen *Phänomenen* befasst sich die Medienwirkungsforschung? Was versteht man eigentlich unter dem Forschungsgegenstand „Medienwirkungen" (Kepplinger 1982; Merten 1982, 1991; Schenk 1998; McQuail 2010: 463)?

Die Dominanz von angewandter Forschung und wissenschaftsextern gesetzten Forschungsthemen hatte lange Zeit zur Folge, dass sich die Medienwirkungsforschung an einem *restriktiv* definierten Wirkungsbegriff orientierte. Die überwiegende Mehrheit der empirischen Forschungen in den USA befasste sich nur mit dem Typus der intendierten, kurzfristigen Beeinflussung von Meinungen, Einstellungen und Verhaltensweisen bei einzelnen Rezipienten durch bestimmte, vorab *persuasive Medieninhalte*, was sich auch in den älteren Monografien der deutschsprachigen Rezeption der amerikanischen Wirkungsforschung niederschlug (Schramm 1964; Dröge/Weissenborn/Haft 1973; Hackforth 1976). Und dies, obwohl allein die Unterteilung nach 1) physischen vs. inhaltsbezogenen, 2) kognitiven vs. einstellungsbezogenen vs. verhaltensmäßigen, 3) individuellen vs. interpersonalen vs. gesellschaftlichen Einstellungsdimensionen insgesamt 18 Wirkungsphänomene ergibt. McLeod/Kosicki/Pan (1991) unterscheiden sogar 192 Typen von Wirkungen aufgrund sieben dichotomer Dimensionen: 1) Mikro vs. Makro, 2) Veränderung vs. Stabilisierung, 3) kumulativ vs. nicht kumulativ, 4) kurz- vs. langfristig, 5) Einstellungen vs. Kognitionen vs. Verhalten, 6) diffus vs. inhaltsspezifisch, 7) direkt vs. bedingt (vgl. Perse 2001: 17).

Abb. 1 Typen von Medienwirkungen

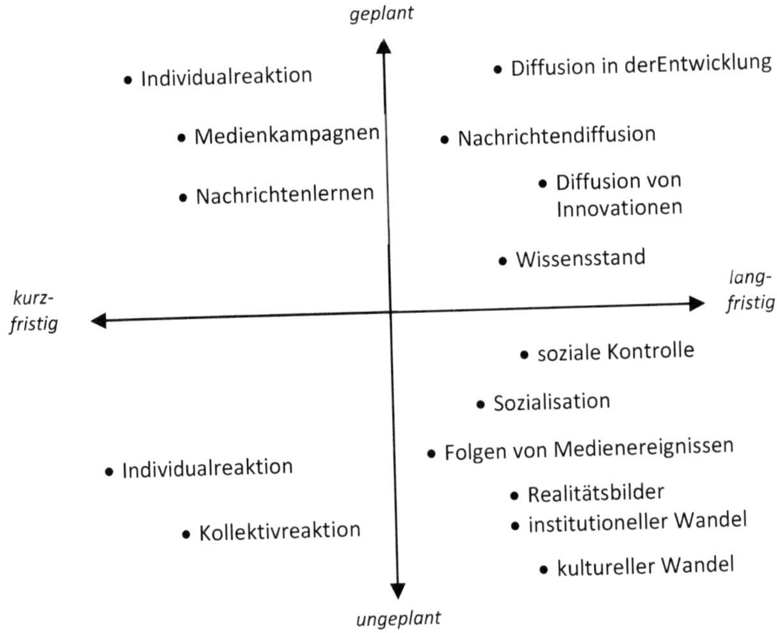

(Quelle: nach McQuail 2010: 466)

Der allmähliche Wandel hin zu einem breiteren und umfassenderen Verständnis von Medienwirkungsphänomenen (vgl. Abb. 1) äußert sich ebenfalls in den unterschiedlichen *Definitionen von Medienwirkung*, die der Medienwirkungsforschung in ihren verschiedenen Phasen zugrunde lagen (vgl. auch Schweiger 2013: 19):

Definitionen: Medienwirkungen

Maletzke (1963: 190): Wirkungen als sämtliche Prozesse, die sich in der postkommunikativen Phase als Folgen der Massenkommunikation abspielen und in der eigentlichen kommunikativen Phase alle Verhaltensweisen, die aus der Zuwendung des Menschen zu Aussagen der Massenkommunikation resultieren.

Berelson/Steiner (1964, dt. 1972: 334): Wirkungen als jeder Wechsel im Verhalten des Publikums als Folge der Tatsache, dass es einer bestimmten Kommunikation ausgesetzt war.

Dröge/Weissenborn/Haft (1973: 34): Wirkungen als von einem Stimulusfeld bewegter Meinungs- und Einstellungspunkt auf einem entsprechenden Meinungs- oder Einstellungskontinuum, das jeweils themenspezifisch konstruiert werden kann.

Schulz (1982: 51ff.): Der Begriff Medienwirkungen umfasst in einem weiten Sinn alle Veränderungen, die – wenn auch nur partiell oder in Interaktion mit anderen Faktoren – auf Medien, bzw. deren Mitteilungen zurückgeführt werden können. Diese Veränderungen können sowohl direkt die Eigenschaften von Individuen, Aggregaten, Systemen, Institutionen betreffen, wie auch den auf andere Weise induzierten Wandel dieser Eigenschaften.

Hasebrink (2002: 374): Medien wirken, wenn unter Wirkung die gegenseitige Beziehung zwischen Medienangeboten und Rezipienten im Sinne einer wechselseitigen Beeinflussung verstanden wird, im Zuge derer sich alle Beteiligten selbst verändern.

1.2 Fragestellungen

Der komplexe Wirkungsbegriff (Schulz 1982) und die stärkere Berücksichtigung des Faktors „Zeit" (McQuail 2000) legt ein *breites Spektrum möglicher Wirkungsphänomene* als Gegenstand der Medienwirkungsforschung frei, das nicht mittels einer einzigen übergreifenden Theorie erschlossen werden kann. Um die Frage nach den Wirkungen der Massenmedien überhaupt sinnvoll angehen zu können, ist Differenzierung notwendig (Hackforth 1976, 1977; Chaffee 1977; Brosius 1997; Schweiger 2013): Sie kann sich a) am *Spektrum* möglicher Medienwirkungen orientieren oder b) Medienwirkungen nach *Dimensionen* aufgliedern.

1.2.1 Spektrum möglicher Medienwirkungsphänomene

Differenziert man die Vielfalt möglicher Medienwirkungen nach den *Phasen im Kommunikationsprozess*, so ergeben sich drei große Bereiche von Wirkungen, die sich nach verschiedenen Wirkungsphänomenen untergliedern lassen.

Merksatz

Prozessorientiert lassen sich Medienwirkungen nach drei Phasen unterscheiden: 1) im Vorfeld der Kommunikation (präkommunikative Phase), 2) während des Kommunikationsprozesses (kommunikative Phase) und 3) nach der Medienzuwendung (postkommunikative Phase).

Präkommunikative Phase: Mediennutzung (vgl. Kap. 2)

Mediennutzung. Eine wichtige, aber oft übersehene Medienwirkung besteht darin, dass diese überhaupt genutzt werden. Die Zuwendung zu den Medien ist aber alles andere als selbstverständlich, erfordert sie doch Ressourcen als zeitliche, finanzielle, mentale Kosten (Hastall 2009).

Fragen: Einbau der Medienzuwendung in Alltag und Tagesablauf (Röser 2007; Röser/Thomas/Peil 2010; Naab 2013): Zeitstrukturierung? Viel- vs. Wenignutzer? Substituierung von (Freizeit-)Aktivitäten durch Mediennutzung? Wieso werden gewisse Online-Angebote genutzt, aber andere nicht? Einfluss von Neuen Medien auf bestehende Nutzungsmuster: Komplementarität vs. Konkurrenz?

Motive: Uses & Gratifications U&G. Mediennutzung ist nicht gleich Mediennutzung. Hinter der sichtbaren, faktischen Nutzung können verschiedene kommunikationsrelevante Bedürfnisse und Erwartungen stehen und je nach Motivation des Mediennutzers sind auch je spezifische Effekt zu erwarten (vgl. Kap. 2.5).

Fragen: Wie zielgerichtet bzw. bedürfnisorientiert ist die Medienzuwendung? Wie groß ist der Stellenwert habitueller Nutzung? Welcher Art sind und welche Struktur haben die hinter der Mediennutzung liegenden Bedürfnisse? Was ist die je spezifische Funktionalität der Medien bezüglich Befriedigung von Bedürfnissen? Wie ist das Verhältnis zwischen Angebot von Medieninhalten und kommunikationsrelevanten Bedürfnissen? (Schweiger 2007: 60ff.; Haradikis 2013)

Kommunikative Phase: Medienrezeption (vgl. Kap. 3)

Aufmerksamkeit und Verstehen. Die während der Kommunikation ablaufenden kognitiven Prozesse wie Aufmerksamkeit, Verstehen, Verarbeitung, Umsetzung der Medienbotschaften wurden lange Zeit vernachlässigt (Anderson 2017).

Fragen: Wie orientieren sich Nutzer auf Websites und wie wird deren Glaubwürdigkeit beurteilt (Bucher 2008)? Wie schreiben Nutzer im Rezeptionsprozess der objektiven Medienrealität subjektiven Sinn zu? Wie interagieren vorhandenes Vorwissen, Interessen und Prädispositionen sowie Decodierungskompetenzen auf Seiten des Rezipienten mit den inhaltlichen und formalen Angeboten der Medien? Welche Konsequenzen hat der stete Umgang mit bestimmten Medien (TV) für die Herausbildung der Lese-/Medienkompetenz?

Affekte. Emotionale Medieneffekte während und auch nach der Mediennutzung (z.B. Anschlusskommunikation) etwa im Zusammenhang mit dem Konsum von Unterhaltungsangeboten blieben lange Zeit wenig erforscht (Vorderer 2001; Nabi 2009; Wirth 2013, 2014): z.B. „Angst-Lust" bei TV-Gewalt oder Identifikation vs. parasoziale Interaktion mit TV-Helden (vgl. Kap. 3.3 und 3.4).

Postkommunikative Phase: Medienwirkungen (vgl. Kap. 4-7)

Einstellungswandel. Vor allem die klassische Wirkungsforschung hat sich mit dem Einfluss der Medienberichterstattung auf das Meinungsklima, d.h. auf Stabilität und Wandel von Einstellungen befasst (Klapper 1960). Heute stehen Beziehungen zwischen Konstanz und Konsonanz der Berichterstattung und der Entwicklung des Meinungsklimas im Zentrum der Forschung (vgl. Kap. 4.3).

Agenda-Setting. Vor dem Problem der Beeinflussung von Einstellungen stellt sich die Frage, wie durch die Medienberichterstattung mögliche Einstellungsobjekte als Themen der Öffentlichkeit sichtbar und dringlich gemacht werden. Wie ergeben sich Themenprioritäten sowohl bei den Stakeholdern als Kommunikatoren in Form von „Agenda-Building“ als auch bei den Rezipienten in Abhängigkeit der Medienangebote als „Agenda-Setting“ (vgl. Kap. 5.1)?

Framing & Kultivierung. Direkt gemachte Erfahrungen beziehen sich nur auf einen kleinen persönlich überschaubaren Bereich. Die Mehrzahl der Erfahrungen über die weitere Umwelt ist jedoch medial vermittelt bzw. medialisiert. Diese Medienrealität muss als konstruiert bzw. geframt verstanden werden, die auch gesellschaftliche Interessenverteilungen spiegelt.

Fragen: Verhältnis von Alltags-, Medien- und sozialer Realität? Einfluss der Medienrealität auf die Perzeption und Konstruktion sozialer Realität wie Framing-Effekte (vgl. Kap. 5.2), auf politische Ansichten oder die Kultivierung von Vorstellungen über Gewalt, Geschlechterrollen oder Körperbilder (vgl. Kap. 7.3)?

Wissensklüfte. Obwohl die Medieninformationen, im Gegensatz etwa zum Schulsystem, öffentlich, d.h. prinzipiell allen zugänglich sind, werden die verschiedenen Medien als Informationsquellen von den einzelnen sozialen Segmenten der Gesellschaft ungleich genutzt.

Fragen: Wie unterschiedlich sind die Nutzungsmuster der verschiedenen sozialen Segmente? Wie entwickelt sich die sog. „Digital Divide“ als ungleicher Zugang zum und Nutzung des Internet? Besteht die Gefahr einer wachsenden Kluft zwischen den Gut- und den Schlecht-Informierten? Welche Faktoren fördern oder hemmen die homogene Ausbreitung von medienvermitteltem gesellschaftlichem Wissen (vgl. Kap. 7.1 und 7.2)?

Wissen – Einstellungen – Verhalten. Obwohl durch medienvermittelte Information gelernt und die Bildung von Meinungen und Einstellungen beeinflusst wird, gibt es eher wenig gesichertes Wissen zur komplexen Dynamik von Wissen, Einstellungen und den dadurch beeinflussten Verhaltensweisen, z.B. zum Thema „Klimawandel“. Als Herausforderung für die Forschung stellt sich die Aufgabe, genauer zu spezifizieren, unter welchen Bedingungen Wissen, Einstellungen und Verhalten zusammengehen und wann nicht (vgl. Kap. 4.2.7).

Meso- und Makroeffekte. Wirkungsforschung befasst sich im Rahmen von sozialpsychologischen Theorien vorab mit individuellen Medieneffekten der Mikroebene. Eine Berücksichtigung von Effekten auf soziale Netzwerke wie Dyaden, Gruppen, Familie, Kommunen etc. ist aber dringlich (vgl. Kap. 6). Dabei ginge es auch um nichtinhaltliche Rückwirkungen auf den sozialen Bereich, die durch das Vorhandensein des Mediums an sich oder durch seine soziale Präsenz erfolgen.

Fragen: Einfluss des Fernsehens auf die Struktur von Politik: *Medialisierung* (Lundby 2009)? Medien und inszenierte *Pseudoereignisse*? Schweigespiralen-Effekte auf das Meinungsklima (vgl. Kap. 6.8)?

Merksatz

Thematisch-inhaltlich lassen sich Medienwirkungen nach drei Bereichen unterscheiden: 1) kognitive Wirkungen als Verarbeitung und Wissenserwerb, 2) affektive Wirkungen als Beeinflussung von Emotionen und 3) konative Wirkungen der Medien auf das Verhaltender Mediennutzer.

1.2.2 Dimensionen der Medienwirkungen

Die Darstellung des *Spektrums möglicher Medienwirkungen* verdeutlicht, dass sich der Wirkungsbegriff auf heterogene Wirkungsphänomene bezieht. Nur eine systematische Analyse dieser unterschiedlichen Wirkungstypen nach zugrunde liegenden Dimensionen wird die Theoriebildung und Forschung weiterbringen (Brosius 1997: 24ff.; Berghaus 1999: 181ff.; Perse 2001: 23ff.; Schweiger 2013: 19ff.).

Themen und Zielgruppen. Effekte können nach *Themen* differenziert werden: Wirkung von politischer Kommunikation bei Wahlen und Abstimmungen (McLeod/Kosicki/McLeod 2002; Schulz 2008), Werbung (Schenk/Donnerstag/Höflich 1990; Stewart/Pavlou/Ward 2002), Gewalt (Friedrichsen/Vowe 1995; Merten 1999; Kunczik/Zipfel 2006), Sexualität und Pornografie (Harris/Barlett 2009) oder Unterhaltung (Zillmann/Vorderer 2000; Vorderer/Hartmann 2009). Eine Ordnung nach *Zielgruppen* ergibt Wirkungen bei Kindern und Jugendlichen (Comstock/Paik 1991; Buckingham 2002), Familien (Schäfer 2007; Bickham/Schmidt/Huston 2012), Frauen (Klaus 1998; Böck/Weish 2002), Minoritäten (Mastro 2009) oder Viel- vs. Wenignutzern (Gerbner 2000). Und die Darstellung von Personen nach Geschlechter- und Berufsrollen (Klaus 1998; Holtz-Bacha 2008) beeinflusst Wahrnehmung und Bewertung dieser Gruppen. Sowohl Themen als auch Zielgruppen definieren Forschungsfelder mit spezifischen Fragestellungen, theoretischen Perspektiven und Befunden wie Werbewirkungsforschung oder Mediengewaltforschung.

Verortung im Kommunikationsablauf. Im zeitlichen Ablauf des Kommunikationsprozesses lassen sich *drei Wirkungsphasen* abgrenzen: a) Präkommunikative Wirkungen beziehen sich auf Phänomene wie Medienselektion, aktive Informationssuche und Nutzungsmotive, die vor dem Kommunikationsakt stehen; b) als kommunikative Wirkungen gelten die während der Kommunikation selbst ablaufenden Prozesse wie Aufmerksamkeit und Verstehen oder emotionale Aktivierung; und c) postkommunikative Wirkungen sind jene Einflüsse, die nach abgeschlossener Kommunikation feststellbar sind (vgl. Kap. 1.2.1).

Wirkungsbereiche. Postkommunikative Wirkungen beziehen sich auf die Frage „Worauf wirken die Medien?" Es lassen sich folgende Typen abgrenzen: a) Medieneffekte als Erwerb von Wissen z.B. aufgrund der Nutzung von Nachrichtensendungen oder als Verbreitung von Kenntnissen in der Entwicklungskommunikation, b) als Beeinflussung von Meinungen und Einstellungen oder Auslösung von Emotionen und c) als Verhaltensbeeinflussung.

Faktoren im Wirkungsprozess. In der klassischen Wirkungsforschung wurde untersucht, welche der einzelnen Faktoren welchen Anteil am Wirkungsgeschehen haben: Kommunikator – Medium – Aussage – Rezipient (Klapper 1960).

Kurz- vs. langfristige Effekte. Viele Befunde der klassischen Medienwirkungsforschung basieren auf Laborexperimenten und befassen sich darum nur mit kurzfristigen Wirkungsphänomenen. Longitudinale Studien zu längerfristigen Effekten im Zeitverlauf sind in der Forschung nach wie vor eher selten. Aber nur so können auch längerfristige Prozesse der Beeinflussung von Individuen und Gesellschaft durch Massenkommunikation im Gegensatz zu den kurzfristigen Wirkungen untersucht werden (McQuail 2000; 2010).

Inhaltsspezifische vs. inhaltsdiffuse Effekte. Die Unterscheidung bezieht sich auf die Frage: Was wirkt überhaupt (Donsbach 1995: 59/60)? Die Betonung kurzfristiger Wirkungsphänomene hat eine Bevorzugung *inhaltsspezifischer Effekte* von konkreten Inhalten zur Folge gehabt. *Inhaltsdiffuse Wirkungen* ganzer Programme oder sogar von Medien wurden weniger untersucht.

Fragen: Folgen der Einführung „Neuer" Medien wie z.B. des Fernsehens in den 1960er-Jahren in den USA oder des Privatfernsehens in den 1980er-Jahren in Deutschland auf die Familie, Konsequenzen der Programmvermehrung auf die Kanalwahl, Unterschiede zwischen AV- und Printmedien bezüglich Verarbeitung und Wissenerwerb, Effekte *formaler Angebotsweisen* von Medien wie Kurzfristigkeit, schnelle Schnittfolgen u.a.m. beim Fernsehen (Kepplinger 1987; Sturm 1984) oder die Interaktivität des Internets (Lin 2009).

Intendierte vs. nichtintendierte Effekte. Unbeabsichtigte Medienwirkungen beziehen sich auf die Folgen des Medienumgangs z.B. im Zusammenhang mit

Prozessen der Sozialisation; demgegenüber umfassen die intendierten Medieneffekte etwa die Effektivität von Kommunikationskampagnen (Rice/Atkin 2013) oder von persuasiver politischer Propaganda (Dillard/Shen 2013).

Direkte vs. indirekte Effekte. Medienberichterstattung kann den interpersonalen Austausch in sozialen Gruppen und Netzwerken anregen und erleichtern, was in einem zweiten Schritt indirekt etwa durch Anschlusskommunikation die Bedeutungszuweisung und Färbung von Themen beeinflussen kann (Schenk 1997: 163; Rogers 2002: 199; Friemel 2013; Gehrau/Goertz 2010; Sommer 2010).

Intensität vs. Verbreitung. Im öffentlichen Diskurs dominieren Phänomene von intensiven bzw. starken Medieneffekten (Brosius/Esser 1998) wie z.B. Nachahmungstaten im Gefolge der Rezeption von Gewaltfilmen. Davon unterschieden werden muss die Frage nach der Verbreitung von u.U. nur wenig intensiven Effekten z.B. im Gefolge einer Kommunikationskampagne.

Stabilisierung vs. Veränderung. Gemeint ist die Unterscheidung zwischen Medieneinflüssen auf Einstellungen und Verhaltensweisen, die beim Menschen schon bestehen und diese verstärken bzw. abschwächen und dem Erlernen und der Ausführung von neuen Verhaltensweisen wie der Diffusion von Innovationen (vgl. Kap. 6.3), die ohne Medieneinfluss sich nicht ereignen würden, z.B. bei Kommunikationskampagnen mit innovativen Zielsetzungen.

Abb. 2 Hierarchie möglicher Medienwirkungen

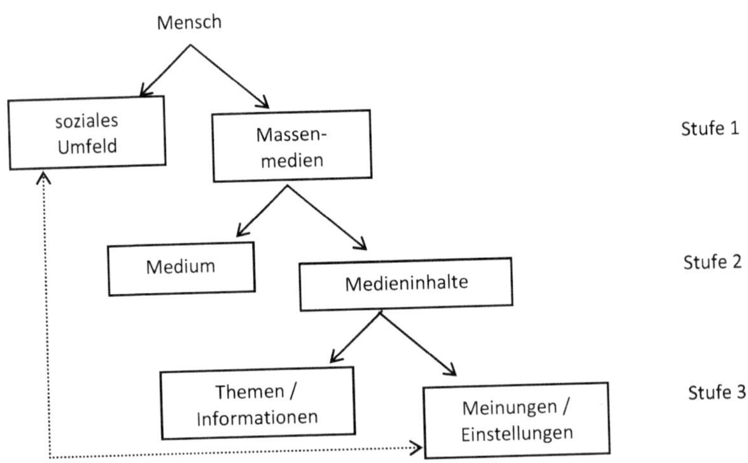

(Quelle: Berghaus 1999: 182)

Zusammenfassend hat Berghaus (1999) aufgrund der Feststellungen, dass Medienwirkungen einerseits kein monolithischer Block sind, sondern differenziert zu betrachten sind, aber andererseits auch die Gefahr einer beliebigen Aufsplitterung in verschiedenste Dimensionen von Wirkungen besteht, ein *Modell zu deren Systematisierung* (vgl. Abb. 2) vorgeschlagen. Es unterscheidet drei Stufen mit abnehmender Bedeutung: 1) Das *soziale Umfeld* (Familie, Gruppenbindungen und persönliche Kommunikation) liefert Selektionskriterien für die Beurteilung und Wahl von Medien und gibt gleichsam die Leseart für Medienbotschaften vor. 2) Das *Medium* selbst ist mehr als seine Inhalte. Es enthält eine mächtigere „Message", die der Wirkung einzelner Medieninhalte vorausgeht. 3) *Themen und Informationen* bilden die größten Wirkungspotenzen von Medieninhalten. Dagegen werden *Meinungen und Einstellungen* im sozialen Umfeld gebildet, dort stabil gehalten und in „*looking-glass*"-Manier in Medieninhalte hineinprojiziert.

1.2.3 Tendenzen der Medienwirkungsforschung

Ab den 1970er-Jahren ist eine *Neuorientierung* in der Medienwirkungsforschung erkennbar und ab 2000 hat die zunehmende Medienkonvergenz – Stichwort „Online-Kommunikation" – zu neuen meta-theoretischen Diskussionen Anstoß gegeben. Damit hat sich auch das Verständnis von Medienwirkungen selbst verändert. Folgende *Akzentverschiebungen* sind erkennbar (Clarke/Kline 1974; Chaffee 1977; McLeod/Reeves 1980; Mahle 1985; DFG 1986; Bryant /Zillmann 2009; Brosius 2013; Schweiger 2013):

Inhaltsspezifische vs. kommunikationsspezifische Effekte. Die Wirkungsforschung der 1960er-Jahre hat sich vor allem mit den Effekten von spezifischen Medieninhalten befasst. Neu wird stärker das kommunikative Verhalten der Rezipienten untersucht: Warum suchen bestimmte Akteure in bestimmten sozialen Situationen bei bestimmten Medien gewisse Informationen oder nicht?

Medienkonvergenz. Online-Kommunikation hat zu einer Konvergenz der einzelnen Medien geführt, was ein Überdenken der theoretischen Ansätze der Wirkungsforschung nötig macht, welche den Einfluss einzelner unabhängiger Medien wie TV oder Zeitung fokussieren (Kleinen-von Königslöw/Förster 2014).

Effekte als Produkt oder Prozess. Die klassische Wirkungsforschung ist auf ein eher statisches Konzept von Wirkung als postkommunikatives Produkt der Beeinflussung festgelegt. Im Gegensatz dazu steht die Theorieanpassung der digitalen Medienwelt von Medienwirkung als aktives, durch den Rezipienten gesteuertes sinnhaftes Interaktions- und konstruktives Rezeptionsgeschehen.

Einstellungen vs. Kognitionen. Die Betonung von kommunikationsspezifischen und prozessorientierten Wirkungen seit den 1970er-Jahren geht zusammen mit einer Abwendung vom klassischen Einstellungskonzept: Kognitive Medieneffekte wie Wissenserweiterung oder Informationssuche, aber auch affektive Auswirkungen sind als fruchtbare Forschungsgebiete entdeckt worden.

Effekthierarchie. Das Einstellungskonzept der klassischen Wirkungsforschung impliziert eine hierarchische Interpretation des Wirkungsprozesses: Wissen führt zur Bildung von positiven oder negativen Einstellungen (Affekt) und diese wiederum steuern Verhalten. Diese lineare Umsetzung als Lernhierarchie gilt nicht generell, d.h. es müssen auch andere Konstellationen analysiert werden wie z.B. die *Dissonanz-Attributions-Hierarchie:* Verhalten → Affekt → Wissen oder die *Low-Involvement-Hierarchie:* Affekt → Verhalten → Lernen (vgl. Kap. 4.4.3).

Mikro- vs. Makroebene. Medieneffekte sollen nicht nur auf der Ebene des einzelnen Menschen angegangen werden. Individuelle Wirkungen können nämlich nicht additiv zu gesamtgesellschaftlichen Konsequenzen zusammengefasst werden. Gefordert ist eine *systemhaftere* Auffassung von Medienwirkungen, wobei auch Merkmale der sozialen Struktur (Jäckel 2013) und in methodischer Hinsicht *Mehrebenenansätze* mit zu berücksichtigen wären (Pan/McLeod 1991; Schulz 1993).

1.3 Forschungsentwicklung

Überblicksmäßig lässt sich die Forschungsentwicklung idealtypisch in drei *Phasen* mit unterschiedlichen *wissenschaftlichen Paradigmen* unterteilen (Brosius/Esser 1998; Wicks 2001: 14ff.), die axiomatisch von je anderen Menschenbildern und psychologischen Konzeptionen des Rezipienten sowie soziologischen Vorstellungen der Gesellschaft ausgehen (vgl. Abb. 3 & 4). Diese *forschungsleitenden Prämissen* beeinflussten die *Einschätzung des Wirkungspotenzials* der Medien. Zu konstatieren ist ein Schwanken zwischen den Polen *„Medienallmacht"* und *„Ohnmacht der Medien"*, zusammen mit je spezifischen Modalitäten von Medienwirkungen zwischen „Homogenisierung", „Verstärkung" und „Differenzierung".

Angesichts des seit Mitte der 1990er-Jahre stattfindenden *Medienwandels* mit Digitalisierung, Interaktivität und Informationsflut im Gefolge der Einführung des Internets, aber auch Inszenierung, Personalisierung und Emotionalisierung der Medienbotschaften, gepaart mit individualisierter Nutzung und vielfach oberflächlicher Rezeption, und vor dem Hintergrund eines *Gesellschaftswandel* mit Medialisierung, Pluralisierung, Fragmentierung, Polarisierung, wird diskutiert, ob wir uns nicht schon in einer *neuen 4. Phase „minimaler Medieneffekte"* vorab der politischen Kommunikation befinden (Bennett/Iyengar 2008; Schulz 2008).

Abb. 3 Entwicklung der Medienwirkungsforschung

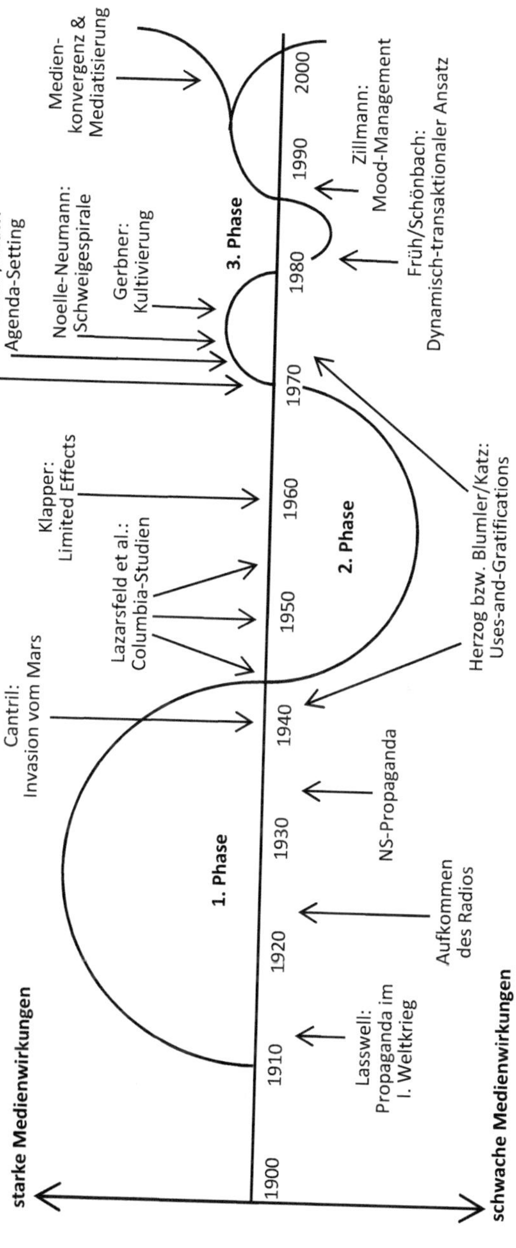

Abb. 4 Idealtypische Phasen der Wirkungsforschung

Dimensionen	*1. Phase bis 40er-Jahre*	*2. Phase 50er/60er-Jahre*	*3. Phase 70er bis 90er-Jahre*	*4. Phase ab 1995 (Internet)*
Gesellschafts-konzeption und Menschenbild	Masse von isolierten Menschen	Kleingruppen mit Konformi-tätsdruck	individuelle Bedürf-nisbefriedigung von aktiven Nutzern	Medialisierung Fragmentierung Individualisierung
Effektebene	Verhalten	Einstellungen	Motive & Kognitionen	Kognitionen, Emo-tionen, Verhalten
Wirkungs-prozesse	Manipulation & Imitation	negative Selekti-on & Konsonanz	positive Selektion Konstruktion	kognitive Konstruktion affektive Reaktionen
Stärke & Art der Medienwirkung	groß homogen	klein Verstärkung	mittel bis groß differenzierend	variierend, eher klein vielfach polarisierend

In *komparativer Perspektive* hat die US-Forschung international wichtige Meilensteine gesetzt, und zwar nicht nur in der Forschung, sondern ebenso in der Publikation von wegweisenden *Monografien* (Klapper 1960; Lowery/DeFleur 1995; Perse 2001; Potter 2012), *Readern* (Preiss et al. 2007; Bryant/Oliver 2009; Bryant/Zillmann 2009; Nabi/Oliver 2009; Rössler 2017) und *Übersichten* (Chaffee 1977; Roberts/Bachen 1981; McGuire 1986; McLeod/Kosicki/Pan 1991).

Forschung und Theoriebildung im *deutschen Sprachraum* orientierten sich meist und mit einer gewissen Verzögerung an der amerikanischen Forschung (Maletzke 1976; Hackforth 1976; Prokop 1981, 1985; Publizistik 1982; Merten 1982, 1994; Schulz 1982; DFG 1986; Burkart 1987; Schenk 2007; Jäckel 2008; Schweiger/Fahr 2013; Pothoff 2016).

1.3.1 1. Phase: Stimulus-Response-Modell und Medienallmacht

Ein praktisches Verwertungsinteresse an der Medienwirkungsforschung entstand mit dem Aufkommen der modernen Massenpresse um die Jahrhundertwende und in den 1920er-/1930er-Jahren im Zusammenhang mit den neuen Medien Film und Radio. Stichworte dazu sind: Werbung, Kriegspropaganda im I. und II. Weltkrieg sowie Wahlkampf (Lasswell 1927; Lowery/DeFleur 1995).

Abb. 5 S-R-Modell der Medienwirkungen

S-R-Modell. Es gilt das Axiom der direkten, unvermittelten und *monokausalen Wirkung* der Massenkommunikation auf die Rezipienten. Metaphern sind: „Multiplikations-Effekt", „Transmission Belt", „Magic Bullet", „Hypodermic Needle". Weiter wird davon ausgegangen, dass Medien über geschickt ausgewählte, sorgfältig geplante und massenhaft verbreitete Botschaften als Stimuli wirken. Diese erreichen die Rezipienten, werden von ihnen identisch aufgenommen, verarbeitet, gespeichert und führen dann zu weitgehend identischen Reaktionen. Die Botschaft wird mit der Effektrichtung gleichgesetzt, wie die Visualisierung des S-R-Modells veranschaulicht (vgl. Abb. 5).

Hadley Cantril (1940; dt. in Prokop 1985) dokumentierte in seiner klassischen Studie (vgl. Potthoff 2016: 13ff.) beispielhaft massenhafte Panikreaktionen bei Hörern auf das Radio-Hörspiel „The War of the Worlds" von H.G. Wells am 30. Oktober 1938 unter der Regie von Orson Welles, weil es als Nachrichtensendung missverstanden wurde. Kunczik/Zipfel (2005: 288) relativieren Cantrils Fazit, basierend auf nur 135 Interviews, wonach zumindest eine Million Menschen verängstigt gewesen seien: 12% hatten die Sendung gehört; 28% von ihnen missverstanden das Hörspiel als Nachrichtensendung; 70% von diesen wiederum waren verängstigt oder verstört; d.h. Effekte gab es lediglich bei 2% der Bevölkerung! Ein weiteres klassisches Beispiel ist die Studie von Robert K. Merton (1946) über die Radiosprecherin Kate Smith, die mit ihrem positiven Image und ihren patriotischen Appellen sehr erfolgreich zum Kauf von Kriegsanleihen aufrief (engl. war bonds). – Die empirische Bestätigung ist aber gering geblieben.

Eine je spezifische Konzeption von Mensch und Gesellschaft bilden die *Basisannahmen des S-R-Paradigmas* der Omnipotenz der Massenmedien:

Menschenbild. Nach der Psychologie der Jahrhundertwende sind Individuen von ihrer Grundausstattung her ähnlich: Uniformität und Fixiertheit der vererbten und biologisch verankerten Triebe auf Basis der Instinktpsychologie. Wenige biologisch bedingte Triebe und emotionale Prozesse, über die der Einzelne keine bewusste Kontrolle auszuüben vermag, steuern das Verhalten und lösen aufgrund ihrer Vererbtheit bei allen Individuen ähnliche Reaktionen aus, und zwar als Antwort auf entsprechende Stimuli, die als Auslösereize fungieren (Maslow 1954).

Gesellschaftskonzeption. Die rasch fortschreitende Industrialisierung und die damit verbundene Arbeitsteilung bilden den Hintergrund der in der Soziologie Ende des 19. Jhd. diskutierten Gegenbegriffe von *Gesellschaft* und *Gemeinschaft* (Tönnies 1887; vgl. Kaesler/Vogt 2000: 423ff.). Im Gegensatz zur organisch strukturierten, hoch integrierten, traditionsgeleiteten Gemeinschaft bestehen in der (Massen-)Gesellschaft nur noch formale Beziehungen zwischen Personen: hohe Entfremdung, geschwächte Primärgruppenbeziehungen und Verfall traditioneller Institutionen wie Religion und Familie. Die Konsequenzen sind: Massengesellschaft mit in Anonymität lebenden, *atomisierten* und isolierten Personen, die *außengeleitet* sind; als Pendant dazu die Massenkommunikation mit ihrem dispersen Publikum: vgl. Gustave Le Bon 1895: „*Psychologie der Massen*", David Riesman 1950: „*The Lonely Crowd*", Elias Canetti 1960: „*Masse und Macht*".

Auch heute wird die Konzeption der starken Medieneffekte als *Manipulationstheorie* von Laien, Politikern und Pädagogen vorab bezüglich Fernsehens vertreten (vgl. Schenk 2007: 24ff.). Zudem arbeitet die Publikums-/Leserschaftsforschung nach diesem aussagen-zentrierten Modell, indem sie dazu tendiert, die *Omnipräsenz der Medien* mit deren *Omnipotenz* gleichzusetzen: Leserschafts-/Zuschauerzahlen, differenziert nach demografischen Kriterien, stehen für die Popularität und Wirkungschancen der Medien (Frey-Vor/Siegert/Stiehler 2008: 42).

Historisch betrachtet forschte Carl I. Hovland mit seinen Mitarbeitern an der Yale-University Anfang der 1950er-Jahre noch mit dem S-R-Paradigma, indem sie eine sog. „*Neue Rhetorik*" erstmals in Laborexperimenten auf empirischer Basis zu entwickeln versuchten: *Unabhängige Input-Faktoren* wurden in Form z.B. von Quellen- (z.B. Glaubwürdigkeit) und Aussagemerkmalen (z.B. ein- vs. zweiseitige Argumente) mit *abhängigen Output-Faktoren* wie Einstellungsänderung als Wirkungen verknüpft (Hovland/Janis/Kelley 1953; Maccoby 1987; vgl. Potthoff 2016).

Das Konzept der direkten und unvermittelten, d.h. nur von der Gestaltung der Medienbotschaft abhängigen Medienwirkung erwies sich jedoch bald als ungenügend (Thayer 1963: 26; Dröge/Weissenborn/Haft 1973: XIV). Und nach Brosius/Esser (1998) ist dieses Paradigma vermutlich in dieser „simplen" Form in der empirischen Forschung auch nur selten vertreten worden. Zusätzliche *intervenierende* oder *mediatisierende* Faktoren mussten ins Basismodell eingeführt werden, was dann zum sog. S-O-R-Modell führte.

Die wissenschaftliche Entwicklung vollzog sich dabei einerseits im Zusammenhang mit der Differenzierung des Einstellungskonzeptes in den Konsistenztheorien in eine mehr sozialpsychologische Richtung, andererseits über das Zwei-Stufen-Modell der Kommunikation und die Diffusionstheorie in eine mehr soziologische Richtung. Gleichzeitig fand ein Wechsel von der Prämisse der „Medienallmacht" zu jener der „Medienohnmacht" statt.

1.3.2 2. Phase: Einstellungsbestätigung und Medienohnmacht

Die verstärkte Forschungsaktivität von Psychologen und Soziologen während des II. Weltkriegs, sozialpsychologische Forschungen in Wirtschaftsorganisationen sowie die Entwicklung neuer Forschungs- und Auswertungstechniken gaben auch der Wirkungsforschung in den 1950er-Jahren neue Impulse.

S-O-R-Modell. Es kam zu einem *Paradigmenwechsel* von der Allmachts- zur Ohnmachtstheorie der Medien, weil sowohl der psychischen Struktur als auch der sozialen Verankerung der Rezipienten als intervenierende und mediatisierende Instanzen im Wirkungsprozess immer mehr Bedeutung zugemessen wurde. Die *Filterfunktion* dieser Faktoren als Bestätigung und Bestärkung bzw. Verstärkung bereits bestehender Prädispositionen und Erfahrungen wurde zunächst zu Unrecht als Wirkungslosigkeit der Medien interpretiert:

Allport begründet 1935 die *Einstellungsforschung*, indem der Einstellungsbegriff Individualität und Variabilität im Verhalten des Individuums zu fassen vermag, zugleich aber auch der sozialen Komponente des Verhaltens in Form von Konstanz und Gleichartigkeit Rechnung trägt. Obwohl Einstellungen stabile Verhaltenstendenzen gegenüber sozialen Objekten darstellen, müssen sie gelernt werden und können sich auch durch neue Informationen verändern. Dies macht den Einstellungsbegriff auch für die Wirkungsforschung attraktiv.

Betriebspsychologische Forschungen (*Hawthorne-Studies* von Roethlisberger/ Dickson 1939), Feldbeobachtungen von Jugendlichen (*Street Corner Society* von White 1943) und Laborexperimente zur *Gruppendynamik* und *Gruppenkonformität* (Kurt Lewin 1948 und Solomon Asch 1951) widerlegten die damals vorherrschenden *Annahmen der Massengesellschaft.* Vielmehr ist das einzelne Individuum in vielfältigste *soziale Gruppen* integriert, die ebenfalls als Bezugspunkte dienen und Filterfunktionen wahrnehmen, in denen *Konformitätsdruck* herrscht und die Gruppe als Referenzrahmen auch die soziale Orientierung des Einzelnen beeinflusst.

Abb. 6 S-O-R-Modell der Medienwirkungen

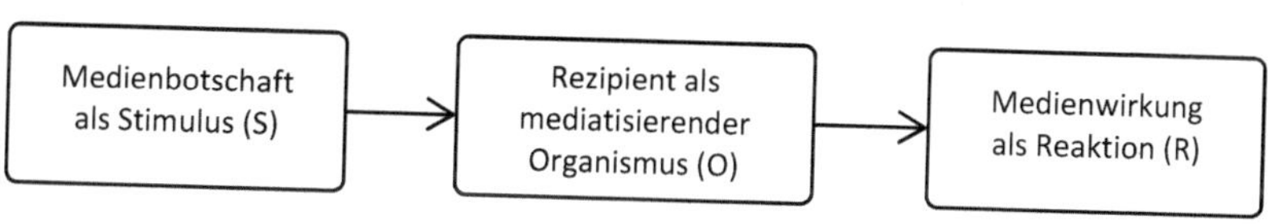

Paul F. Lazarsfeld und seine Mitarbeiter von der Columbia University untersuchten in den 1940er-Jahren mittels Feldstudien den *Medieneinfluss bei Wahlkämpfen*, wobei das *Konzept des Zwei-Stufen-Flusses* der Massenkommunikation Bedeutung erlangte (vgl. Kap. 6.2). Und Leon Festinger begründete mit seiner *Dissonanztheorie* das Forschungsgebiet der Konsistenztheorien: Individuen neigen zur Konsonanz zwischen ihren Einstellungen und ihrem Verhalten (vgl. Kap. 4.3).

Im Unterschied zum medienzentrierten S-R-Modell spielt der Organismus als mediatisierende Instanz im S-O-R-Modell die entscheidende Rolle. 1960 fasst Joseph Klapper die Erkenntnisse der Forschung zu diesem Paradigma wie folgt zusammen: Massenmedien können den Rezipienten nur über die psychisch und sozial mediatisierenden Instanzen beeinflussen. Im Allgemeinen wirken diese

Faktoren in Richtung einer Bestätigung und Verstärkung der bereits bestehenden Einstellungen und Meinungen; Einstellungsänderungen sind darum selten. Es kommt nur dazu, wenn keine Prädispositionen als Filter vorhanden sind, d.h. etwa bei neuen Themen oder bei Kindern, bzw. wenn die mediatisierenden Faktoren selbst in Richtung des Einstellungswandels zielen (Klapper 1960; McGuire 1986).

1.3.3 3. Phase: Neuorientierung am Rezipienten – moderate Effekte

Zu Beginn der 1970er-Jahre intensiviert sich die Grundsatzdiskussion in der Wirkungsforschung, was sich im Erscheinen neuer Fachzeitschriften wie *„Communication Research"* und Monographien wie *„Sage Annual Reviews of Communication Research"* äußert. Einerseits rücken neue Wirkungsphänomene wie kognitive Medieneffekte, die bislang in der Forschung übergangen wurden, stärker ins Zentrum der Forschung, andererseits erfolgt eine Umorientierung der theoretischen Perspektive – und zwar weg vom Kommunikator mit seiner Medienaussage und hin zum Rezipienten mit aktiver und sinnhafter Mediennutzung (Chaffee 1977; McLeod/Reeves 1980). Tendenziell wird den Wirkungen der Medien in ihrer Vielschichtigkeit wieder vermehrt Bedeutung zugesprochen: „Models of Powerful Effects under Limiting Conditions" (Roberts/Bachen 1981).

Im Gegensatz zur klassischen Wirkungsforschung, die sich fast ausschließlich mit dem Einstellungswandel als Medienwirkung befasst hat, betonen Clarke und Kline 1974, dass „Lernen" oder „Wissensvermittlung" eine üblichere Folge von Massenkommunikation seien als Einstellungswandel. Damit wird ein weiter Bereich neuer Wirkungsphänomene erschlossen: Agenda-Setting (Kap. 5.1) und Framing (vgl. Kap. 5.2), aber auch Knowledge-Gap (vgl. Kap. 7.2) und Kultivierungs-Analyse (vgl. Kap. 7.3).

Abb. 7 Paradigma des aktiven Rezipienten

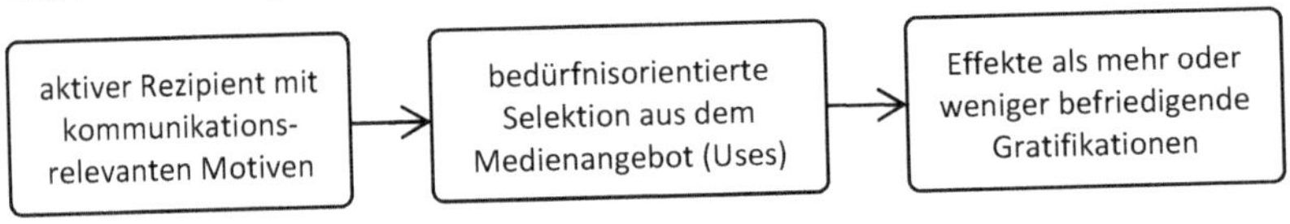

Als einer der Ersten hat Raymond Bauer 1964 vom widerspenstigen Rezipienten als *„obstinate audience"* gesprochen. Der Uses-and-Gratifications-Ansatz (vgl. Kap. 2.5) interpretiert Mediennutzung im Gefolge der Rezeption des Symbolinteraktionismus systematisch als aktives, sinnhaftes und intentionales soziales Verhalten. Während S-R-Theorien, aber auch noch das S-O-R-Modell aussagenzentriert danach fragen, was die Medien beim Rezipienten bewirken, fragt der

U&G bzw. Nutzenansatz: Was machen die Rezipienten mit den Medien? Welche Bedürfnisse und Motive stehen hinter der Medienzuwendung? Mediennutzung erscheint als Bindeglied zwischen den Interessen und Orientierungen des Individuums und den Gegebenheiten seiner sozialen Umwelt (Lin 1977: 56).

Publikumsaktivität äußert sich nicht nur in aktiver und sinnorientierter Hinwendung zur Massenkommunikation zwecks Befriedigung kommunikationsrelevanter Bedürfnisse und Lösung von (Alltags-)Problemen. Neuerdings ist stärker erkannt worden, dass Medienaussagen als Stimuli nicht unabhängig vom Rezipienten quasi invariaten Sinn haben. So gewinnt die qualitative Analyse des *Rezeptionsprozesses* auf der Folie konstruktivistischer Überlegungen an Relevanz für die Wirkungsforschung: Wie schreibt der Rezipient der Medienrealität aktiv subjektiven Sinn und Bedeutung zu? Wie konstruiert er qua Medienwirklichkeit seine soziale Realität? Und: Wie benützt er seine Deutungen der Medienrealität zur aktiven Bewältigung seiner Alltagswirklichkeit (Kohli 1977; Pingree/Hawkins 1982; Mikos/Wegener 2005; Röser/Thomas/Peil 2010; Couldry/Hepp 2016)?

1.3.4 Sechs-Stufen-Modell der kumulativen Forschung

Die obige Unterteilung in drei Entwicklungsphasen ist nur eine von vielen Möglichkeiten, um die Vielzahl an Theorien und Forschungssträngen zu systematisieren. Neuman und Guggenheim (2011) kritisieren an dieser Dreiteilung, dass die vermeintlichen Paradigmenwechsel dem kumulativen Charakter der Forschung nicht gerecht werden. Anhand einer umfangreichen Analyse der am häufigsten zitierten Publikationen identifizieren sie 29 zentrale Theorien, die sich in sechs Stufen der Entwicklung gruppieren lassen.

In Abb. 8 ist dargestellt, in welchem Zeitraum die jeweils wichtigsten (am häufigsten zitierten) Publikationen erschienen sind. Es ist also möglich, dass ein Forschungsansatz bereits früher als dargestellt entstand, jedoch noch keine größere Beachtung bei den anderen Forschern fand. Zudem gibt das Ende eines Kästchens nicht an, dass die Forschungsrichtung danach wieder verworfen und durch eine neue ersetzt wurde. Im Sinne eines kumulativen Modells der Entwicklung weisen Neuman und Guggenheim vielmehr darauf hin, dass die jeweils nachfolgenden Stufen bis anhin unberücksichtigte Faktoren aufgreifen und die bestehenden Forschungsstränge somit ausdifferenzieren.

Die erste Stufe wird durch Theorien der *Persuasion* gebildet, welche in den Jahren von 1944 bis 1963 entwickelt wurden und direkte Medienwirkungen annehmen. Auch in der zweiten Stufe wird noch von einem atomisierten Publikum ausgegangen, das jedoch über individuelle Motive verfügt und „aktiv" Medien nutzt. Die Berücksichtigung des *sozialen Kontexts* in der Medienwirkungsforschung setzte sich ab Mitte der 1950er-Jahre verstärkt durch und wurde danach um die weiter gefasste *gesellschaftliche Perspektive* ergänzt, welche auch Langzeiteffekte bzw. kumulative Effekte umfasst. Die mit *Interpretation* bezeichnete Phase bezieht sich auf Agenda-Setting, Framing und Priming, deren Fundamente in den 1970er-Jahren gelegt wurden. Mit ICT (Information and Communication Technology) ist schließlich die Forschung zu Neuen Medien ab Mitte der 1990er-Jahre gemeint, die verstärkt Zweiwegkommunikation, eine Vernetzung der Rezipienten und zunehmende inhaltliche Wahlmöglichkeiten betont.

Abb. 8 Sechs-Stufen-Modell der Medienwirkungsforschung

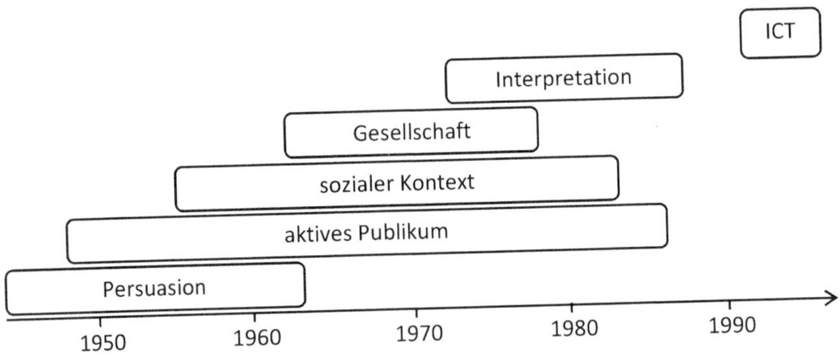

1.3.5 Erklärung von Medienwirkungen: Stand der Diskussion

Zusammenfassend hat die oben skizzierte Entwicklung der Medienwirkungsforschung folgende *Einsichten* erbracht:

1. **Vielfalt an Wirkungsphänomenen.** Bis heute gibt es *keine* integrale Medienwirkungstheorie, welche die Einflüsse der Medien auf die Rezipienten mithilfe zugrunde liegender Faktoren und Mechanismen im erklärenden Sinn umfassend verständlich zu machen vermag. Es zeigte sich, dass weder die nur aussagenzentrierten noch die nur rezipientenorientierten Ansätze völlig zu befriedigen vermögen (Bilandzic 2014).
2. **Transaktionale Perspektive.** Erst die Integration von Perspektiven, die von einer *Inter- bzw. Transaktion* zwischen Faktoren sowohl der Medienumwelt als auch des Rezipienten ausgehen (vgl. Abb. 9), ist dem Wirkungsgeschehen adäquat. Medieneffekte kommen interaktiv zustande, indem sich direktive Aspekte des Medienangebots wie Inhaltsauffälligkeit, Kumulation und Konsonanz mit motivationalen und kognitiven Aspekten der Rezipienten überlagern (Früh/Schönbach 1982; Schulz 1984; Früh 1991).

3. **Kausalität vs. Konstruktion.** Umstritten bleibt, ob eine solch transaktionale Sichtweise mit einem *kausalen Transfer- bzw. Impact-Modell* überhaupt kompatibel ist oder notwendigerweise *konstruktivistische Prämissen* bedingt, wie dies Merten (1994: 309ff.) oder Charlton (1997: 17ff.) behaupten.
4. **Randbedingungen.** Die jeweils gesellschaftlich dominanten Werte oder Institutionalisierungsformen des Mediensystems, aber auch die Involviertheit der Mediennutzer, entscheiden im konkreten Fall über das Wirkungspotenzial der medienvermittelten Kommunikation. Befunde der amerikanischen Gewaltforschung können nicht unbesehen auf den deutschen Sprachraum übertragen werden. Ältere Befunde der Wahlforschung haben an Gültigkeit eingebüßt, weil sich Politik und Medien gewandelt haben (Chaffee/Hochheimer 1983; Bennett/Iyengar 2008). Zudem sind Medien nur einer der Faktoren, die an gesellschaftlichen Entwicklungen beteiligt sind, diese verstärken, beschleunigen oder in eine bestimmte Richtung lenken können.

Abb. 9 Inter- und Transaktion von Medienbotschaft und Mediennutzer

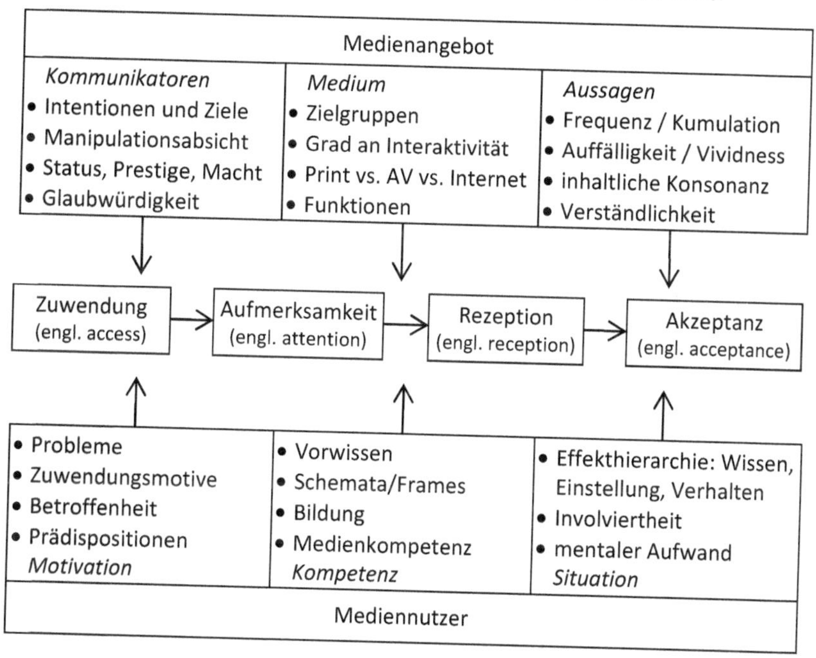

5. **Publikumsaktivität.** Das Publikum kann handeln, und zwar nicht nur negativ als Selektionsfilter, sondern auch positiv aus Interesse und aktiv als gezielter

Informationssuchender; gleichzeitig ist es aber auch abhängig und passiv bezüglich des Medienangebots, das faktisch zur Verfügung steht.

6. **Indirekte Wirkungen.** Medien wirken nicht nur direkt, sondern auch indirekt z.B. über interpersonale Kommunikation via Meinungsführer.
7. **Medium.** TV oder Internet können z.B. das selektive Verhalten einschränken und Effekte im Sinne von „Überrumpelung" erzeugen, aber auch mehr selektive Eigenaktivität erlauben bzw. bedingen, was Rückwirkungen auf den Wirkungsprozess hat (Jandura/Fahr/Brosius 2013; Woelke 2014).
8. **Realistischere Wirkungserwartungen.** Die Fixierung auf Einstellungen verschiebt sich zugunsten von Kognitionen: Zugang zu und Beachtung von Medienbotschaften sind zwar notwendige Bedingungen für Effekte, oft aber nicht hinreichende Ursachen (McGuire 1986): Kinder lernen zwar Verhaltensmodelle, deren Ausübung hängt aber von nichtmedialen Faktoren ab.
9. **Systemhaftigkeit.** Notwendig ist die Analyse der je spezifischen Konstellationen der im Wirkungsgeschehen je involvierten Faktoren und Prozesse: a) Druck des Medienangebots (medial), b) Ausmaß der Informationssuche (motivational), c) mentaler Rezeptionsaufwand und Interpretationsstrategien (kognitiv), d) Konsonanzstreben (affektiv) und e) Konformitätsdruck (sozial).

1.4 Methoden

Die Heterogenität möglicher Medieneffekte (vgl. Kap. 1.2) und die Vielfalt theoretischer Erklärungsversuche (vgl. Kap. 1.3) gehen mit methodischen Problemen zusammen, die von Beginn an die Wirkungsforschung bestimmt haben. Dabei geht es um die Komplexität der Erfassung von Medieneffekten einerseits, und um die Schwierigkeiten der kausalen Rückbeziehung von gemessenen Effekten auf die sie verursachenden Faktoren andererseits (Schulz 1982: 64ff.).

1.4.1 Kontrollprobleme

Die Analyse und Erklärung von Medienwirkungen muss zur Dokumentation des Wirkungsgeschehens folgende Stationen des Kommunikationsprozesses kontrollieren (McLeod/Reeves 1980: 27ff.):

Kontrolle des Medieninhalts. Medienwirkungen werden unterschiedlichsten Medienstimuli zugeschrieben. Als verursachende Bezugsgröße kann einerseits z.B. ein ganzes Medium stehen (die Wirkung *des* Fernsehens), andererseits eine

Szene aus einem Film, ein Artikel oder eine Schlagzeile. Vor allem bei komplexeren Bezugsgrößen stellt sich die Frage nach der *Äquivalenz von Inhalt und Effekt*, d.h. ob und wie die Rezipienten überhaupt auf welche inhaltlichen oder formalen Charakteristika der Botschaft reagieren. Diese Frage ist vor allem bei inhaltsunspezifischen Theorien wie der Kultivierungshypothese von Bedeutung: Inwiefern stimmen inhaltsanalytisch erhobene Mediengewalt und durch den Rezipienten perzipierte Medienrealität überein?

Kontrolle der Medienzuwendung. Sie ist vor allem bei Feldstudien ein Problem. Kommunikationskampagnen haben z.B dann keine Wirkung, wenn sie die anvisierte Zielgruppe wegen *Nutzungs- oder Zugangsklüften* gar nicht erreichen. Hinzu kommt, dass in den meisten Studien Medienzuwendung mittels quantitativer Messung nur unzureichend erfasst wird (Slater 2004; Valkenburg/Peter 2013). Oft ist es auch nicht möglich, den Einfluss nichtmedialer Quellen wie interpersonale Kommunikation befriedigend zu kontrollieren. Mögliche Auswege bestehen im Einsatz von rezipienten- und aussagenbezogenen Indikatoren wie Medienabhängigkeit oder Aussagendiskriminierung (vgl. Clarke/Kline 1974). Weil Medieneffekte auf unterschiedlichen Ebenen auftreten, muss zudem das *Nichteintreten* von Einstellungsänderung nicht unbedingt bedeuten, dass keine Wirkungen vorliegen; diese können ja auf der kognitiven oder affektiven Ebene erfolgt sein. Weiter besteht das Problem, dass gemessene Effekte in einem inneren und eindeutigen Zusammenhang mit der Medienbotschaft als Stimulus stehen sollten.

Inferenzproblematik. Weil (Massen-)Kommunikation das Alltagsleben der heutigen Menschen so umfassend durchdringt, ist es äußerst schwierig, bestimmte vermeintliche Effekte eindeutig als Medienwirkungen zu identifizieren und diese verlässlich auf entsprechende Ursachen zurückzuführen. Neben einer guten Stimulusbedingung besteht das Hauptproblem in der Kontrolle von mitverursachenden Drittfaktoren.

Frage: Ist es wirklich die Medienzuwendung, die einen festgestellten Effekt verursacht hat? Welche anderen Einflüsse – vermittelt durch welche Instanzen – könnten ebenfalls eine Rolle gespielt haben?

Drittfaktoren. Den mediatisierenden Prozessen, welche die Beziehung zwischen Medienaussagen als Input und Medieneffekten als Output vermitteln, ist lange Zeit nicht genügend Aufmerksamkeit geschenkt worden. Medieneffekte müssen aber fast immer als indirekt und vermittelt begriffen werden, d.h. als Interaktion von verschiedensten Faktoren und Prozessen. Abzuklären ist dabei jeweils das spezifische Zusammenwirken dieser Faktoren.

Nach der Wissenskluft-Hypothese profitieren Menschen aufgrund ihres je spezifischen Bildungsstands von ihrer Mediennutzung je unterschiedlich (vgl. Abb. 10). Bei hoher formaler Bildung wird im Vergleich zu niedriger Bildung rascher gelernt und mehr Information aufgenommen, was zu sich verstärkenden Wissensklüften führt. Je nach Konstellation sind aber auch sich verringernde Klüfte bei Redundanz und Konflikt oder additive Effekte denkbar, wenn aus Mediennutzung – und zwar unabhängig von Bildung – gleichermaßen Wissen resultiert.

Abb. 10 Interaktionstypen von Mediennutzung und Wissenserwerb

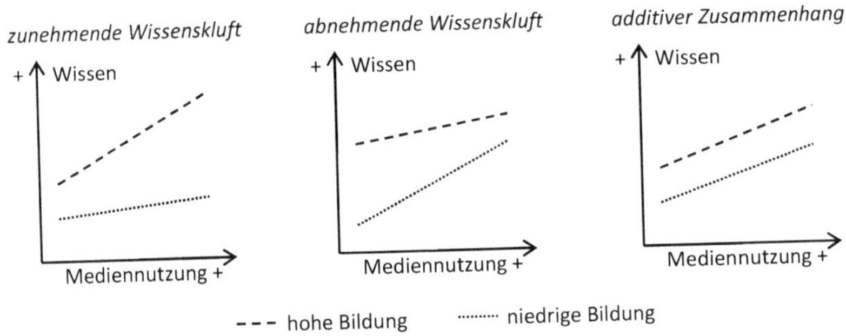

1.4.2 Untersuchungsanlagen

Laborexperiment. Die Wirkungsforschung hat sich methodisch in den 1960er-Jahren hauptsächlich auf das *Laborexperiment* gestützt. Im Unterschied zur Feldforschung werden die Daten hier nicht im natürlichen sozialen Kontext erhoben, sondern Beobachtung und Datenerhebung erfolgen in einer möglichst kontrollierten und standardisierten Situation, die von der Alltagswelt u.U. stark abweichen kann.

Die *Vorteile* der Laborsituation liegen in der Kontrolle sowohl der Medienaussage als Stimulus als auch der Medienzuwendung zum Stimulus. Zudem kann der mögliche Einfluss von weiteren Drittfaktoren gut kontrolliert werden. *Nachteile* bestehen darin, dass diese kontrollierte Konzentration auf nur eine einzelne und zudem vorgegebene, oft für den Rezipienten irrelevante Medienaussage in einer isolierten Rezeptionssituation dem Phänomen „Massenkommunikation" kaum entspricht *(fehlende externe Validität)*. Effekte können sich so als *Artefakte* einer künstlich hergestellten Situation mit hoher Aufmerksamkeit und geringer Relevanz – meist mit Studierenden – ergeben. Ungeklärt ist, welche Bedeutung solche Befunde für das Verständnis der medienvermittelten Kommunikation haben.

Feldstudien. Sie analysieren im Unterschied zum Laborexperiment medienvermittelte Kommunikationsprozesse mittels Befragung so, wie sie im Alltag tatsächlich ablaufen. Wirkungen können dabei immer nur im Vergleich untersucht und festgestellt werden. Während früher noch der Vergleich „Vor-/Nach-TV-Einführung“ möglich war oder „Seher“ mit „Nicht-Sehern“ verglichen werden konnten, ist dies heute kaum mehr möglich. Medienzuwendung wird als tägliches, habitualisiertes und stark extensives Verhalten von praktisch allen ausgeübt. Zudem ist die vollständige Dokumentation des Wirkungsgeschehens schwierig. Die kausale Verknüpfung von Medienaussage und Medieneffekt erscheint problematisch, da prinzipiell sehr viele Drittfaktoren ebenfalls Ursachen sein könnten.

Abb. 11 Laborexperiment und Feldstudie im Vergleich

Dimension	*Laborexperiment*	*Feldstudie*
ausgewählte Thematik	wenig aktuelle Themen, niedriges Ego-Involvement	aktuelle Themen, hohes Ego-Involvement
untersuchtes Zeitintervall	kleines Zeitintervall zwischen Empfang der Aussage und gemessener Wirkung	potenziell großes Zeitintervall zwischen Empfang der Aussage und Messung
Kommunikations-situation	künstliche Laborsituation	natürliche Umweltsituation
Zuwendung zur Medienaussage	Inhalte werden dem Rezipienten vorgegeben	Zuwendung zum Medieninhalt ist freiwillig
Rezipienten-Interaktion	kaum möglich	stark vorhanden
Validität	interne Validität gewährleistet, externe nicht	interne Validität bedingt, externe ebenfalls bedingt
Aussagen-relevanz	Praxisrelevanz kritisch bis fehlend	Korrelationsanalysen mit Kausalitätsproblematik

Quasi-Experiment. Im Unterschied zu Feldstudien arbeiten Quasi-Experimente mit einer in der Realität arrangierten Situation und einem kontrollierten Stimulus. Von Bedeutung ist hier das Vorhandensein einer „natürlichen“ Situation, aber mit dem Charakter eines Quasi-Experimentes: ein starkes, gut diskriminierendes Medienereignis wie Wahlen oder eine mediale Gesundheitskampagne, welche einen Vorher/Nachher-Vergleich oder z.B. den Vergleich einer Stadt mit Medienkampagne mit einer solchen ohne Kampagne ermöglicht.

Beispiel I: klassisches Glaubwürdigkeits-Experiment

Problemstellung und Hypothese. Die Forscher der Yale University nahmen an, dass eine identische persuasive Botschaft einen stärkeren Einstellungswandel bewirkt, wenn ihr Inhalt mit einer sehr glaubwürdigen Quelle verbunden ist (Hovland/Weiss 1951; auch Perloff 2008: 221ff.).

Design. 244 Undergraduate Students der Yale University füllten einen Meinungsfragebogen in einer Geschichtsvorlesung zu verschiedenen Themen und Quellen aus. Eine Woche später gestaltete ein unbekannter Gastreferent (der Experimentator) die Vorlesung zum Thema „Psychologie der Kommunikation". Sein Ausgangspunkt: Meinungen sind oft durch das, was man so liest, beeinflusst. Er wünschte dazu Anschauungsmaterial, indem er der Klasse Artikel zu verschiedenen Themen gab. Nach dem Lesen der Texte mussten die Studierenden einen kurzen Fragebogen ausfüllen. Jeder erhielt dabei vier Artikel, und zwar jeweils zwei pro und zwei kontra zum Thema. Zudem waren die Versionen so angelegt, dass mit den Themen verschiedene Quellen mit je einmal hoher und einmal geringer Glaubwürdigkeit verknüpft waren.

Abb. 12 Als Stimuli verwendete Medienaussagen

Themenbereiche	Glaubwürdigkeit der Quellen *gering*	*hoch*
Kann zum jetzigen Zeitpunkt ein Atom-U-Boot gebaut werden?	Prawda	J. R. Oppenheim
Sollten Antihistamine rezeptfrei erhältlich sein?	Massenmagazin mit geringem Niveau	Journal of Biology and Medicine
Ist die Stahlindustrie Ursache der gegenwärtigen Stahlknappheit?	rechter Anti-Labor-Kolumnist	Bulletin of National Resources Board
Wird das Fernsehen die Anzahl der Kinos herabsetzen?	Film-Kolumnist	Fortune Magazine

Befunde. Glaubwürdige Quellen wurden von den Befragten tatsächlich als glaubwürdig eingeschätzt. Einstellungsänderungen wurden gemessen als Anzahl Personen, die von der ersten zur zweiten Befragung ihre Einstellung zum Thema wechselten – und zwar in Richtung der vorgeschlagenen Richtung. Von dieser Prozentzahl wurde die Anzahl jener subtrahiert, die ihre Einstellung in gegensätzlicher Richtung geändert hatten. Gesamtbefund: Im Durchschnitt induzierten die glaubwürdigen Quellen 22,5%, die unglaubwürdigen Quellen 8,4% Einstellungsänderungen, was einer Nettodifferenz von 14,1% entspricht.

Abb. 13 Effekt der Quellen mit unterschiedlicher Glaubwürdigkeit

Themen	Netto-Einstellungs-änderung	Anteil „als glaubwürdig" geschätzte Quelle bei Quellenglaubwürdigkeit *tief*	*hoch*	perzipierter Glaubwürdigkeitsunterschied zwischen Quellen
U-Boot	35%	1%	94%	93%
Antihistamine	23%	6%	95%	89%
Stahlknappheit	11%	17%	81%	64%
Kinozukunft	-3%	21%	89%	68%
Durchschnitt	14%	11%	89%	78%

Fragen. Stützen die Befunde die Hypothese? Ja, zudem: Mit der Zunahme der Glaubwürdigkeit scheinen auch die Einstellungsänderungen anzusteigen. Aber: Große Unterschiede der Glaubwürdigkeit bewirken nur geringe Unterschiede in der Einstellungsbeeinflussung. Konsequenzen: Könnte in realen Situationen, wo Unterschiede in der Glaubwürdigkeit der verschiedenen Kommunikatoren wesentlich geringer sind, ein ähnlicher Zusammenhang auftreten? Die Verwendung von vier Themen garantiert zwar eine gewisse Themenunabhängigkeit. Zugleich muss festgehalten werden, dass der Einfluss der Glaubwürdigkeit offenbar mit dem Thema interagiert, also u.U. keine unabhängige Größe ist. *Messtheoretisch*: Ist die Operationalisierung des Konzepts „Glaubwürdigkeit" umfassend genug?

Beispiel II: klassische Feldstudie zum Bildungsfernsehen

Problemstellung. Kann man sozial benachteiligten Kindern im Vorschulalter durch das Fernsehen Kenntnisse und Fertigkeiten vermitteln? 1968 wird von mehreren Organisationen in den USA der Children's Television Workshop gegründet und 1969 die ersten „Sesame Street"-Sendungen ausgestrahlt. Das Programm versucht mittels formaler gestalterischer Mittel, die den in der Werbung verwendeten ähnlich sind, die Aufmerksamkeit der Kinder zu fesseln, um so auf spielerische Art Kenntnisse zu vermitteln wie Buchstaben-/Zahlenerkennen, Zählen, Vokabular etc. (Ball/Bogatz 1970; auch Liebert 1978: 99ff.).

Design. Das Educational Testing Service ETS evaluierte mit verschiedenen Untersuchungen die Wirkung von „Sesame Street". Die Kinder wurden dabei einer Kontroll- und einer Sehbedingung zugeteilt. Die Eltern der Kinder mit „Sehbedingung" wurden über „Sesame Street" informiert, erhielten Begleitmaterialien und wurden vom Untersuchungsteam wöchentlich besucht. Neben der Familiensituation wurden Kinder der Sehbedingung ebenfalls einer Schulsituation zugewiesen, indem sie dort im Rahmen der Schule „Sesame Street" sehen konnten. Die Kinder der Kontrollgruppe erhielten keine Anweisungen und keine Begleitung. Der Versuch dauerte sechs Monate; 950 Kinder nahmen daran teil. Vor und nach dem Versuch fanden verschiedene Tests statt.

Abb. 14 Auswirkungen der Sendung Sesamstraße

Leistungs-Testskores		Total		Benachteiligte		Privilegierte	
		Pretest	*Gewinn*	*Pretest*	*Gewinn*	*Pretest*	*Gewinn*
Sehhäufigkeit	4. Quartil (hoch)	101	48	97	47	110	45
	3. Quartil	94	39	87	37	113	40
	2. Quartil	86	31	84	29	102	38
	1. Quartil (tief)	76	19	76	19	95	27
Durchschnitt(N=943)		89	34	86	33	105	38

Befunde. Der ursprünglich geplante Vergleich von „Sehern" und „Nicht-Sehern" konnte wegen der Popularität der Sendung nicht durchgeführt werden. Darum wurden die Kinder aufgrund unterschiedlicher Sehfrequenz der Sendung in vier Untersuchungsgruppen mit je 25% eingeteilt. 1) In Haushalten mit College-Bildung der Eltern wurde die Sendung deutlich häufiger genutzt (88% mind. eine Sendung in den letzten drei Monaten) als in Haushalten mit Highschool-Bildung (57%) oder in solchen ohne Highschool-Bildung (44%). 2) Für alle acht Subtests konnten je unterschiedliche Wissensgewinne nachgewiesen werden, wobei mit steigender Sehhäufigkeit der Serie mehr gelernt wurde. 3) Auch benachteiligte Kinder, d.h. solche mit Eltern aus der Unterschicht, lernten. Diese sahen sich jedoch das Programm viel weniger häufig an als Kinder aus der Mittelschicht. 4) Mittelschichtkinder lernten ausgesprochen viel (wachsende Wissensklüfte). 5) „Disadvanced children who viewed a lot surpassed the advanced children who did not view or viewed very little" (Ball/Bogatz zit. nach Liebert et al. 1978: 107).

Probleme. Kindern der Sehbedingung wurde zusätzlich interpersonale Unterstützung teil. Aber es kann nicht zwischen dem Einfluss der Sendung und der interpersonalen Aktivitäten unterschieden werden. Welche Prozesse bewirkten den Lernerfolg? Wie wirkten interpersonale und Massenkommunikation zusammen? – Obwohl die Kinder durch „Sesame Street" lernten, muss die Gesamtwirkung der Sendung bezüglich ihrer Zielsetzung beurteilt werden: Findet tatsächlich Wissensausgleich statt? Weil sich vor allem Mittelschichtkinder die Sendung intensiv angesehen hatten, jene Kinder also, die schon vor der Sendung bildungsmäßig privilegiert waren, scheint sich die Wissenskluft zwischen den Segmenten vergrößert zu haben. Methodisch gesehen sind die Verwendung von Kontrollgruppen und der Vergleich zwischen „vorher" und „nachher" positiv zu werten.

1.4.3 Methodische Tendenzen

Die oben diskutierten Probleme der Erforschung von Medienwirkungen legen folgende methodologische Postulate nahe, die in Zukunft in der Wirkungsforschung stärker berücksichtigt werden sollten (Schulz 1982: 64ff.; McGuire 1986: 208ff.; Schweiger 2013: 30ff.; Maurer 2013; Valkenburg/Peter 2013):

1. **Multimethoden-Design.** Kombination von verschiedenen Methoden wie Inhaltsanalyse und Befragung, aber auch von standardisiert-quantifizierenden und qualitativen Verfahren.
2. **Longitudinales Design.** Kontrolle des Zeitverlaufs von Wirkungsprozessen mittels Panelstudien oder Zeitreihenanalysen. Slater (2007) hat dazu

ein Modell von sich im Zeitverlauf gegenseitig verstärkender Mediennutzung und Meinungsbildung (engl. reinforcing spirals) vorgeschlagen.

3. **Komparative Forschung.** Um die Generalisierbarkeit der Befunde zu erhöhen, sollte die Forschung vermehrt Phänomene der Mediennutzung (Hasebrink 2012), aber auch Medienwirkung (Schmitt-Beck 2012; Bonfadelli 2017) im Länder- und Kulturvergleich analysieren.
4. **Mehrebenen-Design.** Verknüpfung von Daten sowohl auf der Personenebene als auch auf der Ebene von Gruppen, Organisationen oder gesellschaftlichen Subsystemen (Pan/McLeod 1991; Scheufele 2008).
5. **Drittfaktoren.** Berücksichtigung und Spezifizierung von mediatisierenden Drittfaktoren auf sozialer wie psychologischer Ebene, die Medieneffekte je unterschiedlich verstärken oder abschwächen können (Perse 2001: 14-15).
6. **Multivariate Auswertungsmodelle** mittels sog. Pfadanalysen, die das gleichzeitige Zusammenwirken von verschiedenen Variablen analysieren.
7. **Meta-Analysen.** Quantitative Synthese der Befunde von durchgeführten empirischen Studien zu verschiedenen Phänomen oder Theorien der Medienwirkungsforschung (z.B. Allen/Preiss 1998; Preiss et al. 2007).

Übungsaufgaben

1. Was versteht man unter „Medienwirkungen"? Definieren Sie.
2. Welche gesellschaftlichen Instanzen bekunden ein Interesse an Medienwirkungen und haben welche normativen Vorstellungen über Wirkungen?
3. Nach welchen Dimensionen lässt sich das Spektrum möglicher Medienwirkungen strukturieren?
4. Nennen Sie die drei wichtigsten Phasen der Medienwirkungsforschung mit den entsprechenden Konzeptionen von Medienwirkungen.
5. Welche Untersuchungsanlagen gibt es für die Erforschung von Medienwirkungen und mit welchen Stärken und Schwächen?

Zum Weiterlesen

Bilandzic, Helena (2014): Wirkungsforschung. In: Karmasin, Matthias/Rath, Mattias/Thomaß, Barbara (Hg.): Kommunikationswissenschaft als Integrationsdisziplin. Wiesbaden, S. 159-178.

Der Beitrag thematisiert das hochgradig heterogene Feld der Medienwirkungsforschung und fragt nach dem Stand der Integration durch Transfer von externen Ansätzen.

Brosius, Hans-Bernd (2013): Neue Medienumgebungen. Theoretische und methodische Herausforderungen. In: Jandura, Olaf/Fahr, Andreas/Brosius, Hans-Bernd (Hg.): Theorieanpassungen in der digitalen Medienwelt. Baden-Baden, S. 13-29.

Der Text setzt sich mit den theoretischen und methodischen Herausforderungen auseinander, welche durch die Veränderung von Medienangeboten und Mediennutzung – sprich Internet und Social Web – für die Medienwirkungsforschung entstanden sind.

Potthoff, Matthias (Hg.) (2016): Schlüsselwerke der Medienwirkungsforschung. Wiesbaden.

Der Reader versammelt Zusammenfassungen der Schlüsselwerke der Medienwirkungsforschung, nicht zuletzt auch der klassischen Texte z.B. „The Invasion from Mars“ von Herta Herzog (1940) oder „The People's Choice“ von Paul F. Lazarsfeld/Bernard Berelson/Hazel Gaudet (1944).

2 Mediennutzung

Lernziele

1. Sie verstehen das Publikum als „hypothetisches Konstrukt" sowie die vorherrschenden Publikumskonzeptionen.
2. Sie kennen die wichtigsten Typen der Publikumsforschung und relevante Befunde zur Mediennutzung.
3. Sie erlernen die Grundlagen, Fragestellungen und Befunde des Uses-and-Gratifications- bzw. Nutzenansatzes.
4. Sie kennen die wichtigsten Ansätze zur aktiven Informationssuche und zum situationalen Informationsgebrauch.
5. Sie können den Dynamisch-transaktionalen Ansatz in die Medienwirkungsforschung einordnen und kennen seine Prämissen.

Die Distanz zwischen Medienschaffenden und ihrem Publikum – Leser, Zuhörer, Zuschauer, Internetnutzer – macht *Mediennutzungsforschung* (Böhme-Dürr/Graf 1995; Hasebrink 2002; Meyen 2004; Schweiger 2007; Frey-Vor/Siegert/Stiehler 2008; Napoli 2012; Bilandzic et al. 2016) im Allgemeinen bzw. Leserschafts- und Publikumsforschung im Speziellen als Instrument des redaktionellen Marketings zur Gewinnung von *Feedback* im Publikumsmarkt notwendig (Weichler 2003). Das Pendant im Werbemarkt ist die *Mediaforschung* (Frey-Vor/Siegert/ Stiehler 2008) zur Dokumentation von Reichweiten für Inserenten. Ein Großteil dieser Forschung wird von Rundfunk, Presseverlagen und Marktforschungsinstituten als *angewandte Auftragsforschung* durchgeführt.

Perspektiven. In den vergangenen zwei Dekaden ist das theoretische Interesse am Publikum und an der Mediennutzungsforschung stark gestiegen, was in neuen, auch internationalen Publikationen zum Ausdruck kommt: McQuail 1997; Abercrombie/Longhurst 1998; Dickinson/Harindranath/Linné 1998; Klaus 1998; Ruddock 2001; Wicks 2001; Lindner-Braun 2006; Nigthingale 2011. Das Medienpublikum wird zudem stärker theorieorientiert thematisiert, wie z.B. in der Typologie der fünf *„Audience Research Traditions"* von Jensen/Rosengren (1990): 1) Effects Research, 2) Uses-and-Gratifications, 3) Literary Criticism, 4) Cultural Studies, 5) Reception Analysis. Darüber hinaus hat die Auseinandersetzung mit der ganzheitlich verfahrenden *qualitativen Rezeptionsforschung* dem Forschungsbereich neue Impulse verliehen (Schrøder 1987; Ang 1991; Klaus 1997a, 1997b; Svendsen 1998; Gehrau 2002; Meyen 2004: 36ff.; Wünsch et al. 2014; Bilandzic/Schramm/Matthes 2015; Bilandzic et al. 2016). Gleichzeitig sind Versuche erkennbar, die deskriptiven Befunde – etwa zu den Auswirkungen des Medienwandels auf das Mediennutzungsverhalten – in erklärender Hinsicht intermediär vergleichend und länderübergreifend zu systematisieren (Becker/Schönbach 1989; Schweiger 2007; Hasebrink 2012).

Kritik. In theoretischer Hinsicht wird an der angewandten Mediennutzungsforschung kritisiert, dass ihre Fragestellungen nur *deskriptiv* und hauptsächlich *anwendungsbezogen*, ihre Perspektive *theorielos* und ihre Befunde *kaum generalisierbar* seien. Zudem werde ihr Gegenstand (das Medienpublikum) meist nur kategoriell definiert. Medienschaffende als Anwender wiederum würden der Mediennutzungsforschung ambivalent gegenüberstehen, ignorierten diese vielfach oder lehnten sie gar ab. Allerdings fehlt es der theoretischen und universitär institutionalisierten Nutzungsforschung an Kontinuität und deren Stichproben sind vielfach klein und wenig repräsentativ.

2.1 Publikum

Die Mediennutzungsforschung untersucht den Medienumgang verschiedenster Publika. Und weil die Mediennutzung dispers ist und flüchtig erfolgt, ist das Medienpublikum letztlich ein *„hypothetisches Konstrukt"*, das je nach theoretischer Perspektive und methodischem Zugriff der Publikumsforschung anders konzipiert wird (Potter 2009; Jäckel 2012: 97ff.). Darüber hinaus stellen Online-Kommunikation und Medienkonvergenz nicht nur methodologische, sondern auch theoretische Herausforderungen (Couldry 2011; Carpentier 2011; Napoli 2012; Carpentier/Schrøder/Hallett 2014). Als Hintergrund sollen in einem ersten Schritt die unterschiedlichen *Publikumskonzeptionen* näher dargestellt werden.

2.1.1 Publikum als hypothetisches Konstrukt

In der *Massenkommunikation* werden nach Gerhard Maletzke (1963: 324) Aussagen öffentlich, durch technische Verbreitungsmittel, indirekt und einseitig an ein *disperses Publikum* vermittelt. Die Nutzer und Empfänger der klassischen Massenmedien werden also in *großer Zahl* von denselben Aussagen erreicht und bleiben dem Kommunikator gegenüber *anonym*. Auch wenn diese Aspekte durch die Einführung des Internets und Web 2.0 aufgeweicht wurden, bildet sich das Publikum nach wie vor durch *vorübergehende, zeitlich und räumlich getrennte Zuwendung* zu den Medien (Blumer 1966; Webster 1998; Potter 2009). Das Publikum (engl. audience bzw. public) der Medien ist somit prinzipiell *offen*, *unbegrenzt* und *fluktuierend*. Es ist darum kein stabiles und dauerhaftes soziales Gebilde, sondern formiert sich von Fall zu Fall in der aktiven Hinwendung zur und in der Partizipation an der Massenkommunikation (Abercrombie/Longhurst 1998: 39ff.; Dohle 2008).

Im Gegensatz zur *interpersonalen Kommunikation* fehlt bei der klassischen Massenkommunikation die direkte Interaktion zwischen den Gesprächspartnern; ein Wechsel der kommunikativen Rollen kann nicht stattfinden; die Medienbotschaften wenden sich nicht direkt an einzelne, ganz bestimmte Individuen; der Kontakt zwischen Sender und Empfänger ist gering, eher formell, distanziert und unpersönlich; die Botschaften sind potenziell allen zugänglich, von allgemeinem Interesse und öffentlicher Natur, wobei die Kommunikatoren bestrebt sind, soziale Nähe vorzutäuschen (vgl. Kap. 3.3 zur parasozialen Interaktion).

Was die *Neuen Medien* wie Internet und Social Media oder Mobilkommunikation anbelangt, so schwächen sich allerdings diese strukturellen Unterschiede ab: a) weniger Massen- und stärkere Zielgruppenorientierung bzw. sog. *„Long Tail"*, d.h. viele kleine Nischen-Anbieter; b) aktive Mediennutzung löst Medienkonsum ab; c) Einweg- wird durch interaktive Zweiweg-Kommunikation in Form von *Interaktivität* ersetzt (Goertz 1995; Wirth/Schweiger 1999; Beck/Schweiger 2001; Neuberger 2007; Rössler 2007; Schweiger 2010; Frees/Fisch 2011).

Die oben dargestellten Strukturmerkmale der Massenkommunikation erschweren eine theoretisch und methodisch fruchtbare Auseinandersetzung mit dem Phänomen „Medienpublikum". Oder pointiert formuliert: *„Das Publikum gibt es gar nicht!"* – Vielmehr konstruieren die universitäre Kommunikationswissenschaft einerseits und die angewandte praxisorientierte Publikumsforschung andererseits, aber auch der Journalismus (Hasebrink 2008), aufgrund ihrer je unterschiedlichen theoretischen Perspektiven, mit je anderen Operationalisierungen und methodischen Instrumenten je andere Publikumskonzeptionen als sog. *hypothetische Konstrukte* (Biocca 1988; Schweiger 2007: 222ff.).

In der Entwicklung der Wirkungsforschung haben sich analog verschiedenste *Publikumskonzeptionen* abgelöst, die als Basiskonzepte implizit je unterschiedliche Wirkungspotenziale der Medien enthalten (Klaus 1997; McQuail 2010: 451ff.): Zu Beginn des 20. Jhd. galt das Medienpublikum als undifferenzierte *„Masse"*, bestehend aus anonymen, isolierten, passiven und manipulierbaren Einzelpersonen (Blumer 1946 bzw. 1966; Riesman 1950), in den 1950er-Jahren im Gefolge der Wahlstudien von Paul F. Lazarsfeld als *Netzwerk* von sich überlappenden *Kleingruppen* mit Meinungsführern, die sich durch selektive Zuwendung und Interpretation vor propagandistischen Medieneinflüssen zu schützen suchen, in den 1980er-Jahren als strategisch definierte und anzupeilende *Zielgruppen* (Kiefer 1983; Scherer/Brosius 1997), in den 1990er-Jahren in Folge wachsender Medienangebote als „knapp gewordenes Gut" auf dem *umkämpften Medienmarkt* (Schweiger 2007: 169) und ab der Jahrtausendwende als ein *globales Interaktionsnetzwerk*, das über verschiedene Kanäle und Plattformen unter sich, mit dem Medienangebot und mit den Medienanbietern in ständigem Austausch steht (Neuberger 2014).

Merksatz

Weil es „das" Publikum von journalistischen Medienangeboten nicht gibt, sondern das Publikum ein hypothetisches Konstrukt ist, resultieren je nach theoretischer wie normativer Perspektive und den zugrunde liegenden Dimensionen unterschiedliche Publikumskonzeptionen.

2.1.2 Dimensionen des Publikums

Betrachtet man die Publikumskonzeptionen genauer, die von der angewandten oder universitären Medienforschung, aber auch von den Praktikern in Medien und Werbung benutzt werden, lassen sich Gemeinsamkeiten und Unterschiede feststellen, denen immer bestimmte theoretische Dimensionen zugrunde liegen. Folgende *Polaritäten* sind bei der Konstruktion von Publika von Bedeutung:

Medium vs. Rezipient

Die Ansicht, dass Medien durch attraktive und zielgruppenspezifische Angebote eine *Nachfrage* zu erzeugen vermögen und so ihr Publikum tagtäglich als „*Outcome*" selbst schaffen bzw. als „*Commodity*" vermarkten, liegt der angewandten Publikumsforschung zugrunde (Ettema/Whitney 1994; Carpentier et al. 2014). Ihre Aufgabe besteht darin, für Medienanbieter und Medienschaffende festzustellen, wie gut dies gelingt und wie die Medienreichweiten verbessert werden könnten. Einer solchen *medienzentrierten* Betrachtung steht die in der Kommunikationswissenschaft übliche Ansicht gegenüber, dass Publika nicht durch Medien selbst generiert werden, sondern in Form sozialer Gruppen schon vorgängig und unabhängig von den Medien bestehen, und sich Medienzuwendung weniger durch die Botschaften, sondern stärker durch die *Rezipienten* und ihre Merkmale wie Alter, Bildung oder Geschlecht (Holtz-Bacha 1990b; Corneließen 1998, 2002; Böck/Weish 2002; Schweiger 2007; Engel 2016) erklären lässt.

Wir können somit Publikumskonzeptionen danach hinterfragen, ob sie Publika in einer *rezipienten-zentrierten Perspektive* 1) *soziologisch* durch Rückgriff auf die Gesellschaft, soziale Segmente oder Milieus, 2) eher *psychologisch* durch Verweis auf bestehende Persönlichkeitsstrukturen oder 3) *kulturell* aufgrund von Lebensstilen sowie Milieus konstruieren oder ob sie 4) *medien-zentriert* Publika durch Bezugnahme auf bestimmte Medien (TV), Genres (TV-Krimi) oder Sendungen (Tatort-Seher) konstruieren.

Kontakt vs. Transfer vs. Ritual

Es gibt verschiedene Konzeptionen von Kommunikation, über die sich Medienpublika konstituieren. Dem *Verbreitungsmodell* (1) unterliegt die Perspektive von Medien als technischen Kanälen, die mit ihren spezifischen Eigenschaften bestimmte Publika zu erreichen vermögen. Medien fungieren als *Transportmittel* für Botschaften wie Werbung und garantieren dem Werbeauftraggeber Kontakte mit Zielgruppen. Das Publikum wird methodisch konstruiert über die durch Befragung oder technische Messung gewonnenen *Reichweitenwerte*. Im Unterschied dazu steht im *Transfer- oder Transmissions-Rezeptions-Modell* (2a) die Informationsverbreitung im Zentrum. Zur Abschätzung der Medienleistung ist zentral, ob Wissensvermittlung stattfindet und Mediennutzung sich in Lernprozesse umsetzt oder nicht. Dieser Publikumsauffassung verwandt ist das ältere *Stimulus-Response-Modell* (2b): In Abgrenzung zum Transmissions-Rezeptions-Modell steht die Beeinflussung des Rezipienten durch den Kommunikator im Zentrum; Publika werden hinsichtlich des Potenzials definiert, ihre Meinungen oder Verhalten zu beeinflussen. Am jüngsten ist das *Ritualistische Modell* (3): Interpersonale aber auch medienvermittelte Kommunikation wird sender-orientiert als Ausdruck und rezipienten-orientiert als geteilte Erfahrung verstanden. In der gemeinsamen Medienzuwendung konstituieren sich Publika und das jeweilige Medium ermöglicht ihnen eine geteilte Erfahrung (Abercrombie/Longhurst 1998).

Homogenität vs. Heterogenität

Medienpublika können bezüglich ihrer sozialen Zusammensetzung eher homogen oder mehr heterogen sein. Im Zuge der verstärkten Ökonomisierung der Medien und der gestiegenen Nachfrageorientierung der Online-Medien ist die Bedeutung von homogenen Zielgruppen gewachsen, weil diese für die Werbung attraktiv sind wie z.B. die sog. DINK-Haushalte (engl. double income no kids). Aber durch die Möglichkeit der individualisierbaren Werbung in Online-Medien verliert die Homogenität bereits wieder an Bedeutung bzw. wird an wesentlich spezifischeren Merkmalen festgemacht.

Raumgebundenheit

In räumlicher Perspektive können Publika zudem örtlich gebunden und zentriert sein wie z.B. die Bewohner einer Stadt oder eines Gebiets, die gleichzeitig die dort erscheinende Lokalzeitung regelmäßig lesen und das Lokalradio hören. Den Gegenpol bilden transnationale Fernsehprogramme wie CNN oder MTV sowie Internet-Angebote für transnationale bzw. globale Publika (Harsh/Webster 2016; Bonfadelli 2017).

Aktivität vs. Passivität

Unabhängig davon, ob man Publika medienzentriert als durch Medienangebote generiert oder rezipientenorientiert als vom Medium unabhängig bestehend betrachtet, kann dem Publikum eine mehr oder weniger große Aktivität in der Medienselektion zugeschrieben werden (Schnauber 2017). Während in der kommunikationswissenschaftlichen Nutzungsforschung die Prämisse des aktiven Publikums vertreten wird, gehen z.B. Medienpädagogen vielfach vom Bild des trägen, passiven und manipulierbaren, aber auch schwachen und schutzbedürftigen Publikums aus. *Medienspezifisch* werden Publika von Print- und Online-Medien meist als aktiv angenommen, während im Vergleich dazu das Publikum von Radio und Fernsehen eher als passiv konzipiert wird. Aber auch bezogen auf das Fernsehen allein kann zwischen *„ritualisierter“* und *„instrumenteller“* Nutzung unterschieden werden (Rubin 1984). Und was die Bewertung dieser Aktivität anbelangt, kann wiederum differenziert werden zwischen *negativen Konnotationen* etwa als „Medienabstinenz“ oder „Widerspenstigkeit“ (Bauer 1964) des Publikums im Unterschied zu *positiven Konnotationen* wie sie im Involvement-Konzept oder im Uses-and-Gratifications-Ansatz (vgl. Kap. 2.5) betont werden.

Involviertheit vs. Flüchtigkeit

Die Beziehung zwischen Medien und ihren Publika lässt sich auch dahingehend untersuchen oder typologisieren, wie stark involviert die Rezipienten bei der Rezeption sind. Ein hohes Involvement (Donnerstag 1996; Brown 2015) etwa charakterisiert die Medien „Kino“, „Buch“ oder „Computerspiele“, während das Radiohören sich heute bei den meisten Menschen durch Nebenbei-Nutzung auszeichnet. Eine starke Involviertheit kann dazu führen, dass man sich z.B. in die Geschichte hinein transportiert fühlt (Green/Brock 2000; vgl. auch Kap. 3.4.4). Gleichzeitig muss aber nicht jede Medienzuwendung mit einem hohen Involvement auch sehr aktiv sein, wie der Vergleich zwischen dem Spielen eines Computerspiels und dem Erleben eines spannenden Kinofilms andeutet: Beide Male ist das Involvement hoch, gleichzeitig aber ist die Aktivität beim Kinofilm im Vergleich zum Computerspiel relativ gering.

Multifunktionalität

Als letzte Dimension soll die *funktionale Orientierung der Medienzuwendung* genannt werden, d.h. ob ein bestimmtes Medium in einer bestimmten Situation oder zu einem bestimmten Zeitpunkt im Tagesablauf eher informations- oder unterhaltungsorientiert genutzt wird oder ob z.B. Identifikation oder parasoziale Funktionen (vgl. Kap. 3.3) dominant sind.

Obwohl diese Dimensionen vorab zur *begrifflichen Analyse* und *Typologisierung* von Medienpublika geeignet scheinen, sind sie zum Teil schon empirisch umgesetzt worden. Mit der Methode des sog. „experience sampling" haben Kubey und Csikszentmihalyi (1990) Versuchspersonen an zufällig ausgewählten Zeitpunkten im Tagesablauf gebeten, einerseits Angaben zur gerade stattfindenden Tätigkeit (also auch ihre Medienzuwendung) zu machen und andererseits mittels eines sog. *„Semantischen Differentials"* ihren momentanen Gefühlszustand (z.B. das Aktivierungsniveau oder die funktionale Orientierung) einzuschätzen.

2.1.3 Publikumskonzeptionen und Forschungstypen

Aufgrund der oben skizzierten Dimensionen der Publikumsanalyse lassen sich idealtypisch sechs nicht zuletzt auch *normative Konzeptionen des Medienpublikums* skizzieren (vgl. Abb. 15), denen auch verschiedene Traditionen der Publikumsforschung entsprechen (vgl. Jensen und Rosengren 1990; Hasebrink 2008: 514ff.).

Publikum als Masse

Der Begriff „Massenmedien" deutet an, dass zu Beginn des 20. Jhd. das Publikum als Masse betrachtet wurde (vgl. Kap. 1.3). Die Betonung liegt auf der großen Anzahl gleicher Menschen, die nicht als Akteure, sondern als Opfer gesehen werden, und die darum außengeleitet durch die wirtschaftliche und politische Propaganda der Medien als leicht zu manipulierende Masse betrachtet wurden. Es handelt sich um eine *normative* und gleichzeitig *pessimistische* Sicht sowohl der Gesellschaft als auch der sie konstituierenden Menschen (Blumer 1946). Eine solche Konzeption des wehrlosen und durch die Medien manipulierbaren Massenpublikums liegt auch heute noch kulturkritischen Medienbetrachtungen zugrunde. Die Konzeption des Publikums in der *Opferrolle* basiert nicht nur auf dem behaupteten Manipulationsvermögen, sondern ist auch Ausdruck des generellen Machtunterschiedes zwischen Medienorganisation und „einsamer Masse". Weil unorganisierte Medienkonsumenten auch nicht sozialverträglichen Botschaften ausgesetzt sind, bzw. weil Medien mit ihren Angeboten das Verlangen nach sozial unverträglichen Angeboten kultivieren, ohne dass die Anbieter für die Folgen ihres Tuns die Verantwortung zu übernehmen gedenken, verstärkt den Eindruck der Hilf- und Machtlosigkeit des Publikums.

Publikum als Zielgruppe

Für die angewandte Publikumsforschung steht die *Transportleistung* der Medien für Werbebotschaften im Zentrum. Im Gegensatz zur Masse liegt die Betonung auf

Abb. 15 Fünf theoretische Konzeptionen des Medienpublikums

Publikumstyp	**Masse**	**Zielgruppe**	**Individuum**	**sozialer Akteur**	**Fan-Kultur**	**Netzwerk**
Bezugsbereich	Gesellschaft	Markt	Lebenswelt	Öffentlichkeit	Sinn-Gemeinde	soziale Kontakte
Perspektive	zivilisatorisch	wirtschaftlich	psychologisch	politisch	kulturell	sozologisch
Rolle	sozialer Charakter	Konsument	Individuum	Bürger	Mensch	Akteur
Zusammensetzung	uniform	homogen	pluralistisch	heterogen	differenziert	ko-orientiert
Aktivität	gering	gering	mittel	mittel	hoch	hoch
Wirkungsintention	Propaganda	Kontakt	Gratifikation	Information	Erfahrung	Austausch
Wirkungsmodus	Stimulus-Response	Aufmerksamkeit	Medienzuwendung	Decoding	Ritual	Referenzierung
Wirkungsqualität	persuasiv	anregend	selektiv	aufklärerisch	interpretativ	diskutierend
methodischer Zugriff	keine Empirie	elektronische Messung	standardisierte Befragung	Feldstudie Experiment	qualitative Methoden	Soziale Netzwerke
Theorien	*Kulturkritik*	*Publikums-forschung*	*Nutzenansatz*	*Knowledge Gap*	*Cultural Studies*	*Anschluss-kommunikation*

soziodemografischen Kriterien, die ein Publikumssegment als kleinsten gemeinsamen Nenner auszeichnen: Alter, Geschlecht, Bildung, Schicht etc. (Scherer/Brosius 1997; Schweiger 2007). Das dem *Aggregat* zugrunde liegende Merkmal garantiert eine gewisse Homogenität, die Ähnlichkeiten in der Rezeption der Medien erwarten lässt. Eine solche Publikumskonzeption als zu erreichende und zu beeinflussende Zielgruppe (Kiefer 1983) von Menschen in ihrer Konsumrolle wird von der werbetreibenden Wirtschaft forciert. Dabei hat jede Zielgruppe einen ökonomischen Wert, der abhängig ist von der individuellen Bereitschaft, sich spezifischen Werbeblöcken auszusetzen und gleichzeitig als kaufkräftige und ausgabefreudige Konsumenten der beworbenen Waren zu agieren. Es liegt im Interesse der Rundfunkveranstalter, mit ihren Programmen möglichst nah an ihre Kunden heranzukommen, weil so die Ware „Publikum" (engl. commodity) finanziell am einträglichsten vermarktet und verkauft werden kann (Saxer 1986; SFB 1991; Siegert 1993, 1997; McGuigan/Manzerolle 2014).

In *methodischer Hinsicht* konstruiert die anwendungsorientierte Publikumsforschung ihre Publika als Markt (Klaus 1997) einerseits über die *Anzahl realisierter Kontakte,* andererseits über die *zeitliche Dauer der Zuwendung.* Diese durch technische Geräte elektronisch gemessenen Werte können differenziert ausgewertet und für komplexe Analysen des Zuwendungsverhaltens, z.B. des Hin-und-her-Zappens zwischen TV-Kanälen (Krotz/Hasebrink 1998), fruchtbar gemacht werden. Sie lassen freilich kaum Rückschlüsse auf Motive und Intentionen des Publikums oder auf das Ausmaß des Involvements zu.

Publikum aus aktiv handelnden Individuen

Neuere Ansätze der universitären Kommunikationswissenschaft wie der *Uses-and-Gratifications-Approach* (Rubin 2009a+b) oder das *Involvement-Konzept* (Brown 2015) nehmen das Defizit der angewandten Publikumsforschung als Ausgangspunkt und betonen als *Prämisse,* dass sich das Publikum *aktiv* den Medien und ihren Botschaften im konkreten Lebenszusammenhang (Prommer 2013) zuwendet und diese entsprechend der individuellen Bedürfnisse und Probleme mehr oder weniger gezielt nutzt. Menschen wenden sich in verschiedenen Rollen (d.h. als Bürger, Konsument oder Privatperson) unterschiedlich intensiv den Medien zu und erwarten je nach situativem Umfeld eine Vielzahl kognitiver Leistungen und affektiver wie sozialer Gratifikationen: Information, Aufklärung und Kontakt, aber auch Wissenserweiterung, Enkulturation als Vermittlung von Normen und Werten, Unterhaltung und Lebenshilfe. Und weil hinter der Medienzuwendung je spezifische Motivationen stehen, genügt es nicht mehr, nur die *soziodemografische* Zusammensetzung des Medienpublikums zu kennen, um dieses optimal anzusprechen. Gefragt sind *psychographische Informationen,* die von Werbern auch mit dem Begriff „Lifestyle“ umschrieben werden (Krotz 1991; Schulze 1993; Weiß 1996; Hartmann/Neuwöhner 1999), aber auch die Analyse von *Medienrepertoires* (Hasebrink/Schmidt 2013).

Dementsprechend arbeitet die angewandte Publikumsforschung seit einiger Zeit daran, elaborierte *Typologien* zu entwickeln, die Aufschluss darüber geben, was die Werbekunden wissen möchten: „Wie lebt die 26-jährige Frau mit akademischem Abschluss und einem mittleren Einkommen? Warum sitzt sie vor dem Fernseher, warum zappt sie und wie gibt sie ihr Geld aus?“ Das Individuum ist danach ein *souveräner Konsument* auf dem Programm- und Werbemarkt. Es ist gut über das Programm informiert, handelt rational und selektiv aus Eigennutz. Es setzt sich vor allem denjenigen Programmen und Werbesendungen aus, die seine Bedürfnisse am ehesten zu befriedigen vermögen.

Methodisch werden nicht Häufigkeit und Dauer der Mediennutzung, sondern die hinter der Medienzuwendung stehenden und zu befriedigenden Bedürfnisse einerseits sowie die erwarteten Gratifikationen andererseits fokussiert. Bezogen auf die Neuen Medien (wie das Internet) vermag der Uses-and-Gratifications-Ansatz (vgl. Kap. 2.5) durchaus Prognosen anzubieten, indem etwa die Nutzung jener „alten“ Medien gefährdet ist und substituiert werden könnte, deren *funktionales Potenzial* durch die Neuen Medien besser erfüllt wird.

Publikum als sozialer Akteur

Weitere theoretische Perspektiven wie die *Wissenskluft-Forschung* (vgl. Kap. 7.2) basieren ebenfalls auf der Prämisse des aktiven Mediennutzers, fokussieren aber im Gegensatz zum Nutzenansatz stärker den Menschen in seiner *Rolle als Bürger* (Schrøder 2013). Normativ wird den Medien eine informierende, orientierende und aufklärerische Funktion im Rahmen demokratisch-diskursiver Entscheidungsprozesse zugeschrieben und es wird erwartet, dass die Gesellschaftsmitglieder sich in der Rolle des „homo politicus“ via Massenmedien über die für sie wichtigen politischen Belange informieren und sich so eine fundierte Meinung bilden. Untersucht wird etwa, wer sich im Vorfeld einer Abstimmung in der Schweiz via Medien auf dem Laufenden gehalten hat; wie es den Medien gelingt oder nicht, die Bevölkerung zu informieren, und ob und in Abhängigkeit welcher Faktoren es allenfalls zu Wissensklüften kommt (Bonfadelli/Marr 2008).

Publikum als Fan-Kultur

In den 1980er-Jahren haben im Gefolge der Rezeption der *„Cultural Studies“-Tradition* (Krotz 1992; Jäckel/Peter 1997; Hepp 2010) auch in der Kommunikationswissenschaft qualitative Methoden und theoretische Perspektiven Beachtung gefunden, welche die *ritualistischen und expressiven Momente im Medienalltag* betonen (z.B. Lindlof 1988 Krotz 1992; Jäckel/Peter 1997). Erstmals wird genauer beobachtet und beschrieben, *wie Menschen mit Medien umgehen*, wie sie die Medien in ihre alltägliche Lebenswelt einbeziehen, wie sie sich die Botschaften der Medien im Rezeptionsprozess aktiv aneignen und in ihrem Alltag wiederum umsetzen. Es kommen so *neue Phänomene des Publikums* ins Blickfeld der Forschung wie etwa 1) *Gespräche* im Fernsehen oder über das Fernsehen (Brown 1991; Keppler 1994) bzw. vor, während oder nach dem Fernsehen als *Anschlusskommunikation* (Charlton/Klemm 1998; Sutter 2002; Sommer 2010) oder 2) *Handeln* mit oder durch Medien wie Medienspuren im Spiel von Kindern, Zugangs- und Umgangsformen mit Medien in der Familie (Lull 1980a), Medien als Kristallisationspunkte von Jugendszenen (Vogelgesang 1996), die Konstituierung von Medienbiografien (Sander/Lange 2005; Hartung 2010) oder das Auftreten von Menschen mit ihren Alltagsgeschichten in Fernsehsendungen.

In *theoretischer Hinsicht* wird 1) (Medien-)Kommunikation *ganzheitlich* betrachtet. Als Folge gewinnen 2) *qualitative Methoden* und *Methodenmix* an Bedeutung. 3) Mediennutzung basiert auf *kulturellem Kapital*, ist *Ausdruck kultureller Praxis* und dient auch der *sozialen Distinktion* (Meyen 2007; Scherer 2013). 4) Auch ist dieser alltäglich vollzogene Medienumgang untrennbar mit dem Politischen verknüpft: Medienrezeption muss so immer auf je spezifische politische und sozioökonomische *Kontexte* zurückbezogen werden (Charlton/Schneider 1997; Holly/Püschel 1993). Konzepte wie *„Fan-Kultur"* oder *„Interpretationsgemeinschaft"* (Lindlof 1988) betonen, dass sich in der gemeinsamen Zuwendung etwa von (jungen) Menschen zu Medieninhalten wie Songs, TV-Sendungen oder Filmen spezifische Kulturen mit typischen Identitäten und Verhaltensmustern herausbilden. Medienangebote werden als *polysemische Texte* betrachtet, die dem Rezipienten eine mehr oder weniger große interpretative Freiheit zugestehen.

Publikum als interagierendes Netzwerk

Jüngste Studien (vgl. Ziegele 2016) befassen sich mit der Frage, wie das Web 2.0 neue interaktive Formen des Publikums als interagierende Netzwerke geschaffen hat, indem beispielsweise Inhalte und Themen der Online-Kommunikation durch Nutzer kommentiert werden und solche Nutzerkommentare entsprechende *Anschlusskommunikation* erzeugen. Untersucht wird etwa, in Abhängigkeit welcher Persönlickeitsmerkmale und (politischen) Einstellungen von Mediennutzern sich die Kommentierbereitschaft erhöht und wie sich dies auf die wahrgenommene öffentliche Meinung auswirkt (Friemel/Dötsch 2015). Methodisch und theoretisch greift diese Forschung teilweise auch die Tradition der *sozialen Netzwerkanalyse* auf und betrachtet die Rezipienten als Akteure (Friemel 2013).

2.2 Mediennutzungsforschung

Die Mediennutzung des Publikums von Printmedien, Rundfunk und Internet bildet den Gegenstand der *angewandten* Leserschafts- und Buchlese(r)forschung, sowie der Hörer- bzw. Zuschauer- und Internetforschung (Meyen 2004; Frey-Vor/Siegert/Stiehler 2008; Bilandzic et al. 2016: 13ff.). Diese ist bis jetzt weitgehend als *Einzelmedienforschung* betrieben worden, insofern sich deren Fragestellungen und vor allem die verwendeten Methoden und Messkonventionen, aber auch die Formen der Institutionalisierung der Forschung an den einzelnen Medien als Werbeträger und ihren Werbeauftraggebern orientiert haben. Neuerdings ist aber ein Trend in Richtung *Multimediaforschung* unverkennbar, z.B. als Fusionierung der Daten aus Einzelmediastudien, nicht zuletzt wegen der im Gefolge der Digitalisierung sich verstärkenden *Medienkonvergenz*, sowohl bei Anbietern wie bei Nutzern.

Wegen der hohen Kosten, dem Erfordernis nach Repräsentativität und dem Aktualitätsdruck ist die Bedeutung der *universitären* Mediennutzungsforschung (Meyen 2004; Schweiger 2007) bislang vergleichsweise klein geblieben. Am ehesten universitären Ansprüchen genügt in Deutschland die langjährige Studie „Massenkommunikation“ (Breunig/Engel 2015; Breunig/van Eimeren 2015).

Merksatz

Die angewandte Publikumsforschung erfasst die Mediennutzung deskriptiv-quantitativ mittels standardisierter und kontinuierlich durchgeführten repräsentativen Einzelmedia-Studien, während die universitäre Mediennutzungsforschung nicht kontinuierlich, auf eher kleinen und wenig repräsentativen Stichproben die Zuwendung zu und Nutzung des Medienensembles sowohl quantitativ als auch qualitativ theoriebasiert zu erklären versucht.

2.2.1 Buchmarkt- / Buchlese(r)forschung

Weil es keine institutionalisierte empirische Buchlese(r)forschung gibt, verlief die Entwicklung in jedem Land anders und der *Stand der Forschung* ist *disparat* geblieben. Die internationale Vergleichbarkeit ist gering, weil keine Übereinstimmung bezüglich Lesedefinitionen, Abfragemodellen, Grundgesamtheiten und Auswahlverfahren besteht (Dorsch/Lehnert 1981; Stiftung Lesen 1990, 1994; Bonfadelli 2015). Strukturelle Ähnlichkeiten gibt es allerdings hinsichtlich der verschiedenen *Forschungstypen*, die sich herausgebildet haben.

Forschungstypen

Die Forschung gliedert sich in folgende Typen: 1) *Buchmarktforschung* in Form unregelmäßiger Auftragsstudien von Verlagen, Buchclubs oder Verbänden wie die Studien des Börsenvereins des Deutschen Buchhandels (Muth 1993; Börsenverein 2008, 2011) oder der Stiftung Lesen (2001, 2008); 2) *Konsum-Surveys*, in denen jeweils auch einige Fragen zum Leseverhalten, meist im Kontext von Freizeitaktivitäten bzw. Mediennutzung, miterhoben werden (z.B. MACH Consumer der WEMF in der Schweiz); 3) institutionalisierte und periodisch durchgeführte, d.h. auch über längere Zeit vergleichbare *nationale Medienstudien*, in denen ebenfalls Lesehäufigkeit und Lesedauer von Printmedien wie Zeitung, Zeitschriften und Buch miterfasst werden, wie die seit 1964 in Deutschland laufende Studie „Massenkommunikation" (Breunig/van Eimeren 2015; Engel/Breunig 2015); 4) von Behörden in unregelmäßigen Abständen beauftragte *Untersuchungen zum Kulturverhalten* der Bevölkerung wie der IFES-Survey in Österreich (Fritz 1990: 117; IFES 2007), die Erhebung des Kulturverhaltens in der Schweiz durch das Bundesamt für Statistik (BfS 2010) oder *international vergleichend* der Eurobarometer-Survey 278 (European Commission 2007a) und schließlich 5) die *universitäre Buchlese(r)forschung*, eher aufgrund kleiner und meist nicht repräsentativer Stichproben, dafür aber in stärker theorieorientierter Perspektive wie die Studie „Lesesozialisation" der Bertelsmann Stiftung (1993), die Untersuchung „Leselandschaft Schweiz" (Bonfadelli 1988a, Bucher 2004) zum Lesen von Heranwachsenden, die österreichischen Studien zum Lesen in der Mediengesellschaft (Fritz 1989; Böck 1998) oder deutsche Studien zum Lesen in verschiedenen Lebenswelten (Kochhan/Schengbier 2007) sowie zur Bedeutung von Familie, Schule und Peergruppen für die Lesepraxis (Mahling 2016) u.a.m.

Gegenstand

Die empirisch verfahrende Buchmarkt- bzw. Buchlese(r)forschung beschäftigt sich mit der Lektüre als Nutzung der Printmedien in einem weiten und mit dem Medium „Buch" im engeren Sinn aus einer personenbezogenen Perspektive der Leserin und des Lesers. Es interessiert ihr Umgang mit Büchern sowie mit Zeitschriften und Zeitungen, wobei situativ oft der Freizeitkontext gemeint wird; Leseakte finden aber auch in der Schule oder am Arbeitsplatz statt. Der Begriff „Buch" hat sich in der Forschungsentwicklung ausgeweitet und wird breit gefasst (inkl. E-Books). Im Unterschied zur Printmedien- oder Publikumsforschung gibt es kaum verbindliche Konventionen bezüglich der verwendeten Lesedefinitionen wie auch der Grundgesamtheiten und Auswahlverfahren. Als Folge bleibt z.B. umstritten, wie groß der Anteil an regelmäßigen Lesern oder Viellesern nun wirklich ist, weil fast jede neue Untersuchung „Lesen" anders definiert.

Fragestellungen

In der traditionellen Buchmarktforschung stehen *quantitativ* Fragen nach der *Häufigkeit* des Kaufs, des Leihens, des Schenkens und des Lesens von Büchern im Zentrum: Wie viele Menschen lesen (in der Freizeit)? Wie häufig geschieht dies? Wer liest viel bzw. wenig? Und wie entwickelt sich die Bedeutung des Lesens im Sozialisationsprozess und im Lebensablauf (Groeben/Hurrelmann 2004)? Welche Lesestoffe (Belletristik vs. Sach-/Fachbuch) werden bevorzugt? Woher stammen die gelesenen Bücher? Wie wurde man darauf aufmerksam? Über welche Kanäle werden sie beschafft? *Qualitativ:* Hat sich die Art und Weise des Lesens speziell im Gefolge des Internets – Stichwort „E-Books" – verändert: intensives vs. extensives Lesen? Und: Hat sich das Buchlesen im Zeitverlauf verändert? Hat es allenfalls abgenommen? Und was ist für die Zukunft zu erwarten: Substitution des gedruckten Buchs durch das elektronische Buch?

2.2.2 Printmedien- / Leserschaftsforschung

Zweck

Leserschaftsforschung ist 1) ein Instrument für die Planung der redaktionellen Gestaltung einer Zeitung oder Zeitschrift, 2) *Werbeträgerforschung*, die den Werbewert als Kontaktchance eines Mediums gegenüber den Werbekunden dokumentiert und 3) *Werbemittelforschung*, welche die Beachtung einzelner Anzeigen untersucht (Böhme-Dürr/Graf 1995; Meyen 2004; Frey-Vor/Siegert/Stiehler 2008; Hess 2009; Siegert et al. 2016).

Träger

Die hohen Kosten ermöglichen es nur großen Verlagen, Leserschaftsforschung zu betreiben. Publiziert werden die Befunde der verlagsinternen Forschung nur selten und dann meist zur Legitimation gegenüber Werbekunden. Neben den Einzelmediastudien gibt es in den meisten Ländern Europas eine *syndikalisierte Leserschaftsforschung*, die im Auftrag der zusammengeschlossenen Verlage, Werbeauftraggeber und Mediaagenturen die Reichweiten von einzelnen Zeitungs- und Zeitschriftentiteln aufgrund einer vergleichbaren und anerkannten „Währung" erhebt. In der Schweiz ist die AG für Werbemedienforschung (www.wemf.ch) und in Deutschland die Arbeitsgemeinschaft Mediaanalyse (www.agma-mmc.de) dafür zuständig. Neben Zeitungen und Zeitschriften werden in den Media-Studien dieser Organisationen auch weitere Werbeträger wie Plakate, Kino, Hörfunk und Fernsehen oder neuerdings das Internet mitberücksichtigt.

Gegenstand und Fragestellungen

Die *quantifizierende* Mediaforschung im Printbereich dient dem Ziel, vergleichenden Aufschluss über den „Werbewert" der verschiedensten Printtitel zu geben, indem sie folgende Fragen zu beantwortet versucht: a) *Kontakte:* Wie viele und welche Personen werden von einem Titel erreicht: Reichweiten? b) *Strukturen:* Wie setzt sich die Leserschaft eines Titels zusammen? c) *Interne Überschneidung:* Wie erhöhen sich die Kontaktchancen bei mehrmaliger, d.h. kumulierter Belegung eines Titels mit Werbung? d) *Externe Überschneidung:* Wie viele Doppel- bzw. Exklusivleser haben zwei oder mehrere Titel? Und neu: e) Wieviel Zusatzreichweite bringen die Online-Ausgaben eines Titels?

Qualitativ interessieren darüber hinaus weitere Aspekte wie mehrmaliges Lesen in einem Titel, Anzahl der beachteten Seiten und Rubriken, die Leser-Blatt-Bindung oder die wahrgenommene Titelqualität.

Instrumente

Unterschieden werden muss zwischen *quantifizierenden Methoden*, die repräsentativ vergleichbar Daten über Größe und Struktur der Leserschaft eines Mediums erheben und *qualitativen Verfahren*, die auf Nutzungsmodalitäten des Text-/Werbeteils, Image oder Leser-Blatt-Bindung zielen. Neben standardisierten Interviews (habitualisierte Nutzung) und Tagesablaufbefragung (faktische Nutzung gestern) werden qualitative Verfahren eingesetzt wie Tiefeninterviews, Polaritätenprofile, projektive Tests, Copy-Tests und auch technische Messungen wie Reader-Scan und Blickaufzeichnungen als sog. Eye-Tracking (Frey-Vor/Siegert/Stiehler 2008; Holsanova/Holmqvist/Rahm 2008, Geise 2011; Bucher/Schumacher 2012).

Neuere Ansätze schlüsseln das Konsum- und Mediaverhalten in der Datenerhebung und -auswertung nicht mehr nur nach soziodemografischen Kriterien wie Geschlecht (Holtz-Bacha 1990b; Cornelißen 1998) auf, sondern typologisieren Mediennutzer aufgrund ihres *Lebensstils und Mediaverhaltens* ganzheitlicher mittels Clusteranalyse (Krotz 1991; Hartmann/Neuwöhner 1999; Jäckel 2012; Eisenblätter/Hermann 2016; Bilandzic et al. 2016).

Gerhard Schulze (1993: 277ff.) unterscheidet aufgrund theoretischer Überlegungen fünf *soziokulturelle Milieus:* 1) Niveau-, 2) Harmonie-, 3) Integrations-, 4) Selbstverwirklichungs- und 5) Unterhaltungsmilieu, während die in der Medienpraxis häufig benutzte *SINUS-Typologie* auf zwei Dimensionen basiert: 1) soziale Lage (Unter-, Mittel-, Oberschicht) und 2) Grundorientierung (traditionell-konservativ, materiell-konsumorientiert, postmaterialistisch).

Ein weiterer Forschungstrend besteht darin, habitualisierte *Medien-Repertoires* von Nutzern als medienübergreifende Muster der Mediennutzung empirisch zu erfassen (Krotz 1991; Hasebrink/Popp 2006; Hasebrink/Schmidt 2013).

2.2.3 Zuschauer- und Hörerforschung (Publikumsforschung)

Zweck

Die Publikumsforschung befasst sich mit der Zuwendung zu Hörfunk und Fernsehen, wobei es einerseits um die Messung der Reichweiten der Programme und Werbespots, andererseits um die optimale Ausrichtung des Programms auf das Publikum geht, d.h. um die Programmplanung. Hinzu kommt beim öffentlichen Rundfunk die *Legitimation* bezüglich des Programmauftrags (Saxer 1986; SFB 1991). Trotz Überfülle an Daten sind Gegenstand, Fragestellungen und Methoden *uneinheitlich* geblieben und es bestehen *theoretische Defizite* (Lindner-Braun 1998; Hofsümmer/Engel 2013; Gattringer/Mai 2017).

Träger

Publikumsforschung wird von allen europäischen Rundfunkanstalten kontinuierlich durchgeführt. Ihr Stellenwert in der Programmplanung hat mit der Einführung des dualen Rundfunksystems in den meisten europäischen Ländern stark an Bedeutung gewonnen (Saxer 1986; SFB 1991; Siegert 1993, 1997), wobei die Forschung zunehmend ausgelagert wurde, wie in der Schweiz in die Stiftung Mediapulse (www.mediapulse.ch). In Deutschland werden die Resultate für die Nutzung von Radio und TV periodisch in der Zeitschrift *Media Perspektiven* veröffentlicht (z.B. Gattringer/Klingler 2016; Zubayr/Gerhard 2017).

Gegenstand und Fragestellungen

Medienzuwendung (engl. exposure) als TV- oder Radio-Nutzung kann unterschiedlich verstanden und definiert werden. Viele Studien befassen sich nur mit der Zuwendung zum *Medium*, während andere die Nutzung einzelner Medien*inhalte* erheben. Zuwendung wiederum kann verschieden konzeptualisiert werden: als *Wahl* zwischen Medien, Programmen oder Inhalten, als mehr oder weniger intensive *Aufmerksamkeit* oder auch als *Präferenz* für bestimmte Medien und/oder deren Angebote (Webster/Wakshlag 1985; Schweiger 2007: 137ff.; Napoli 2012).

Je nach Definition des Gegenstandes „Fernsehen" werden andere Fragen gestellt. Vorherrschend sind nach wie vor die Messung a) der *Reichweite* eines Programms zu bestimmten Zeiten und bei bestimmten Segmenten des Publikums, b) des zeitlichen Umfangs der Medienzuwendung als *Konsum,* c) die Marktanteile von Anbietern und d) die subjektiven *Präferenzen* für bestimmte Sendungstypen (Gunter 1985; Hofsümmer/Engel 2013). Neben diesen Fragen führen die Forschungsabteilungen periodisch *Spezialstudien* durch, etwa zu Kindern und Jugendlichen oder älteren Menschen als TV-Zuschauern (Engel 2016).

Während lange Zeit nur die Zuwendung zum Medium und Programm, aufgeschlüsselt nach Soziodemografie, im Vordergrund stand, werden seit den 1980er-Jahren den Faktoren, die als *selektive Programmwahl* hinter der TV-Zuwendung stehen, mehr Aufmerksamkeit geschenkt (Gunter 1985; Doll/Hasebrink 1989). Im Zusammenhang mit der Einführung der Privat- und Satellitenprogramme in Deutschland, aber auch mit dem Aufkommen des Internets wurden die *Auswirkungen des Kabelfernsehens* auf das Medien- und Freizeitverhalten thematisiert (Becker/Schönbach 1989; Webster 1989) wie auch das *Umschaltverhalten* und veränderte *Modalitäten des Fernsehens* – „Switching", „Zapping" oder „Grazing" (Winkler 1990; Ottler 1998). In der Schweiz wurde auch untersucht, wie sich das *Auslandfernsehen* als Konkurrenz für die heimischen Programmanbieter bemerkbar macht (Bonfadelli/Meier 1994). Neu stehen auch Fragen der Zukunftschancen des Digitalen Radios oder Fernsehens, der Beeinflussung des Fernsehens durch Computer und Internet, das Fernsehen auf dem PC und *zeitversetztes Fernsehen* auf der Forschungsagenda (Klingler/Roters/Zöllner 1998; Stipp 1994, 1998, 2009; Engel/Breunig 2015: 318; Breunig/van Eimeren 2015: 513).

Methoden

Die Zuwendung zu Radio und Fernsehen wird mittels unterschiedlicher Methoden erhoben. Folgende Techniken der Datenerhebung (vgl. Abb. 16) werden häufig verwendet: a) *elektronische Messgeräte*, die das Einschaltverhalten automatisch erfassen und speichern; b) *Beobachtung*, die meist nur in Laborstudien angewendet werden kann; c) *Koinzidenzinterview* während der Nutzung; d) *Tagebücher*, die vom Mediennutzer über seine Medienzuwendung während einer bestimmten Zeitspanne geführt werden (Koch 2010) und schließlich e) verschiedene Formen der *Befragung* die die losgelöst der eigentliche Nutzung erfolgt. Jede dieser Methoden hat spezifische Vor- und Nachteile (Klingler/Roters/Zöllner 1998; Svendsen 1998; Naab 2013; Hofsümmer/ Engel 2013) wobei in Abb. 16 von einer abnehmenden Reliabilität der Messung von links nach rechts ausgegangen werden kann.

Habitualisierte Medienzuwendung. Die Erhebung von habitualisierten Häufigkeiten der Nutzung von TV und Radio („An wie vielen Tagen pro Woche sehen Sie im Allgemeinen fern?") oder der zeitlichen Dauer des Konsums („Wie viele Minuten sehen Sie im Allgemeinen pro Tag fern?") hat sich wegen Erinnerungsproblemen in der Praxis als eher unzuverlässig erwiesen und wird deshalb vorab in universitären Studien als Basis für die Konstruktion von Nutzungstypen (z.B. Viel- vs. Wenigseher) verwendet.

Abb. 16 Methoden der Messung von Mediennutzung

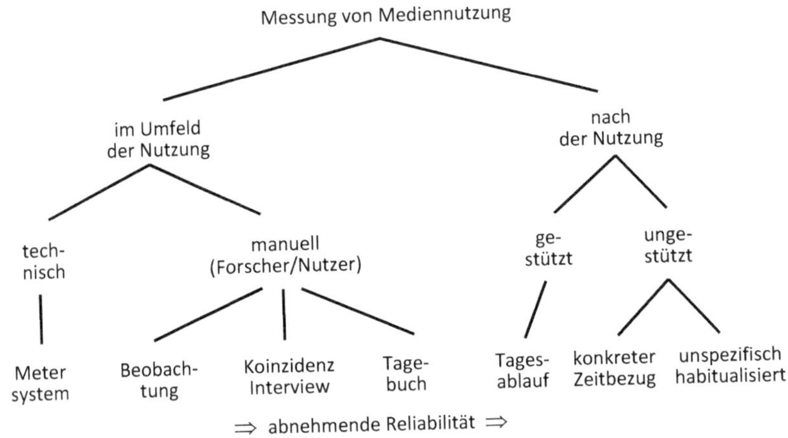

Tagesablauferhebung. Sie war lange Zeit das Standardinstrument zur Messung der TV-/Hörfunknutzung (Kasari 1993; Klingler/Turecek 2016). Im Rahmen eines persönlichen oder telefonischen (Klingler/Müller 2000) Interviews wird für einen Stichtag – meist der Vortag – die Nutzung der verschiedenen Medien in Viertelstundenschritten im Tagesverlauf möglichst genau rekonstruiert. Neben der Mediennutzung werden zudem weitere Tätigkeiten wie Schlafen, Essen, Arbeit und Freizeit im und außer Haus miterhoben. Die Stichtagserhebung setzt relativ große Stichproben voraus, die zudem im Wochenverlauf und saisonal repräsentativ verteilt sein müssen (Diem 1996; Best et al. 2009).

Probleme: Mit der Zunahme der Zahl der empfangbaren Radio- und TV-Programme, aber auch mit dem Wandel des Radiohörens zur Sekundär- bzw. Nebenaktivität, verstärken sich die Erinnerungs- und Senderidentifikationsprobleme, weshalb auch in der Hörerforschung der Übergang zur *technischen Messung via Radiowatch z.B.* in der Schweiz schon stattgefunden hat (Müller 1998).

Technische Messung. Die heutige Fernsehforschung basiert in den meisten Ländern auf einer technischen Messung: *PeopleMeter von Kantar* in der Schweiz, *GfK-Meter* in Deutschland (Engel 2008) und *ORF-Teletest* in Österreich (Diem 1996). Mittels eines Kleincomputers, der mit dem TV-Gerät verbunden ist, werden die Kanalwechsel kontinuierlich in bestimmten Zeitabständen (z.B. in 30-Sekunden-Schritten) aufgezeichnet. Gleichzeitig müssen sich die fernsehenden Haushaltsmitglieder mit einer separaten Fernbedienung an- bzw. abmelden, so dass nicht nur Haushaltratings, sondern auch Personenreichweiten ausgewiesen werden können. Neben dem Fernsehen wird auch die Nutzung von Videogeräten, Spielkonsolen oder Teletext aufgezeichnet und neu das Fernsehen auf dem PC. Die technische Messung setzt ein Panel voraus, d.h. das individuelle Sehverhalten wird bei den gleichen Haushalten über einen längeren Zeitraum registriert. Die *Auswertung* liefert folgende *Werte*: a) *Reichweite* bzw. *Rating* in Prozent pro Tag oder für einen Zeitpunkt im Tagesverlauf von Sendern und für einzelne Programme, b) *Nutzungsdauer* in Minuten pro Tag und pro Kopf bzw. nur pro Nutzer oder c) *Marktanteile* in Prozent als Anteil der tatsächlich eingeschalteten Geräte oder sehenden Personen in Bezug auf eine bestimmte Sendung oder ein Programm über 24 Stunden oder z.B. nur in der „Primetime".

Abb. 17 Hörer- und Zuschauerforschung im Vergleich

Land	Deutschland	Schweiz	Österreich
	Hörerforschung		
Träger/Institut	agma Arbeitsgemeinschaft Media-Analyse	Mediapulse AG	GfK Austria
Medien	Radio/TV	Radio	Radio
Technik	telefonische Tagesablaufbefragung, viertelstundenweise	Radiocontrol Panel, jede Person 2mal jährlich eine Woche	Radiotest: telefonische Tagesablaufbefragung
Stichprobe	57.000 ab 14 Jahren	26.000 ab 15 Jahren	24.000, ab 10 J.
	Zuschauerforschung		
Träger/Institut	AGF/GfK	Mediapulse / Kantar	GfK Austria
Technik	GfK-Meter	PeopleMeter	TELETEST
Sekundenintervall	30 Sekunden	30 Sekunden	30 Sekunden
Anzahl Haushalte	5.640 HH	1.870 HH (Soll)	1.560 HH
Erwachsene Kinder	rund 13.000 Personen ab 3 Jahren	ca. 4.500 Personen ab 3 Jahren	ca. 3.220 ab 12 J. und ca. 340 3-11 Jahre

(Quellen: Schweiz: www.mediapulse.ch; Deutschland: www.agma-mmc.de; www.gfk.com; Österreich: www.gfk.at; http://mediaresearch.orf.at/radio.htm)

Probleme. Die Vielzahl der via Internet verfügbaren Angebote (Stichwort: *„Long Tail"*), aber auch die Zunahme der zeitversetzen Nutzung, stellt die Messung vor erhebliche Probleme. Und bei der Stichprobenbildung besteht das Problem, dass bestimmte Personengruppen telefonisch nur schwer erreichbar sind und weniger leicht zur Teilnahme bewogen werden können. Neuerdings werden deshalb auch bestehende Online-Panels und Onlinebefragungen benutzt (Hofsümmer/Engel 2013.

2.2.4 Internetforschung

Die rasche Verbreitung des Internets hatte zur Folge, dass in den meisten Ländern zunächst Ad-hoc-Studien ganz unterschiedlicher Art durchgeführt wurden, und zwar mit dem Zweck, die Verbreitung und Nutzung dieses neuen Mediums zu dokumentieren. Erst mit der Zeit hat sich eine kontinuierliche Internetforschung herausgebildet. Die zurzeit vorliegende Datenfülle zum Internet ist aber wegen folgender methodischer Probleme nur bedingt vergleichbar.

Studien, Dimensionen und Methoden

Zunächst ist zu unterscheiden zwischen repräsentativen telefonischen Erhebungen in der Gesamtbevölkerung (Deutschland: ARD/ZDF-Onlinestudie, Schweiz: MACH Basic bzw. NET-Metrix, Österreich: Media-Analyse MA) und Studien basierend auf Online-Untersuchungen (z.B. KommTech-Studie in der Schweiz), d.h. nur bei Personen, die auch einen Zugang zum Internet haben. Im letzteren Fall gibt es den Unterschied zwischen *Surveys* und *Panelstudien*, wobei letztere die Internetnutzung oft direkt mit entsprechender Software im Computer selbst erfassen. Daneben werden zunehmend Daten wie Zugriffe auf Websites direkt aus dem Internet übernommen und in der Forschungspraxis benutzt.

Vielfach ist auch unklar, ob die ausgewiesenen Befunde auf *Personendaten* beruhen oder sich auf *Haushalte* beziehen. Im letzteren Fall sind höhere Werte zu erwarten, weil nach wie vor jüngere, aber auch gebildete Menschen das Internet häufiger als ältere und weniger gebildete Personen nutzen. Nicht immer wird ausgewiesen, ob sich Daten nur auf den *Zugang zum Internet* beziehen oder auf die tatsächliche *Nutzung (ENK/WNK: engerer bzw. weiterer Nutzerkreis)* – und ob sich diese auf die Freizeit beschränkt oder die Arbeit einschließt. Schließlich ist die Nutzung des Internets unterschiedlich intensiv, d.h. reine Zugangswerte liegen höher als Resultate, die auf regelmäßiger Nutzung basieren. Alles in allem ist die Frage nach der „Anzahl Internetnutzer in einem bestimmten Land?“ nicht mit einem einzigen Kennwert zu beantworten. Nicht zuletzt auch darum, weil der genaue *Zeitpunkt* der Datenerhebung ebenfalls entscheidend ist.

Abb. 18 Zugang zu und Nutzung des Internets im Vergleich

Land	*Schweiz*	*Deutschland*	*Österreich*
Studie	MACH Basic	ARD/ZDF-Online	Media-Analyse
Sample	ca. 22.000	1.800	ca. 15.000
WNK: Weitester Nutzerkreis	Letzte 6 Mte. 2015: 88%	gelegentlich 2015: 80%	letzte 3 Monate 2015: 84%
ENK: fast täglich	2015: 83%	2015: 63%	2015: 71%

(Quellen: Europa: http://ec.europa.eu/eurostat/ict; Schweiz: www.bfs.admin.ch, netmetrix; Deutschland: Frees/Koch 2015; Österreich: www.media-analyse.at, www.statistik.at)

Fragestellungen und Forschungsfelder

Auf einer ersten Ebene werden in der Internetforschung der Zugang zum Internet und die Entwicklung der Internetverbreitung untersucht. Unter dem Stichwort *„Digitale Kluft“* (engl. *digital divide)* (Norris 2001; Marr 2005; Stark/Rußmann 2009; Marr/Zillien 2010; van Dijk 2013, 2017; Robinson et al. 2015) wird nach dem sozial ungleichen Zugang gefragt und konstatiert, dass der typische Internetnutzer nach wie vor jung, männlich und gut gebildet ist. Komplementär dazu interessieren auch die sog. „Offliner“, wie z.B. ab 60-jährige Frauen bzw. deren Gründe für die Nichtnutzung des Internets (Vorderer 1995; Mende/Gerhards 2009; Zillien 2009; Friemel 2016; Jandura/Karnowski 2016) und zudem die sozial ungleichen und bildungsspezifischen Nutzungsmuster von Internet und Web 2.0 (Robinson et al. 2015).

Neben Verbreitungsdaten wird in der Mediaforschung meist erhoben, von wo aus (zu Hause vs. am Arbeitsplatz) das Internet genutzt wird, welche Websites und zu welchem Zweck das Internet benutzt wird: a) Kommunikation (z.B. E-Mails), b) Informationsabruf (z.B. Google), c) Services (z.B. E-Banking), d) Unterhaltung (z.B. Chatten, Games).

In der universitären Forschung (Rössler 2007) stehen *wirkungsbezogene* Aspekte des Mediums Internet stärker im Zentrum. Zum einen interessiert die Frage nach den Folgen des Internets für die klassischen Medien Presse und Fernsehen – Stichworte: *Substitution bzw. Verdrängung vs. Komplementarität* (Mögerle 2009; Stipp 1994, 2009) – zum anderen wird untersucht, ob der Umgang mit dem Internet politische Informiertheit (Marr 2005), Partizipation und Engagement in der Zivilgesellschaft erhöht (Winkel 2001; Bimber 2001; Xenos/Moy 2007; Boulianne 2009; Coleman/Blumler 2009, Vonbun/Schönbach 2014). In dysfunktionaler Hinsicht sind etwa Internetabhängigkeit oder gar Internetsucht (vgl. Kap. 2.8.3) Themen der Forschung (Hahn/Jerusalem 2001; Eidenbenz 2004).

2.2.5 Intermedia-Forschung

Verlagerungen der Werbung von Print zu TV und neu zum Internet sowie zunehmend multi- und crossmedial konzipierte Werbekampagnen haben die Diskussion um mediengerechte Erfassung und über alle Medien vergleichbare Leistungen der Werbeträger neu entfacht. Dabei ist speziell das Erhebungsmodell der Printmedien unter Druck geraten, das im Vergleich zur technischen Messung des TV eher „weich“ konzipiert ist. – Zur intermedial vergleichbaren Erfassung von Werbeträgern gibt es prinzipiell zwei Wege: *Multi-Source-Methoden* mit Datenfusion *und Single-Source-Methoden.*

Multi-Source

Das typische Beispiel bildet das in Deutschland praktizierte Partnerschaftsmodell der Media-Analyse der ag.ma, bei dem die Printmedien und die elektronischen Medien getrennt mittels unterschiedlicher Methodik erhoben werden, die Datenbestände dann aber über Fusion in eine integrierte Datenbank zusammengefügt werden, die für die Multimediaplanung geeignet ist. Dazu bedarf es freilich konsentierter Konventionen für die Werbeträgerkontakte der einzelnen Mediengattungen, z.B. beim Fernsehen die Nettoreichweite pro halbe Stunde, beim Hörfunk die durchschnittliche Viertelstundenreichweite für alle Stunden mit Werbung und bei den Printmedien die Leserschaft pro Ausgabe (LpA) bzw. der Leser pro Exemplar (LpE). Von Seiten der elektronischen Medien wird eine härtere Währung der Printmedien verlangt, indem nicht auf Reichweiten der Titel, sondern auf die Nutzung der werbeführenden Seiten abzustellen wäre (Müller 1997).

Single-Source

Die Langzeitstudie *„Massenkommunikation 1964 - 2015"* (Kiefer 1998; Breunig/van Eimeren 2015; Breunig/Engel 2015; Engel/Breunig 2015; Engel/Mai 2015) der öffentlich-rechtlichen Rundfunkanstalten ist die einzige Langzeituntersuchung im deutschen Sprachraum, die seit 50 Jahren den Prozess des sozialen Wandels im Zusammenhang mit den Medien und ihrer Nutzung beobachtet. In neun Erhebungswellen wurde jeweils der Medienumgang einer repräsentativen Stichprobe (Welle 2015: 4.300 Personen ab 14 Jahren) untersucht, und zwar aufgrund eines differenzierten und weitgehend unverändert und vergleichbar gehaltenen Frageprogramms zur Nutzungshäufigkeit, den Images (Bindung, Glaubwürdigkeit, Objektivität) und den Einstellungen gegenüber den tagesaktuellen Medien Fernsehen, Hörfunk Tageszeitung und Internet. Diese Daten werden ergänzt durch die Erhebung des Tagesablaufs eines Stichtags, was u.a. Aussagen hinsichtlich Reichweiten und Zeitaufwand möglich macht. In der Schweiz existierte als einzige Single-Source-Langzeitstudie – aber weniger umfassend – bis 2009 der UNIVOX-Survey Medien. Erhoben wurden Daten zu den Nutzungsfrequenzen und den Informations- und Unterhaltungsfunktionen, der Zufriedenheit mit den Medien im Vergleich und der Beachtung von Medienthemen (Bonfadelli 2010b).

2.3 Ausgewählte Befunde zur Mediennutzung

Die institutionalisierte angewandte Mediennutzungsforschung produziert eine Fülle an Befunden zur Nutzung der verschiedenen Medien, die allerdings jährlich durch neue Studien überholt werden. Für *Deutschland* werden die aktuellen Befunde in der praxisorientierten Zeitschrift „Media Perspektiven" veröffentlicht: z.B. Zubayr/Gerhard (2017) für die TV-Nutzung und Gattringer/Klingler (2016) für die Radionutzung. Vergleichbare Befunde zur Entwicklung der Mediennutzung finden sich in der Studie *„Massenkommunikation"* (Breunig/van Eimeren 2015). Für die *Schweiz* gibt es die Websites www.wemf.ch mit den MACH-Basic-Daten der Printforschung, www.mediapulse.ch zu Radio- und TV (Mediapulse 2015), www.net-metrix.ch für Online-Nutzung und die universitäre UNIVOX-Studie (Bonfadelli 2010b); zudem publizieren die Bundesämter für Kommunikation (www.bakom.admin.ch) und für Statistik (www.bfs.admin.ch) die Resultate ihrer Forschung zur Mediennutzung und zu Indikatoren der Informationsgesellschaft Schweiz auf ihren Websites. Mediendaten für *Österreich* finden sich auf dem Statistik-Portal (https://de.statista.com) wie auch auf der Website des ORF (http://medienforschung.orf.at/). – Und seit einiger Zeit wird mit dem *Instrument der Kohorten-Analyse* auch der Langfristwandel der Mediennutzung untersucht (Peiser 1999, 2003; Jäckel 2010; Best/Engel 2016).

Aufgrund der vorliegenden Daten wie der Studie „Massenkommunikation" oder der kontinuierlichen Zuschauerforschung können Veränderungen im Angebot wie in der Mediennutzung der letzten fünfzehn Jahre gut nachgezeichnet werden (vgl. Abb. 19). Der *Wandel der Medienumwelt* aus der Perspektive der Nutzer präsentiert sich seit Mitte der 1980er-Jahre folgendermaßen (Klingler/Roters/Zöllner 1998; Handel 2000; Hasebrink 2003; Meyen 2004; Hagenah/Meulemann 2006; Breunig/van Eimeren 2015):

Im *Fernsehbereich* haben sich einerseits das Angebot an empfangbaren Kanälen (Stichworte: Video-on-Demand und Streamingdienste), andererseits die Nutzungsoptionen (Mehrfachbesitz, Fernbedienung, Teletext, Video-/DVD-Geräte, PC etc.) vervielfacht. In inhaltlicher Hinsicht war zudem eine starke *Programmausweitung* (Tages-, Nachtfernsehen, Spartenkanäle) zu konstatieren und ab 1985 erstmals *private Rundfunkanbieter*, was aber nicht unbedingt auch eine größere Vielfalt des Angebots zur Folge hatte („Mehr vom Gleichen", sprich mehr Unterhaltung!) oder – bedingt durch wachsende Konkurrenz zwischen den öffentlich-rechtlichen und den privaten Programmen – eine Zunahme von *Infotainment* und eine verstärkte *Konvergenz der Programme* überhaupt.

Im *Printbereich* kontrastieren zu diesen Trends eine kontinuierliche Pressekonzentration wegen Leserverlusten und Abwanderung von Werbung ins Internet bei den Tageszeitungen und gleichzeitig neue Special-Interest-Zeitschriftentitel.

Der *Medienwandel* wird begleitet von *gesellschaftlichen Veränderungen* wie verlängerten Bildungskarrieren, steigender Mobilität, stagnierenden Freizeitbudgets, Individualisierung der Biografien und Pluralisierung von Lebensstilen, postmateriellen Werthaltungen sowie stärkerer Erlebnisorientierung (Schulze 1993).

Abb. 19 Mediennutzung im Vergleich

Mediennutzung		Deutschland			Deutschschweiz		
		2000	*2010*	*2015*	*2000*	*2010*	*2015*
TV	Reichweite	85	86	80	74	67	65
	Dauer	185	220	208	137	143	124
Radio	Reichweite	85	79	74	92	89	87
	Dauer	206	187	173	192*	117	105
Zeitung	Reichweite	54	44	33	70	57	58
Internet	Reichweite	10	43	63	16	51	84

Anmerkungen: Deutschland: Reichweite in Prozent und Dauer in Min. pro Tag (Mo-So); Personen ab 14 Jahren; Schweiz: TV & Radio: Personen ab 3/15 Jahren Deutschschweiz; Prozent tägliche Zeitungs- bzw. Internetnutzung (ab 18 Jahren, DS & WS). *: noch kein Radiocontrol.

(Quellen: Deutschland: Breunig/van Eimeren 2015; Schweiz: TV & Radio: Mediapulse Jahresberichte 2010 & 2015; (Tages-)Zeitung „fast täglich“: Univox-Survey 2000 & 2009; Bobos-Survey 2014; Internet „fast täglich“: BfS 2016.)

Medienversorgung. Im Durchschnitt steht heute praktisch in allen Haushalten in Deutschland und Österreich mindestens ein TV-Gerät, während in der Schweiz nach wie vor gut 5% – meist bewusst – auf ein solches verzichten. Wegen der stark angestiegenen Verkabelung und der zunehmenden Digitalisierung der TV-Haushalte, können die Zuschauer auf eine steigende Anzahl Sender zugreifen (Zubayr/Gerhard 2017). Und auch der Zugang zum Internet stieg auf über 80%.

Mediennutzung der tagesaktuellen Medien. An einem durchschnittlichen Wochentag liegt die Reichweite des Fernsehens in Deutschland bei 80%, und die durchschnittliche *Sehdauer* beträgt bei Erwachsenen rund 3½ und bei den 3- bis 13-jährigen 1½ Stunden pro Tag (vgl. Abb. 19). Die vergleichbaren Werte liegen in Österreich und der Schweiz niedriger. Bei den Marktanteilen standen 2016 die öffentlichen Programme ARD und ZDF mit je 12%, aber auch RTL mit 10% an der Spitze (Zubayr/Gerhard 2017).

Im Kontrast zum oben konstatierten Wandel im Medienangebot ist die quantitative Gesamtmediennutzung auf den ersten Blick erstaunlich stabil geblieben, sieht man vom Internet ab. Dabei hat das *Fernsehen* in den letzten 25 Jahren deutlich an Zuwendungszeit gewonnen und bleibt das dominante Medium im Bereich Regeneration/Freizeit: 125 (1990) und 208 (2015) Minuten pro Tag. Im Vergleich hat sich das *Radio* zum „allgegenwärtigen Begleiter“ in unterschiedlichsten Nutzungssituationen zu Hause und außer Haus gewandelt: die Tagesreichweite in Deutschland beträgt aktuell 77% bei einer Hördauer von rund 3 Stunden pro Tag (Gattringer/Klingler 2016). Gleichzeitig zeigt sich aber ein starker Rückgang beim Zeitungs- und abgeschwächt beim Buchlesen an (Breunig/van Eimeren 2015).

Im Unterschied zu den klassischen tagesaktuellen Medien (TV, Radio, Print) war die *Dynamik bei der Online-Kommunikation* viel stärker. Das *Internet* hat sich besonders im jüngeren Bevölkerungssegment seinen Platz im Medienensemble auch zu Hause erobert, und zwar sowohl als Informations- als auch als Unterhaltungsmedium – mit einem „Weiteren Nutzerkreis" in der Schweiz von 85% bzw. 80% in Deutschland (Frees/Koch 2015). Allerdings besteht heute eine fast vollständige Ausschöpfung aller internet-affinen Nutzergruppen: Jüngere, gut Ausgebildete, Berufstätige, Schüler und Studenten. Die Internetentwicklung ist durch zunehmende Habitualisierung, d.h. durch eine immer stärkere Einbindung in den Alltag der Menschen, gekennzeichnet. Durch das Internet beginnen sich zudem auch die Erwartungen an die übrigen Medien zu verändern, insofern sich die Funktionen des Fernsehens in Richtung *soziale Funktionen* („damit ich mitreden kann) und *Entspannung sowie Habitualisierung* („weil ich dabei entspannen kann" und „weil ich den Alltag vergessen möchte") verschieben.

2.4 Glaubwürdigkeit und Images von Medien

Im Gefolge von Medienskandalen ist oft die Rede von Glaubwürdigkeitsverlusten der Medien. Umgekehrt wird im Bereich der Unternehmenskommunikation immer wieder darauf verwiesen, wie wichtig der Faktor „glaubwürdige Medienberichterstattung" für die Reputation von Unternehmen sei. Und im Kontext des Internets hat das Thema „Medienglaubwürdigkeit" zu wiedererwachtem Forschungsinteresse geführt (Rössler/Wirth 1999; Schweiger 2007: 257ff.).

Entwicklung und Stand der Forschung

Zu Beginn der Glaubwürdigkeitsforschung stand zum einen *theorieorientiert* in der *amerikanischen Wirkungsforschung* die Frage nach dem Vertrauen in die Quellen der Berichterstattung (engl. source credibility) als ein Faktor im Wirkungsprozess neben inhaltlichen und formalen Aspekten von Medienaussagen. Dazu wurden von der Hovland-Gruppe in den 1940er und 1950er-Jahren Laborexperimente durchgeführt. Zum anderen wurde seit den 1960er-Jahren *anwendungsorientiert* in repräsentativen Umfragen durch das Roper-Institut die Medienglaubwürdigkeit im Medienvergleich periodisch erhoben, und zwar durch Vorgabe der hypothetischen Situation von sich widersprechenden Nachrichten in verschiedenen Medien (vgl. Bentele 1988; Self 1996). Das damals noch neue Bildmedium Fernsehen schnitt deutlich besser ab als das Medium Zeitung. – Neu werden nicht nur Ursachen und Folgen von *Medienglaubwürdigkeit* untersucht, sondern auch das *Medienmisstrauen* (vgl. Kap. 6.6 zum Hostile-Media-Effect).

In Deutschland wurde analog in der Langzeitstudie *„Massenkommunikation"* seit den 1960er-Jahren die *Glaubwürdigkeit* von, aber auch die *Bindung* an Fernsehen,

Hörfunk und Tageszeitungen im Vergleich erhoben (Breunig/Engel 2015; Breunig/van Eimeren 2015), wobei 2015 das Fernsehen mit 64% von mehr Nutzern als die Tageszeitung mit 57% als glaubwürdig betrachtet wurde; zudem waren 77% der Befragten der Meinung, dass das Attribut „glaubwürdig" eher auf das öffentlich-rechtliche Fernsehen zutreffe; nur 9% bewerteten die Programme der privaten Anbieter als glaubwürdiger. Im Trendvergleich ist die Glaubwürdigkeit des Fernsehens und des Hörfunks gesunken, und zwar von 70% bzw. 53% (2000) auf 64% bzw. 49% (2015), während sich die Glaubwürdigkeit der Tageszeitung mit 62% bzw. 57% weniger verändert hat. Im Vergleich dazu hat sich die Glaubwürdigkeit des Internets verstärkt: von 14% (2000) auf 30% (2015).

Die Glaubwürdigkeit wird als *Medienbewertung in der Studie Massenkommunikation* im Rahmen der Beurteilung von verschiedenen *Medien-Images* erhoben. Den repräsentativ ausgewählten Befragten werden 14 Eigenschaften (anspruchsvoll, modern, zukunftsorientiert, vielseitig, unterhaltend/unterhaltsam, aktuell, informativ, glaubwürdig, kompetent, sachlich, kritisch, mutig, locker und ungezwungen, sympathisch) vorgelegt, wobei sie bei jedem Attribut im Vergleich der vier Medien TV, Radio, Tageszeitung und Internet angeben müssen, worauf die jeweilige Eigenschaft am ehesten und an zweiter Stelle zutrifft (Breunig/Engel 2015).

In der *Schweiz* wurde im *UNIVOX-Survey* (Bonfadelli 2010b) auf schmaler Basis nur die Zufriedenheit mit den Leitmedien im Vergleich erhoben. Neuerdings wird im Rahmen der *Qualitätsforschung* für das Bundesamt für Kommunikation auf repräsentativer Basis ebenfalls eine differenzierte Bewertung der öffentlichen und privaten elektronischen Medien Radio und Fernsehen erhoben, und zwar in Bezug auf folgende Dimensionen: professionell, informativ, Stellenwert des lokal-regionalen Geschehens, glaubwürdig, verantwortungsbewusst, verständlich, unterhaltsam und zufrieden (Fretwurst et al. 2015). Auch das Schweizer Fernsehen (SF 2008) führt periodisch Qualitätsbeurteilungen seiner Programme durch, indem die Befragten gebeten werden, das Programmangebot der Sparten Information, Sport, Unterhaltung, Kultur, Serien, Spielfilme je mit einer Note (1-6) zu bewerten. Vertiefend müssen die Angebote in den einzelnen Sparten ebenfalls mit je einer Note nach verschiedenen *Qualitätsdimensionen* beurteilt werden wie z.B. das Informationsangebot bezüglich professionell, unverwechselbar, verantwortungsvoll, vielfältig, innovativ, informativ, aktuell, glaubwürdig, unabhängig, meinungsbildend und sachlich.

Fragestellungen und theoretische Perspektiven

Die Forschung zu den Images von Medien und deren Glaubwürdigkeit ist meist praxisorientiert-deskriptiv und darum theorielos geblieben. Es handelt sich um eine *faktoranalytische Perspektive*, insofern „Glaubwürdigkeit" als ein latentes Imagemerkmal neben anderen erhoben wird (Wirth 1999: 48), wobei die verschiedenen Dimensionen von Medien-Images in einem zweiten Schritt induktiv mittels der empirischen Methode der Faktoranalyse auf zugrunde liegende Imagefaktoren hin verdichtet werden können (vgl. Abb. 20).

Abb. 20 Komponentenbasiertes Glaubwürdigkeitsmodell

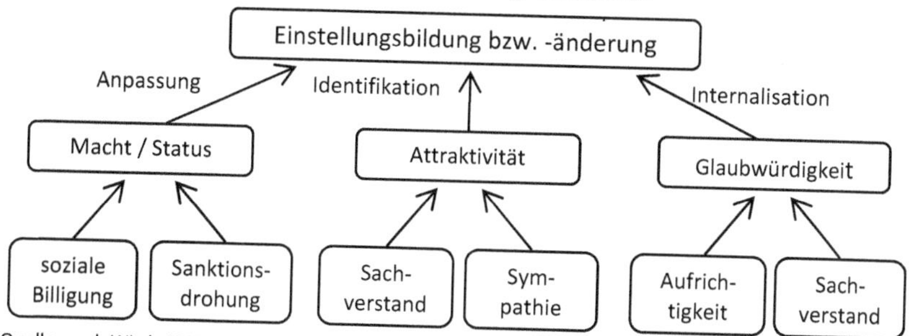

(Quelle: nach Wirth 1999: 61)

Das neue Medium Internet (Haas/Unkel 2015) hat dazu beigetragen, dass in der Glaubwürdigkeitsforschung theorieorientiert verstärkt auch *konzeptionelle Fragen* diskutiert werden (Schweiger 1999). Es geht nun nicht mehr einfach darum, Glaubwürdigkeit im Medienvergleich möglichst reliabel zu messen, sondern es wird vermehrt diskutiert, welche Komponenten dem Glaubwürdigkeitskonzept zugrunde liegen, und abzuklären versucht, wie diese wiederum die Einstellungsbildung bzw. -änderung beeinflussen (Kosicki/Becker/Fredin 1994). Für Wirth (1999) basiert Glaubwürdigkeit als Faktor der Bereitschaft zur Einstellungsbildung bzw. -änderung auf der wahrgenommenen Aufrichtigkeit bzw. Integrität einerseits und dem Sachverstand eines Kommunikators andererseits. Neben dem Faktor „Glaubwürdigkeit" spielen „Attraktivität" und „Macht & Status" eines Kommunikators eine ebenso wichtige Rolle.

Während sich die Überlegungen von Wirth auf „Glaubwürdigkeit" als unabhängigem Faktor der Einstellungsbeeinflussung richten, konzentrieren sich andere Forscher (Metzger et al. 2003) auf Glaubwürdigkeit als abhängigem Faktor und fragen, wie Internetnutzer zur Glaubwürdigkeitsbeurteilung eines Angebots gelangen, und welche Merkmale von Quellen und Inhalten welche Rolle spielen. Die Zukunft der Glaubwürdigkeitsforschung liegt somit darin, die zurzeit noch mangelnde theoretische Fundierung zu verbessern (ARD-Forschungsdienst 2017).

2.5 Uses-and-Gratifications: Nutzenansatz (Blumler/Katz)

Der Uses-and-Gratifications-Ansatz (U&G-Ansatz) bzw. Nutzenansatz hat seine Wurzeln in qualitativen Studien der 1940er (Herzog 1940) und der 1960er-Jahre (Berelson 1965); er fand aber insbesondere in den 1970er-Jahren (Blumler/Katz 1974) breitere Beachtung, nun aufgrund von quantitativen Nutzerbefragungen zur Selektion von Medien und deren Angeboten.

Die theoretische Perspektive geht in kritischer Auseinandersetzung mit und in Abkehr von der klassischen medienzentrierten Wirkungsforschung von der *Prämisse* eines mehr oder weniger *aktiven Publikums* aus. Die Zuwendung und Nutzung von Medien wird als soziales Handeln verstanden, das *aktiv*, *zielgerichtet* und *sinnhaft* ist. Der einzelne Rezipient entscheidet in Abhängigkeit seiner Probleme und medienrelevanten Bedürfnisse sowie Erwartungen, ob und wie er ein bestimmtes Medium oder einen bestimmten Medieninhalt nutzt oder nicht (Rubin 2000, 2009a, 2009b; Haradikis 2013; Bilandzic/Schramm/Matthes 2016: 51ff.).

Abb. 21 Prozessmodell der Medienzuwendung

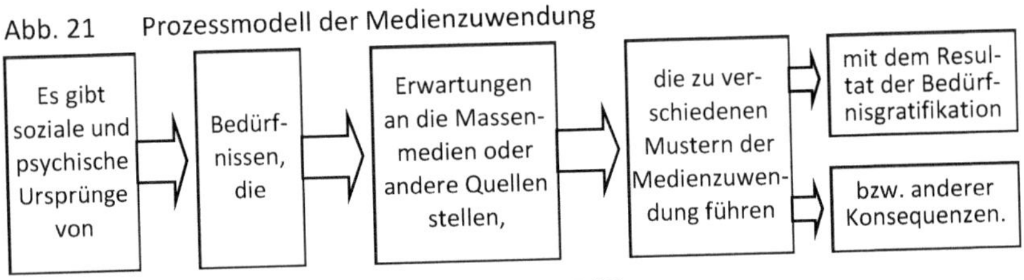

(Quelle: Schenk 2007: 686; auch Katz/Blumler/Gurevitch 1974: 20)

Prozessorientiert (vgl. Abb. 21) sind es verschiedenartige Bedürfnisse mit psychischem und sozialem Hintergrund, welche kommunikationsrelevante Erwartungen stimulieren, die wiederum zu Mediennutzung oder auch nicht führen, und zwar mit dem Resultat einer mehr oder weniger starken Bedürfnisgratifikation. Auf die Medien und ihre Inhalte bezogen heißt dies, dass sie untereinander als *Mittel der Bedürfnisbefriedigung oder Problemlösung* in Konkurrenz stehen, und zwar auch zu nichtmedialen Quellen wie Freizeitangeboten oder Gesprächen. Medien werden also nicht automatisch genutzt. Es muss gefragt analysiert werden, wieso sich der einzelne Rezipient ihnen zuwendet.

Merksatz

Der Uses-and-Gratifications-Ansatz fragt nicht mehr wie die klassische Wirkungsforschung „Was machen die Medien mit den Rezipienten?", sondern umgekehrt: „Was machen die Menschen mit den Medien?"

2.5.1 Theoretischer Bezugsrahmen

Ein früher Bezugsrahmen stammt von Karl Erik Rosengren (1974). Dieser (funktionalistische) Ansatz ist von Karsten Renckstorf (1989: 332) in einer *handlungstheoretischen Interpretation* visualisiert worden (vgl. Abb. 22), wobei gesellschaftliche und mediale Rahmenbedingungen, die sich auch als einschränkend äußern können (engl. constraints), mit entwicklungspsychologischen Gegebenheiten sowie basalen menschlichen Bedürfnissen interagieren. Diese wiederum äußern sich im Sozialisationsprozess und in der jeweiligen Lebenssituation in je anders perzipierten Problemen und Bedürfnissen sowie darauf bezogenen Möglichkeiten der Bedürfnisbefriedigung und Problemlösung.

Abb. 22 Handlungstheoretischer Nutzenansatz

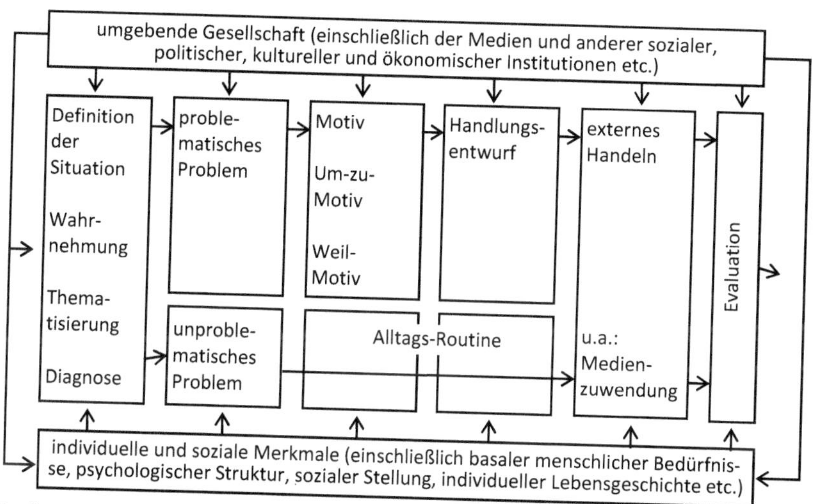

(Quelle: Renckstorf 1989: 332)

Paradigma. 1) Welche Bedürfnisse und Probleme werden von welchen Menschen in sozialen Situationen und entwicklungspsychologischen Phasen als für sie mehr oder weniger dringlich empfunden? 2) In welcher Weise werden die einzelnen Medien und andere nichtmediale Instanzen als mehr oder weniger optimale Mittel der Problemlösung oder Bedürfnisbefriedigung gesehen? 3) Probleme und Problemlösungsmöglichkeiten setzen sich in der Perzeption des Handelnden in sozialen Situationen und im Zusammenhang mit Handlungsplänen und Situationsdefinitionen vor dem Hintergrund der Medienkompetenz in spezifische Motive für bestimmte Gratifikationen und Problemlösungen um und motivieren so bestimmte Formen von Problemlöseverhalten als Wahl zwischen verschiedenen Medien und nichtmedialen Verhaltensalternativen. 4) Die gewählten Strategien der Bedürfnisbefriedigung und die daraus resultierende mehr oder weniger optimale Bedürfnisbefriedigung wirken ihrerseits auf die subjektiven und objektiven Bedingungsfaktoren des Medienumgangs zurück.

Entwicklung des Ansatzes. Die Entwicklung des U&G-Ansatzes äußert sich in folgenden klassischen Studien und Publikationen: 1) Erste qualitative Studien in den 1940er-Jahren zur eskapistischen Funktion von Radioquizsendungen: Herzog (1940) oder zum Vermissen der Zeitung bei einem Zeitungsstreik (Kimball 1959; Berelson 1965); 2) Blumler/Katz: The Uses of Mass Communications (1974); 3) das Themenheft von Communication Research: The Uses and Gratifications Approach to Mass Communications Research (Swanson 1979); 4) Rosengren/Wenner/Palmgreen: Media Gratifications Research: Current Perspectives (1985) und 5) Übersichtsartikel von McLeod/Becker (1981); Rayburn (1996); Ruggerio (2000); Rubin (2000, 2002, 2009a+b); Haridakis (2013); Krcmar (2017) oder neu 6) zu Nutzung und Gratifikationen von *Internet* (Papacharissi/Rubin 2000) und *Social Media* (Quan-Haase/Young 2014; Lev-On 2017).

2.5.2 Forschungsfragen

Für die praktische Erforschung der hinter der Medienzuwendung stehenden und diese motivierenden sowie steuernden kommunikationsrelevanten Bedürfnisse ergeben sich folgende Fragestellungen:

1. Erfassung von Struktur, Differenziertheit und Hierarchie der kommunikationsrelevanten Bedürfnisse, Probleme, Absichten oder Erwartungen verschiedener Rezipientengruppen als Voraussetzungen (Antezedenzien).
2. Häufigkeit und Intensität der Mediennutzung insgesamt bezüglich der Befriedigung der einzelnen Bedürfnisse.
3. Funktionalität der einzelnen Medien bezüglich der Befriedigung der verschiedenen Bedürfnisse bzw. funktionale Alternativen.
4. Funktionsvielfalt vs. Funktionsspezifität der einzelnen Medien als Instanzen der Bedürfnisbefriedigung oder Problemlösung.
5. Bedürfnisbefriedigung durch Mediennutzung im Vergleich zu nichtmedialen Quellen wie interpersonale Kommunikation (Gespräche).
6. Konsequenzen der funktionsorientierten Mediennutzung als intervenierender Faktor auf postkommunikative Wirkungen von Medienbotschaften.
7. Herausbildung und Reorganisation sowohl der medienrelevanten Bedürfnisse als auch der Mediennutzungsfunktionen im Sozialisationsprozess.

2.5.3 Theoretische Probleme und Weiterentwicklungen

Der U&G-Ansatz hat der Wirkungsforschung in den 1970er-Jahren entscheidende neue Impulse verliehen und hat mittlerweile den Status einer klassischen Theorie der Medienwirkungsforschung erlangt; er ist aber auch immer wieder kritisiert worden, z.B. als atheoretisch, was nicht zuletzt auch zu seiner Weiterentwicklung beigetragen hat.

Bedürfnisbegriff. Im Nutzenansatz kommt den Bedürfnissen und Problemen der Rezipienten ein zentraler Stellenwert zu, weil sie die Wahl der Kommunikationsquellen, die Qualität der Kommunikationsbeziehung, die Wahl der Inhalte und die aus der Kommunikation resultierenden Effekte wesentlich bestimmen.

Bedürfnistypologien. Die theoretische Bestimmung kommunikationsrelevanter Bedürfnisse birgt Probleme und Gefahren in sich, was sich schon in der Vielfalt der verwendeten Typologien äußert: *monofunktionale* (z.B. Mediennutzung als Eskapismus), *bifunktionale* (Informations- vs. Unterhaltungsfunktionen) und *multifunktionale* Bedürfniskonzeptionen bzw. -typologien:

- *Kognitive Bedürfnisse:* Resultieren aus Orientierungs- und Entscheidungsproblemen des Handelnden gegenüber der Umwelt mit Dimensionen wie unspezifische Neugier, Kontrolle der Umwelt, Lernen, Realitätsexplorierung, Wissenserweiterung, Handlungsanweisung und Selbsterfahrung.
- *Affektive Bedürfnisse:* Anspruch auf individuumszentrierte Stimmungskontrolle wie Entspannung und Rekreation durch Unterhaltung; Ablenkung, Entlastung oder sogar Verdrängung von Umweltanforderungen (z.B. Eskapismus); zudem Spannungssuche (engl. excitement) als Zeitvertreib.
- *Sozial-interaktive Bedürfnisse:* Wunsch nach Geselligkeit und sozialem Kontakt mit und Anerkennung durch andere Menschen. Medien liefern dafür Anlässe und Themen für Gespräche; sie ermöglichen Identifikation mit Medienakteuren; und in der parasozialen Interaktion (Hartmann 2010) werden Medienakteure quasi wie „normale" Menschen behandelt (vgl. Kap. 3.3.2).
- *Integrativ-habituelle Bedürfnisse:* Wunsch nach Vertrauen, Geborgenheit und Sicherheit sowie Stabilität und Wertverstärkung bezüglich Referenzgruppen wie Familie, Freunde etc. Medien ermöglichen dies über habituelle Nutzungsmuster und ritualisierte Inhaltsstrukturen (z.B. TV-News).

Merksatz

Die kommunikationsrelevanten Nutzungsmotive lassen sich in kognitive, affektive, sozial-interaktive und integrativ-habituelle Bedürfnisse differenzieren.

Beispiel. Rosengren/Wenner/Palmgreen (1985) konzipierten zur Analyse der Nutzung von TV-News eine Typologie mit vier Polen (vgl. Abb. 23): 1) Umweltorientierung, 2) parasoziale Beziehungen, 3) soziale Integration, 4) Para-Orientierung. *Inhaltlich* werden die Funktionen nach Umweltorientierung sowie sozialem Leben unterschieden und diesen jeweils *prozessbezogen* die entsprechenden Paraorientierungs- bzw. parasozialen Funktionen gegenübergestellt.

Abb. 23 Bedürfnistypologie der Nutzung von TV-News

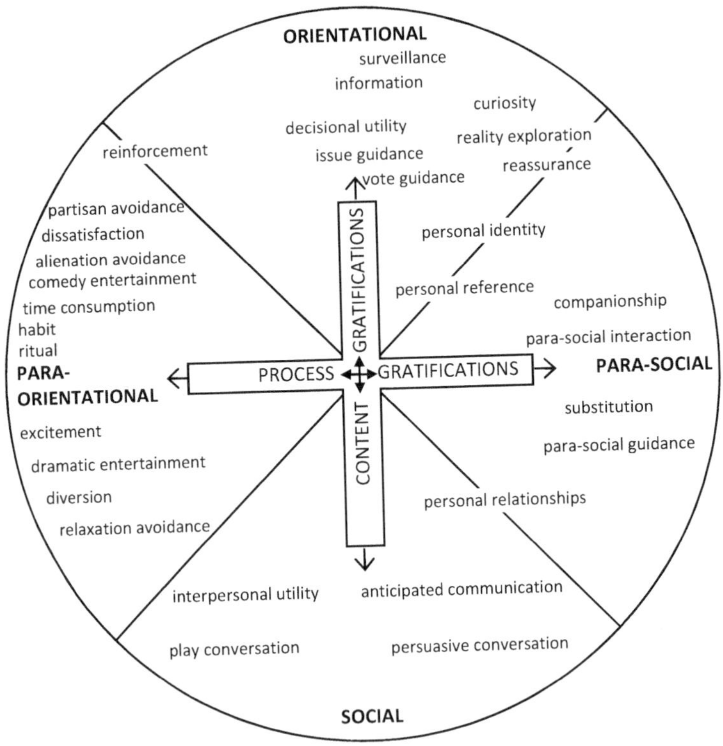

(Quelle: Rosengren/Wenner/Palmgreen 1985: 176)

Herleitung der Bedürfnisse. Das Bedürfniskonzept darf *nicht mentalistisch und statisch* missverstanden werden, indem Bedürfnisse quasi aus dem „Wesen" des Menschen abgeleitet werden. Dabei besteht die *Gefahr eines Tautologieschlusses:* Mediennutzung beweist Bedürfnisse und der Bedarf wiederum legitimiert die Angebote bzw. deren Nutzung (Blumler 1979). Bedürfnisse entwickeln sich immer in Auseinandersetzung von Person, Sozial- und Mediensystem und sind darum vielfältigsten Einflüssen und Veränderungen ausgesetzt. Insbesondere äußert sich in den medienbezogenen Bedürfnissen eine durch Medienmarketing bewusst *erzeugte Nachfrage* (Elliott 1974; Merten 1984; Ronge 1984). *In methodischer Hinsicht* wird bei der Konstruktion von Bedürfnistypologien *induktiv-empirisch* (z.B. Tiefeninterviews und Gruppengespräche) oder *deduktiv-theorieorientiert* vorgegangen.

Kritik. Mannigfach kritisiert wurde, dass der Uses-and-Gratifications-Ansatz die Publikumsaktivität *überbetone*. Medienzuwendung sei vielfach nicht zielorientiert und selbstbestimmt, d.h. *instrumentell*, vielmehr dominiere z.B. gerade beim Fernsehen der habitualisierte, d.h. *ritualisierte Konsum* (Mehling 2001; Rubin 1984). Jäckel (1992) hat darum die Medienaktivität im Rahmen der Rational-Choice-Theorie als *Entscheidungshandeln in einer Niedrigkostensituation* zu analysieren versucht. Oft bleibt auch *unklar*, was unter „Publikumsaktivität" überhaupt verstanden wird. Nach Blumler (1979), Windahl (1981) und Levy/Windahl (1984) sind verschiedene Formen von Aktivität zu unterscheiden, und zwar sowohl bezogen auf die drei Phasen im Kommunikationsprozess als auch bezüglich der je spezifischen Orientierung des Medienpublikums (vgl. Abb. 24).

Abb. 24 Publikumsaktivität nach Formen und Phasen

Orientierung des Publikums	*Phase in der Kommunikationssequenz*		
	prä-kommunikativ	*während der Kommunikation*	*post-kommunikativ*
Selektivität	selektive Auswahl	selektive Wahrnehmung	selektive Erinnerung
Involvement	Zuwendungs-erwartungen	Aufmerksamkeit Involvement, Identifikation parasoziale Interaktion	langfristige Identifikation Fantasien
Nützlichkeit (utility)	Gesprächswert (coin of exchange)	die erzielten Gratifikationen erfahren bzw. ausleben	Themengebrauch Meinungsführerschaft

(Quelle: Levy/Windahl 1984)

Bewusstheit der Bedürfnisse. Der Nutzenansatz geht davon aus, dass die Rezipienten über ihre Motive *wahrheitsgemäß* Auskunft geben, was aber voraussetzt, dass sie dazu überhaupt in der Lage sind, d.h. sie müssen sich ihrer Bedürfnisse in der Mediensituation bewusst sein. Das *Problem* besteht darin, dass es nicht nur manifeste, sondern auch latente Bedürfnisse gibt, die den Mediennutzern nicht unbedingt bewusst sein müssen (Pfaff-Rüdiger/Meyen 2013).

Individuelle Differenzen. Faktoren wie Geschlecht und Bildung, aber auch Lebensstil und Persönlichkeit beeinflussen die Priorität von individuellen Bedürfnissen und Problemen und somit die bedürfnisbezogene Mediennutzung: z.B. Fernsehen als Mittel gegen Einsamkeit (Perse/Rubin 1990) oder Persönlichkeit und Nutzungsmotive von Mediengewalt (Krcmar/Kean 2005).

Qualität der Bedürfnisbefriedigung. Kritisiert wird auch, dass Rezipienten Medien wohl bedürfnisorientiert nutzen würden und die Medien zudem diese Bedürfnisse zu befriedigen vermöchten; dass der Nutzenansatz aber kaum Aussagen mache bezüglich der *Qualität der Bedürfnisbefriedigung:* kreative, ego-erweiternde vs. eskapistisch-meinungsverfestigende Nutzung. Der Ansatz legitimiere wertungsfrei jegliche Medienangebote als Anpassung an Rezipientenbedürfnisse.

Bedürfnisse vs. Gratifikationen. In vielen empirischen Studien werden die *medienbezogenen Bedürfnisse* der Rezipienten und die *funktionsorientierte Mediennutzung* nicht unabhängig voneinander gemessen. Oft wird nur untersucht, aufgrund welcher Motive bestimmte Medien genutzt werden. Und weil „needs" und „gratifications" nicht klar getrennt wurden, unterscheiden spätere methodische Umsetzungen (vgl. Abb. 25) zwischen *„gratifications sought"* („I watch TV news to keep up with current issues and events") und *„gratifications obtained"* („CBS news helps me to keep up with current issues and events").

Abb. 25 Erwartungs-/Belohnungsmodell von Gratifikationen

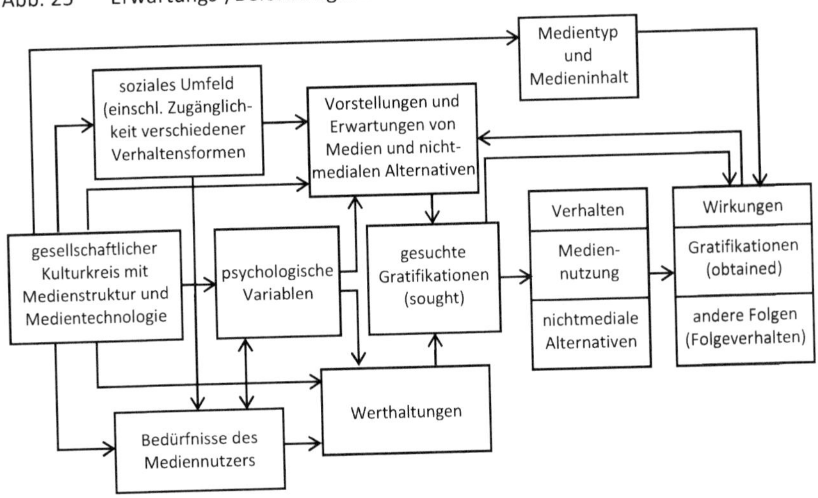

(Quelle: Palmgreen 1984: 57)

Palmgreen (1984) formulierte dazu ein *Erwartungs-/Bewertungsmodell:* Erwartung als perzipierte Wahrscheinlichkeit, dass ein Medium gewisse Eigenschaften besitzt und subjektive Bewertung dieser Eigenschaften. Die Differenz zwischen gesuchten und erhaltenen Gratifikationen oder das Produkt von Erwartungen und darauf bezogenen Bewertungen entscheidet über die erhaltene Gratifikation als *„media satisfaction"* (Palmgreen/Rayburn 1982; Palmgreen 1984; Rosengren 1996).

Konsequenzen der Mediennutzung. Befriedigen Medienangebote bestehende Bedürfnisse, führt dies zur Habitualisierung oder gar Abhängigkeit z.B. in Form von Fernsehsucht. Konsequenzen für andere Medien und deren Angebote bzw. nichtmediale Aktivitäten können sein: Ihre Angebote werden als Zusatz (engl. supplement) oder Ergänzung (engl. complement) wahrgenommen, aber auch als Konkurrenz und Ersatz (engl. displacement) (Höflich 1994). Neuere Studien fokussieren das Internet (Papacharissi/Rubin 2000) oder die Social Media (Quan-Haase/Young 2014), wobei bei letzteren soziale Motive zentral sind, bzw. analysieren die funktionsorientierte Nutzung alter und neuer Medien im Vergleich (Dimmick/Chen/Li 2004; Scherer/Schlütz 2004; Mögerle 2009).

Fazit. Weil in vielen Studien vor allem die *Forschungsstrategie im Zentrum* steht, wird nach wie vor kontrovers diskutiert, ob es sich beim U&G-Ansatz letztlich eher um einen *atheoretischen Beitrag* handelt (McQuail 1984) oder ob nicht doch vielfältige Bezüge zum Äquivalenzfunktionalismus, zum Rational-Choice-Ansatz (Jäckel 1992) oder zur Handlungstheorie (Mehling 2001) und zum symbolischen Interaktionismus (Krotz 1996a) bestehen. Allerdings hat die Gratifikationsforschung nach Schenk (2007: 691) zunehmend an Substanz gewonnen.

2.5.4 Empirische Umsetzung

In der gut 35-jährigen Forschungstradition ist mittlerweile eine Vielzahl empirischer Untersuchungen durchgeführt worden (Rubin 2009; Lev-On 2017). Im Zentrum stehen Studien, in denen die Funktionen einzelner *Medien im Vergleich* untersucht werden (Katz/Gurevitch/Haas 1973; Reitze/Ridder 2011); zudem wurden Analysen der *Funktionen einzelner Medien* wie TV (Rubin 1981), Zeitung (Mögerle 2009), PC und Internet (Weinreich 1998; Quan-Haase/Young 2010, 2014) bzw. von *Mediengenres* wie TV-News (Wenner 1985; Koning/Renckstorf/Wester 2001), Affekt-TV oder Talkshows (Bente/Fromm 1997; Weiß 1999) durchgeführt. Spezielle Aufmerksamkeit gefunden haben Medienfunktionen bei *Kindern und Jugendlichen* (Saxer/Bonfadelli/Hättenschwiler 1980) sowie *Effekte von Gratifikationen* auf das Lernen (Bonfadelli 1988b). Im Folgenden werden einige klassische und für die Forschungsentwicklung wegweisende Studien vorgestellt.

Israel-Studie (Katz/Gurevitch/Haas 1973)

Hintergrund. Nachdem in den 1940er-Jahren mehrere *qualitative* Studien zur bedürfnisorientierten Mediennutzung durchgeführt worden waren (z.B. Radio-Quiz: Herzog 1940; Appeal von Radio-Soap-Operas: Herzog 1944; Kinder und Comiclesen: Wolfe/Fiske 1949) bildet die sog. Israel-Studie die erste bedeutende

Wiederanknüpfung und methodische Weiterentwicklung. 20 Jahre später wurde die Israel-Studie von Katz/Haas (1995) repliziert.

Forschungsfragen. Bei 1.500 Personen wurde mittels Befragung untersucht: 1) Welche Bedürfnisse werden von den verschiedenen sozialen Gruppen als für sie wie wichtig empfunden? 2) In welcher Weise befriedigen die verschiedene Medien – TV, Radio, Bücher, Zeitungen, Kino – die unterschiedlichen Bedürfnisse? 3) Wie wird der Beitrag der Massenmedien im Vergleich zur interpersonalen Kommunikation bezüglich der Bedürfnisbefriedigung bewertet?

Operationalisierung. Der dreidimensionale Raster (vgl. Abb. 26) wurde zur Formulierung der 35 medienbezogenen Bedürfnisse verwendet: *„Verstehen, was in Israel und der Welt vor sich geht"*(a1, b1, c4) oder *„Flucht aus dem Alltag"* (a2, b4, c1).

Abb. 26 Funktionstypologie der Israel-Studie

a) Modalität	b) Inhalte	c) Bezugsgruppen
1) Verstärkung 2) Schwächung 3) Erwerb	1) Kognition: Information, Wissen, Verständnis 2) Affekt: emotionale Erfahrungen 3) Integration: Glaubwürdigkeit, Vertrauen, Zuverlässigkeit 4) Interaktion: Beziehungen	1) Selbst, Ich 2) Familie 3) Freunde 4) Staat, Gesellschaft 5) Tradition, Kultur

Befunde. Zeitungen boten in Israel umfassende Hilfeleistungen, und zwar vor allem zu kognitiven Bedürfnissen und zur Integration und Interaktion. – Bücher wurden zur Befriedigung affektiver Bedürfnisse (Eskapismus) und kognitiver Bedürfnisse (Wissenserweiterung) benutzt. Und das Fernsehen wurde nur bei zwei Bedürfnisindikatoren allen anderen Medien vorgezogen: Zeit innerhalb der Familie zu verbringen und Zeit totzuschlagen. Dieser Befund weicht von den Funktionen des Fernsehens in den USA und Europa beträchtlich ab. Radio wurde für kein einziges Bedürfnis als besonders hilfreich empfunden. Der Film diente vor allem individuellen affektiven Bedürfnissen. Generell gilt, dass mit steigender Bildung die perzipierte Funktionalität der Printmedien höher eingestuft wurde, bei niedriger Bildung war jene der elektronischen Medien höher. Das Fernsehen war unter funktionalen Gesichtspunkten das diffuseste Medium, d.h. es befriedigte verschiedenste Bedürfnisse. Bücher und Radio lagen in der Mitte, während die Funktionalität von Film und Zeitungen spezialisiert war. Fernsehen und Radio waren einander ähnlich, während bei Fernsehen und Buch die funktionale Austauschbarkeit gering war. Nichtmediale Instanzen wie Familie, Peers u.a. wurden im Vergleich zu den Medien in allen Bedürfnisbereichen als funktionaler bewertet.

Schweden-Studie (Rosengren/Windahl 1973)

Fragestellung. Im Vergleich zur Israel-Studie wird hier von einem sozial orientierten und monofunktionalen Bedürfnisbegriff ausgegangen, wobei das tatsächliche Vorhandensein und die Stärke des Bedürfnisses empirisch nicht abgeklärt wurden: *Bedürfnis nach sozialem Kontakt und Interaktion.*

Abb. 27 Typologie von Bedürfnisbefriedigungsmöglichkeiten

1) Motivation 2) Gratifikation 3) Modalität 4) Inhalte		*Umwelt- und milieubedingte Restriktionen, Kontaktbedürfnisse zu befriedigen* *nein*	*ja*
individuelle Restriktionen, Kontaktbedürfnisse zu befriedigen	*nein*	1) Zusatz / Supplement 2) Abwechslung 3) Restriktionen, Ungebundenheit 4) Information, Bildung	1) Ergänzung / Komplement 2) Entschädigung 3) Parasoziale Interaktion 4) Unterhaltung, Musik
	ja	1) Ergänzung bzw. Komplement 2) Eskapismus, Flucht 3) Einzel-Identifikation 4) Lehrfilme, Dokumente	1) Ersatz bzw. Substitution 2) Stellvertretende Erfahrung 3) Gebundenheit, Capture 4) Romane, Schauspiele

Postuliert wird, dass Mediennutzung unter bestimmten Rahmenbedingungen, und zwar in Abhängigkeit von individueller Fähigkeit und milieubedingten Möglichkeiten, eine funktionale Alternative für direkte soziale Interaktion sein kann.

Befunde. In vier Untersuchungen konnten entsprechende Korrelationen zwischen den vier Variablen nachgewiesen werden (vgl. Abb. 28).

Abb. 28 Beziehungen zwischen den vier Schlüsselvariablen

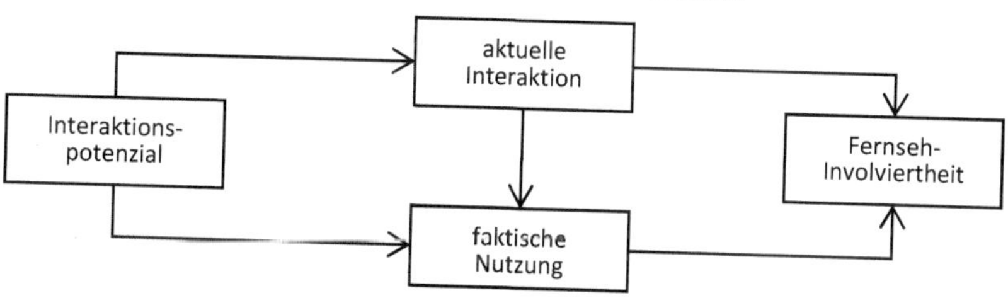

ARD/ZDF-Langzeitstudie „Massenkommunikation"

Fragestellung. In der repräsentativen Langzeitstudie „Massenkommunikation" (Breunig/van Eimeren 2015; Breunig/Engel 2015), welche alle fünf Jahre durchgeführt wird, werden im Medienvergleich neun kommunikationsrelevante

Bedürfnisse erhoben, und zwar neuerdings auch unter Miteinbezug des Internet. Gefragt wird für jedes der vier tagesaktuellen Medien (Radio, Fernsehen, Tageszeitung, Internet): „Ich nenne Ihnen einige mögliche Gründe für ... und sagen Sie mir bitte jeweils, inwieweit ein Grund auf Sie persönlich zutrifft: voll und ganz, weitgehend, weniger oder gar nicht."

Abb. 29 Nutzungsmotive der Medien im Vergleich (2015)

„trifft am meisten / an zweiter Stelle zu auf ..." in %		*Zeitung*	*TV*	*Radio*	*Web*
kognitive Funktionen	Weil ich mich informieren möchte	46	63	39	50
	Weil ich Denkanstöße bekomme	40	64	41	51
	Weil ich nützliche Dinge für Alltag erfahre	42	60	44	52
affektive Funktionen	Weil es mir Spaß macht	20	78	51	49
	Weil ich dabei entspannen kann	19	83	64	31
Eskapismus	Weil ich mich ablenken möchte	18	81	54	42
soziale Funktionen	Damit ich mitreden kann	43	68	39	45
	Weil ich mich dann nicht allein fühle	16	73	56	37
Ritual	Weil es aus Gewohnheit dazugehört	31	73	57	35
Gesamtfunktionalität der einzelnen Medien		31	71	49	44

Basis: Personen ab 14 Jahren, die mind. zwei Medien mehrmals im Monat nutzen (N=4.120).

(Quelle: Breunig/Engel 2015:330)

Befunde. Betrachtet man Abb. 29 *spaltenorientiert*, kann für jedes Medium separat gefragt werden, welche Nutzungsmotive dominieren bzw. wo Stärken und Schwächen des Mediums liegen: Nicht nur bei der Zeitung, sondern auch beim Internet gehört die Informationsfunktion zu den wichtigsten Nutzungsmotiven, während Entspannung beim Fernsehen und Radiohören an erster Stelle steht. Bezüglich *Gesamtfunktionalität* ist das Gratifikationspotenzial des Fernsehens nach wie vor am höchsten. Eine *zeilenorientierte* Analyse wiederum zeigt, in welchem Funktionsbereich welche Medien wichtig sind. So werden etwa affektiven Funktionen von Radio und Fernsehen am besten erfüllt,oder das Fernsehen ist im Medienvergleich am stärksten ritualisiert, d.h. es erfolgt gewohnheitsmäßig, während das Zeitungslesen offenbar nicht mehr wie früher eine Routine im Tagesablauf ist.

Studien zu „Neuen Medien"

Fragestellung. Inwiefern werden Nutzungsmuster der „alten" durch die „neuen" Medien ergänzt oder substituiert? Und speziell: Wie stark können z.B. Gespräche oder Briefe durch neue Formen der Kommunikation ersetzt werden? Oder: Inwieweit werden durch das Internet die Funktionen der „klassischen" Medien (Zeitung bzw. TV) beeinflusst und deren Reorganisation angeregt?

Ansatz. Neue Medien und Kommunikationstechniken werden alte Medien dann ersetzen können, wenn sie deren Leistungen gleich oder besser und/oder kostengünstiger (finanzieller, zeitlicher und mentaler Aufwand) zu erfüllen versprechen, und wenn sie darüber hinaus zusätzlich neue Leistungen zu erbringen vermögen (Becker/Schönbach 1989: 20; Scherer/Schlütz 2004).

Empirische Studien. Funktionen neuer Medien im Vergleich zu interpersonaler und Massenkommunikation sind mittlerweile in vielen Studien theoretisch analysiert und auch empirisch untersucht worden, wobei meist *Komplementarität* und nicht *Substitution* konstatiert wird: Rice/Williams (1984); Perse/Courtright (1993); Höflich (1994); Bromley/Bowles (1995); Weinreich (1998); Kaye/Johnson (2002); Dimmick/Chen/Li (2004); Kolo (2010); Sundar/Limperos 2013. Von Interesse ist seit jüngstem die Diskussion, inwiefern die Bewegtbildnutzung im Internet das klassische Fernsehen verändert (vgl. Koch/Frees 2016).

2.6 Themenfokus: Eskapismus

Definition. In den 1960er-Jahren wurde das Eskapismus-Konzept formuliert, um das Typische der TV-Rezeption zu bezeichnen. In Kindermedienstudien wurde konstatiert und in der Öffentlichkeit problematisiert, dass Heranwachsende sich dem Fernsehen zuwenden, um den Alltag und dessen Probleme zu vergessen oder gar zu verdrängen. Zudem galten die entfremdeten Lebens- und Arbeitsbedingungen der Unterschicht als Fluchtmotive, die beim Fernseher ausgelebt wurden.

Katz/Foulkes (1962) konstatieren, dass der *Eskapismus-Begriff vieldeutig* sei und für die Bezeichnung verschiedenster Phänomene verwendet werde: a) als Bedürfnis, welches das Sehverhalten motiviert, b) das Spezifische am Sehverhalten selbst, c) bestimmte Medieninhalte, d) psychische Prozesse, die beim Fernsehen ablaufen und e) Folgen des Fernsehens als Veränderung der Persönlichkeit des Rezipienten. Nach ihnen sollte der Eskapismus-Begriff nur auf bestimmte *dysfunktionale Folgen der Fernsehnutzung* angewendet werden, und zwar zur Bezeichnung von Phänomenen wie dem Rückzug aus dem Alltag mit seinen Problemen, der Abschwächung von gesellschaftlicher Partizipation, der fehlenden Auseinandersetzung mit oder gar der Verdrängung von eigenen Problemen (Reimer 2008).

Empirische Umsetzung und Befunde. In die Praxis (aber eher deskriptiv) umgesetzt worden ist das Eskapismus-Konzept hauptsächlich in U&G-Studien: bei Kindern und Jugendlichen (Saxer/Bonfadelli/Hättenschwiler 1980), zum Zusammenhang von Einsamkeit und TV-Nutzung (Rubin/Perse/Powell 1985) oder zur narkotischen Dysfunktion des TV (Kuhlmann/Gehrau 2011). In allen

Untersuchungen zeigte sich, dass die befragten Personen eher selten meinen, dass sie die Medien nutzen würden, „um den eigenen Träumen nachzuhängen”, „um mal völlig abschalten zu können” oder „um persönliche Probleme zu vergessen”.

Allerdings muss man berücksichtigen, dass es sich in den U&G-Studien immer um *Selbstauskünfte* der Befragten handelt. Zudem scheint nicht nur das *Fernsehen*, sondern auch das *Buchlesen* (Radway 1984) ein geeignetes Mittel zur Befriedigung eskapistischer Bedürfnisse zu sein. Hinzu kommt, dass eskapistische Bedürfnisse offenbar als motivierende und gratifizierende Elemente, und zwar durchaus auch im positiven Sinn, bei jeder Medieninteraktion eine Rolle spielen können. Theorieorientierte Studien (z.B. Henning/Vorderer 2001) zeigen zudem, dass mit dem Eskapismus-Konzept die Zuwendung zum Fernsehen erklärt werden kann. Darüber hinaus stimulierte das Konzept neuere Ansätze wie die sog. Mood-Management-Theorie (vgl. 3.4.5).

2.7 Medienumgang: qualitative Perspektiven

Hintergrund. Ausgehend vom Nutzenansatz, der den Medienumgang als sinnorientiertes soziales Handeln thematisiert, sind Ende der 1970er-Jahre im deutschen Sprachraum theoretische Perspektiven in Auseinandersetzung und in Abgrenzung zur traditionellen Wirkungsforschung entstanden. Dabei spielte die Re-

Abb. 30 Qualitative Rezeptionsforschung: Auswahl klassischer Studien

Forscher	*Fragestellung*	*Methode*
Lull (1980a+b) Rogge (1993) Hurrelmann (1989)	- TV-Umgangsregeln in Familien - Medienumgangsmuster in Familien - Lesen und Fernsehen in Familien	Beobachtung Interviews Interviews
Messaris (1983) Keppler (1994)	- TV-Gespräche in Familien - Medienthemen in Tischgesprächen	Beobachtung Tonbandaufnahmen
Charlton / Neumann-Braun (1992) Bachmair (1990)	- medienbezogene Spielaktivitäten von Vorschulkindern; Medienspuren im Kinderspiel - Mediengeschichten dramatisieren in Schule	teilnehmende Beobachtung Beobachtung/Gespräche
Ang (1986) Liebes/Katz (1990) Brown (1991) Press (1990)	- Briefe von Dallas-Fans - Dallas-Rezeption im Kulturvergleich - symbolischer Widerstand in Frauengesprächen über Dallas - Serienrezeption Mittel-/Unterschichtfrauen	Dokumentenanalyse Gruppengespräche Interviews Interviews
Radway (1984)	- US-Leserinnen von Romanzen	Interviews
Vogelgesang (1994)	- Jugendliche Video-/Computercliquen	Gruppengespräche
Morley (1992)	- Rezeption TV-Magazin „Nationwide“	Fokusgruppen

zeption der *Cultural Studies* eine wichtige Rolle (Charlton/Bachmair 1990; Krotz 1992; Holly/Püschel 1993; Jäckel/Peter 1997; Charlton/Schneider 1997; Rössler /Hasebrink/Jäckel 2001; Röser 2007; Hepp 2010), sowie die Betonung *qualitativer Methoden* (Mikos/Wegener 2005; Averbeck-Lietz/Meyen 2016).

Fragestellungen und Forschungsfelder. Von Interesse ist, 1) wie der konkrete Umgang mit den Medien in den Lebenszusammenhang des einzelnen Menschen und in seine Biografie integriert wird, 2) inwiefern bestimmte abstrakte und medienvermittelte Erfahrung zu ihrer Rezeption spezifische Kontexte und spezifische konkrete Kenntnisse, Fähigkeiten und damit wiederum zusammenhängende konkrete Erfahrung erfordert, und 3) wie Medien und deren Inhalte im konkreten Rezeptionsprozess angeeignet werden (vgl. Abb. 30).

- **Mit Medien handeln.** Erforscht wird die Integration von TV, Internet oder Mobilkommunikation in die Familie. *Fragen:* Welche sozialen Regeln bilden sich unter den Familienmitgliedern im Umgang mit TV und Internet heraus? Welche Konsequenzen entstehen daraus für das Familienleben? Welche Unterschiede gibt es zwischen verschiedenen Familien (Lull 1980a, 1980b; Keppler 1994; Röser/Großmann 2008)? Und wie werden Medien überhaupt im Alltag angeeignet und in diesen integriert (Röser 2007; Röser/Thomas/Peil 2010; Koch 2010; Naab 2013)?
- **Über Medien sprechen.** Untersucht werden spontan sich einstellende Medienthemen in (Familien-)Gesprächen (Keppler 1994), Gespräche während oder nach der Rezeption von TV-Sendungen (Holly/Püschel 1993) und beim Lesen (Charlton/Sutter 2007) oder wie *Anschlusskommunikation* durch das Fernsehen (Charlton/Klemm 1998; Sutter 2002) und neu durch Internet (Gehrau/Goertz 2010) und Social Media (Ziegele 2016) gestiftet wird (vgl. 6.1).
- **Medienbiografien.** Welche Typen von Medienbiografien gibt es? Und: Welche Faktoren beeinflussen die Herausbildung der Medienbiografie? Welche Kontinuitäten und Diskontinuitäten gibt es im Prozess der Mediensozialisation (Luger 1985; Sander/Lange 2005; Hartung 2010)?
- **Rezeptionsanalysen.** Mittlerweile gibt es in der Medienwissenschaft eine eigenständige Tradition qualitativer Rezeptionsforschung – und zwar zu Informationssendungen wie Unterhaltungsprogrammen im Fersehen (z.B. Soaps, Reality oder Casting Shows). Diese heterogene Tradition entwickelte sich in den 1980er-Jahren auf der Basis der Cultural Studies in Abgrenzung zur klassischen Wirkungsforschung, der vorgeworfen wurde, monokausal, mechanistisch sowie nur quantifizierend zu sein und so die Medienbotschaften zu vernachlässigen (vgl. Lindlof 1987, 1991; Livingstone 1990; Jensen/Rosengren 1990; Charlton/Schneider 1997; Mikos/Wegener 2005; Wünsch et al. 2014; Bilandzic/Schramm/Matthes 2015).

Prämissen, Konzepte, Methoden. Im Zentrum stehen wie beim U&G-Ansatz nicht postkommunikative Medieneffekte als Endprodukt von Mediennutzung, sondern der Medienumgang im Lebenskontext bzw. die *Bedeutung der Medien im Alltag*. Medienzuwendung wird als *regelgeleitet* verstanden. Und im Gegensatz zum Eskapismus-Konzept wird davon ausgegangen, dass Mediennutzung zur *Lebensbewältigung* dient. Mit dem *Konzept der Domestizierung* (Röser 2007; Hartmann 2013) wird darauf verwiesen, dass die Medien in den Alltag der Nutzer integriert werden, oder dass der Alltag zunehmend mediatisiert ist (Mikos 2005; Vorderer 2015).

Das Konzept der *Medienbiografie* (Sander/Lange 2005; Hartung 2010) fokussiert neben dem Medienwandel, der sich in neuen Medieninhalten spiegelt (z.B. Reality-/Casting-Shows), die Medien als Elemente der Biografie: Analyse von Medienerinnerungen als Blick zurück auf die (Selbst-) Sozialisation von und mit Medien in verschiedenen Generationen wie TV- vs. Internet-Generation, aber auch die Erforschung des Stellenwerts von Medienereignissen (z.B. 9/11) im individuellen und kollektiven Gedächtnis.
In einer *(medien)ökologischen Perspektive* (Ganguin/Sander 2005; Vollbrecht 2010) geht es zudem um die systemische Betrachtungsweise des Verhältnisses von Mensch und (sozialer) Umwelt. Gefragt wird, wie Kommunikation und Medien in die Lebenswelt integriert werden und so für die Gestaltung der Beziehungen von Mensch und Umwelt von Bedeutung sind (Röser 2007; Röser/Thomas/Peil 2010). Im Rückgriff auf das *sozialökologische Konzept* von Bronfenbrenner (1981) unterteilen Baacke/Sander/Vollbrecht (1990) die räumliche und soziale Umwelt Jugendlicher in vier *sozialökologische Zonen*, visualisiert als konzentrische Kreise: a) sozialökologisches Zentrum der Familie, b) sozialökologischer Nahraum der Nachbarschaft, c) sozialökologische Ausschnitte mit funktionaler Spezialisierung wie Schule, Bibliothek, Kaufhäuser und d) sozialökologische Peripherie. Mittels Beobachtung und Interviews wurden Lebens- und Medienwelten und deren Zusammenhänge analysiert wie z.B. Medienzugang im Elternhaus oder sozialräumliche Einbettung von Medienorten wie Diskotheken, Videotheken und Kinos.

Daneben lassen sich weitere Anwendungen finden: Nach Lüscher/Wehrspaun (1985: 188) bezeichnet *Medienökologie* enger fokussiert „die analytische Rekonstruktion von Medienwirkungen und der sich daraus ergebenden gesellschaftspolitischen Aufgaben." Unterschieden wird zwischen a) Medienbeeinflussung *durch* die Kontexte der Produktion, Übermittlung und Rezeption als Folge der im Umgang mit den Medien sich herausbildenden *konkreten Erfahrungen* und b) Medienbeeinflussung *über* Inhalte, die verbreitet werden, also über die vermittelten *abstrakten* – narrativen und institutionalen – Erfahrungen.

Medienaneignung bzw. kommunikative Aneignung haben sich zu wichtigen Konzepten der qualitativen Medienforschung entwickelt (Hepp 2005: 67). Darunter wird konsonant zum Uses-and-Gratifications-Ansatz verstanden, dass Menschen als Rezipienten nicht einfach passiv durch Medienangebote beeinflusst werden, sondern sich aktiv im Prozess des Medienumgangs Medieninhalte aneignen. Die komplexen und immer kontextualisiert sich ereignenden Prozesse des „Sich-zu-eigen-Machens" werden durch unterschiedliche theoretische Perspektiven analysiert und erklärt (Gehrau 2002).

In der Perspektive der *strukturanalytischen Rezeptionsforschung* (Charlton/Neumann-Braun 1992; Neumann-Braun 2005) werden strukturelle und prozessuale Aspekte unterschieden. Die *strukturellen Aspekte* der Medienrezeption umfassen zum einen die *gesellschaftlich-kulturellen Gegebenheiten* als äußere Rahmenbedingungen und zum anderen die konkreten *Interaktionserfahrungen in der Rezeptionssituation*, die innerhalb der Nahumwelt situiert sind, in der es regelhaft zur Ausbildung von Gewohnheiten und Ritualen kommt. *Prozessorientiert* sind *innere Rahmenbedingungen* relevant, welche Bedürfnisstruktur, Wissensstand und kognitive Kompetenzen umfassen. Für die Auseinandersetzung mit dem Medienangebot und mit Medieninhalten werden bedürfnisbasierte *handlungsleitenden Themen* als wichtig betrachtet, welche die Prozesse der Wahrnehmung, Interpretation und Verarbeitung steuern. Die Medienzuwendung und Rezeption der Botschaften erfolgt als *thematisch voreingenommenes Sinnverstehen* und dient der Auseinandersetzung mit und der Lösung von zentralen Entwicklungs- und Lebensaufgaben, die für eine Person in einem bestimmten sozialen Milieu und mit einer bestimmten Biografie wichtig sind. Die Forschung (Charlton/Neumann-Braun 1992; Charlton/Schneider 1997) befasst sich mit Kindern und Jugendlichen und arbeitet mit Methoden der Ethnografie und Konversationsanalyse wie Beobachtung und Leitfadengespräche.

Das *Encoding/Decoding-Modell* entstammt der Tradition der Cultural Studies (vgl. Krotz 1992; Jäckel/Peter 1997; Hepp 2010) und wurde von Stuart Hall (1980, 1999) entwickelt. Basierend auf sozialwissenschaftlichen Ansätzen und semiotischen Überlegungen (Hepp 2010: 114ff.) wird davon ausgegangen, dass Medienkommunikation nicht mit Transfermodellen zu beschreiben, sondern als kulturell vermittelter Prozess der Aneignung durch aktive Rezipienten zu verstehen sei. Der Medientext steht zwischen dem Produktionsprozess (engl. encoding) mit seinen institutionellen Rahmenbedingungen und dem Rezeptionsprozess (engl. decoding), in dem der „offene" bzw. mehr oder weniger „polyseme" Medientext durch den aktiven Rezipienten sinnhaft angeeignet wird.

Idealtypisch werden drei Aneignungsweisen unterschieden: 1) *Dominant-hegemoniale Position bzw. favorisierte Lesart:* Der Rezipient übernimmt aufgrund seiner sozialen Lage quasi unkritisch die (konnotative) Bedeutung des Medientextes, – und zwar ohne diesen zu hinterfragen, und decodiert diese im Rahmen des Codes, in dem dieser encodiert wurde – also konsonant zur Intention des Kommunikators. Dabei wird davon ausgegangen, dass die Berichterstattung der Massenmedien meist aus der Perspektive der herrschenden Akteure erfolgt und deren *dominant-hegemoniale Sichtweise* übernimmt und spiegelt. 2) *Ausgehandelte Position bzw. Lesart:* Der Mediennutzer übernimmt zwar partiell die dem Medientext zugrunde liegende ereignisbezogene Perspektive des Kommunikators und dessen dominante Ideologie, adaptiert diese aber an die eigene (Lebens-)Situation und die eigenen Erfahrungen. 3) Eine *oppositionelle Position bzw. Lesart* liegt dann vor, wenn der Nutzer z.B. als Bürger den politischen Medientext quasi „gegen den Strich" in einem entgegengesetzten bzw. alternativen Bezugsrahmen sich aneignet. – David Morley (1992) untersuchte in einer klassischen Studie die Rezeption des englischen Fernsehmagazins „Nationwide" und fragte: *„Wie legen Texte bestimmte Leseweisen nahe?"* Und umgekehrt: „Welchen Einfluss haben der soziale Hintergrund und die kulturelle Kompetenz des Publikums auf den Rezeptionsprozess?"

Merksatz

Das im Rahmen der Cultural Studies von Stuart Hall entwickelte *Encoding/Decoding Modell* unterscheidet idealtypisch drei Aneignungsweisen durch die Mediennutzer: 1) *Favorisierte Leseart* als Übernahme der dominant-hegemonialen Position im Medientext; 2) *ausgehandelte Leseart* als Zustimmung zur Textposition, aber adaptiert an eigene Meinung; 3) oppositionelle Leseart als Ablehnung der dominanten Bedeutung des Textes.

Diese Ansätze betrachten somit Medienbotschaften als *encodierte bedeutungstragende Texte,* kritisieren aber die textorientierte Ideologiekritik, die aufgrund eines zu simplizistischen Manipulationsmodells die Rezeptionsmodalitäten als *Decodierungsprozesse* durch die Zuschauer nicht berücksichtige: Text und Publikum sind verschränkt und müssen mittels *qualitativer Methoden* (narratives Interview oder Gruppengespräch) untersucht werden. Je nach Ansatz werden *politische Inhalte* (Morley 1992) oder *Unterhaltungssendungen* analysiert (Ang 1986; Liebes/Katz 1990; Holly/Püschel 1993; Hepp 2010). Qualitative Rezeptionsanalysen unterscheiden sich dahingehend, ob sie Medientexte als *polysemisch* betrachten, d.h. *offen* für unterschiedliche Interpretationen durch die Nutzer (Fiske 1987) oder ob sie eine im jeweiligen Text angelegte bevorzugte Leseart (engl. preferred reading) annehmen (Morley 1992). Vor allem Studien von Unterhaltungsangeboten betonen die „Polysemie" der Texte und damit einhergehend die sog. *„Semiotic Democracy"*.

Ien Ang (1986) beschäftigte sich als eine der ersten mit den sich in Zuschriften von Lesern äußernden vielfältigen Funktionen der TV-Serie „Dallas" und Tamar Liebes und Elihu Katz (1986, 1990) kamen in der *interkulturellen Studie* der Rezeption von „Dallas" zum Schluss, dass die Serie in verschiedenen Kulturen unterschiedliche Bedeutung hatte, während Andrea Press (1990) *geschlechts- und schichtspezifisch akzentuierte Rezeptionsmuster* bei „Dynasty" analysierte. Janice Radway

(1984, 1985) wiederum entdeckte in der Lektüre bei Leserinnen von Liebesromanzen *„widerständige"* Elemente. Und Mary Ellen Brown (1991) geht davon aus, dass Seherinnen von Soap Operas in Gesprächen mit ihren Freundinnen deren Inhalte *„spielerisch"* bzw. *„kritisch-reflexiv"* auf ihre eigene Situation beziehen.

Kritik. Allerdings gibt es auch kritische Stimmen, die diesen Studien – neben methodischen Schwächen wie zu kleine und nicht repräsentative Stichproben – in theoretischer Hinsicht *„Revisionismus"* vorwerfen, weil diese die in den Texten angelegten *„dominant-ideologischen Leseweisen"* zu wenig berücksichtigten und die Distanzierungsmöglichkeiten des Publikums überschätzten. Bilanzierend betont John Corner (1991: 267) ähnlich wie David Morley den Prozess der Bedeutungsgenerierung aufgrund der Auseinandersetzung von Text und Rezipient in der konkreten Rezeptionssituation:

> „What meanings audiences make of what they see, hear and read, why these meanings rather than others are produced by specific audiences from the range of interpretative possibilities, and how these activities of meaning-making, located (...) in the settings of everyday domestic life, might relate to ideas about the power of the media (...)."

Methoden. Aus den oben dargelegten konzeptionellen Überlegungen folgt, dass der Medienumgang in methodischer Hinsicht nicht standardisiert und quantifizierend, sondern in einer *ganzheitlichen bzw. ökologischen Perspektive* und mit qualitativen Methoden erfasst werden soll, wobei dem *sozialen Kontext* ein hoher Stellenwert beigemessen wird. Benutzt werden verstehend-hermeneutische Ansätze aufgrund von Tiefeninterviews, Gruppengesprächen oder teilnehmender Beobachtung (Mikos/Wegener 2005; Averbeck-Lietz/Meyen 2016).

2.8 Themenfokus: Mediensucht

Die rasche Verbreitung des Fernsehens zusammen mit dem großen durchschnittlichen zeitlichen Umfang der Fernsehnutzung hat in den USA schon in den frühen 1960er-Jahren zur Diskussion des Phänomens „Fernsehsucht" geführt; das Thema wurde später jedoch abgelöst durch die Frage nach den Auswirkungen der Fernsehgewalt (vgl. Kap. 4.2.68). Erst Ende der 1970er-Jahre wurde die Suchtproblematik wieder stärker thematisiert, zunächst in der Populärliteratur z.B. *„Die Droge Fernsehen"* (Winn 1977), später in Publikumszeitschriften *„Droge Fernsehen: Die süchtigen Kinder"* (Spiegel, 8. Mai 1989) – oder durch qualitative Ansätze wie das Feldexperiment *„4 Wochen ohne Fernsehen"* von Bauer/Baur/Kungel (1976) und in medienpädagogischen Studien (Rogge 1993). Die Durchsicht der *empirischen Forschung* (Smith 1986; McIlwraith et al. 1991, 1998; Kubey 1996a) bringt viele Vermutungen, aber eher wenig empirisch erhärtete Fakten zu Tage.

2.8.1 Fernsehsucht: theoretische Perspektiven

Die zu TV-Abhängigkeit bzw. Sucht formulierten Hypothesen und Erklärungen (vgl. Smith 1986) beziehen sich einerseits auf den *Ursprung* der TV-Sucht, andererseits auf deren *Folgen.* Sie schließen sich nur zum Teil aus, d.h. sind in verschiedener Hinsicht eher komplementäre Sichtweisen. Die in Abb. 31 zusammengefassten *Erklärungsversuche* zur TV-Sucht lassen sich in der Literatur ausmachen:

Abb. 31 Fernsehsucht: Theorien und Mechanismen

Theorie	*Prozesse*	*Fernsehsucht als ...*
Eskapismus	kognitiv	Flucht in Scheinwelt als symbolische Kompensation
Stressreduktion	affektiv	Mood-Management zur Entspannung
Entspannt sein und Fantasieverlust		Abschalten stört „Flow"-Gefühl: Stimulusabhängigkeit
Erregung (engl. arousal)		Mood-Management: Stimulussuche zur Aktivierung
soziale Unangepasstheit	sozial	parasoziale Beziehung zu / Identifikation mit TV-Helden
chronische Einsamkeit		kompensatorische Funktion des Fernsehens
kulturelle Stigmatisierung		TV-Tabu in der Mittelschicht erhöht Suchtpotenzial

Eskapismustheorie. Aus Psychologie und Psychiatrie stammen Überlegungen, dass Fernsehsucht mit *Problemlösemechanismen* interveniert und zu einem Rückzug aus der Welt führe; Fantasie und Realität würden nicht mehr unterschieden und Apathie stelle sich ein. Unklar ist, ob sich Fernsehsucht entwickelt, weil Probleme im Umgang mit dem Alltag – z.B. Schulschwierigkeiten – nicht gelöst werden können oder ob Eskapismus sich eher wegen der Fernsehsucht entwickelt (vgl. Schramm/Lyle/Parker 1961; Katz/Foulkes 1962 sowie Kap. 2.6).

Stressreduktion. Singer und Singer (1980) gehen davon aus, dass das Suchtpotenzial des Fernsehens daraus resultiert, dass Fernsehen negative Affekte zu reduzieren vermag, indem die eigenen Gedanken durch jene der Fernsehwelt substituiert werden. Andere Autoren nehmen an, dass Fernsehen von den Zuschauern aktiv als sog. „Mood-Management" zur Reduktion des Erregungsniveaus – Stress – benutzt wird (Anderson et al. 1996).

Passivität und Beeinträchtigung der Fantasie. Nach Kubey (1996a) ist Fernsehen relativ passiv, erfordert nur wenig Konzentration und es ruft einen „Flow"-

Zustand hervor. „Entspanntsein“ als Gratifikation hält aber nur während des Sehens an, was das Abschalten schwierig mache. Längerfristig werde die Fantasie beeinträchtigt, was die Abhängigkeit von externen Stimuli erhöhe.

Erregungstheorie. TV-Süchtige sind nach Zuckerman (1979) *„Stimulation Seekers“.* Die durch das Fernsehen bewirkte sensorische Erregung (engl. arousal) führe bei habitueller Nutzung einerseits dazu, dass die Toleranz für unstrukturierte Situationen abnehme, andererseits immer höhere „TV-Dosen“ benötigt würden. Fernsehsucht als psychologisches Phänomen könnte so möglicherweise eine physiologische Entsprechung im Endorphin-System des Gehirns haben.

Soziale Unangepasstheit. Verschiedene Studien (z.B. Saxer/Bonfadelli/Hättenschwiler 1980: 187ff.) liefern Belege dafür, dass Kinder mit sozialen Problemen wie Schulschwierigkeiten, familiären Problemen und ohne Freunde zu hohem und eskapistischem Fernsehkonsum neigen. Ob und ab wann von TV-Sucht gesprochen werden kann, ist freilich unklar.

Chronische Einsamkeit. Vor allem im Uses-and-Gratifications-Ansatz finden sich viele Hinweise darauf, dass Fernsehen von chronisch einsamen Menschen kompensatorisch als Ersatz für fehlende direkte Kommunikationsmöglichkeiten benutzt wird. Hierbei würde es sich um eine sich selbst verstärkende Bewältigungsstrategie handeln, da durch das viele Fernsehen die Möglichkeiten für Gespräche und Kontakte weiter eingeschränkt werden und sich Passivität, Langeweile und Resignation weiter verstärken dürften. Nach der Studie von Perse/Rubin (1990) wurde das Fernsehen aber nicht aktiv zur stellvertretenden Bedürfnisbefriedigung genutzt, sondern eher passiv, weil nichts anderes da war.

Kulturelle Stigmatisierung. Die Social-Class-Theorie basiert auf der Tatsache, dass in der Mittelschicht in den USA wie in Europa eine übermäßige TV-Nutzung negativ bewertet wird. Sie geht davon aus, dass Aktivitäten, die zwar subjektiv einen hohen Nutzwert haben, von der Gesellschaft aber gleichzeitig nicht akzeptiert werden, ein hohes Suchtpotenzial aufwiesen (Smith 1986: 110ff.).

2.8.2 Fernsehsucht: Definition, Dimensionierung, Messung

Nicht nur im öffentlichen Gespräch, sondern auch im wissenschaftlichen Diskurs wird nicht klar zwischen „Vielsehen“ und „Fernsehsucht“ unterschieden. Gleichzeitig gibt es aber auch im Bereich von Drogensucht keine allgemein anerkannten Theorien, die direkt auf das Phänomen der TV-Abhängigkeit übertragen werden könnten, insbesondere auch darum, weil es sich beim Fernsehen nicht um eine substanzabhängige Sucht handelt (ähnlich wie bei der „Spielsucht“). Moderne Ansätze gehen davon aus, dass Suchtphänomene nicht rein physiologisch zu erklären sind, sondern dass zusätzlich komplexe psychologische Mechanismen eine Rolle spielen (Griffiths 2008).

McIlwraith et al. (1991) zitieren das diagnostisch-statistische Manual der Amerikanischen Psychiatrievereinigung, das 9 diagnostische Kriterien für das Vorhandensein von „Sucht“ bzw. „Abhängigkeit“ auflistet (DSM-III-R), wobei das Auftreten von drei Kriterien auf eine „leichte“ und von fünf auf eine klare Abhängigkeit hinweist. – Zentrale Merkmale für Suchverhalten sind demnach:

1. Substanz wird in größerem Ausmaß über längere Zeit eingenommen, als die betroffene Person eigentlich möchte.
2. Die Person selbst nimmt das eigene Verhalten als exzessiv wahr, versuchte es schon zu reduzieren, aber ohne Erfolg.
3. Wichtige soziale, berufliche und Freizeitaktivitäten werden wegen des Suchtverhaltens aufgegeben.
4. Bei starkem und anhaltendem Suchtverhalten können vielfältige soziale, psychische und physische Folgeprobleme entstehen.
5. Bei länger andauerndem Suchtverhalten entstehen Entzugssymptome, falls die Person mit dem Suchtverhalten aufhört.

Definition. Einen frühen Ansatz lieferte Marie Winn (1977) mit der Studie „Droge im Wohnzimmer“. Sie versteht *„Sucht“* als Neigung, einer lustvollen Tätigkeit im Übermaß zu frönen. Sie unterscheidet zwischen *harmlosen* und *destruktiven Süchten.* Bei Alkohol-/Drogensucht werden positive Seiten wie Lustgewinn und Suche nach Hochgefühl durch *negative Effekte* übertroffen. McIlwraith (1998) schlägt vor, *Fernsehsucht* als starken TV-Konsum, der subjektiv nicht erwünscht und unfreiwillig empfunden wird, zu definieren. uUnd dabei ersetze sie andere, produktivere Aktivitäten und erschwere das Aufhören.

Dimensionen von TV-Sucht. In ihren qualitativen Studien zitieren Winn (1977), Luger (1985) oder Rogge (1990, 1993) Ausschnitte aus Interviews mit Betroffenen, wobei einzelne Suchtdimensionen akzentuiert werden. Freilich ist aufgrund solcher *Fallgeschichten* nur ein Plausibilitätsbeweis möglich; es bleibt unklar, ob tatsächlich von Sucht gesprochen werden kann. Immerhin machen die Studien deutlich, dass im Alltag von Fernsehsucht gesprochen wird, wenngleich meist im Sinne eines Third-Person-Effekts (vgl. Kap. 6.5) eher von der Sucht der anderen. Aufgrund solcher Fallbeschreibungen äußert sich TVSucht auf vielfältige Weise im Erleben und Verhalten. Aufgrund einer Durchsicht von zwischen 1975 und 1979 veröffentlichten Artikeln in Zeitungen und Zeitschriften extrahierte Smith (1986: 116) folgende *12 Dimensionen bzw. Indikatoren:*

1. TV wird als Beruhigungsmittel bei Stress, Angst, Schmerz benutzt.
2. TV bzw. Sehsucht bringt keine Befriedigung.

3. Es erfolgt keine selektive Programmwahl mehr, d.h. Fernsehen als Selbstzweck und es gibt kaum einen Bezug zu den gesehenen Inhalten.
4. Gefühl, die Kontrolle über das eigene Sehverhalten verloren zu haben.
5. Verminderung bzw. Trübung des Zeitgefühls.
6. TV selbst wird zum Lebenssinn; Unfähigkeit, ohne TV zu existieren.
7. Tagesablauf ist um das TV-Programm herum strukturiert.
8. TV-Süchtige fühlen selbst, dass sie zu viel fernsehen.
9. Schuldgefühle und Gewissensbisse: TV-Süchtige sind oft auf sich selbst wütend, wieder so viel ferngesehen zu haben.
10. Zwang, die lustbetonte Tätigkeit zu wiederholen: TV-Süchtige können es kaum erwarten, wieder fernzusehen, wenn sie einmal verhindert sind.
11. TV-Süchtige versuchen aufzuhören, scheitern aber.
12. Entzugserscheinungen, wenn man einmal nicht zu sehen versucht.

Falls so etwas wie Fernsehsucht existiert, müssten die verschiedenen Dimensionen in hohem Ausmaß zusammen auftreten (Interkorrelationen). Die empirische Überprüfung erfolgte mittels schriftlicher Befragung bei einer Zufallsstichprobe von 500 Erwachsenen mit 27 Sucht-Fragen. Die Faktoranalyse ergab zwei Dimensionen. 1. Faktor: Verlust der Kontrolle über das eigene Sehen und nicht selektives Sehen sowie Gefühle von Depression und Nervosität; 2. Faktor: Gefühle von Schuld und Zorn sowie von Depression nach dem Sehen.

Es gab keine klar erkennbare Gruppe von Sehern, die auf den meisten Dimensionen hohe Werte auswies. Die meisten Befragten schätzten die eigene Position auf den Items meist nahe bei „0 = nie" und nicht bei „4 = immer" ein: Das ergab einen Mittelwert von 10.8 bei 0-72 möglichen Punkten. Nur 11 Personen, d.h. 2.2% stuften sich als *„addicted to TV"* ein. Diese sahen 55.6 Std. im Vergleich zum Durchschnitt von 26.7 Std. pro Woche fern. Die Korrelation zwischen dem TV-Sucht-Index und den TV-Stunden pro Woche betrug aber nur +0.25.

Dabei äußerte sich folgendes *Paradox:* Obwohl zwei Drittel der Befragten an TV-Sucht glaubten, bezeichneten sich nur 2% als süchtig und in der Mehrzahl der Fälle wurden die vorgelegten Aspekte von Sucht als atypisch für das eigene Sehverhalten eingeschätzt. TV-Sucht erscheint aufgrund dieser Studie also nicht als „robustes" Phänomen. Es fragt sich allerdings, ob sich das Instrument mit expliziten Fragen zur Erfassung des kulturell stigmatisierten Phänomens eignet.

TV-Sucht bei Studierenden. In einer weiteren Studie versuchten McIlwraith et al. (1991) bei Studierenden zu klären, ob Fernsehen tatsächlich ein „echtes" Suchtphänomen ist. Dabei sollten *vier Hypothesen* getestet werden:

Imaginationsverlust. TV-Sucht entsteht wegen Beeinträchtigung von Imagination und kreativem Denken durch Vielsehen (Singer/Singer 1988), was zu exzessiver

Orientierung an externen Stimuli führt. TV-Sucht müsste so mit schlechter Aufmerksamkeitskontrolle, nicht fokussierten Tagträumen und Langeweile korrelieren. *Befunde:* Es gab sig. Korrelationen von TV-Sucht mit schlechter Aufmerksamkeitskontrolle, Ablenkbarkeit, Tagträumen und Langeweile; aber keine Unterschiede bezüglich Vorstellungskraft.

Arousal vs. Entspannung. Nach der Theorie von Hans Eysenck (1990) sollten *Extrovertierte* eher suchtgefährdet sein, weil sie nur schlecht Langeweile ertragen; umgekehrt wird argumentiert: Süchtige schützen sich mit TV vor zu starker Stimulation. *Befunde:* Aufgrund der Selbsteinschätzung zeigten sich keine Unterschiede auf der Introversion-Extroversion-Skala; der Smith-Index der TV-Sucht korrelierte aber positiv mit Introversion (+0.26) und Neurotizismus (+0.22).

Oralverhalten. Nach psychoanalytischer Auffassung ist Fernsehen eine orale Befriedigungsform: Süchtige müssten darum orale oder abhängige Persönlichkeitsstrukturen haben. Als Indikatoren wurden Korrelationen zwischen Fernsehen und Rauchen, Alkoholkonsum und Vorliebe für Junk-Food überprüft, wobei sich nur ein signifikanter Zusammenhang für Junk-Food ergab (vgl. Finn 1992).

Uses-and-Gratifications. Die Befunde zeigen signifikante Zusammenhänge zwischen TV-Abhängigkeit und verschiedenen aktiv gesuchten Gratifikationen: TV-Süchtige geben häufiger an, einerseits fernzusehen, um unangenehme Gefühlszustände auszugleichen, andererseits, um Zeit zu überbrücken bei Langeweile oder Alleinsein. Fazit: Hoher TV-Konsum ist ein Symptom bei Personen, die Alleinsein oder unstrukturierte Situationen schlecht ertragen. Fernsehen selbst wird als passiv, entspannend (engl. relaxing) und wenig Konzentration erfordernd erlebt, d.h. es vermindert so Selbst-Wahrnehmung durch Ablenkung (engl. distraction).

Parallelität von Drogen- und TV-Sucht. Seth Finn (1992) untersuchte bei einer kleinen Stichprobe Zusammenhänge zwischen TV- und Drogensucht, wobei die Frage im Zentrum stand, ob es Ähnlichkeiten in den zugrunde liegenden sozialen und psychologischen Motivationsstrukturen gibt. Getestet wurden *vier Modelle:*

Krankheitsmodell. Sucht ist eine Krankheit, der Süchtige ist nicht verantwortlich und die „Heilung" ist ohne fremde Hilfe nicht möglich. *Umsetzung:* Der „Erregungshunger" ist veranlagt und dieser müsste sowohl mit Drogen- als auch Fernsehsucht korrelieren. *Befunde:* Sensation-Seeking korreliert positiv mit dem Konsum von Alkohol- und Marihuana, aber negativ mit Fernsehen. Interpretation: Wer viel fernsieht, braucht darum keine weiteren Drogen.

Moralmodell. Das Individuum ist selbst verantwortlich – und zwar sowohl für das Problem als auch dessen Lösung. *Umsetzung:* „Religiosität" als Maß für Glaubens-/Willenskraft müsste sowohl mit Drogen- als auch TV-Konsum korrelieren. *Befunde:* Religiosität korreliert negativ mit Alkohol- und Drogenkonsum, aber positiv mit Fernsehen.

Aufklärungsmodell. Der Süchtige ist zwar selbst für sein Verhalten verantwortlich, aber um dies zu verändern ist er auf andere angewiesen. *Umsetzung:* „Familienzusammenhang" als Indikator für elterliche Führung müsste sowohl mit Drogen- und Fernsehkonsum korrelieren als auch mit proaktiven Motiven.

Kompensationsmodell. Das Individuum kompensiert mit seinem Suchtverhalten ein anderes Problem. Es ist zwar verantwortlich für sein Verhalten, aber nicht für das zugrunde liegende Problem. *Umsetzung:* „Feindseligkeit" müsste mit Drogen und TV-Konsum korreliert sein. *Befunde:* Die beiden Faktoren „Familienzusammenhang" und „Feindseligkeit" korrelieren positiv mit TV-Konsum.

Die Analogie zwischen *substanzbezogenen* Süchten und Fernsehen konnte nicht bestätigt werden. Allerdings stützen die Daten Aspekte des Moral-, Aufklärungs- und Kompensationsmodells: Süchtige sind so zwar für ihre Sucht verantwortlich, kompensieren aber mit ihrem Suchtverhalten Probleme, für die sie nichts können.

Belastende Lebensumstände und Fernsehsucht. In Weiterführung dieser Gedanken untersuchten Anderson et al. (1996) Zusammenhänge zwischen belastenden Lebensereignissen und a) Umfang der TV-Nutzung, b) Zustimmung zur Fernsehsucht (Smith-Skala), c) Nutzung bestimmter Programmangebote und d) Aufmerksamkeit in der Sehsituation. *Befunde:* Es bestand kein Zusammenhang zwischen belastenden Lebenssituationen und der Höhe des Fernsehkonsums, jedoch bei Frauen mit der Sucht-Skala. Stress korrelierte positiv mit dem Konsum von Komödien und Quizsendungen. Je höher der Stress war, desto intensiver wurde die Aufmerksamkeit beim Fernsehen, jedoch nur bei Männern. Generell stützen diese Befunde die Mood-Management-Theorie.

Fernsehsucht und „Mood Control". In der Studie von McIlwraith (1998) bei 237 Erwachsenen standen erneut Gefühlskontrolle und Überbrückung von Langeweile im Zentrum. Personen, die sich selbst als fernsehsüchtig bezeichnen (10%) sahen 20,6 im Gegensatz zu 12,9 Stunden pro Woche der Kontrollgruppe fern. Die TV-Süchtigen unterschieden sich aufgrund einer Diskriminanzanalyse auf folgenden Dimensionen: Sie sahen mehr fern, um Zeit totzuschlagen und unerwünschte Gefühle zu verdrängen; sie konsumierten weniger Alkohol und wiesen höhere Werte bei „Neurotizismus" und „Psychotizismus" auf.

Fazit. Die vorliegenden Evidenzen weisen in eine ähnliche Richtung: Fernsehen verlangt wenig Aufmerksamkeit und wird im Vergleich zu anderen Tätigkeiten als passiver betrachtet. Dadurch und wegen seiner leichten Zugänglichkeit wird es für viele Zuschauer zu einem effizienten Mittel, um sich zu entspannen und sich von negativen Gefühlszuständen abzulenken. Weil dieser entspannt-passive mentale Zustand aber nur während dem Sehen anhält, ist es für viele Zuschauer schwierig, nach einer Sendung abzuschalten. Längerfristig kann sich dadurch die Toleranz für negative Gefühlszustände oder unstrukturierte Situationen senken.

Dadurch erhöht sich die Tendenz, zum einfachsten Mittel (Fernsehen) zu greifen. Nicht alle Vielseher gehören jedoch zur *Risikogruppe:* Suchtgefährdet sind vor allem solche Personen, die belastenden Lebenssituationen – z.B. Stress – ausgesetzt sind, nur über unzureichende persönliche und situationale Ressourcen verfügen und denen auch keine anderen *Bewältigungsstrategien* zur Verfügung stehen.

Bleibt anzumerken, dass das Problem „Fernsehsucht" in der Öffentlichkeit mittlerweile durch Abhängigkeit von „Neuen" Medien wie PC-Spielen, Internet, Social Media oder Handy abgelöst bzw. verdrängt wurde.

2.8.3 Internetsucht

Analog zur Fernsehsucht gibt es auch Suchtphänomene im Bereich der Online-Kommunikation (engl. net addiction). Darauf verweisen zum einen immer wieder Medienberichte aufgrund von Selbstzeugnissen, andererseits befassen sich praxisorientierte Ratgeber (z.B. Petersen/Thomasius 2010) und Beratungsstellen (z.B. www.webaholic.info) mit diesem neuen Suchtphänomen.

Der Begriff „Internetsucht" wurde 1995 erstmals vom New Yorker Psychiater Ivan Goldberg eher scherzhaft benutzt, geriet dann aber durch Selbstzeugnisse und einen Beitrag in der New York Times 1996 rasch zum öffentlichen Thema. In der Folge sind verschiedenste empirische Studien durchgeführt worden, allerdings wegen *Selbstselektion* oft nicht repräsentativ und mit verschiedener Operationalisierung: Young (1996); Zimmerl/Panosch/Masser (1998); Greenfield (1999); Griffiths (2000); Kim/Haridakis (2009). Die vorliegenden Befunde sind widersprüchlich geblieben und werden kontrovers diskutiert (vgl. Widyanto/Griffiths 2006; Griffiths 2008; Byun et al. 2009).

In der ersten empirischen Studie befragte Young (1998) innerhalb von drei Monaten 496 Teilnehmer mit Online-Fragebogen oder Telefoninterview, wobei sie zum erstaunlichen Ergebnis kam, dass 396 der Befragten, also fast 80%, als internetsüchtig zu bezeichnen waren. Erklärbar ist dies nur durch eine sehr starke Verzerrung der Stichprobe (engl. *sampling bias*) aufgrund der Selbstselektion.

In einer größeren Studie von Greenfield (1999) wurde ein elektronischer Fragebogen auf der Website ABCNEWS.com aufgeschaltet, worauf 17.251 Antworten eingingen. Analog zur Messung von TV-Sucht wurden 10 Fragen aus dem klinischen DSM-IV-Test zum Internet gestellt, wobei 6% als suchtgefährdet eingestuft wurden, weil sie fünf oder mehr der folgenden Fragen zugestimmt hatten:

1. Do you ever find that you remain on the Internet much longer than you had planned?
2. When on the Internet, do you ever loose track of time or are you often surprised by how much time has elapsed?

3. Spending what you consider an excessive amount of time on the Internet and vowing not to do so the next day, then finding yourself back the next day or soon after.
4. When not online, a feeling of preoccupation with the Internet, a tendency to think about or relive past Internet experience (...).
5. A need to spend greater amounts of time on the Internet to achieve satisfaction similar to previous events.
6. Repeated unsuccessful efforts to control, cut back or stop using the Internet.
7. A feeling of restlessness or irritability when attempting to cut back or to stop using the Internet.
8. Using the Internet to escape from problems or relieve a bad mood, feelings of helplessness, guilt, anxiety or depression.
9. Lying to family members, therapists, or others to conceal the extent of your involvement with the Internet?
10. Jeopardizing or losing a significant relationship, job, educational or career opportunity because of your Internet use.

Im deutschsprachigen Raum wurde in einer ähnlichen Studie von Zimmerl/Panosch/Masser (1998) ein Fragebogen von 473 Online-Nutzern ausgefüllt. Es wurden aber nur sieben und zum Teil andere Indikatorfragen gemäß DSM III-R als Kriterien für „Spielsucht“ verwendet: Mit 12,7% wurden im Vergleich zur Studie von Greenfield (1999) gut doppelt so viele Internetnutzer als suchtgefährdet eingestuft, indem sie *mindestens vier Fragen* bejaht hatten:

1. Unwiderstehlicher Zwang zum Einloggen.
2. Schuldgefühle wegen zu langer Online-Zeiten.
3. Häufige Rügen durch unmittelbare Bezugspersonen.
4. Nachlassende Arbeitsleistung.
5. Mehrmalige vergebliche Versuche der Einschränkung.
6. Verheimlichung der Online-Aktivitäten.
7. Entzugserscheinungen in Form von Unruhe und Nervosität bei Verhinderung am Chatten.

Gemäß einer Studie von Hahn und Jerusalem (2001) zur Internetabhängigkeit in Deutschland, liegt die Prävalenz von Internetsucht bei „nur“ 3,2% der Befragten. Sie waren im Durchschnitt fast 35 Std. pro Woche online. Weitere 6,6% mit einer Onlinezeit von 28,6 Std. wurden als Risikogruppe klassifiziert.

Young (1996) wie Greenfield (1999) vergleichen zudem die beiden Gruppen der abhängigen und nichtabhängigen Internetnutzer bezüglich verschiedenster Kriterien, wobei sich andeutet, dass Internetabhängigkeit sowohl mit einer erhöhten Teilnahme an Chat Rooms und Multi-User-Dungeons (MUDs) als auch mit virtueller Sexualität korreliert. Und Zimmerl/Panosch/Masser (1998: 31) meinen zur Subgruppe „pathologischer Internet Gebrauch" (PIG):

> „Auffallend ist weiter, dass 30,8% der Subgruppe „PIG" rauschähnliche Erlebnisse bei intensivem Chatten bejahen. Hier kann ein biologischer Hintergrund im Bereich der Neurotransmitter und/oder des Endorphinhaushalts vermutet werden – was weiter zu erforschen wäre."

Abb. 32 Internetsucht und Online-Nutzung

Anteile in Prozent		*„Süchtige"*	*„normale" Nutzer*
Applikationen (Young 1996)	– Chat Rooms	35%	7%
	– MUDs	28%	5%
	– News-Groups	15%	10%
	– E-Mails	13%	30%
	– WWW	7%	25%
	– Informationsprotokolle	2%	24%
virtuelles erotisches Verhalten (Greenfield 1999)	– Flirten	57%	20%
	– Telefonkontakte	50%	18%
	– Online-„Affairen"	42%	14%
	– Explizit über Sex sprechen	38%	9%
	– Masturbation	37%	12%
	– Realtime Sex	31%	13%

Als Fazit weisen die vorliegenden Befunde darauf hin, dass es sich bei der Internetabhängigkeit tatsächlich um ein reales Phänomen handelt, wobei die Risikogruppe vor allem aus Jugendlichen besteht und vermutlich etwa 5% der Onliner umfassen dürfte. Angesichts der geringen Zahl der Studien und ihrer meist problematischen Stichprobenverfahren (Selbstselektion) sollten die Befunde allerdings mit Vorsicht interpretiert werden.

2.9 Aktive versus passive Informationssuche

In Abgrenzung zum Uses-and-Gratifications-Ansatz (vgl. Kap. 2.5), welcher auf selektive Zuwendung zu einzelnen *Medien* fokussiert, befassen sich die folgenden Theorien spezifischer mit der mehr oder weniger *aktiven Suche nach Informationen* aus verschiedenen (Medien-)Quellen und der informationsorientierten *Zuwendung zu Medieninhalten* (Zillmann/Bryant 1985; Donsbach 1989; Case 2008; Hastall 2009) wie *News* (Blödorn/Gerhards 2004; Knobloch-Westerwick et al. 2005), *Politik* (McCombs/Poindexter 1983; Poindexter/McCombs 2001; Knobloch-Westerwick et al. 2015), *Risiken* (Yang/Aloe/Feeley 2014), *Gesundheit* (van der Rijt

1998; Kahlor et al. 2006; Borch/Wagner 2009; Hastall 2011; Johnson/Case 2012), *Alltagsprobleme* (Savolainen 2005) oder *Online-Medien* (Schweiger 2010).

Es fragt sich, *wieso* bestimmte Rezipienten in bestimmten sozialen Situationen spezifische Informationen in den Medien oder anderen Kanälen aktiv suchen bzw. sich bestimmten Medieninhalten aktiv zuwenden. Dahinter steht nicht zuletzt der Befund, dass Medien vielfach relativ unspezifisch und eher passiv genutzt werden: Trotz hohem Medienkonsum bleiben Informationsaufnahme und Wissenszuwachs eher gering, weil *soziale und kognitive Barrieren* den Informationstransfer behindern (Case 2008).

Die Kommunikationswissenschaft hat mit verschiedenen *Modellen* und *theoretischen Ansätzen* (Zillmann/Bryant 1985; Kahlor et al. 2006; Case 2008; Hartmann 2009; Hastall 2009) das Phänomen der selektiven Zuwendung zu (Medien-)Informationen allgemein und der aktiven Informationssuche beispielsweise speziell bei (Gesundheits-)Risiken zu erklären versucht: Neben generellen Theorien der Informationssuche (Atkin 1973; Chaffee/McLeod 1973; Dervin/Foreman-Wernet 2003) stand die *selektive Beachtung bzw. Vermeidung* von politischer Medieninformation im Zentrum (Sears/Freedman 1971; Katz 1968; Donsbach 1989; Eilders 1999; D'Alessio/Allen 2007; Knobloch-Westerwick 2007), wobei hier vorab die *Kognitive Dissonanztheorie* von Leon Festinger von Bedeutung war (vgl. Kap. 4.3.3). Und im Bereich des Umgangs mit (Gesundheits-)Risiken sind Ansätze wie das *Modell der Risiko-Informations-Suche und -Verarbeitung RISP* (engl. risk information seeking and processing) zentral (Yang/Aloe/Feeley 2014).

2.9.1 Aktive Informationssuche

Charles Atkin (1973) hat als einer der ersten ein prozessorientiertes Modell formuliert, welches die aktive Informationssuche durch Rückgriff auf die Diskrepanz zwischen Informationsstand und Informationssicherheit erklärt.

Prämissen. Zielgerichtete Suche nach Informationen steht immer im Zusammenhang mit subjektiv wahrgenommenen *Problemen*, die für den Handelnden relevant sind. Medieninhalte haben für potenzielle Nutzer nur *instrumentellen Wert*, wenn sie Orientierung, Entscheidung und Handeln im alltäglichen Umgang mit sozialen Problemen der Lebensbewältigung erleichtern oder erst ermöglichen. *Informationssuche- und -aufnahme* wird nur dann erfolgen, wenn der Informationswert größer ist als die damit verknüpften Kosten der Informationsbeschaffung. Der wichtigste Motivationsfaktor ist die instrumentelle Nützlichkeit der Informationsquelle im Zusammenhang mit der Diskrepanz zwischen dem augenblicklichen *Informationsstand* und dem *Informationsbedarf* (vgl. Abb. 33).

Abb. 33 Prozessmodell der aktiven Informationssuche

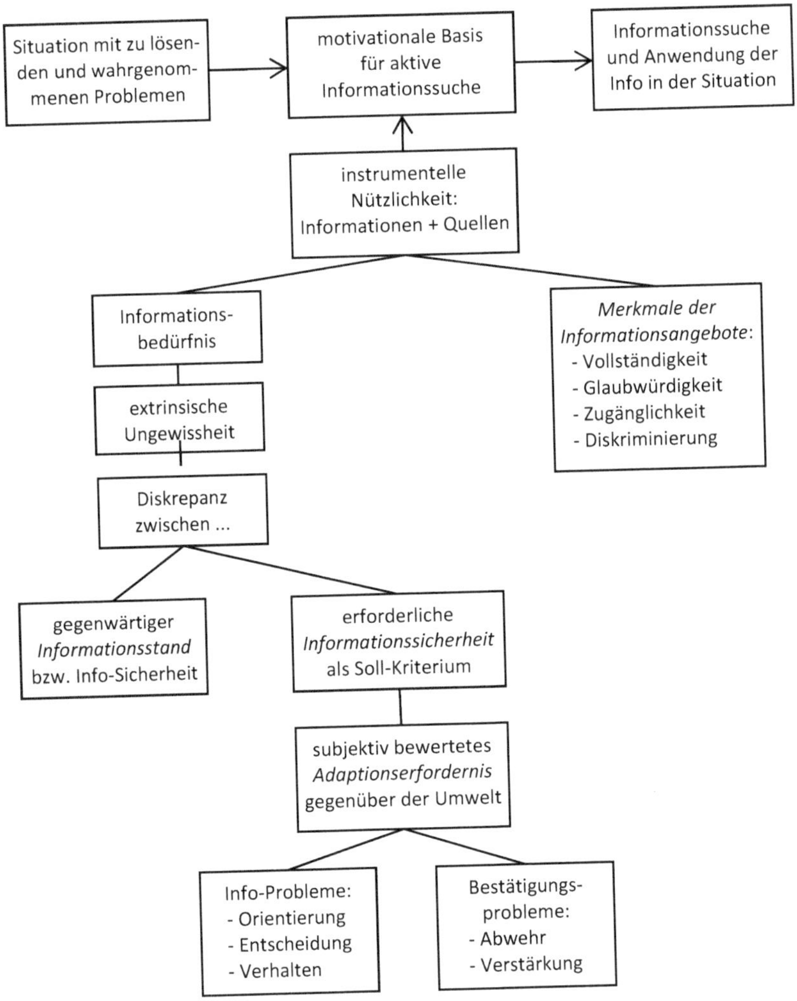

(Quelle: nach Atkin 1973: 206)

Der *Informationsbedarf* hängt stark von den perzipierten *Adaptionserfordernissen* gegenüber der Umwelt im privaten wie im öffentlichen Bereich ab. Nach Atkin (1973) gibt es ganz *verschiedene Adaptionsprobleme:* a) kognitive Anpassung aufgrund von Orientierungsunsicherheit, b) affektive Anpassung als Einstellungsbildung, c) Verhaltensanpassung, um Handlungsalternativen gegeneinander abzuwägen, aber auch d) defensive Anpassung zur Bestätigung und sozialen Unterstützung.

Anwendung und Weiterentwicklung. Empirisch umgesetzt worden sind diverse Aspekte in vielfältigen thematischen Problembereichen, wobei jeweils das komplexe Zusammenspiel von Faktoren interessiert: a) auf Ebene der Person (Bildung, Vorwissen, Info-Skills), b) des Problems (Info-Unsicherheit, perzipierte Schwere der Gefahr), c) des Info-Angebots (interpersonale vs. mediale Quellen, Nachrichtenwerte (Eilders/Wirth 1999) und d) der Situation wie z.B. wahrgenommene Info-Pflicht (Poindexter/McCombs 2001).

Mittlerweile sind die theoretischen Ausgangsüberlegungen differenziert und weiterentwickelt worden, was zur Formulierung ganz unterschiedlicher Modelle der Informationssuche geführt hat (z.B. Kahlor et al. 2006; Case 2008, 2012; Hartmann 2009; Hastall 2009, 2011). Und was die genutzten Info-Quellen anbelangt, befasste sich die Forschung zunehmend mit der perzipierten *Glaubwürdigkeit* im *Internet* (Rössler/Wirth 1999; Wirth 1999; Schweiger 2007).

2.9.2 Situationaler Informationsgebrauch (Dervin)

Prämissen. Brenda Dervin (1976) formulierte einen eigenständigen *situationalen* Ansatz aus der Perspektive des Mediennutzers. Eine solche Perspektive steht im Gegensatz zur üblichen Auffassung von Information als objektive, kontextunabhängige Ressource, die via Medien übermittelt werden kann.

> **Definition: Information**
>
> Es handelt sich um jene Antworten, die sich Handelnde als Fragende bezüglich ihrer konkreten Probleme in sozialen Situationen erschaffen, mit denen sie konfrontiert sind. Information wird in dieser Perspektive durch die Handelnden im jeweils für sie relevanten sozialen Kontext konstruiert.

In ihrem Ansatz geht sie von unterschiedlichen Alltagssituationen aus, in denen Menschen handeln und dabei je spezifische Fragen stellen:

Situationstypen. Handelnde suchen Information zur *sozialen Situation*, in der sie stehen, und den *Problemen,* die mit der Situationen verknüpft sind: a) *Entscheidungssituationen* mit mehreren Alternativen, b) *Beängstigungssituation*, wo kein Weg gesehen wird, c) *Blockierungssituation*, wenn die angestrebte Lösung durch ein Hindernis blockiert ist und d) *Problemsituation* bei Handlungszwang durch die Umwelt.

Situationsbezogene Fragen. Für die Handelnden stellen sich dabei *Fragen* wie: Wo bin ich? Wohin gehe ich? Wie kann ich dorthin gelangen? Woher komme ich? Bin ich allein? Wie kann ich mein Verhalten kontrollieren?

Methodischer Zugang. Die Klärung dieser Frage bedingt einen eigenständigen methodischen Zugang in Form des sog. *zeitpunktbezogenen Interviews* (Dervin/Foreman-Wernet/Lauterbach 2003; Dervin/Foreman-Wernet 2013), bei dem bezogen auf ein konkretes zurückliegendes Alltagsproblem wie z.B. eine Krankheit, ein Bibliotheksbesuch, die Zeitungslektüre etc. die Problemsicht und die darauf bezogenen Prozesse der Informationssuche aus der subjektiven Sicht des jeweiligen Handelnden rekonstruiert werden.

Empirische Umsetzung. Angewandt worden ist die Perspektive in Studien zur Informationssuche bei Krankheit, in Bibliotheken, beim Medienumgang oder bei Kommunikationskampagnen (Dervin 1976; Dervin et al. 1980, 1982; Dervin/Foreman-Wernet/Lauterbach 2003; Dervin/Foreman-Wernet 2013).

2.9.3 Dynamisch-transaktionaler Ansatz (Früh/Schönbach)

Werner Früh und Klaus Schönbach (1982, 1984, 2005) verbinden in ihrem Dynamisch-Transaktionalen Ansatz (DTA) Elemente des klassischen S-O-R-Modells mit solchen des Nutzenansatzes. Prämisse ist, dass Medien wie Rezipienten *sowohl als passive wie auch als aktive Teilnehmer* im Kommunikationsprozess angesehen werden müssen, wobei es zwischen Kommunikation bzw. Medieninhalt und Rezipient zu *Inter-Transaktionen* und im Rezipienten selbst zu *Intra-Transaktionen* kommt (Früh 1991; vgl. Abb. 34).

Abb. 34 Beziehungen zwischen Intra- und Inter-Transaktionen

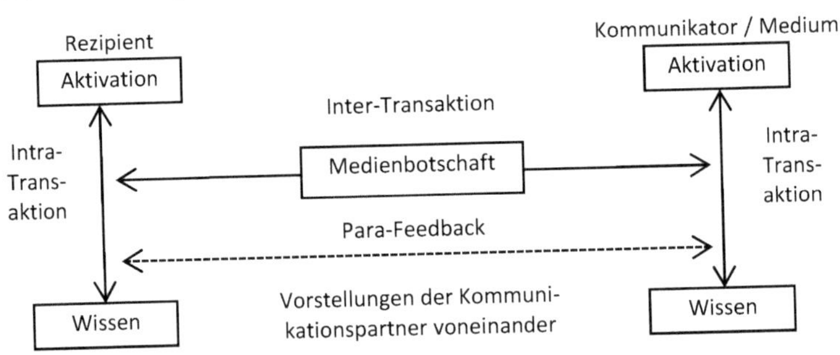

(Quelle: Früh 1991: 53)

Der *Kommunikator* ist aktiv, indem er Informationen auswählt, Akzente setzt und die Botschaft auf die Bedürfnisse und Gewohnheiten des Publikums ausrichtet. Passiv ist er insofern, als er sich den Bedingungen aussetzen muss, die Medium und Rezipienten ihm setzen. Und der *Rezipient* ist passiv, insofern er nur aus denjenigen Aussagen auswählen kann, die ihm angeboten werden; passiv ist er auch in seinem täglichen, habitualisierten Medienkonsum. Aktiv ist der Rezipient bezüglich seiner Medien- und Aussagenselektion. Hinzu kommen die aktiven Prozesse des Verstehens der Medienaussagen, indem der Rezipient aufgrund seines Vorwissens die zunächst unverbundenen Informationen selbständig zu einem subjektiv sinnvollen Ganzen zusammenzufügen versucht.

Früh (1994: 75) setzt sich so explizit vom sog. objektivistischen *Transportmodell* ab, bei dem den Rezipienten höchstens eine negative Selektionsfunktion zugestanden wird. Im Gegensatz dazu spielen beim *DTA* vielfältige modifizierende und elaborative Prozesse der Informationsverarbeitung eine Rolle: Eine Medienbotschaft kann 1) unverändert übernommen, d.h. adaptiert werden; 2) sie kann durch unmotiviertes Vergessen reduziert werden; 3) sie kann durch Zusammenfassungen und Generalisierungen modifiziert werden; 4) sie kann ergänzt werden, indem sie zu anderen Wissensbeständen in Beziehung gesetzt und Vorwissen eingebracht wird (vgl. Abb. 35).

Nach Früh (1991: 34ff.) lässt sich die *zeitliche Dynamik eines Wirkungsverlaufs* als hypothetisches Szenario wie folgt schildern:

Phase 1. Medienbotschaften z.B. in Form einer Medienkampagne wirken als Initialreize, erzwingen Aufmerksamkeit und erhöhen so das Aktivationsniveau. Dadurch kann auf der kognitiven Ebene der Verarbeitungsprozess angestoßen werden und es erhöht sich in der Folge die „Awareness“ etwa als Erkennen von Schlüsselwörtern. Auf der motivationalen Ebene steigt das Interesse und es wird Sensibilisierung für das Thema erzeugt.

Phase 2. Wer mehr weiß, nimmt mit größerer Wahrscheinlichkeit die durch das Mediensystem angebotenen neuen (Fakten-)Informationen wahr und vermag diese aufgrund vorhandener kognitiver Schemata, die nun aktiviert werden, besser einzuordnen. Ob eine Person aber medienvermittelte Informationen in der konkreten Situation tatsächlich aufnimmt, hängt wiederum ab von der subjektiv empfundenen Diskrepanz zwischen den Kenntnissen, die bereits vorhanden sind, und dem Wissensstand, der als befriedigend angesehen wird. Ist die Diskrepanz hinreichend groß, werden weitere passende Informationen beachtet oder gar gesucht; ist dies nicht der Fall, erlischt die Aufmerksamkeit und der Wissensstand stagniert.

Phase 3. Ist das Faktenwissen hinreichend groß und das Interesse nachhaltig, z.B. aufgrund von interpersonaler Kommunikation, kann es dazu kommen, dass nun zusätzlich sogar nach qualitativ anderer Information gesucht wird wie Wissen über Ursachen, Hintergründe, mögliche Konsequenzen, um das Ereignis in einen komplexeren Sinnzusammenhang einordnen zu können und sich so eine begründete Meinung zu bilden, um diese später vielleicht aktiv im politischen Gespräch vertreten zu können.

Abb. 35 Dynamisch-Transaktionaler Ansatz (DTA)

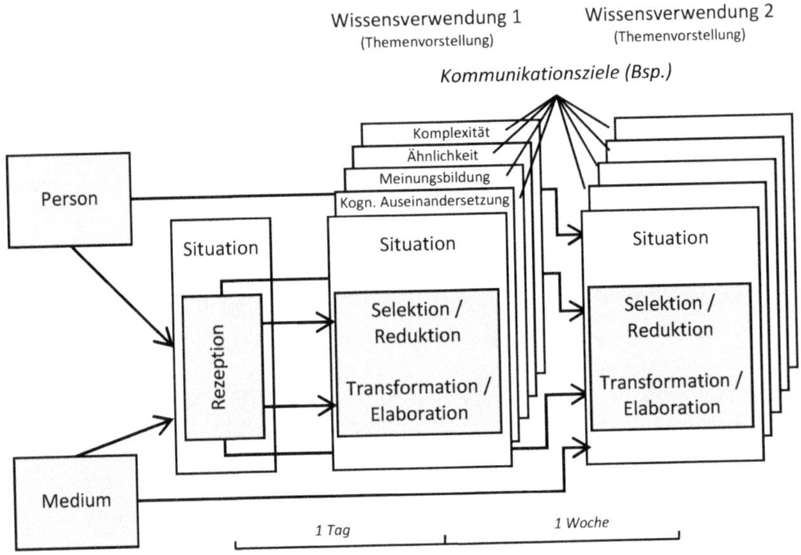

(Quelle: Früh 1994: 84)

Fazit. Die stärkere Berücksichtigung der *zeitlichen Komponente* des Kommunikationsprozesses erfordert also ein *dynamisches Modell,* das auf konstruktivistischen Prämissen basiert: Oft beruhen Medienwirkungen eben auf Kumulationseffekten im Zeitverlauf oder das Rezipientenverhalten entwickelt sich über mehrere Stadien hinweg. Diese können sich qualitativ voneinander unterscheiden, was freilich die *methodischen Ansprüche* an die Datenerhebung stark erhöht, indem die vielfältigen situativen Einflussfaktoren in den relevanten Kontexten zu berücksichtigen sind: *molare/ökologische Perspektive* (Früh 2001; Wirth/Stiehler/Wünsch 2007). Demensprechend sind empirische Studien die Ausnahme geblieben.

Als Beispiel sei auf die empirische Studie von Engelmann/Wendelin (2015) verwiesen, welche den Einfluss von Kommentarhäufigkeit und Nachrichtenfaktoren auf die Relevanzzuschreibung und Nachrichtenauswahl im Internet untersucht. Die Annahmen wurden mit dem Dynamisch-Transaktionalen Ansatz modelliert. Im Rahmen eines experimentellen Settings zeigte sich, dass *Nachrichtenfaktoren* einen stärkeren Einfluss auf Relevanzurteile und Selektionsentscheide haben als *Kommentarhäufigkeiten,* wenngleich die Kommentarhäufigkeiten zumindest die Zuschreibung von Relevanz durch die Nutzer beeinflussen.

Übungsaufgaben

1. Welche Publikumskonzeptionen bzw. -typen gibt es? Und welche Eigenschaften charakterisieren sie?
2. Welche Typen von Mediennutzungsforschung gibt es? Und welche Vor- bzw. Nachteile haben sie?
3. Beschreiben Sie die den Zweck, die Träger, Fragestellungen und Instrumente der Leserschaftsforschung im Vergleich zur Zuschauerforschung?
4. Inwiefern ergeben sich aus dem Internet und der Online-Nutzung Herausforderungen für die angewandte Mediennutzungsforschung?
5. Was versteht man unter aktiver bzw. passiver Informationssuche?

Zum Weiterlesen

Hagenah, Jörg/Stark, Birgit/Weibel, Erwin (2015): Wandel des Zeitunglesens in Deutschland, Österreich und der Schweiz. Eine zeit- und ländervergleichende Analyse zur Einführung von Gratistageszeitungen. In: M&K 63(2), S. 246-281.

Der Aufsatz thematisiert den Wandel des Zeitungslesens im deutschen Sprachraum im Zeit- und Ländervergleich, und zwar vor dem Hintergrund der Einführung der Gratispresse.

Eisenblätter, Andrea/Hermann, Bernd (2016): Fernsehnutzung der MedienNutzerTypen. Ein Blick in die Lebenswelt der Fernsehzuschauer. In: Media Perspektiven (1), S. 36-62.

Der Aufsatz präsentiert und diskutiert aktuelle Befunde zur TV-Nutzung in Deutschland, differenziert nach der sog. MedienNutzerTypologie.

Frees, Beate/Koch, Wolfgang (2015). Internetnutzung: Frequenz und Vielfalt nehmen in allen Altersgruppen zu. Ergebnisse der ARD/ZDF-Onlinestudie 2015. In: Media Perspektiven (9), S. 366-377.

Der Aufsatz präsentiert und dokumentiert aktuelle Befunde der ARD/ZDF-Onlinestudie 2015 zur Nutzung von Internet und Social Web.

3 Medienrezeption

Lernziele

1. Sie können die Rezeptionsforschung in der Wirkungsforschung verorten.
2. Sie können die kognitiven, affektiven und konativen Ebenen der Rezeptionsforschung differenzieren und deren Fragestellungen beschreiben.
3. Sie kennen die wichtigsten Konzepte der Rezeptionsforschung, ihre Gegenstände, die darauf bezogenen Fragestellungen, Ansätze und Befunde.

Die Rezeptionsforschung (Charlton/Schneider 1997; Rössler/Hasebrink/Jäckel 2001; Rössler/Kubisch/Gehrau 2002; Gehrau 2002; Hasebrink/Mikos/Prommer 2004; Bucher/Schumacher 2012; Wünsch et al. 2014; Bilanzic/Schramm/Matthes 2015) befasst sich mit der kommunikativen Phase, d.h. dem Geschehen während der Mediennutzung. Als Gegenstand steht *prozessorientiert* die Interaktion zwischen Rezipienten und Medien im Zentrum. Gefragt wird nach den Modalitäten des Medienkontakts: 1) auf *kognitiver* Ebene nach Prozessen der Selektion, Aufmerksamkeit, Wahrnehmung und Verarbeitung der Medieninhalte (Matthes 2014b), 2) auf *affektiver* Ebene nach evozierten Gefühlen und Stimmungen und 3) auf *konativer* Ebene nach verhaltensbezogenen motivationalen Prozessen des Wünschens und Wollens, die durch Medienangebote ausgelöst werden.

Während *Informationsangebote* der Medien lange im Zentrum standen, hat sich die Rezeptionsforschung relativ spät Phänomen wie *„emotionalen Prozessen"* (Wirth 2013) oder *„Unterhaltung"* im TV (Zillmann/Vorderer 2000; Vorderer 2001, 2004; Wirth/Schramm/Gehrau 2006; Vorderer/Hartmann 2009) zugewandt. Dabei war insbesondere die Entwicklung der *Medienpsychologie* wichtig (Mangold/Vorderer/Bente 2004; Six/Gleich/Gimmler 2007; Batinic/Appel 2008; Krämer et al. 2008[1], 2016[2]; Trepte/Reinecke 2013). Neu interessieren auch *interkulturelle Vergleiche* (Hasebrink 2014; Bonfadelli 2016) und *Kanalspezifika* (Woelke 2014).

3.1 Aufmerksamkeit

Gegenstand und Fragestellungen. Auf der kognitiven Ebene widmet sich die Aufmerksamkeitsforschung der Frage, wie sich die Aufmerksamkeit gegenüber den verschiedenen Medien beschreiben und messen lässt (Beck/Schweiger 2001).

Und: Welche Faktoren beeinflussen einerseits als Eigenschaften des Medienangebots und andererseits auf Seite des Rezipienten in der Rezeptionssituation die Aufmerksamkeit (Anderson 2017)? Dabei spielt die *Erzeugung und Steuerung von Aufmerksamkeit* nicht nur im verschärften Wettbewerb der kommerziellen Fernsehanbieter um Publika, sondern speziell in der interaktiven Online-Kommunikation eine wichtige Rolle (Bucher/Schumacher 2012).

Merksatz

In der Rezeptionssituation ist der mentale Aufwand (engl. amount of invested mental effort = AIME) der Nutzer bei Bewegbildern (z.B. TV und YouTube) geringer als bei Texten (z.B. Bücher und Zeitungen).

Schließlich spielt die *Höhe der Aufmerksamkeit* als mediatisierender Faktor für postkommunikative Effekte eine Rolle. In der Forschung zum Zusammenhang von Mediennutzung und Informiertheit ist belegt (Garramone 1984; McLeod/McDonald 1985; Chaffee/Schleuder 1986; Chaffee/Kanihan 1997), dass erst ein bestimmtes Maß an *Aufmerksamkeit* beim Fernsehen zu Informationsaufnahme führt. Salomon (1983) konnte zudem zeigen, dass der *mentale Aufwand* beim Fernsehen im Vergleich zu Printmedien kleiner ist. Bei höherer Aufmerksamkeit wird auch mehr Medieninformation aufgenommen (Tibus 2008).

Ansätze und Befunde. Phasenmodelle gehen davon aus, dass beispielsweise Kinder im Prozess der Mediensozialisation im Zusammenhang mit ihren wachsenden Erfahrungen mit dem TV-Angebot lernen, welche auditiven und visuellen Eigenschaften einer Sendung den für die Rezipienten interessanten Inhalt am besten vorhersagen. In einer ersten *Phase der Orientierung* entscheidet sich, ob es zu einer Phase anhaltender Aufmerksamkeit kommt oder nicht. Aber auch bei Aufmerksamkeit wird nicht ununterbrochen auf den Bildschirm gesehen. Während die *Aufmerksamkeitsdauer* bei Vorschulkindern noch gering ist, steigert sich diese mit dem Älterwerden (Huff 2008; Bickham/Schmidt/Huston 2012).

Je nachdem, ob die Steuerung der Aufmerksamkeit eher von der Medienbotschaft oder aktiv kontrolliert vom Rezipienten gelenkt wird, spricht man von *unwillkürlicher* oder *willkürlicher* Aufmerksamkeit (Schweiger 2007: 138ff.). Der TV-Zuschauer kann also seine je *begrenzte kognitive Kapazität* (engl. mental effort) mehr oder weniger bewusst auf die visuelle Ebene der Bilder oder auf die auditive Ebene des Textes richten, was wiederum die Informationsaufnahme beeinflusst. Aufmerksamkeit kann als begrenzte bzw. knappe kognitive Ressource (engl. limited capacity) des Rezipienten verstanden werden. In diesem Zusammenhang spricht man auch von „*Ökonomie der Aufmerksamkeit*" (Franck 1998; Beck/Schweiger 2001). Medien mit ihren Angeboten und nicht zuletzt auch Werbung buhlen auf dem „Aufmerksamkeitsmarkt" um die knappe Gunst des Publikums. Dieses *Überangebot* führt auf Seiten des Rezipienten zur *Informationsüberlastung*, hat aber auch veränderte Rezeptionsformen wie oberflächliches „Scanning" zur Folge gehabt.

Bei den *Printmedien* wird in der angewandten Leserschaftsforschung mit *Blickaufzeichnungsanalysen* (Bucher/Schumacher 2012) untersucht, wie gestalterische Aspekte Artikelauswahl und Leseprozesse auf der Basis der wahrgenommenen Nutzerfreundlichkeit (engl. usability) steuern. Daraus können Folgerungen für *rezipientengerechtes Design* von Zeitungen (Bucher 1996, Heijnk 1997; Bucher/Schumacher 2012) oder interaktiven Multimedia- bzw. Hypertexten (Biocca 1993; Schweiger 1996; Maier-Rabler/Sutterlüti 1997; Gimmler 2007; Groner/Raess/Sury 2008) gezogen werden: Beim Lesen tastet der Blick die Zeitungsseite oder das Inserat von oben nach unten und entlang der Bilder, wobei Bilder zwar als Blickfang dienen, jedoch meist wenig Einfluss darauf haben, ob der Leser auch tatsächlich in den Artikel einsteigt oder nicht. Hier kommt den Titeln und Zwischentiteln als Auswahlkriterien offenbar die entscheidende Funktion zu (vgl. Abb. 36). Die *Leserverhaltenstypologie* von Dernbach/Roth (2007) unterscheidet beispielsweise zwischen Scannern, Direkteinsteigern und Gehern.

Abb. 36 Nutzungspyramide beim Zeitungslesen

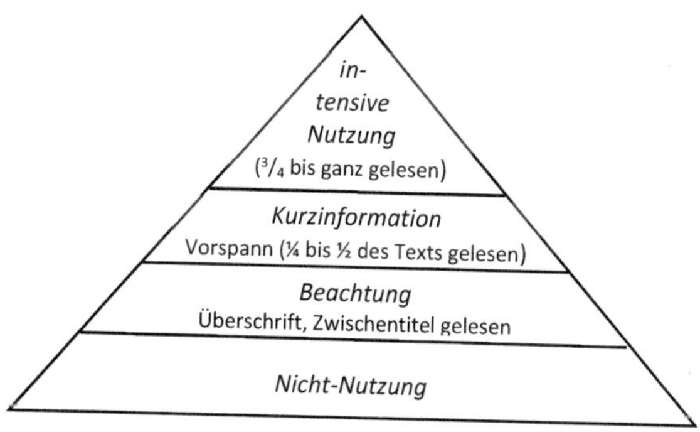

(Quelle: Mathes 1995: 78)

Merksatz

Die Modalitäten des Zeitungslesens unterscheiden sich: *Scanner* nutzen Zeitungsseiten überfliegend-punktuell; *Direkteinsteiger* lesen gezielt interessierende Beiträge meist ganz; *Geher* verlassen nach grober Selektion eine Seite.

3.2 Informationsverarbeitung und Verstehen

Informationsverarbeitung und Verstehen sind in den 1970er-Jahren im Kontext der Nutzung und Rezeption von TV-Nachrichten (Kamps/Meckel 1998; Unz/Schwab 2004; Bonfadelli 2004b: 37ff.) ins Blickfeld der Wirkungsforschung gerückt, wobei der Fokus vorerst auf postkommunikativen Effekten lag: Wie viel und was wird gelernt (Maier 2009)? Oder: Was resultiert aus der Nachrichtenzuwendung? Im Zentrum stand die Frage nach den Einflussfaktoren, und zwar sowohl *angebotsorientiert* (Inhalte vs. Gestaltung) als auch *nutzerorientiert* (Rezipient). Die kognitive Psychologie stimulierte in der Wirkungsforschung das Interesse für die im Rezeptionsprozess selbst ablaufenden Prozesse des Verstehens und der Informationsverarbeitung, und es wurden entsprechende Modelle formuliert (Roskos-Ewoldsen et al. 2007; Schwan/Buder 2007; Früh 2013; Schwan 2014).

3.2.1 Basiskonzepte

Das Verstehen von Medienbotschaften wie TV-Nachrichten wird nicht als passiver Prozess der Informationsvermittlung und -aufnahme, sondern als aktiver Prozess der Sinnkonstruktion verstanden, in dem sich durch Interaktion des Rezipienten mit der Medienaussage ein *mentales Situationsmodell* bildet. Die kognitiven Repräsentationen sind als *Rezipienten-Frames* (Matthes 2007: 91ff.) (vgl. Kap. 5.2) mehr oder weniger komplex und beschreiben bzw. beinhalten Informationen über Ort (Wo?), Zeit (Wann?), Kausalität (Warum?), Absichten und Motive der Protagonisten (Wieso?) in Form von *„Weltwissen"* aus dem Langzeitgedächtnis.

Kognitive Prozesse beim Verstehen. Idealtypisch wird zwischen zwei Teilprozessen unterschieden: 1) *Top-down:* Der Verarbeitungsprozess erfolgt vom Rezipienten her aufgrund der zum Verstehen benutzten kognitiven Schemata in Form von Vorwissen und bestehenden Meinungen. 2) *Bottom-up:* Der Verarbeitungsprozess wird vom Text und seiner Information her gesteuert und führt u.U. zu einer Anpassung der bestehenden kognitiven Strukturen. Wie elaboriert die kognitiven Strukturen als Resultat des Textverstehen schließlich sind, hängt von zwei Faktoren ab: 1) dem geleisteten bzw. investierten *kognitiven Aufwand* des Nutzers einerseits und 2) der *kognitiven Belastung* (engl. cognitive load) andererseits (Früh 2013).

Kognitiver Aufwand. Der Grad der Aufmerksamkeit des Mediennutzers beim Textverstehen ist als *kognitive Ressource* (Lang 2009) von Bedeutung für die Aufnahme und Speicherung von Wissen. *Anstrengung und Konzentration* seitens des Rezipienten erhöhen die verfügbaren kognitiven Ressourcen einerseits, andererseits reduzieren *Übung und Vertrautheit* im Sinne von Automatisierung die für das Verstehen benötigten kognitiven Ressourcen. Diese Ressourcen können im Rezeptionsprozess durch den Rezipienten flexibel z.B. beim Fernsehen auf die Text- oder Bildebene verteilt werden. Die *Allokation der Ressourcen* erfolgt aber nicht immer selbstbestimmt, sondern ist ebenfalls durch Inhalt und Form des Medienangebots mitbeeinflusst. Dabei kann es zu *Interferenzen* kommen beispielsweise bei Text-Bild-Scheren oder bei gleichzeitigem Fernsehen und Gespräch mit weiteren Zuschauern. Diese Probleme entstehen, weil die verfügbaren kognitiven Ressourcen stets begrenzt sind.

Kognitive Belastung. Diese ist abhängig einerseits von *subjektiven Faktoren* wie Aufmerksamkeit und Motivation, andererseits von *medialen Faktoren* wie z.B. der *Textverständlichkeit*, die wiederum eine Funktion von Dimensionen wie Wortgebräuchlichkeit, Wortlänge, Satzlänge und Satzkomplexität ist. Operationalisiert und gemessen wurde dies erstmals 1948 von Flesch im sog. *Lesbarkeits- bzw. Readability-Index* (vgl. Groeben 1982: 173ff.).

3.2.2 Anwendungsbeispiel: TV-Nachrichten

Fragestellung und Methodik. In der ab Mitte der 1970er-Jahre einsetzenden TV-Nachrichtenforschung (Kamps/Meckel 1998; Schaap/Renckstorf/Wester 1998; Unz/Schwab 2004) wird untersucht, wie viel und was Zuschauer lernen. Methodisch umgesetzt mit verschiedenen Designs: 1) *Querschnitt-Surveys*, in denen die Häufigkeit der Mediennutzung mit dem Wissensstand korreliert wurde (Robinson/Levy 1996); 2) *Post-Exposure-Studien*, wo unmittelbar nach der Ausstrahlung von TV-Nachrichten unangekündigt der Wissensstand abgefragt wird (Neuman 1976); 3) *Laborexperimente*, in denen formale und inhaltliche Merkmale von Nachrichten systematisch variiert werden (z.B. Brosius 1989, 1990; Findahl/Höijer 1979). Operationalisierung von Lernen bzw. Wissen: Ruhrmann/Woelke 1998): 1) *spontan-ungestützte Erinnerung* (engl. unaided recall) an Beiträge und Inhalte der (gesehenen) Nachrichtensendung, 2) *gestützte Abfrage* (engl. aided recall) mit Themenvorgaben und Wiedererkennen, 3) *freie Reproduktion* als Nacherzählen in qualitativen Studien (Graber 1984; Merten 1985a; Ruhrmann 1989).

Generalbefunde. Konsens ist, dass die *Wirkung* von TV-Nachrichten *gering* ist. Im Durchschnitt werden von den Zuschauern nur ca. 25% der Nachrichtenbeiträge erinnert (Neuman 1976). Zuschauer vergessen aber nicht nur Vieles, sondern geben Informationen der TV-Nachrichten auch falsch wieder und ergänzen das Gesehene durch eigene Erinnerungen, wie qualitative Studien dokumentieren (Merten 1985a). Studien zur politischen Informiertheit zeigen, dass der *Wissensstand* der Bürger in den USA trotz starker Ausdehnung des Informationsangebots zwischen 1947 und 1989 *konstant* geblieben ist (Delli Carpini/Keeter 1991). Und im *internationalen Vergleich* schneiden z.B. Bürger der USA bezüglich Informiertheit über das Ausland deutlich schlechter ab als Schweizer (Iyengar et al. 2009). *Medienvergleiche* wiederum belegen, dass *Zeitungsnutzung* auch bei Kontrolle von Drittfaktoren mit politischer Informiertheit korreliert, während das habituelle Sehen von *TV-Nachrichten* kaum Wissenszunahme bewirkt (Price/Zaller 1993). Neu wird diskutiert, ob auch *Soft-News* bzw. *Infotainment* Lernen und Partizipation begünstigt (z.B. Prior 2003; Moy/Xenos/Hess 2005; Moy/Xenos/Hussain 2013). Studien zum *web-basierten Lernen* (Eveland/Dunwoody 2002) erbringen Befunde dahingehend, als das Internet im Medienvergleich nicht generell besser abschneidet. Die größere Kontrolle durch die Nutzer begünstigt zwar (elaborative) Lernprozesse, selektives Scannen beeinträchtigt jedoch das Lernen.

Mediatisierende Faktoren. Die Erinnerung von TV-Nachrichten wird durch verschiedene Faktoren mediatisiert, welche in ein *3-Faktoren-Modell* integriert werden können: 1) Inhalt, 2) Medium bzw. Präsentation, 3) Rezipient.

1. Faktor *„Inhalt"*: Querschnittstudien zeigten, dass nicht alle *Themen* von Nachrichtensendungen gleichermaßen gut erinnert werden (Neuman 1976; Price/Zaller 1993). „Human Interest Storys" werden offenbar in TV-News mehr beachtet und haften besser im Gedächtnis als unpersönliche und abstrakte Themen; einen Einfluss haben auch die den Ereignissen zugrunde liegenden Nachrichtenwerte (Eilders 1999; Fretwurst 2008).
2. Faktor *„Medium und Präsentation"*: In der Anfangsphase der Forschung wurde vermutet, dass *Visualisierung* generell Verständlichkeit und Erinnerung von TV-Nachrichten verbessere; dies trifft allerdings nur für einzelne Aspekte zu, indem etwa Visualisierung mit einer Karte die Erinnerung an den Ereignisort und die beteiligten Personen erhöht. Zu fragen ist: „Unter welchen Bedingungen ist die Bebilderung von Vorteil?" (Brosius 1989, 1998) bzw. wie können *Text-Bild-Scheren* vermieden werden (Wember 1976; Brosius/Birk 1994). Weitere Aspekte, welche sich positiv auf die Erinnerung auswirken, sind *Lebhaftigkeit* der Präsentation (engl. vividness) (Brosius 1990), Wiederholungen bzw. Redundanzen in der Information (Lutz/Wodak 1987) oder Vorankündigungen zu Beginn der News.
3. Faktor *„Rezipient"*: In den meisten Untersuchungen besteht ein signifikanter Zusammenhang zwischen der *formalen Bildung* und der Erinnerungsleistung; weiter wirken sich die Höhe des themenspezifischen *Vorwissens* und das allgemeine *politische Interesse* (Price/Zaller 1993), aber auch die *Sehmotivation* der Zuschauer (Neuman 1976) positiv auf die Erinnerungsleistung aus.

Zusammenfassend betrachtet zeigen die empirischen Studien, dass den TV-Nachrichten eine entscheidende Funktion bei der Vermittlung politischer Information für die Bürger zukommt. In der journalistischen Praxis besteht ein Spannungsverhältnis zwischen Zuschauerattraktivität und Verständlichkeit (Goertz/Schönbach 1998; Maier 2009). Die Forschung fokussiert stark auf *mediatisierende Input-Output-Faktoren* (Inhalt, Präsentation, Rezipient) und Prozesse der (kognitiven) Info-Verarbeitung (Schwan/Buder 2007, Schwan 2014). *Affektive Reaktionen auf TV-Nachrichten* (Unz 2011; Dillard/Seo 2015) wurden bisher wenig bearbeitet.

3.3 Identifikation und parasoziale Interaktion

Mit dem Begriff „*Medien-Interaktion*" soll vorab die *affektiv-soziale Beziehung* erfasst werden, die zwischen dem Rezipienten und dem Medium während der Rezeption in typischer Weise besteht. Leitend ist die Idee, dass das jeweilige Medium – lange Zeit das Fernsehen, neu auch das Internet – mit seinen spezifischen medialen Charakteristika die typische Modalität der Medieninteraktion bestimmt, und zwar so, dass dies auch von Bedeutung für postkommunikative Medieneffekte ist.

Neben *Empathie* (Früh/Wünsch 2009; Döring 2013) und *sozialem Vergleich* sind drei *Modalitäten* vor allem im Zusammenhang mit dem Fernsehen in theoretischer Hinsicht diskutiert und auch empirisch erforscht worden: 1) Identifikation, 2) Eskapismus (vgl. Kap. 2.6) und 3) parasoziale Interaktion (Hartmann 2010).

3.3.1 Identifikation

Definition. Der Begriff stammt aus der Psychoanalyse und bezeichnet die Gefühlsbindung an eine andere Person (Freud 1971: 44ff.) bzw. vereinfachend auf die Mediensituation angewandt, das Bedürfnis des Rezipienten, so zu sein wie andere Personen auf der Leinwand bzw. dem Bildschirm. Der Rezipient identifiziert sich mit dem jeweiligen Helden oder der Heldin im Film oder Fernsehen, indem er denkt, fühlt oder sich verhält, als ob die jeweiligen Charakteristika des Helden die eigenen wären. Nach der Theorie findet vor allem dann Identifikation statt, wenn das Identifikationsvorbild Bedürfnisse und Wünsche des Rezipienten stellvertretend zu befriedigen vermag. Durch *Identifikation mit dem Vorbild* vermag dann der Rezipient die mit dem Vorbild verbundenen positiven Gefühle und Merkmale teilnehmend und in Stellvertretung selbst mitzuerleben.

Hypothesen. „Identifikation" schien im Zusammenhang mit der Massenkommunikation im allgemeinen und dem TV im speziellen ein erklärungskräftiger Begriff zu sein, weil Medien ihrem Publikum viele attraktive Vorbilder anbieten, die im Kino oder beim Fernsehen zudem äußerst realitätsnah erfahren werden.

In der Literatur (Cohen 2001) finden sich schon früh Hinweise darauf, dass Heranwachsende die in unbefriedigenden *sozialen Verhältnissen* und/oder bildungsfernen *Familien* aufwachsen, sich stärker mit Fernsehfiguren identifizieren. *Angebotsbezogen* spielt zudem der *wahrgenommene Realitätsgrad* (engl. perceived reality) eine wichtige Rolle (Schreier 2008). Mediensozialisationsstudien zeigen, dass Vorschulkinder erst allmählich lernen, dass Figuren im TV als sog. *„Magic Window"* nicht richtige Menschen, sondern nur Schauspieler sind, die ihre Rollen spielen. Die Unterscheidung zwischen *primärer und sekundärer Medienrealität* und ihr Vergleich in Bezug auf *Realitätsnähe* (Potter 1988; Busselle/Bilandzic 2008) spielen auch bei der Wahrnehmung und Wirkung von *TV-Werbung* auf Kinder (Kunkel 1992; Charlton et al. 1995) oder bei *Reality-Shows* im Jugendalter eine wichtige Rolle (Schweer/Schicha/Nieland 2002). Schließlich wird bei postkommunikativen Wirkungen vermutet, dass starke Identifikation mögliche Medienwirkungen fördern und verstärken kann (Eunkyung/Berkowitz 1994: 53): z.B. Kultivierung von Angst oder Ausübung von aggressivem Verhalten.

Theoretische Probleme. Die Durchsicht der Literatur zeigt, dass das Konzept „Identifikation" relativ unscharf verwendet wird, wobei oft nicht klar wird, ob Identifikation a) als ein *Endprodukt* betrachtet wird, das aus einer bestimmten psycho-sozialen Situation wie Stress oder Unzufriedenheit resultiert; b) ein *emotionaler Zustand* während der Medienzuwendung ist oder c) als *Effekt* angesehen wird, der aus einer bestimmten Art und Weise der Medieninteraktion resultiert. Unklar ist auch das Verhältnis zu anderen verwandten Begriffen wie „Empathie", „Projektion" oder „Imitation" (Charlton/Borcsa 1997: 257; Früh/Wünsch 2009). Weiter gibt Anlass zu Kritik, wie Identifikation konkret operationalisiert und gemessen werden soll. Empirische Umsetzungen sind denn auch entsprechend rar geblieben.

Empirische Befunde. Vorhandene frühe Befunde (vgl. Feilitzen/Linné 1975) scheinen darauf hinzudeuten, dass Identifikation beim Fernsehen und mit TV-Helden (Hoffner 1996; Paus-Hasebrink 2007) vor allem bei Kindern häufig vorkommt – und tendenziell mit Personen des gleichen Geschlechts, der gleichen Nationalität und der gleichen Altersgruppe. Identifikation scheint vorab bezüglich der Hauptfiguren in Fernsehfilmen zu erfolgen. Auch soziale Merkmale der Vorbilder wie sozialer Status, Popularität, Attraktivität und perzipierte soziale Nähe oder Ähnlichkeit erleichtern Prozesse der Identifikation. Diese kann zudem in bestimmten Situationen und unter bestimmten Bedingungen zu *Imitation* beispielsweise in Form von aggressivem Verhalten als postkommunikative Wirkung Anlass geben oder diese zumindest erleichtern.

3.3.2 Parasoziale Interaktion/parasoziale Beziehung

Definition. Während der Identifikationsbegriff die Fernseh-Interaktion als emotionales Geschehen thematisiert, basiert das Konzept der parasozialen Interaktion (PSI) bzw. der parasozialen Beziehungen (PSB) auf dem Vergleich der TV-Interaktion mit der Face-to-face-Kommunikation. Es wurde erstmals 1956 in einem Aufsatz der beiden Psychiater Donald Horton und Richard R. Wohl formuliert.

Beim Fernsehen identifizieren sich die Zuschauer offenbar nicht so stark mit den fiktionalen Personen (wie angenommen wurde), sondern verhalten sich ihnen gegenüber eher wie zu Freunden, d.h. zu Personen, die man kennt und die jenen der Alltagsrealität ähnlich sind. Fernsehen erweckt demnach beim Zuschauer das Gefühl der Realität als *Illusion der persönlichen Nähe* und *Intimität*, was Rollenübernahme erleichtert, obwohl die Zuschauer letztlich immer nur interpretierende und reagierende Beobachter sein können. Bei der PSI existiert ja keine wechselseitige Ko-Orientierung und TV-Personen können nicht auf das Verhalten der Zuschauer reagieren. Trotz fehlendem Rückkanal fühlen sich (jugendliche) Zuschauer aber vielfach von TV-Personen angesprochen und es scheinen sich im Gefolge von habitualisiertem Fernsehen längerfristig parasoziale Beziehungen zwischen Zuschauern und (Serien-)Figuren zu entwickeln.

Fernsehen erlaubt also *Engagement* und *Pseudoauthentizität* wie auch *Empathie*, aber ohne persönliche Verpflichtung, ohne physischen und sozialen Aufwand, ohne Verantwortung und ohne einschränkende soziale Zwänge und Risiken (Horton/Wohl 1956). Schon früh wies darum Wiebe (1973) darauf hin, dass diese Merkmale der parasozialen Interaktion beim Fernsehen zu einer Abschwächung der politischen Partizipation führen könnten; Beniger (1987) kritisierte zudem das Überhandnehmen von sog. „Pseudo-Communitys".

Das Konzept PSI ist nicht nur, aber vor allem in der deutschsprachigen Kommunikationswissenschaft rezipiert und weiterentwickelt worden – und zwar sowohl in theoretischer wie empirischer Hinsicht (Isotalus 1995; Krotz 1996b; Vorderer 1998; Hatrtmann/Schramm/Klimmt 2004; Knobloch/van Nguyen-Blaas/Hastall 2004; Schramm 2006, 2008; Hartmann 2010). Dies erfolgte nicht zuletzt parallel zum Aufschwung von Soap Operas und Talkshows im TV (Paus-Haase et al. 1999; Paus-Hasebrink 2007).

Hartmann/Schramm/Klimmt (2004) gehen in ihrem Zwei-Ebenen-Modell davon aus, dass zu einer Persona immer irgendwie geartete PSI-Prozesse ablaufen, dass man also mit einer „anwesenden" Medienperson nicht nicht parasozial interagieren kann, wobei im Modell zwischen 1) perzeptiv-kognitiven, 2) affektiven und 3) konativen PSI unterschieden wird. Aspekte der Wahrnehmung, des Denkens, Bewertens, Erinnerns etc. PSI wird dabei als ein vom Bewusstsein der medialen Vermitteltheit geprägtes interpersonales Involviertsein verstanden, wobei analytisch zwischen Low-Level-PSI als oberflächlich-schwacher und High-Level-PSI als intensiv-starker Beschäftigung im Sinne von zwei prototypischen Polen unterschieden wird. Zentral für die Rezeption von Unterhaltung sind nach Schramm (2006: 257) Prozesse des sozialen Vergleichs zwischen Medienperson und dem Selbst(bild) des Rezipierenden.

Während lange kaum empirischen Untersuchungen zur parasozialen Interaktion durchgeführt wurden, ist das Konzept im Zusammenhang mit Talkshows und Reality-TV auch empirisch umgesetzt worden (vgl. Gleich/Burst 1996; Paus-Haase et al. 1999; Thallmair/Rössler 2001), wobei zur Messung von PSI in Befragungen häufig die sog. PSI-Skala von Rubin/Perse/Powell (1985) eingesetzt wird. Hartmann/Goldhoom (2011) entwickelten zudem eine eigene EPSI-Skala.

Beispiel. Paus-Haase et al. (1999) haben in einer repräsentativ angelegten Studie das Sehverhalten von Daily Talkshows bei 657 12- bis 17-jährigen Jugendlichen in Deutschland untersucht, wobei sie drei *Rezeptionsdimensionen* herausarbeiteten: 1) Jugendliche können eine Talkshow naiv oder reflektiert, 2) involviert oder eher distanziert bzw. 3) unterhaltungsorientiert oder orientierungsgerichtet verfolgen. In einem weiteren Schritt wurde zudem analysiert, welche *parasozialen Beziehungen* jugendliche Talkshownutzer zu den Moderatoren von Daily Talks entwickeln, indem ihnen eine Reihe von Items vorgelegt wurde. Besonders hoch skorten dabei unproblematische Items wie „Ich sehe ihn/sie als ganz normale Person wie ‚Du und ich'" mit 3.13 oder „Ich würde ihn/sie ganz gerne persönlich kennen lernen" mit 2.78 auf einer Skala von 1 = „trifft gar nicht zu" bis 4 = „trifft genau zu". Items wie „Ich denke in meinem Alltag immer wieder an ihn/sie" mit 1.52, „Manchmal passiert es mir, dass ich in Gedanken oder auch tatsächlich etwas zu ihm/ihr sage" mit 1.59 oder „Er/sie hat mich schon einmal sehr enttäuscht" mit 1.63, welche auf extreme, ja gar pathologische parasoziale Beziehungen verweisen, erhielten am wenigsten Zustimmung. Die Studie zeigte zudem, dass parasoziale Beziehungen zu Lieblingsmoderatoren deutlich mit der Nutzungshäufigkeit, aber auch mit dem Muster der Talkshow-Orientierung zusammenhängen.

Fazit. Angesichts der nach wie vor beliebten personenzentrierten TV-Formate hat die PSI-Forschung nicht an Relevanz verloren. Zwar ist das Konzept in theoretischer Hinsicht weiterentwickelt worden, die vorliegenden Befunde zur PSI und PSB mit Politikern, Nachrichtensprechern, Moderatoren, Gästen von Talkshows, Serienschauspielern etc. ergeben aber „ein noch teilweise heterogenes Gesamtbild" (Schramm 2006: 263). Mit ein Grund ist die umstrittene Messproblematik (Bilandzic/Schramm/Matthes 2015: 139). Übereinstimmend zeigte sich, dass unabhängig vom Geschlecht tendenziell eher männliche Personae als Interaktionspartner ausgewählt werden und dass PSI/PSB intensiver bei älteren und wenig gebildeten Vielsehern ist, aber auch bei Jugendlichen (vor allem Mädchen).

3.4 Emotionale Prozesse und Unterhaltung

Die in der TV-Interaktion ablaufenden emotionalen Prozesse wurden lange Zeit kaum beachtet, weil die Medienwirkungsforschung unter dem Fokus auf Informationsverarbeitung von politischen Medieninhalten bisher vor allem kognitive Aspekte betont hat (Dillard/Seo 2013), obwohl man wusste, dass für viele Zuschauer Unterhaltungsangebote und emotionale Motive zentral sind (vgl. U&G-Ansatz unter Kap. 2.5). Neben der theoretischen Vernachlässigung spielte zudem in *methodischer Hinsicht* eine Rolle, dass es schwierig ist, affektive Prozesse zu messen und valide in den Griff zu bekommen.

Seit Beginn der 1980er-Jahre haben Dolf Zillmann und Jennings Bryant in den USA sowie später Peter Vorderer und Werner Wirth im deutschen Sprachraum die theoretische und empirische Beschäftigung mit dem vielfältigen Phänomen „Medienunterhaltung“ vorangetrieben (Tannenbaum 1980; Zillmann/Vorderer 2000; Bryant/Miron 2001; Vorderer 2004; Bryant/Vorderer 2006; Wirth/Schramm/Gehrau 2006; Wirth 2013). Im Gegensatz zur TV-Nachrichtenforshung interessieren weniger Informationsvermittlung und Wissenserwerb, sondern *medienzentriert* das Erzeugen von *Emotionen* und *rezipientenorientiert* Prozesse der *Stimmungsregulierung* (Schramm/Wirth 2006; Wirth 2013, 2014).

Emotionen (Wirth 2013, 2014) spielen eine wichtige Rolle bei der Selektion, Rezeption und Wirkung von Medien. Medien wie Fernsehen, Radio (Musik) oder PC-Spiele werden durch ihre Rezipienten selektiv zur *Regulierung von Stimmungen* (engl. mood management) benutzt, weil sie durch *emphatische Prozesse* im Rezeptionsgeschehen vielfältige Gefühle evozieren wie Spannung (engl. arousal) oder Entspannung und so auch die postkommunikative Informationsaufnahme und Meinungsbildung beeinflussen. Der Anreiz für die Rezipienten besteht offenbar darin, dass Medien eine *bequeme* und *kontrollierte* Situation anbieten, um je nach Wunsch verschiedenste Stimmungen zu erleben (Vorderer 1996).

3.4.1 Definition, Perspektiven und Messung von Emotionen

Definition: Emotionen

Emotionen sind komplexe und mehrschichtige Phänomene, beeinflusst durch subjektive und objektive Einflussfaktoren und bestehen aus physiologischen, kognitiven, affektiven und konativen Komponenten.

Eine Emotion ist ein qualitativ mehrschichtiger Komplex aus subjektiv erlebbaren und objektiv messbaren Faktoren, der mit Veränderungen auf einer oder mehreren Ebenen einhergeht. Es handelt sich dabei um eine ganzheitliche Erfahrung, welche sich nur analytisch in kognitive, affektive, konative und physiologische Komponenten trennen lässt (Wirth 2013, 2014):

- *Kognitive Prozesse* der Wahrnehmung und Bewertung z.B. der Situation.
- *Affektiv-subjektives Erleben* als beschreibbare Erfahrungen wie Gefühle der Ruhe/Erregung oder Lust/Unlust.
- *Expressives Verhalten:* Mimik, Gestik, Körperhaltung, paraverbale oder verbale Äußerungen.
- *Verhalten bez. Verhaltenstendenzen:* Motivation bzw. zielgerichtete Verhaltensanpassungen wie Flucht bei Angst; andere Handlungen werden z.B. unwahrscheinlich (z.B. Angriff bei Angst).
- *Psychophysiologische Reaktionen* wie gesteigerte Aufmerksamkeit und Erregung, die sich in beschleunigter Atmung, rascherem Herzschlag bzw. erhöhtem Puls, Schwitzen und/oder Reaktionen der Pupillen äußern.

Theoretische Perspektiven. Die Vielschichtigkeit des Phänomens „Emotion" begünstigte die Herausbildung unterschiedlichster Modelle und Ansätze, welche jedoch meist nur auf eine Ebene fokussieren und einseitig bleiben (Wünsch 2002):

- *Evolutionspsychologische Ansätze:* Fragen vor allem nach der phylogenetischen (stammesgeschichtlichen) Entwicklung von Emotionen und nach ihrer Funktion hierbei.
- *Psychophysiologische Ansätze:* Betonen vor allem die Rolle der physiologischen Erregung für die Entstehung von Emotionen.
- *Behavioristische Ansätze:* Emotionen werden mit beobachtbarem Verhalten gleichgesetzt und entstehen als angeborene (Furcht, Wut, Liebe) oder erworbene Reaktionsmuster auf bestimmte Reize.
- *Kognitiv-attributive Ansätze:* Betonen vor allem die Rolle der Kognition und der Attribution (engl. appraisal) bei der Entstehung von Emotionen.

Messung. In der Mehrheit der empirischen Studien werden durch Medien induzierte Emotionen auf der Basis von Selbstauskünften im Rahmen von Befragungen gemessen (z.B. mittels Polaritätenprofil). Vor allem in experimentellen Studien werden auch physiologische Messmethoden (Hautwiderstand, Pulsfrequenz etc.) angewendet (Fahr/Hofer 2013).

Nachfolgend werden selektiv theoretische Ansätze und deren Anwendung zur Analyse von Emotionen im Kontext von Medien vorgestellt: Experience Sampling und Flow-Erleben, Arousal, Excitation Transfer, Mood-Management und die Affective-Disposition-Theorie (vgl. Nabi 2009; Wirth 2013, 2014).

3.4.2 (Medien-)Emotionen und Flow-Erleben

Kubey und Csikszentmihalyi (1990) haben zur Erhebung und Erforschung des Erlebens von Emotionen im Kontext von Alltagsaktivitäten – u.a. auch der Nutzung und Rezeption von Medien (TV vs. Lesen) – methodisches Neuland erschlossen. Versuchspersonen mussten zu zufällig ausgewählten Zeitpunkten im Tagesablauf einerseits Angaben zur gerade stattfindenden Tätigkeit machen (z.B. Arbeiten, Ausruhen, Essen), andererseits mittels eines sog. Semantischen Differentials ihren jeweiligen Gefühlszustand (z.B. aktiv vs. passiv, glücklich vs. traurig) einschätzen (engl. *experience sampling*) (Kubey 1996b).

Abb. 37 zeigt verschiedene Tätigkeiten im Vergleich, wobei pro Tätigkeit drei Dimensionen ausgewiesen sind: a) *Aktivierung* basiert auf dem Durchschnitt der drei Dimensionen des Semantischen Differentials: „aktiv" vs. „passiv", „stark"

Abb. 37 Medienbegleitende Emotionen im Vergleich

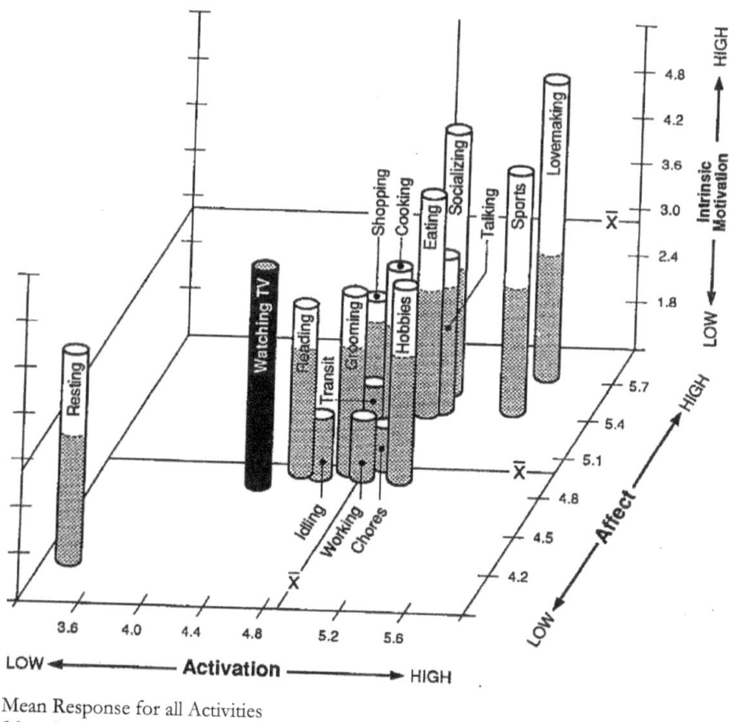

X Mean Response for all Activities
▒ Mean Intrinsic Motivation for all Activities

(Quelle: Kubey/Csikszentmihalyi 1990: 84)

vs. „schwach“ sowie „aufregend“ vs. „langweilig“. b) *Affekt* auf dem Durchschnitt von „glücklich“ vs. „traurig“, „gesellig“ vs. „allein“ und „freundlich“ vs. „feindselig“. c) Und schließlich bezieht sich die der Tätigkeit zugrunde liegende *intrinsische Motivation* darauf, ob das momentane Verhalten eher als durch die Situation oder als durch die Person selbst bestimmt eingeschätzt wurde.

Interessanterweise liegen die Emotionen, welche die Aktivitäten Fernsehen und Lesen begleiten, relativ nahe beieinander, wobei das Fernsehen als etwas weniger aktivierend und mit geringerem Affekt verbunden erlebt wird als das Lesen, welches als leicht weniger intrinsisch motiviert erfahren wird. Im Vergleich zum Fernsehen erfordert Lesen zudem deutlich mehr Konzentration.

Mihaly Csikszentmihalyi hat sich später vor allem mit der Frage beschäftigt, was Menschen wirklich glücklich macht. Dazu hat er intensiv das *Flow-Erleben* erforscht. Ausgangspunkt sind Beobachtungen von Künstlern, die in ihrem kreativen Schaffen vollkommen aufgehen und sich von der sie umgebenden Welt völlig loslösen können. Dabei entsteht ein intrinsisch motiviertes Flow-Erleben als ein „der Welt entrückter“ immersiver Zustand. Entscheidend für die Intensität des Flow-Erlebens ist offenbar, dass sich ein *Gleichgewicht* zwischen den beiden Faktoren *Anforderungen einer (Medien-)Tätigkeit* wie Malen oder Spielen eines PC-Games und den eigenen dazu erforderlichen *Fertigkeiten* (engl. skills) einstellt. Sind die Herausforderungen der Medien-Interaktion zu hoch und die eigenen Fertigkeiten als wahrgenommenes *Kontrollerleben* zu tief, stellen sich Gefühle der *Überforderung und Angst* ein; umgekehrt entsteht das Gefühl der *Langeweile*, wenn das Medium bzw. ein Medientext zu wenig Neues und Überraschendes im Sinne von Anforderungen im Vergleich zur eigenen Erfahrung bietet. – Bauer/Grether (2004) haben diese Überlegungen auf das *Surfen im Internet* übertragen.

3.4.3 Komplexitätstheorie

Ähnliche Annahmen liegen der von Donohew/Tipton (1973) formulierten Komplexitätstheorie zugrunde, indem sie davon ausgehen, dass Individuen stets einen bestimmten Aktivierungspegel aufrechterhalten möchten und darum Abwechslung suchen. *Aktivierung*, die emotional als angenehm erlebt wird, kann durch aktive Informationssuche und Informationsselektion erzeugt werden. Dabei bewegt sich der Mediennutzer in der Rezeptionssituation kontinuierlich zwischen den Polen der *Abwechslung* und *Redundanz*. Befindet er sich in einem Zustand mit zu hoher Aktivierung, versucht er seinen Input durch konsistente Information zu reduzieren; unterschreitet er jedoch die untere Grenze und empfindet wegen der Redundanz Langeweile, wird er neue Quellen und Informationen suchen und aufnehmen, die mehr Neuigkeitswert und Abwechslung bieten.

Abb. 38 Informationssuche und optimaler Affekt-Level

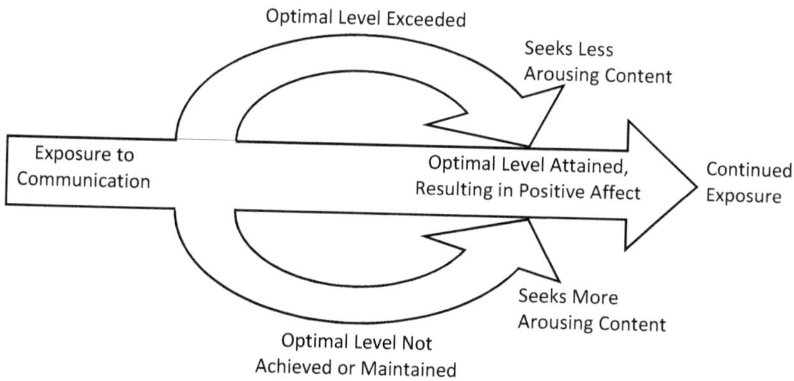

(Quelle: Donohew 1990: 145)

Donohew (1990) hat diese Überlegungen praxisorientiert auf die Konstruktion von optimalen Botschaften bei Gesundheitskampagnen übertragen (vgl. Abb. 38). Dabei bestehen individualpsychologische Unterschiede bezüglich der Präferenz für externe Stimulierung, welche im Jugendalter besonders hoch ist. Zuckerman (1979, 1990) hat dazu das *Konzept „sensation seeking"* entwickelt und erforscht. Menschen unterscheiden sich bezüglich des von ihnen gesuchten Levels an Umweltreizen, was sich speziell in der Risikosuche von Jugendlichen äußert.

Beispiel. Früh (1978, 1980) wiederum befasste sich mit der *Textverständlichkeit* einerseits und dem Leseprozess aus Lesersicht andererseits. Er konnte zeigen, dass die Informationsaufnahme bei einem mittleren Niveau der Aktivierung am größten war; zu hohe Redundanz wiederum erzeugte Langeweile, zu geringe Redundanz bei hoher Komplexität hatte Überforderung zur Folge.

Diese Beziehung zwischen Vertrautheit und Komplexität bzw. zwischen Form und Inhalt und deren Konsequenzen bezüglich der Erzeugung von Interesse und Aufmerksamkeit in der Rezeptionssituation haben Bickham/Schmidt/Huston (2012: 124) in einer Kurve visualisiert (vgl. Abb. 39): Auf extrem neue, komplexe und inkonsistente Information wird emotional zunächst eher ablehnend mit Unverständnis reagiert; umgekehrt erzeugen aber auch zu einfache, vertraute, redundante und repetitive Inhalte Langeweile. Demgegenüber wird auf bedingt Neues, das in bereits Bekanntes integriert werden kann, zumeist mit Interesse reagiert; die Verstehens-Kurve selbst verschiebt sich wiederum mit dem kognitiven Entwicklungsstand von Kindern und ihrer zunehmenden Fernseherfahrung (Anderson 2017).

Abb. 39 Interesse und Verstehen im Entwicklungsverlauf

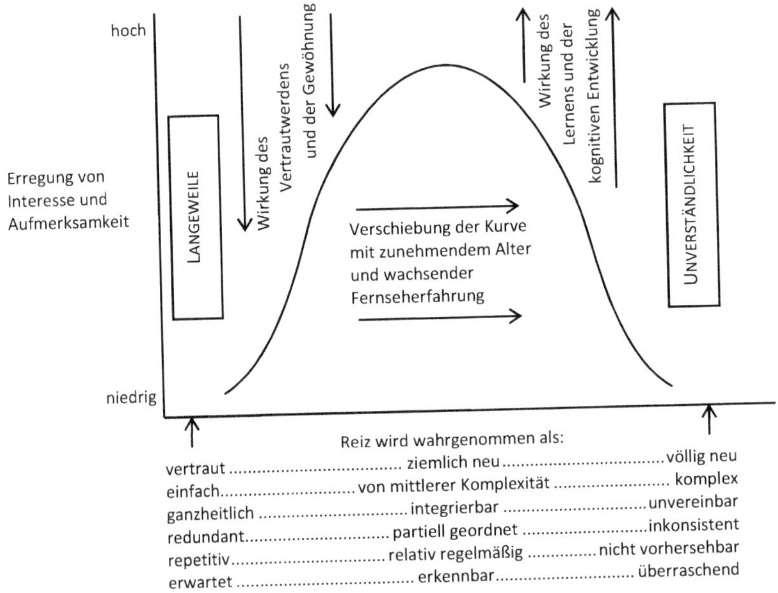

(Quelle: nach Bickham/Schmidt/Huston 2012: 124)

3.4.4 Aktivierung und Transportation

Für die Medienforschung ist die *Aktivierungstheorie* von Schachter/Singer (1962) relevant, die zwischen zwei Prozessen unterscheidet, die bei der Entstehung von Gefühlen beteiligt sind. Es gibt ein unspezifisches *physiologisches Aktivierungssystem*, das durch externe Reize erregt wird und körperliche Begleiterscheinungen wie Änderung des Herzschlags, Handleitfähigkeit, Muskeltonus etc. bewirkt. Dieser Aktivierungsgrad bestimmt aber nur die *Intensität der Emotion*. Die *Qualität der Emotion* hängt mehr von kognitiven Prozessen ab, in denen der Rezipient u.U. die gleiche physiologischen Begleiterscheinungen in Abhängigkeit von der kognitiven Bewertung der Situation je anders erlebt: als Freude, Spannung, Furcht, Eifersucht etc. (vgl. Wünsch 2002; Wirth/Schramm/Gehrau 2006).

Medienzentrierte bzw. stimulusorientierte Ansätze gehen davon aus, dass Medienangebote und Medienformate wie das Affekt-Fernsehen oder Action-Filme bei den Zuschauern starke physiologisch basierte Affekte im Sinne von Spannungund Erregung hervorrufen (Zillmann 1991). Diese Spannung wird bei

Spielfilmen besonders dann erlebt, wenn positiv bewertete Protagonisten einer fast übermächtigen Bedrohung ausgesetzt sind, die sie in Form eines Happy Ends dann aber doch noch zu bewältigen vermögen. Dieses Spannungserleben wird gesucht und führt zu einer positiven Bewertung solcher Filme.

Abb. 40 Excitation-Transfer-Effekt

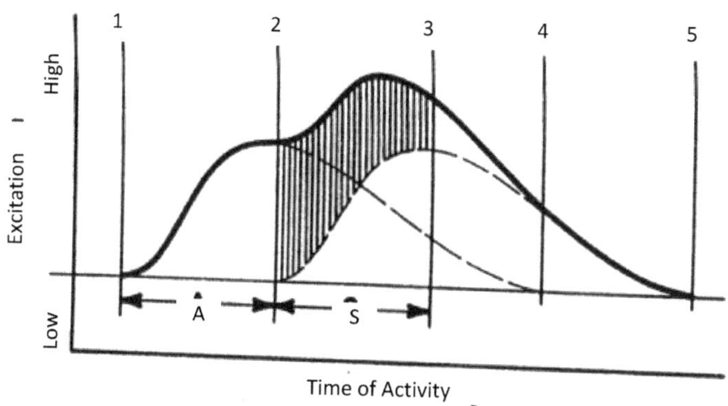

(Quelle: Zillmann 1996)

Die physiologische Erregung (engl. arousal), die sich während der Rezeption eines Films beim Zuschauer bildet, kann sich am Ende bzw. nach Auflösung der entsprechenden Situation im Film nicht sofort abbauen – wie Experimente zeigten. Dies geschieht vielmehr nur langsam, d.h. mindestens über mehrere Sekunden hinweg. Dieses *Nachwirken* hat zur Folge, dass sich durch die folgenden Szenen quasi eine Aufsummierung der Erregung einstellt, was als *Excitation-Transfer-Effekt* bezeichnet wird: Erzeugt die Filmsequenz A ein bestimmtes Ausmaß an Erregung, so flaut diese zwar ab dem Zeitpunkt 2 deutlich ab, bildet aber zugleich die Erregungsbasis der nachfolgenden Sequenz B, was zusammengenommen eine zusätzliche Intensivierung nachfolgender Emotionen bewirkt (vgl. Abb. 40).

Bei TV-Nachrichten hat der Excitation-Transfer-Effekt zur Folge, dass sog. „Negative News", z.B. stark emotionalisierende Beiträge über Katastrophen und Gewalt, sich negativ auf die Erinnerung der nachfolgenden Beiträge auswirken, deren kognitive Verarbeitung gehemmt wird (Mundorf et al. (1990).

Und im Bereich *postkommunikativer Wirkungen* wies Zillmann (1979) nach, dass es nicht der *aggressive Inhalt* von TV-Sendungen ist, der späteres aggressives Verhalten hervorruft, sondern primär die *unspezifische Erregung*, die das Anschauen eines solchen Films erzeugt. In Experimenten konnte durch andere Medieninhalte wie Sport, Pornografie etc. die gleich hohe Erregung hervorgerufen werden wie durch aggressive TV-Inhalte. Ob und wie sich diese *physiologische Erregung* in nachfolgendes Verhalten umsetzt, hängt weniger von Inhaltsmerkmalen, sondern mehr von situativen Faktoren ab (Tannenbaum/Zillmann 1975).

Definition: Transportation

Unter Transportation als narratives Erleben versteht man das Eintauchen der Rezipienten in eine (Medien-)Geschichte. Sie ist begleitet von hoher Aufmerksamkeit und dem Ausblenden der eigenen Person sowie der Umwelt, aber auch von einer starken emotionalen Fokussierung.

Neben den Prozessen der Aktivierung beschäftigen sich vor allem qualitative Studien mit dem narrativen Verstehen (kognitiv) und Erleben (affektiv) von narrativen Mediengeschichten. Untersucht wird etwa, wie Mediennutzer im Rezeptionsprozess im Sinne eines Flow-Erlebens in narrative Texte eintauchen und diese einerseits kognitv verarbeiten und andererseits entsprechende Emotionen erleben. Nach Bilandzic/Schramm/Matthes (2015: 115ff.) hat das Konzept der Transportation eine „steile Karriere" gemacht und ist in zahlreichen Studien angewendet worden. Allerdings ist auch verschiedentlich Kritik geäußert worden:

Es handle sich beim Konzept eher um eine Metapher, die den Rezeptionsprozess zudem nicht treffend beschreibe, weil damit impliziert werde, dass der Rezipierende passiv sei. Zudem sei das Konzept theoretisch nicht hinreichend ausgearbeitet, weil der Zusammenhang zwischen Transportation und Verarbeitung der Geschichte unklar bleibe (vgl. Bilandzic/Schramm/Matthes 2015: 117-118).

3.4.5 Stimmungsregulierung: Mood-Management-Theorie (Zillmann)

Die Mood-Management-Theorie von Dolf Zillmann (1988) ist in den 1990er-Jahren zu einem prominenten Ansatz in der Kommunikationswissenschaft geworden, insbesondere im Rahmen der emotionalen Erklärung der Mediennutzung, wobei die Theorie mittlerweile empirisch als gut bestätigt gilt. Medienzuwendung wird rezipientenorientiert als *Mood-Management* verstanden. Prämisse ist der *hedonistische Rezipient,* der stets angenehme Stimmungen sucht (Wirth/Schramm/Gehrau 2006). Darum erstaunt es nicht, wenn empirische Studien zeigen, dass die *Nutzung des Hörfunks* im Tagesablauf stark schwankt, und zwar entsprechend der zeitlich dominanten Gefühlslage (Schramm 2005).

Merksatz

Unter Mood-Management versteht man die Tendenz beim Rezipienten, Medien und ihre Inhalte als Mittel zur Beeinflussung der momentanen affektiven Befindlichkeit in Richtung angenehmer Gefühlslagen zu benutzen.

Die Theorie differenziert dabei zwischen verschiedenen Stimulations- bzw. Stimmungslagen und macht dementsprechende Voraussagen: Unterstimulation vs. Überstimulation einerseits und angenehme positive vs. unangenehme negative Stimmungen. Auf Seite des *Medienangebots* sind verschiedene Aspekte relevant, welche die Stimmungen bei Mediennutzern beeinflussen können wie a) das Erregungspotenzial, b) die hedonistische Valenz, c) die semantische Affinität zum aktuellen Zustand des Mediennutzers und d) das Absorptionspotenzial.

In Laborexperimenten konnte gezeigt werden, dass unterstimulierte und gelangweilte Personen sich Medienangeboten selektiv zuwenden, die ein hohes Erregungspotenzial haben, also spannend und aufregend sind, während Personen, die überstimuliert bzw. gestresst sind, eher ruhige und entspannende Angebote bevorzugen. Personen, welche sich in einer negativen Stimmungslage befinden oder experimentell in eine solche versetzt wurden, nutzten eher Medienangebote mit positiver Valenz. Außerdem werden sie Inhalte mit semantischer Affinität zu den negativen Ursachen der Stimmung vermutlich eher vermeiden und dafür absorbierende Angebote suchen, die sie vom Nachdenken über ihre negative Stimmung abbringen (Schramm/Wirth 2006: 62ff.).

Obwohl mittlerweile verschiedenste meist experimentelle aber auch quasi-experimentelle Studien in den USA wie im deutschen Sprachraum (z.B. Zillmann/Bryant 1985; Meadowcroft/Zillmann 1987; Myrtek/Scharff/Brügner 1997) durchgeführt wurden, gibt es doch auch *kritische Fragen* etwa bezüglich des Geltungsbereichs der Theorie oder an der hedonistischen Grundprämisse bzw. der Vernachlässigung nichthedonistischer Mediennutzung. So zeigten etwa Mares und Cantor (1992), dass alleinstehende ältere TV-Zuschauer solche TV-Programme mit älteren Menschen präferierten, denen es noch schlechter ging bzw. die noch isolierter waren; sie konnten durch die Rezeption ihre Stimmung verbessern.

3.4.6 Affective-Disposition-Theorie

Weil sich sowohl die Arousal- als auch Mood-Management-Theorie kaum mit den Inhalten der Unterhaltungsangebote befassen, hat Zillmann (1994) die *Affective-Disposition-Theorie* formuliert, die prozessorientiert das Erleben von Mediennutzern *während* der Rezeption von Unterhaltungsangeboten zu beschreiben und erklären versucht. Zentral ist die Überlegung, dass Zuschauer etwa von Spielfilmen die Handlungen der Protagonisten wahrnehmen und moralisch bewerten, wobei zwei Pfade (vgl. Abb. 41) unterschieden werden: positiv-billigende vs. negativ-missbilligende Bewertung.

Nach Zillmann bildet sich auf der Basis der Bewertung der Protagonisten ein entsprechend positiver oder negativer Affekt (engl. liking & caring vs. disliking & resenting). In einem weiteren Schritt des Filmerlebens bilden sich sodann positiv-hoffende Erwartungen in Bezug auf einen positiven Ausgang und/oder Befürchtungen hinsichtlich eines negativen Ausgangs des Dramas. Bewerten Zuschauer jedoch eine bestimmte Figur negativ und entwickeln dieser gegenüber abneigende Gefühle, so hoffen sie auf ein für diese Figur ungünstiges Ende der Narration bzw. befürchten, es könnte für sie zu einem positiven Ausgang kommen. Im ersten Fall der Billigung kommt es zu *empathischer Anteilnahme* am Geschehen und den Emotionen des Protagonisten, während im zweiten Fall der Missbilligung z.B. des Bösewichts dessen Scheitern mit Schadenfreude verfolgt wird. Diese kognitiv geprägten Bewertungen und Hoffnungen bzw. Befürchtungen sind Basis für die emotionale Beteiligung des Publikums am Filmerleben.

Abb. 41 Affective-Disposition-Theorie

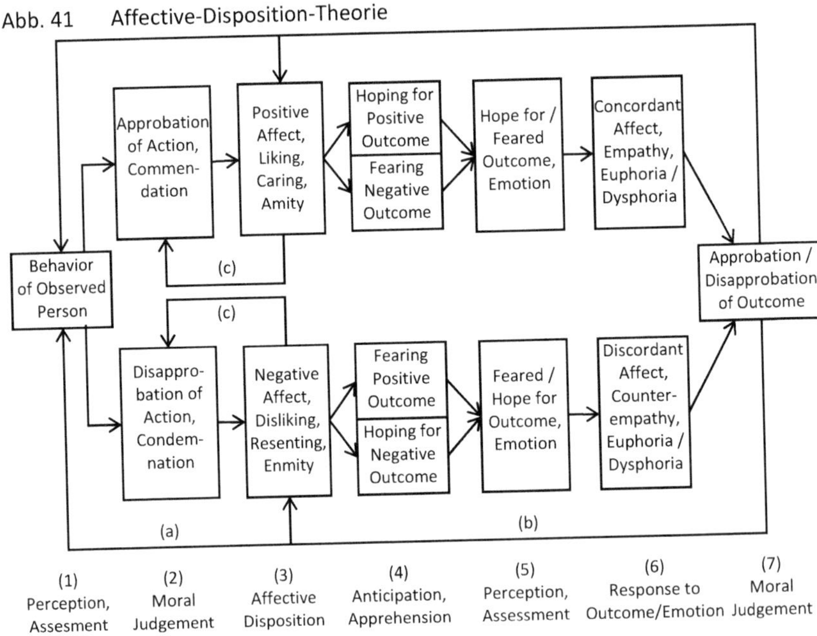

(Quelle: Zillmann 1996: 219)

Empirische Überprüfungen zeigten in der Tat, dass Rezipienten vor allem den positiv bewerteten Protagonisten Sympathie entgegenbringen und deren Handeln mit Empathie verfolgen (Vorderer/Knobloch/Schramm 2001; Früh/Wünsch 2009). Allerdings gibt es auch eine *kritische Auseinandersetzung* darüber, ob sich das Unterhaltungserleben der Zuschauer vorab auf der Basis von Prozessen der Beobachtung und Bewertung entwickle, oder ob nicht die identifikatorischen Prozesse der Zuschauer mit dem Schicksal der Medienfiguren stärker zu gewichten seien.

Übungsaufgaben

1. Worin besteht der Unterschied zwischen willkürlicher und unwillkürlicher Aufmerksamkeit in der Mediennutzung? Illustrieren Sie an einem Beispiel.
2. Was versteht man unter „limited capacity" und beschreiben Sie die Folgen für den Wissenserwerb bei TV-Nachrichten.
3. Was sind Emotionen? Welche Ebenen werden analytisch unterschieden? Und wie können Emotionen gemessen werden?
4. Was versteht man unter „Mood Management? Welche Rolle spielt das Konzept im Rezeptionsprozess?
5. Analysieren Sie mithilfe der Affective-Disposition-Theorie, wie Zuschauer einen Film rezipieren.

Zum Weiterlesen

Brosius, Hans-Bernd/Birk, Monika (1994): Text-Bild-Korrespondenz und Informationsvermittlung durch Fernsehnachrichten. In: Rundfunk und Fernsehen 42(2), S. 171-183.

Dieses klassische Laborexperiment untersucht den Einfluβ der Text-Bild-Korrespondenz auf die Informationsvermittlung bei Fernsehnachrichten

Wirth, Werner (2014): Emotion. In: Wünsch, Carsten/Schramm, Holger/Gehrau, Volker/Bilandzic, Helena (Hg.): Handbuch Medienrezeption. Baden-Baden, S. 29-43.

Der Handbuchbeitrag gibt einen differenzierten Überblick zum theoretischen Konzept der Emotion und seiner empirischen Umsetzung in der Kommunikationswissenschaft.

Leißner, Laura/Stehr, Paula/Rössler, Patrick/Döringer, Esther/Morsbach, Melissa/Simon, Linda (2014): Parasoziale Meinungsführerschaft. Beeinflussung durch Medienpersonen im Rahmen parasozialer Beziehungen: Theoretische Konzeption und erste empirische Befunde. In: Publizistik, 59(3), 247-267.

Die qualitative Studie verknüpft Konzepte der Meinungsführerschaft und der parasozialen Beziehungen. Parasoziale Meinungsführerschaft kann entstehen, wenn Rezipienten einer Medienperson den Status „Meinungsführer" zuschreiben und sich entsprechend beeinflussen lassen.

4 Medienwirkungen

Lernziele

1. Sie kennen die grundlegenden Konzepte Information, Wissen und Einstellung und können diese mit Beispielen erläutern.
2. Sie können den Forschungsbereich „Mediengewalt" bezüglich seinen Fragestellungen, Theorien und Methoden bilanzieren.
3. Sie kennen wichtige Ansätze wie die Konsistenztheorie, die Lerntheorien und die Attribuierungstheorie und können diese an Beispielen erläutern.

Wenn von Medienwirkungen ganz allgemein gesprochen wird, sind damit in der Regel die post-kommunikativen Effekte der Medien gemeint. In den beiden vorangegangenen Kapiteln wurde dargestellt, dass auch bei den vorgelagerten Phasen der Medienzuwendung sowie Mediennutzung (vgl. Kap. 2) und Medienrezeption (vgl. Kap. 3) von Medienwirkungen gesprochen werden kann.

Das folgende Kapitel führt zunächst die Begriffe *Information*, *Wissen* (vgl. Kap. 4.1) und *Einstellung* (vgl. Kap. 4.2) als grundlegende Basiskonzepte der Medienwirkungsforschung ein. Wissen und Einstellungen bestehen in der Regel bereits vor der Medienzuwendung und können sowohl die Mediennutzung wie den Rezeptionsprozess beeinflussen, werden hier aber primär als abhängige Faktoren besprochen. Einstellungsbeeinflussung bzw. medieninduzierter Einstellungswandel wurde in der Wirkungsforschung lange Zeit mit Medienwirkung gleichgesetzt.

Erst ab den 1970er-Jahren erfolgte eine Ausweitung des Wirkungsbegriffs auch auf kognitive Phänomene wie Wissenserwerb und Lernen und affektive Phänomene wie Emotionserleben (vgl. Kap. 3.4), aber auch Emotionen in der persuasiven Kommunikation. Weitere Unterkapitel stellen sodann zentrale Theorien und deren Umsetzung in der Forschung aus den Bereichen der *Konsistenztheorien* (vgl. Kap. 4.3), *Lernthoneorien* (vgl. Kap. 4.4) *und Attributionstheorie* (vgl. Kap. 4.5) vor.

Diese sollen ein vertieftes Verständnis der eigentlichen Wirkungsprozesse ermöglichen und bilden die Grundlage für die Kapitel 5 bis 7, wo die Medienwirkungen in unterschiedlichen Bereichen wie dem thematischen, interpersonalen und gesellschaftlichen Kontext besprochen werden.

4.1 Information und Wissen als Basiskonzepte

Die Begriffe „Information" und „Wissen" sind in der heutigen Gesellschaft allgegenwärtig geworden und die Bezeichnung „Informations-, Medien- und Wissensgesellschaft" gar zu einem Synonym für die moderne westliche Gesellschafts- und Wirtschaftsform (Castells 1996). Gerade wegen der Omnipräsenz dieser Begriffe kommt man nicht umhin, diese Konzepte zumindest kurz einzuführen und zu definieren.

Definition von Information. Als Geburtsstunde moderner wissenschaftlicher Auseinandersetzung mit *Information* wird unter dem Begriff der *Informationstheorie* oft auf die Arbeiten von Shannon und Weaver verwiesen, die 1949 auf der Basis von Shannons Vorarbeit eine „mathematische Theorie der Kommunikation" publizierten (Shannon 1948; Shannon/Weaver 1949). Sie definierten unter anderem mit dem „bit" eine Maßzahl für Information, welche zwischen zwei binären Werten wie z.B. wahr oder falsch bzw. ja oder nein unterscheidet. Dies stellt auch heute noch die am weitest verbreitete Kennzahl für Informationsmengen dar. Gebräuchlicher sind in der Zwischenzeit indes die entsprechenden Vielfache (Byte, Mega-, Giga-, Terabyte etc.).

Für die Kommunikationswissenschaft ist diese technische Definition, welche auf das Speicher- oder Transportvolumen fokussiert, jedoch nur von begrenzter Relevanz. Von größerer Bedeutung ist die Überlegung, welchen Informationsgehalt (Nutzen) eine Information z.B. für einen Rezipienten hat. Ebenfalls auf der Basis der Informationstheorie kann Information auch als *Reduktion von Unsicherheit definiert werden.* Der Informationsgehalt wird demnach nicht nur durch die Information selbst definiert, sondern durch die beim Rezipienten bereits vorhandene Information. Was als neu und informativ bzw. bekannt und redundant erscheint, ist also von den bereits vorhandenen Informationen abhängig.

Definition: Information

Information ist die Reduktion von Unsicherheit und ist somit von den bereits vorhandenen Informationen abhängig.

Definition von Wissen. Während Information technisch gespeichert und transportiert werden kann, wird *Wissen* meist als eine organische oder soziale Aggregation von Information verstanden. Information bildet den Grundbaustein für Wissen, das sich einzelne Individuen oder soziale Gruppen aneignen können. So besteht z.B. das Gehirn aus einer Vielzahl von Nervenzellen (Neuronen), die einzelne Informationen speichern können und Verbindungen zwischen diesen

Zellen (Synapsen), welche die Information zu Wissen kombinieren. Eine soziale Aggregation erfolgt z.B. dann, wenn sich das Wissen mehrerer Personen zu einem *Wissensnetzwerk* zusammenschließt. Diese Perspektive ist in der Kommunikationswissenschaft für das Verständnis von Open-Source-Software und freien Enzyklopädien wie Wikipedia von zunehmendem Interesse (Stegbauer 2009). Anzumerken bleibt, dass bei dieser Art von übergeordneten Wissensnetzwerken das eingebrachte Wissen der einzelnen Personen wiederum als Information verstanden werden kann. Auf welcher Abstraktionsebene das Ganze (Wissen) und dessen Bausteine (Informationen) operationalisiert werden, ist also keineswegs universell, sondern eine Frage der Definition.

Definition: Wissen

Wissen ist eine organische oder soziale Aggregation von Information.

Information & Unterhaltung. In der Kommunikationswissenschaft kommt dem Begriff der Information eine zusätzliche Bedeutung zu, indem damit die Abgrenzung zur Unterhaltung erfolgt. Informations- und Unterhaltungssendungen bzw. deren Kombination zu *Infotainment* sind z.B. in der Fernsehprogrammanalyse zentrale Kategorien. Für die *Qualität* von journalistischen Medieninhalten sind denn auch die Relevanz, Ausgewogenheit, Aktualität und Verständlichkeit der Information entscheidend (Lischer 2013; Fretwurst et al. 2015).

4.2 Einstellungen als Basiskonzept

Das Einstellungskonzept hat in der Sozialpsychologie zentrale Bedeutung, weil es ein Paradigma für die Untersuchung grundlegender sozialer und psychischer Prozesse darstellt. Mit ihm können *Konstanz* und *Variabilität* im Verhalten der Individuen bestimmt werden. Erst so lässt sich die kulturelle und soziale Verankerung des Individuums in der Gesellschaft in viel differenzierterer und umfassender Weise verstehbar machen, als dies bis Ende des 19. Jhd. mit dem biologisch fundierten Triebbegriff möglich gewesen war.

Um den kontinuierlichen Strom von Reizen und Erfahrung verarbeiten zu können, ist der Mensch auf einfache, rasche und gut funktionierende *Selektionsmechanismen* angewiesen, die Auswahl und Verarbeitung der Umwelteindrücke vornehmen, diese Informationen bewerten und so das Verhalten zu steuern vermögen. Dem Einstellungskonzept kommt in diesem Prozess eine Schlüsselrolle zu, weil es die im sozialen Gedächtnis des Individuums organisierten Erfahrungen und Gefühle umfasst, die als systemhaft organisierte *Reaktionsbereitschaften* gegenüber verschiedensten *sozialen Objekten* (z.B. Parteien, NGOs, Kirche, Familie etc.) Konstanz im sozialen Handeln ermöglichen.

4.2.1 Definitionen

Nach Allport (1935) sind *Einstellungen* als „ein mentaler und neuraler Bereitschaftszustand, der durch die Erfahrung strukturiert ist und einen steuernden und dynamischen Einfluss auf die Reaktionen eines Individuums gegenüber allen Objekten und Situationen hat, mit denen dieses Individuum eine Beziehung eingeht." Die Vielzahl unterschiedlicher Definitionen, welche in der Zwischenzeit publiziert wurden, kann auf den gemeinsamen Nenner reduziert werden, dass eine Einstellung eine *Bewertung eines Objekts* darstellt. Die Einstellungsobjekte können ganz unterschiedlicher Natur sein und umfassen z.B. abstrakte Ideen, Gegenstände, Gruppen oder einzelne Personen (z.B. Man lehnt die „Todesstrafe" ab; man mag „Eis"; man mag „Deutsche"; man ist gegen „Präsident Trump"). Uneins ist die Forschung bezüglich der Frage, ob Einstellungen mehr oder weniger stabil im Gedächtnis abgespeichert sind oder eher im Moment der Entscheidung gebildet werden. Bohner und Dickel (2011) ordnen zur Illustration einige Definitionen auf einem Kontinuum an, das von *Speicherung im Gedächtnis* (engl. stored in memory) bis zu *Ad-hoc-Konstruktion* (engl. constructed on the spot) reicht.

Abb. 42 Definitionen von Einstellung auf einem Kontinuum zwischen stabiler Entität und temporärer Konstruktion

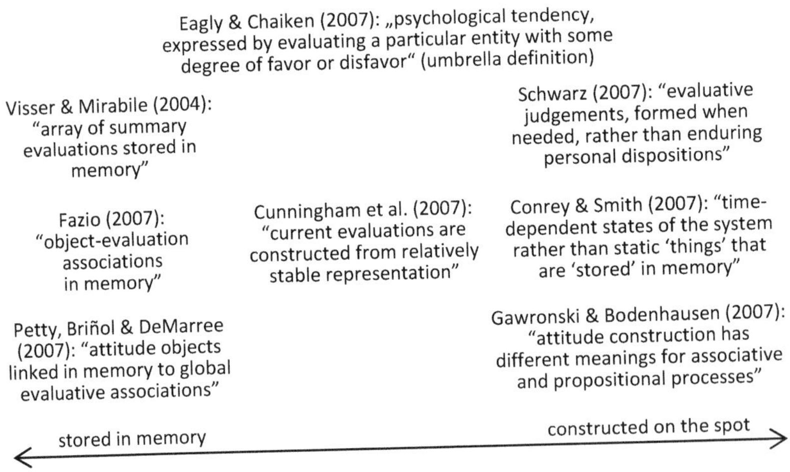

(Quelle: Bohner/Dickel 2011: 393)

Der Unterschied zwischen der zeitlichen Stabilität bzw. kurzfristigen Konstruktion von Einstellungen ist nicht nur theoretischer Natur, sondern hat wesentlichen Einfluss auf die Operationalisierung und Messung von Einstellungen sowie auf die Modelle der Bildung und Änderung von Einstellungs. Bevor jedoch darauf eingegangen wird, soll der Einstellungsbegriff (engl. attitude) – teilweise in deutschen Texten mit „Attitüde“ übersetzt – gegenüber anderen verwandten Begriffen abgegrenzt werden (Jonas/Stroebe/Hewstone 2014: 197ff.).

Eine *Meinung* (engl. opinion oder belief) stellt aus Sicht des *Erwartung-mal-Wert-Modells* (engl. expectancy-value-model) einen Baustein für (generellere) Einstellungen dar. „Whereas attitude refers to a person's favorable or unfavorable evaluation of an object, beliefs represent the information he has about the object" (Fishbein/Ajzen 1975: 12). Meinungen werden also als die kognitive Komponente von Einstellungen bezeichnet und beziehen sich nicht zuletzt auch auf die Wahrscheinlichkeit, dass ein Einstellungsobjekt über ein bestimmtes Attribut verfügt (belief strength). Eine Einstellung setzt sich demnach aus einem aufsummierten Bündel aus Fakten bzw. deren Wahrscheinlichkeiten und ihrer Bewertungen zusammen.

Im Gegensatz zu Meinungen stellen *Werte* (z.B. Idealismus) eher generellere und abstraktere soziale Konstrukte dar. Werte sind beständiger und stärker kulturell verankert. *Stereotype* wiederum sind solche Einstellungen, die einseitig nur bestimmte Kognitionen über ein Einstellungsobjekt betonen, während andere Information darüber nicht zur Kenntnis genommen werden. *Vorurteile* sind zudem affektiv aufgeladene Stereotype, die Abwehrfunktion haben und auch durch widersprechende Erfahrungen kaum beeinflussbar sind (Jonas/Schmid Mast 2008).

4.2.2 Dimensionen und Funktionalität

Einstellungskonzepte lassen sich danach unterscheiden, ob sie eindimensional oder mehrdimensional sind. *Eindimensionale* Einstellungskonzeptionen definieren Einstellungen nur über ihre affektive Gerichtetheit: Eine Person ist einem Einstellungsobjekt gegenüber also positiv oder negativ eingestellt. *Mehrdimensionale* Konzeptionen gehen meist von drei Komponenten aus (vgl. Rosenberg/Hovland 1960; Jonas/Stroebe/Hewstone 2014: 199ff.): 1) Die *kognitive* Komponente bezieht sich auf Überzeugungen, Meinungen, strukturierende Vorstellungen und Wissensgehalte, die der Einstellungsträger vom Einstellungsobjekt hat. 2) Die *affektive* Komponente umfasst als Evaluation die emotionale Bewertung des Objekts: Man empfindet Zu- oder Abneigung, ist dafür oder dagegen. 3) Die *konative* bzw. Verhaltenskomponente bezieht sich auf die latente Bereitschaft, ein bestimmtes Verhaltensmuster gegenüber dem Einstellungsobjekt zu äußern.

Während die Validität dieser dreiteiligen Konzeption hinreichend belegt zu sein scheint, lässt sich einwenden, dass die konative Komponente insofern problematisch ist, da sie sich nur schwer von der eigentlichen *Handlung* trennen lässt, welche erst als Folge bzw. Manifestation der Einstellung eintritt (Schemer 2009: 29). Kontrovers beurteilt wird zudem die Frage, ob die Bewertung des Objekts – also die Einstellung dafür oder dagegen – vor allem eine Folge kognitiver Prozesse sei, oder umgekehrt die affektiven Prozesse einen Einfluss auf die kognitiven Prozesse haben – sog. „affective primacy“ (Ajzen 2001: 33).

Einstellungsfunktionen. Einstellungen erfüllen für den Menschen bestimmte Funktionen (Maio/Olson 2000). *Wissensfunktion:* Einstellungen ermöglichen durch Vereinfachung die kognitive Orientierung in der komplexen und chaotischen Welt, indem sie helfen, Umweltreize zu interpretieren und zu strukturieren. *Anpassungsfunktion:* Einstellungen ermöglichen die Maximierung von Belohnungen, indem positive Einstellungen gegenüber Objekten ausgedrückt werden, die persönliche Bedürfnisse befriedigen und die Vermeidung von Bestrafung, indem negative Einstellungen zu Objekten gebildet werden, die mit Frustrationen assoziiert werden. *Abwehrfunktion:* Durch Rationalisierung und Projektion im psychoanalytischen Sinn versuchen Menschen Konflikte zu vermeiden oder negative Gefühle gegenüber sich selbst abzuwehren, indem diese in Form von Stereotypen und Vorurteilen auf andere projiziert werden. *Selbstdarstellungsfunktion:* Personen besitzen das Bedürfnis, zentrale Werthaltungen und wichtige Komponenten des Selbst gegen außen zu vermitteln, indem entsprechende Einstellungen geäußert werden.

4.2.3 Messung von Einstellungen

Die Messung von Einstellungen (Jonas/Stroebe/Hewstone 2014: 212ff.) ist anspruchsvoll, weil sich Einstellungen nicht direkt manifestieren (*Validitätsproblematik*). Grundsätzlich kann zwischen direkten (expliziten) und indirekten (impliziten) Verfahren unterschieden werden.

Die einfachste und häufigste Methode ist, Personen *direkt und explizit* um eine Form von Bewertung zu bitten. Durch Wissens- bzw. Einschätzungsfragen wird die kognitive Komponente erhoben, um die Kriterien zu erfassen, mit denen eine Person ein Einstellungsobjekt kategorisiert. Die affektive Komponente wird häufig mittels einer *Ein-Item-Ratingskala* von positiv zu negativ bezüglich verbaler Annahme oder Ablehnung oder mehrdimensional mit *Semantischem Differential* (z.B. faul vs. fleißig; schön vs. hässlich; gut vs. böse) operationalisiert (vgl. Kap. 2.1.2); zudem werden auch psycho-physiologische Messinstrumente eingesetzt, die etwa die Stromleitfähigkeit der Haut, Blutdruck, Puls oder Pupillenreaktionen messen (Fahr/Hofer 2013). Die Verhaltenskomponente wird meist über Selbstauskünfte bezüglich des eigenen Verhaltens ermittelt, was jedoch nicht sehr zuverlässig ist (*Reliabilitätsproblem*) (Fazio/Olson 2003).

Die Reaktion auf eine Einstellungsfrage kann als ein *Prozess mit drei Phasen* beschrieben werden (Krosnick/Judd/Wittenbrink 2005). Zuerst erfolgt eine *automatische Aktivierung* von bestehenden Bewertungselementen, die je nach Verfügbarkeit unmittelbar (innert Millisekunden) stattfindet. Dieser Prozess bedarf keiner besonderen Motivation oder Anstrengung (erfolgt also unbewusst) und wird durch das bloße Rezipieren eines Stimulus (Einstellungsobjekt) ausgelöst. Die zweite Phase wird als *Deliberations-Phase* bezeichnet und findet nur statt, wenn die Person auch über eine entsprechende Motivation und Möglichkeit verfügt. Diese Phase zeichnet sich durch eine gezieltere Suche nach relevanter Information und deren Verarbeitung (Deliberation bzw. Aushandlung) aus. Die Motivation für eine vertiefte Auseinandersetzung mit der Einstellung kann z.B. von den Persönlichkeitseigenschaften abhängen oder davon, ob sich die Person für ihre Einstellung (bzw. daraus resultierenden Konsequenzen) verantwortlich fühlt. Um überhaupt für eine zweite Deliberation motiviert zu werden, muss sich eine Person der Existenz der Bewertung aber erst bewusst werden. Es ist durchaus möglich, dass Einstellungsobjekte die Schwelle der bewussten Wahrnehmung nicht überschreiten und so lediglich zu einer automatischen Aktivierung von bestehenden Einstellungen führen. Neben der *Motivation* ist aber auch entscheidend, dass die Person über die notwendigen *kognitiven Ressourcen* – Stichwort: *limited capacity* (Lang 2009) – verfügt. Konkret heißt dies, dass in einer Situation, in der z.B. viele Stimuli auf eine Person wirken, die geistige Kapazität nicht überfordert sein darf. Die dritte Phase beim Beantworten von Einstellungsfragen ist diejenige der *Antwortbildung*. Hierbei können insbesondere Metakognitionen oder sog. „naive Theorien" einen Einfluss auf das Antwortverhalten haben. Hat eine befragte Person z.B. den Eindruck, „zu wenig" Gründe für eine positive Bewertung zu haben (Metakognition), so erfolgt tendenziell eine negativere Bewertung. Läuft diese Relativierung an einer Metakognition bewusster ab, so kann z.B. die „naive Theorie zum Tragen kommen, dass man sich nicht durch Emotionen oder vorangegangene Fragen beeinflussen lassen sollte.

Die indirekten bzw. impliziten Verfahren haben zum Ziel, Verzerrungen im Antwortverhalten (z.B. soziale Erwünschtheit) zu verringern und Aspekte von Einstellungen zu erheben, welche der bewussten Introspektion nicht zugänglich sind. Die impliziten Verfahren versuchen also nicht einfach nur die Reaktivität der expliziten Verfahren zu reduzieren, sondern gehen auch davon aus, zusätzliche Einstellungselemente erheben zu können oder aber z.B. die externe Validität zu erhöhen. Neben der nichtreaktiven Verhaltensbeobachtung und der Messung von physiologischen Reaktionen, welche hier nicht detaillierter besprochen werden, soll insbesondere auf sogenannte *Priming-* und *Latenzzeitmessungen* hingewiesen werden (Krosnick/Judd/Wittenbrink 2005). Bei Priming-Messungen wird untersucht, ob sich das Verhalten von Probanden verändert, wenn vorgängig unterschiedliche „*Primes*" zur Aktivierung von Einstellungen eingesetzt werden. Zahlreiche Versuche hierzu gibt es z.B. zum Thema Rassismus, welches mit expliziten Verfahren zu stark verzerrten Ergebnissen führen würde. Latenzzeitmessungen wie der Implicit Association Test (IAT) werden mithilfe von Computern durchgeführt und versuchen anhand der Reaktionsgeschwindigkeit die zugrunde liegenden Einstellungsstrukturen zu erheben (Fazio/Olson 2003).

4.2.4 Einstellungsbildung

Einstellungen sind nicht etwa angeboren, sondern müssen gelernt werden. Die ersten kognitiven Komponenten werden in Form von Erfahrung durch *direkte Konfrontation* mit dem Einstellungsgegenstand im Sozialisationsprozess gebildet. Da der persönliche Erfahrungsraum jedoch für die meisten Menschen relativ begrenzt ist, spielen *interpersonal vermittelte Erfahrungen* in Form von Informationen über den Einstellungsgegenstand eine wichtige Rolle. Freunde, Kameraden, Familienmitglieder u.a. sind wichtige Informationsquellen als Basis für die Bildung von Meinungen und Einstellungen. Vor allem im öffentlichen Bereich kommt aber auch den *Massenmedien* als Informationsquelle bei der Neubildung von Einstellungen ein wichtiger Stellenwert zu (vgl. Kap. 4.4.1). Bei vielen Einstellungsgegenständen, die uns zuvor nicht bekannt waren (z.B. Gen- oder Nanotechnologie, vermitteln Mediien uns einen ersten Eindruck.

Bei der Formung der *kognitiven Komponente* durch *soziale Wahrnehmungsprozesse* spielt die Kategorienbildung (Jonas/Stroebe/Hewstone 2014: 111ff.) eine wichtige Rolle. Sie wird notwendig, weil die aufgenommene Information nicht umfassend und eher undifferenziert im Gedächtnis gespeichert werden kann: *Informationsreduktion durch Selektion.* Zu starke und nicht an der Realität orientierte Reduktion führt zur Bildung von *Stereotypen.* Während bei direkter Erfahrung die selektive Informationsverarbeitung und Kategorienbildung durch bestehende Prädispositionen gesteuert wird – *schemageleitete Assimilation* an Wissensstrukturen –, ist die indirekte, medial vermittelte Erfahrung durch die jeweilige Informationsquelle strukturiert. Dies ist bei *neuen Einstellungsgegenständen* von Relevanz, weil Medien als Informationsquellen nicht nur die Inhalte, sondern ebenfalls die kognitive Strukturierung der Wissensinhalte beeinflussen (vgl. Kap. 1.4.3).

Ein häufig untersuchtes Phänomen der Einstellungsbildung stellt der sog. *Mere-Exposure-Effekt* dar. Zajonc (1968) stellte fest, dass die Wiederholung etwa bei Werbung (Matthes/Schemer/Wirth 2007) dazu führt, dass ein Stimulus zunehmend positiver bewertet wird. Die im Experiment verwendeten Stimuli waren unverständliche Worte, Türkisch, chinesische Schriftzeichen oder Bilder von unbekannten Personen. Erklärung: Eine wiederholte Wahrnehmung führt zu einer *Reduktion der Unsicherheit* und zu einer *leichteren kognitiven Verarbeitung* der Stimuli (Lee 2001), und diese wiederum fördert deren positive Bewertung (vgl. Kap. 4.4.5).

Die Prozesse der Kategorienbildung und Informationsselektion wie auch die Befunde zum Mere-Exposure-Effekt verdeutlichen, dass die Einstellungsbildung häufig ein *unbewusster Prozess* ist.

Merksatz

Es kann davon ausgegangen werden, dass eine bewusste und elaborierte Einstellungsbildung eher die Ausnahme ist, sofern keine bewussten Entscheidungen getroffen werden müssen.

4.2.5 Einstellungsänderungen

Werden Einstellungen als Ad-hoc-Konstruktionen auf Basis der momentan verfügbaren Information definiert, so sind Einstellungsänderungen als Unterschiede zwischen zwei Einstellungsbildungen bezüglich eines Objekts zu verstehen. Geht man hingegen davon aus, dass Einstellungen als relativ beständige Strukturen gespeichert sind (vgl. Kap. 4.2.1), so lässt sich eher zwischen einem Prozess einer initialen Einstellungsbildung (vgl. Kap. 4.2.4) und einer nachfolgenden Änderung unterscheiden. Dies jedoch auch nur dann, wenn der Begriff der Einstellungsänderung nicht zu eng gefasst wird. Sofern eine Bestärkung oder Abschwächung einer Einstellung ebenfalls als Änderung betrachtet wird, würde selbst der Mere-Exposure-Effekt hierunter fallen. Tatsächlich erscheint es relativ unwahrscheinlich, dass solch unbewusste Prozesse zu einer effektiven Einstellungsänderung (z.B. von positiv zu negativ) führen (Crano/Prislin 2006: 348).

Wenn intendiert bzw. mit Absicht versucht wird, die Einstellung einer Person zu verändern, so bezeichnet man dies als *Persuasion (Beeinflussung)*. Einer der zentralen Befunde hierzu ist, dass eine Persuasion mittels Massenmedien (Werbung, Propaganda) schwieriger und weniger erfolgreich ist als durch interpersonale Kommunikation (Della Vigna/Gentzkow 2010). Weitere zentrale Faktoren sind in beiden Fällen die *Quellenglaubwürdigkeit* und die konkrete *Gestaltung der Botschaft.* Verschiedene Modelle versuchen zu erklären, welche weiteren Faktoren einen zusätzlichen oder moderierenden Einfluss haben (vgl. Kap. 4.4.3 und 4.4.4). Die Befunde zu den Unterschieden zwischen impliziten und expliziten Einstellungen lassen indes an deren Validität zur Wirksamkeit von Persuasion zweifeln und legen nahe, dass insbesondere Experimentalstudien die Einstellungsveränderung tendenziell überschätzen (Wilson/Lindsey/Schooler 2000). Dies hängt unter anderem damit zusammen, dass das traditionelle Verständnis der Einstellungsänderung davon ausgeht, dass eine bestehende Einstellung durch eine neue ersetzt wird. Befunde zu Unterschieden zwischen impliziten und expliziten Einstellungen legen indes nahe, dass aktuelle Einstellungen nicht völlig losgelöst von früheren sind. Das *PAST-Modell* (Past Attitudes are Still There) geht denn auch davon aus, das Einstellungsänderungen eher als eine Ergänzung/ Erweiterung und nicht als Ersatz/Auswechslung zu verstehen sind (vgl. Abb. 43).

Die Botschaft, dass ein hoher Konsum von Schokolade keine Maximierung des Wohlbefindens bedeutet (also gut ist), sondern auch gesundheitliche Risiken birgt (also schlecht ist) führt demnach nicht zu einer kompletten Einstellungsänderung von gut zu schlecht. Neben der neuen Information, dass ein übermäßiger Schokoladenkonsum schlecht sei, bleibt die ursprüngliche Einstellung vorhanden und wird mit einer Negierung („nicht gut“) versehen. Dies mag mit ein Grund sein, wieso es schwierig ist, liebgewonnene Gewohnheiten und langfristig gefestigte Einstellungen (z.B. Rauchen sei ein Genuss) zu ändern ohne über längere Zeit kognitive Ambivalenzen zu verspüren.

Abb. 43 Modelle der Einstellungsänderung

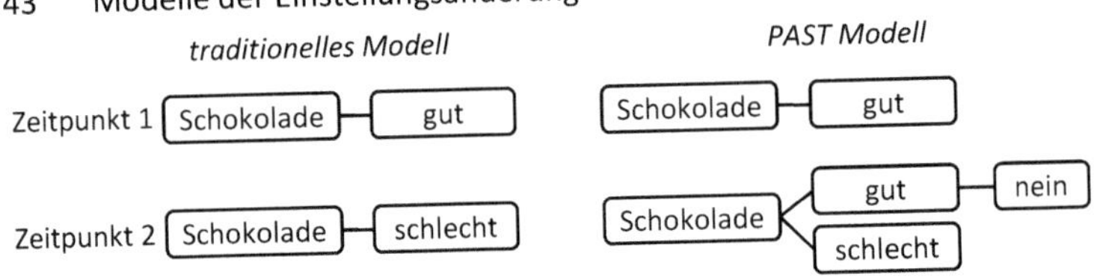

(Quelle: nach Petty et al. 2006: 22)

4.2.6 Einstellungen und Informationsverarbeitung

Generell wird davon ausgegangen, dass bestehende Einstellungsstrukturen den Informationsverarbeitungsprozess steuern bzw. beeinflussen. Dies beginnt bei der aktiven Auswahl bzw. passiven Exposition zu Informationen, setzt sich bei der Informationsverarbeitung fort und wirkt sich auch auf die Erinnerung aus. Aus der Perspektive der postkommunikativen Wirkungen wurde in den 1950er- und 1960er-Jahren von der Prämisse ausgegangen, dass Menschen sich selektiv jenen Medieninhalten (Propaganda bei Wahlen) aussetzen, welche die bestehenden Einstellungen (Parteipräferenz) bestätigen und so in der Folge verstärken.

Selektive Zuwendung. Die ersten Hinweise auf eine *selektive Zuwendung* zu Medieninhalten (engl. selective exposure) sind 1944 bei Lazarsfeld, Berelson und Gaudet zu finden. In ihrer richtungsweisenden Arbeit zur Präsidentschaftswahl von 1940 in den USA stellten sie fest, dass Wähler eher diejenigen Medieninhalte nutzten, welche ihre politische Ansicht bestätigten (Lazarsfeld/Berelson/Gaudet 1968: 80ff.). Eine mögliche Erklärung für dieses Phänomen lag erst einige Jahre später mit der Konsistenztheorie von Festinger (vgl. Kap. 4.3.3) vor. Abgesehen von zwei Review-Aufsätzen von Sear und Freedman (1967) und Bowman (2017) wurde dem Ansatz ab den 1970er-Jahren nur noch wenig Beachtung geschenkt. Eine eigentliche Renaissance ist seit Mitte der 1990er-Jahre festzustellen. Im Zusammenhang mit der Verbreitung des Internets und der Vervielfachung der verfügbaren Informationen, rückte die aktive Selektion durch die Rezipienten wieder verstärkt ins Interesse der Forschung (Wirth/Schweiger 1999).

Donsbach (1989, 1992) untersuchte aufgrund von Copy-Tests bei 1.397 Zeitungslesern und 350 Artikeln, wie Leser sich Zeitungsberichten selektiv zuwenden. Danach gibt es zwar empirische Belege für das Selektionsverhalten gegenüber Inhalten von Pressemedien, insofern Leser von Zeitungen Artikel stärker beachten, wenn Konsonanz zwischen der eigenen Einstellung und der Rolle des Politikers bestand, über den im Artikel berichtet wurde (vgl. Abb. 44). Jedoch ist die Wahrscheinlichkeit, dass ein Zeitungsleser für ihn dissonante Information aufnimmt, insgesamt größer als die Wahrscheinlichkeit, dass er sie verweigert.

Abb. 44 Selektive Zuwendung zu Medieninhalten

% der Fälle	Rolle des Politikers nach Information der Artikelüberschrift						
	positive Rolle			Ambivalent / keine Rolle	negative Rolle		
	Konsonanz	neutral	Dissonanz		Konsonanz	neutral	Dissonanz
Artikel... (n)	1.875	822	2.766	8.731	3.103	883	1.516
nicht gelesen	37	47	44	43	46	50	45
Überschrift gelesen	*63*	53	*56*	57	54	51	55
teilweise gelesen	*42*	31	*34*	33	35	31	34
ganz gelesen	*27*	17	*18*	19	22	18	22

kursiv: signifikante Unterschiede (p<.001) zwischen konsonanten und dissonanten Fällen
(Quelle: Donsbach 1989: 401)

Dieser Befund, dass zwar eine positive Selektion von konsonanten Informationen stattfindet, jedoch nicht gleichzeitig auch eine Vermeidung dissonanter Botschaften, wurde in neueren Studien wiederholt bestätigt (Garrett 2009a, 2009b). Auch der naheliegende Schluss, dass diese selektive Zuwendung zu Medieninhalten zu einer Verstärkung der bestehenden (politischen) Einstellung führt, konnte empirisch bestätigt werden (Stroud 2010). Moderiert wird die selektive

Zuwendung etwa durch die Motivation, sich akkurat zu informieren (Hart et al. 2009), aber auch durch Nachrichtenfaktoren (Eilders 1999). Bemerkenswerterweise interessieren sich nicht nur die Medienwirkungsforschung und die Politologie für diese Befunde, sondern jüngst auch die Medienökonomie. So konnte gezeigt werden, dass die Präferenz für Informationen einer bestimmten politischen Couleur von bedeutender ökonomischer Relevanz für die Ausrichtung eines Nachrichtenmediums ist (Gentzkow/Shapiro 2010).

Außer dem Fokus auf politische Medienberichterstattung entwickelte sich seit den 1970er-Jahren ein verwandter Forschungsstrang unter dem Begriff Uses-and-Gratifications (vgl. Kap. 2.5) sowie ab den 1980er-Jahren die Forschung zum Mood-Management (vgl. Kap. 3.4). Während beim *Uses-and-Gratifications-Ansatz* vor allem die aktive Zuwendung der Rezipienten zu den Massemedien betont wird, interessiert sich der Ansatz des *Mood-Managements* dafür, inwiefern diese Zuwendung durch die Stimmung der Rezipienten beeinflusst wird. So gehen Donohew und Tipton (1973) u.a. davon aus, dass Rezipienten stets ein gewisses Maß an Abwechslung erhalten wollen (z.B. durch inkonsistente Informationen) und deshalb nicht ausschließlich konsonante Informationen ausgewählt werden. Neben der politischen Einstellung und der Stimmung können jedoch auch andere unbewussten Prozesse der Selektion erfolgen wie z.B. aufgrund des Geschlechts oder des Alters. Hierbei konnte gezeigt werden, dass eine Präferenz für bestätigende Informationen besteht und positive Berichte über Personen mit dem gleichen Alter und Geschlecht bevorzugt ausgewählt werden (Knobloch-Westerwick/Hastall 2006, 2010).

Selektive Verarbeitung. Neben der Selektivität (Donsbach/Mothes 2017) in der Zuwendung zu Medieninhalten interessiert sich insbesondere die politische Kommunikation für die *selektive Verarbeitung*. Auch dieser Ansatz baut im Grundgedanken auf der Konsistenztheorie (vgl. Kap. 4.4.5) auf und geht von einer Verzerrung in Richtung einer Einstellungsbestätigung aus. *Theorien des sozialen Urteilens* wie z.B. die *Assimilations-Kontrast-Theorie* gehen davon aus, dass die eigene Einstellung die Funktion eines Ankers besitzt, mit dem andere Einstellungspositionen verglichen und beurteilt werden. Wenn andere Einstellungen der eigenen nahestehen, werden diese als noch ähnlicher wahrgenommen, als sie eigentlich sind (Assimilation), und als positiv und objektiv gewertet (Chaiken/Giner-Sorolla/Chen 1996). Stärker abweichende Einstellungspositionen werden hingegen als voreingenommene Propaganda zurückgewiesen (Kontrast).

Als klassische Studie zeigte die Befragung von Zeitungslesern durch Elisabeth Noelle-Neumann im Herbst 1967, dass die für alle „gleiche" Berichterstattung des Zürcher Tages-Anzeigers über den Vietnamkrieg in Abhängigkeit der Einstellungen zum US-Engagement in Vietnam unterschiedlich wahrgenommen wurde:

Befürworter des US-Engagements perzipierten die Berichterstattung deutlich häufiger „pro USA“, bei den Gegnern war es gerade umgekehrt (vgl. Abb. 45).

Abb. 45 Selektive Wahrnehmung

Perzeption der Berichterstattung des Zürcher Tages-Anzeigers	Einstellungen der Leserschaft als Prädispositionen	
	pro US-Engagement (N = 319)	kontra US-Engagement (N = 247)
pro US-Politik in Vietnam	55	23
unentschieden	35	43
kontra US-Politik in Vietnam	10	34

(Quelle: Noelle-Neumann/Schulz/Wilke 1994: 541)

Relativierend kommt Jon A. Krosnick bei seinen Studien zu den amerikanischen Präsidentschaftswahlen von 1968, 1980 und 1984 zum Schluss, dass die oft vermutete *positive bzw. negative Projektion* eigener Einstellungen in politische Kandidaten bei der Anwendung verbesserter Auswertungsmethoden empirisch nicht bestätigt werden kann (Krosnick 1988, 1990). Dies gilt insbesondere dann, wenn eine Thematik für den Rezipienten von besonderem Interesse ist. In dem Fall ist die Einschätzung der politischen Kandidaten durchaus als präzis einzustufen.

Selektive Erinnerung. Neben dem Einfluss von Einstellungen auf die Selektion und Verarbeitung neuer Informationen, interessiert sich die Forschung auch für die *Verfügbarkeit bzw. kognitive Zugänglichkeit von Einstellungen.* Wie einfach verfügbar sind gewisse Einstellungen und wie stabil sind sie? Zahlreiche Experimente untersuchen, inwiefern das Abrufen von Einstellungen durch den Kontext beeinflusst werden kann. Werden Probanden instruiert, vorgängig eine (beschränkte) Anzahl positiver Aspekte eines Objekts zu nennen, erfolgte danach auch eine positivere Bewertung (Ajzen 2001: 35f.). Die Zugänglichkeit einer Einstellung (schnelle Verfügbarkeit) scheint einen Einfluss darauf zu haben, wie sicher sich die Personen ihrer Einstellung sind (Holland/Verplanken/van Knippenberg 2003). Die Verfügbarkeit steht zudem in Verbindung mit der *Einstellungsstärke*, ist jedoch nicht damit gleichzusetzen (Crano/Prislin 2006). Letztere umfasst zudem Dimensionen wie Bedeutung eines Themas, Extremität der Einstellung, Stabilität über die Zeit, Sicherheit/Überzeugung, Eigennutzen, Involviertheit, affektiv-kognitive Konsistenz, Wissen, Frequenz der Gedanken darüber u.a.m. (Ajzen 2001).

4.2.7 Einstellung und Verhalten

Obwohl in vielen Untersuchungen Einstellungen nur verbal mittels Fragebogen erhoben werden, wird daraus oft unkritisch auf direkte Verhaltensäußerungen geschlossen. Diese postulierte *Konsistenz zwischen Einstellung und Verhalten* wurde erstmals von LaPierre 1934 empirisch in Frage gestellt, indem er Meinungsäußerungen im Zusammenhang mit Einstellungen gegenüber Minderheiten mit faktischem Verhalten, gemessen durch konkrete Beobachtungen, verglich. Diese und weitere Studien zur *Attitude-Bahavior-Consistency* (ABC) zeigten, dass der Zusammenhang keineswegs monokausal ist und es weitere Faktoren zu berücksichtigen gilt (Kim/Hunter 1993).

Merksatz

Einstellungen beinhalten das, was Personen über soziale Umweltobjekte denken, fühlen, und wie sie sich auch gegenüber solchen Objekten verhalten wollen. Die konkrete Verhaltensabsicht bzw. das Verhalten selbst ist hingegen durch diverse weitere Faktoren (z.B. wahrgenommene Verhalteskontrolle) beeinflusst.

Der wichtigste Ansatz, der den Zusammenhang zwischen Einstellung und Verhalten modelliert hat, ist die aus der *Theorie des überlegten Handelns* (engl. theory of reasoned action = TRA) weiterentwickelte *Theorie des geplanten Verhaltens* (engl. theory of planned behavior = TPB) (Fishbein/Ajzen 1975; Ajzen/Fishbein 1980; Rossmann 2011; Yzer 2013). Neben der Einstellung gilt es insbesondere die *subjektive Norm* sowie die *wahrgenommene Verhaltenskontrolle* als Einflussfaktoren für die *Verhaltensabsicht* zu berücksichtigen (vgl. Abb. 46). Zielvorstellungen sowie Pläne menschlichen Handelns setzen sich zudem erst in konkreten sozialen Situationen und in Interaktion mit anderen Gesellschaftsmitgliedern in faktisches soziales Handeln um (Jonas/Stroebe/Hewstone 2014: 218ff.). Dieser komplexe Zusammenhang ist für die Abschätzung von Medieneffekten (z.B. Gewaltproblematik) oder bei Kommunikationskampagnen (z.B. Diskrepanz zwischen Bewusstsein und Verhalten gegenüber Umwelt- oder Gesundheitsproblemen) wichtig.

Abb. 46 Theorie des geplanten Verhaltens (TPB)

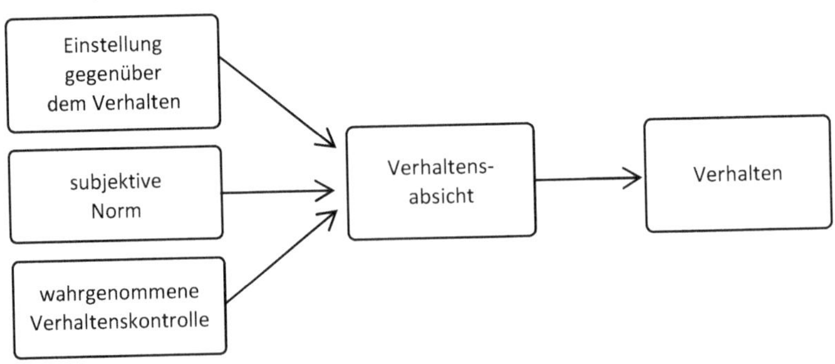

Eine *Meta-Analyse* von 185 Studien zur Theorie des geplanten Verhaltens zeigte, dass die drei zentralen Einflussfaktoren eine partielle Korrelation von .63 mit der *Verhaltensabsicht* aufweisen, was 39% der Varianz der Verhaltensabsicht erklärt (Armitage/Conner 2001). Dem Faktor der subjektiven Norm kommt dabei die geringste Bedeutung zu. Die Autoren schließen daraus indes nicht, dass der Faktor vernachlässigbar ist, sondern diesbezüglich noch ein größerer Forschungsbedarf besteht. Der Zusammenhang zwischen den TPB-Faktoren und dem effektiven Verhalten ist etwas geringer, bewegt sich aber immer noch in einem mittleren bis starken Bereich. So erklären die drei Faktoren 31% des Verhaltens bei Selbstauskunft und 20% beim beobachteten Verhalten. Eine Meta-Analyse von zehn Meta-Analysen zeigte zudem, dass die Verhaltensabsicht im Durchschnitt 28% der Varianz des Verhaltens erklärt (Sheeran 2002).

Zusammenfassend kann festgehalten werden, dass die Einstellung ein wichtiger Aspekt ist, um Verhalten zu erklären; die Präzision aber unter Einbezug weiterer Faktoren wie der wahrgenommenen Verhaltenskontrolle wesentlich erhöht werden kann. Neuere Studien deuten zudem darauf hin, dass implizite und explizite Einstellungsmessungen (vgl. Kap. 4.2.3) zu unterschiedlich präzisen Ergebnissen führen können und zwar in Abhängigkeit des Themas, der Art der Entscheidung und der verfügbaren kognitiven Ressourcen (Friese/Hofmann/Schmitt 2008; Friese/Hofmann/Wänke 2008).

4.2.8 Themenfokus: Gewalt

Die Auswirkung von medialen Gewaltdarstellungen auf das Verhalten wird in der Öffentlichkeit, aber auch in verschiedenen wissenschaftlichen Disziplinen immer wieder intensiv diskutiert (Ball-Rokeach 2001; Kunczik/Zipfel 2006; Brosius/Schwer 2008; Friedrich 2013; Bushman/Gollwitzer/Crutz 2014). Auslöser sind oftmals *spektakuläre Einzelereignisse* wie etwa Massaker in Schulen oder andere Gewaltexzesse ohne politische, religiöse oder ökonomische Motivation. Die *wissenschaftlichen Evidenzen* für diese unerwünschten Medienwirkungen sind auch nach gut 50 Jahren Forschung alles andere als klar. So wird einerseits proklamiert, dass die Belege für starke Effekte unumstößlich seien (Murray 2008), während andererseits sowohl das theoretische Verständnis von Aggression wie auch die empirischen Methoden als inadäquat bezeichnet werden (Grimes/Bergen 2008). Ein Hauptproblem der empirischen Forschung stellt der *verkürzte Kausalschluss* auf Basis von Korrelationen dar. So wird anhand des statistischen Zusammenhangs zwischen der Nutzung von gewalthaltigen Medieninhalten und aggressivem Verhalten (z.B. gemessen als Gewaltbereitschaft oder effektiv ausgeübter Gewalt) der Schluss gezogen, dass letzteres durch die Medieninhalte bewirkt sei. Dabei wird vielfach übersehen, dass wegen selektiver Zuwendung auch die umgekehrte Kausalrichtung möglich ist. Dieser Kritik wird *forschungspraktisch* mit *(Labor-) Experimenten* begegnet, wobei es hierbei wiederum schwierig ist, neben den kurzfristigen auch den langfristigen Effekten Rechnung zu tragen bzw. eine langfristige Exposition als Experimental-Stimulus zu gestalten.

Auf *theoretischer Ebene* sind verschiedenste *Ansätze* formulierte worden, welche die Effekte von Mediengewalt je anders erklären (Friedrich 2013): Nach der *Lerntheorie von Alfred Bandura* (1978) werden Menschen nicht mit einem Repertoire von aggressiven Verhaltensweisen geboren, sondern aggressives Verhalten muss gelernt werden. Während die *direkte Erfahrung* für Kinder eine Quelle von neuen, auch aggressiven Verhaltensmodellen ist, spielen *Medien* eine wichtige Rolle für symbolisch vermitteltes, stellvertretendes Lernen von (Medien-)Aggression. Die nächstliegende Wirkungsannahme im Zusammenhang mit Mediengewalt ist deshalb diejenige der *Nachahmung*. Insbesondere im Zusammenhang mit Suiziden wird vom sog. *Werther-Effekt* gesprochen. Damit bezieht man sich auf den Umstand, dass es nach der Publikation des Buches „Die Leiden des jungen Werthers“ von Goethe (1774) zu einer Reihe von Nachahmungstaten (Suizide) gekommen ist. Die Vermutung, dass sowohl fiktionale wie auch journalistische Berichte über Suizide zu Nachahmung verleiten, schlug sich nicht zuletzt in Empfehlungen der Presseräte nieder, dieses Thema mit besonderer Vorsicht zu behandeln. Aktuelle Befunde aus Deutschland deuten darauf hin, dass insbesondere Berichte über Prominente zu Nachahmungstaten führen und sich für unbekannte Personen gar ein *umgekehrter Werther-Effekt* zeigt – also eine kurzfristige Abnahme der Suizide (Ruddigkeit 2010).

Diese teilweise divergierenden Befunde legen nahe, dass nicht jede Gewaltdarstellung zu einer unmittelbaren Nachahmung führt und dass neben allfällig auslösenden Motivationsfaktoren eine ganze Reihe zusätzlicher Faktoren berücksichtigt werden müssen, um das Handeln eines Individuums erklären zu können. Gemäß der *sozial-kognitiven Lerntheorie* führt Mediengewalt nur dann zu Aggression, wenn die daraus resultierenden Folgen positiv dargestellt werden (Glorifizierung von Action-Figuren).

Der *Kultivierungsansatz* (vgl. Kap. 7.3) als langfristige Wirkungstheorie wie auch die *Inhibitionsthese* als kurzfristiger Ansatz gehen davon aus, dass durch die Darstellung von Gewalt nicht primär die Gewaltbereitschaft steigt, sondern vielmehr die *Angst* vor Gewalt. In einer aufwändigen Untersuchungsreihe konnte Grimm aufzeigen, dass das Betrachten von Kampfsportszenen gar zu einer Aggressionsreduktion bei einer gleichzeitigen (massiven) Angstzunahme führt (Grimm 1999: 461ff.). Vor dem Hintergrund der sozial-kognitiven Lerntheorie ist dieser Befund so einzuordnen, dass bei Gewaltdarstellungen vom Rezipienten nicht zwingend eine *Täterperspektive* eingenommen wird. Bei einer entsprechenden dramaturgischen Einbettung kann auch eine *Opferperspektive* eingenommen werden, wodurch primär die möglichen negativen Folgen einer Handlung in den Vordergrund des Lernprozesses rücken und die Motivation, die beobachtete Handlung auszuführen, hemmen. Interessant ist in diesem Zusammenhang auch der von Grimm (1999: 615ff.) als *Robespierre-Effekt* bezeichnete Prozess: Demnach kann eine wahrgenommene Ungerechtigkeit wie etwa eine ungesühnte Gewaltanwendung die Empathie mit dem Opfer in Aggression umwandeln und zur Aggressionssteigerung führen.

Im Zusammenhang mit Mediengewalt wird häufig auch eine *Abstumpfung* der Rezipienten vermutet. Durch das wiederholte Beobachten von Gewaltdarstellungen – so die *Habitualisierungsthese* – finde eine *Desensibilisierung* statt, welche zu einer erhöhten Akzeptanz von Gewalt und einer verminderten Empathie für die Opfer führt. Obwohl Grimm in seinen Studien eine ebensolche Reduktion der Empathie experimentell feststellt, kommen Kunczik und Zipfel (2007: 218f.) unter Berufung auf eine Meta-Analyse der Forschung von 1983 bis 1992 zum Schluss, dass die These noch nicht hinreichend überzeugend gestützt sei.

Neben der mehrfach erwähnten sozial-kognitiven Lerntheorie werden in der Forschung zunehmend auch *neuronale Prozesse* des Lernens untersucht. Sowohl der *Priming Ansatz* (vgl. Kap. 5.1.2) wie auch die *Skript-Theorie* gehen davon aus, dass die neuronale Vernetzung von Informationen im menschlichen Gehirn Handeln erklärbar machen. Durch das wiederholte Aktivieren werden einzelne Wissenselemente oder ganze Handlungsmuster nicht nur langfristig gelernt, sondern sind auch zunehmend einfacher abrufbar. Da sich diese Prozesse dem Erkenntnisrahmen der bisherigen sozialwissenschaftlichen Methoden mehrheitlich entziehen, kommen zunehmend medizinische Bildgebungsverfahren (z.B. fMRI) zum Einsatz. Murray et al. (2006) sehen in ihren Befunden die bisherige Forschung bestätigt, dass Gewaltdarstellungen im Fernsehen bei Kindern zu einer erhöhten Gewaltbereitschaft führen und *aggressive Skripts* auch langfristig gelernt werden. Zu ähnlichen Resultaten gelangen Weber/Ritterfeld/Mathiak (2006) bezüglich Video-Spielen. Demnach aktivieren gewalthaltige Spiele jene Hirnregionen, welche für die Wahrnehmung und Ausübung von Aggressionen typisch sind.

Die ebenfalls immer wieder ins Feld geführte *Karthasis-These*, wonach beobachtete oder teilnehmende Aggression beispielsweise in gewalthaltigen Video-Spielen (Bushman/Whitacker 2010) durch symbolisches „Abreagieren“ zu einem Abbau von Aggression führe, wird hier nicht weiter diskutiert, da diese empirisch mehrfach wiederlegt worden ist (Feshbach 1989).

4.3 Konsistenztheorien

Kognitive Konsistenztheorien gehen davon aus, dass Personen danach streben, ihre eigenen Kognitionen (Meinungen, Einstellungen, Verhaltenswahrnehmungen) in einer konsistenten, nicht widersprüchlichen und darum spannungsfreien Weise zu organisieren. Entsteht ein kognitives Ungleichgewicht, d.h. wird z.B. ein Widerspruch zwischen Einstellungen wahrgenommen, so verursacht dies Spannungen, was dazu motiviert, wiederum kognitive Konsistenz herzustellen.

Den Anstoß zur Entwicklung der verschiedenen Konsistenztheorien gab Fritz Heider 1946 mit einem programmatischen Artikel, der den Anspruch erhebt, mit einem einfachen und geschlossenen Modell einen großen Teil interpersonalen Verhaltens und sozialer Wahrnehmung zu erklären. In kurzer Zeit haben dann verschiedene Forscher je anders akzentuierte Theorien formuliert, die alle eine bemerkenswerte Geschlossenheit, theoretische Ausformulierung und empirische Anwendbarkeit aufweisen: Leon Festinger, Milton Rosenberg, Milton Rokeach, Percy Tannenbaum, Daniel Bem u.a.m. (Abelson 1968; Berkowitz 1978). Bis in die 1970er-Jahre haben diese Theorien der Sozialpsychologie wichtige Impulse verliehen und die Entwicklung der Einstellungsforschung dominiert. Ein erster Höhepunkt zeigt sich in dem von Abelson et al. 1968 herausgegebenen Reader: „Theories of Cognitive Consistency: A Sourcebook", der zehn Jahre später durch den Reader „Cognitive Theories in Social Psychology" von Leonard Berkowitz (1978) fortgeschrieben wurde (Eagly/Chaiken 1993; Dillard/Seo 2013).

Personen tendieren dazu, interne Inkonsistenzen, Inkongruenzen oder Dissonanzen zwischen Überzeugungen oder zwischen Überzeugung und Verhalten möglichst klein zu halten. Die kognitiven Theorien postulieren den *„rationalen Menschen"*, der nach den Prinzipien seiner *„Psycho-Logik"* handelt. Im Vergleich zur instrumentellen Lerntheorie (vgl. Kap. 4.4.1) handelt es sich ebenfalls um S-O-R-Theorien: Ein durch bestimmte Eigenschaften ausgezeichneter Organismus reagiert in bestimmter Weise auf ihn stimulierende Umweltbedingungen mit einer Anpassung. Das Verhalten wird bei den kognitiven Theorien jedoch *prozesshaft* als Folge von Entscheidungen zwischen Alternativen gesehen. Betont wird das Verarbeitungsverhalten des kognitiven Systems. Stimuli als Input werden nicht wie bei der instrumentellen Lerntheorie als Mittel zur Bedürfnisbefriedigung oder Anpassung, sondern als *Träger von Information* gesehen, die in Konsonanz bzw. Dissonanz zur präkommunikativen Einstellungsstruktur stehen können und dann entsprechende *Anpassungsprozesse* des kognitiven Systems in Gang setzen. Je nach dessen Struktur können Änderungen bei der kognitiven, affektiven oder verhaltensbezogenen Komponente auftreten bzw. kann es zu einer Rückweisung der als dissonant perzipierten Botschaft kommen: *Bumerang-Effekt* (Byrne/Haart 2009).

4.3.1 **Balancetheorie** (Heider)

Die Balancetheorie geht auf *Fritz Heider* zurück und basiert auf der Betrachtung von *Triaden*, die zwei Personen und ein Einstellungsobjekt umfassen (Heider 1946: 107). Es wird angenommen, dass zwischen allen Elementen eine Beziehung besteht (geschlossene Triaden), die entweder positiv oder negativ ist (z.B. lieben vs. hassen). Eine balancierte Situation ist dann gegeben, wenn entweder alle drei Beziehungen positiv oder genau zwei Beziehungen negativ sind (Heider 1946: 110). Cartwright und Harary (1956) halten in ihrer Generalisierung von Heiders Theorie fest, dass die Balance einer Triade durch die Multiplikation der Vorzeichen ermittelbar ist. Ein positiver Wert entspricht dabei einer balancierten Triade, während eine ungerade Anzahl negativer Vorzeichen zu einem negativen Produkt führt und als unbalanciert interpretiert wird. In Abb. 47 sind alle möglichen Konstellationen von balancierten (oben) sowie unbalancierten Triaden (unten) dargestellt. Die Notation von Heider besteht aus p (person) und o (other) sowie einer „impersonal entity x" als Einstellungsobjekt. In unbalancierten Situationen erfährt p gemäß den Regeln der affektiven Logik eine *psychische Spannung*, die dazu motiviert, einen Wechsel eines Vorzeichens vorzunehmen, um zu einer balancierten Situation zu gelangen.

Abb. 47 Schematische Darstellung der Balancetheorie

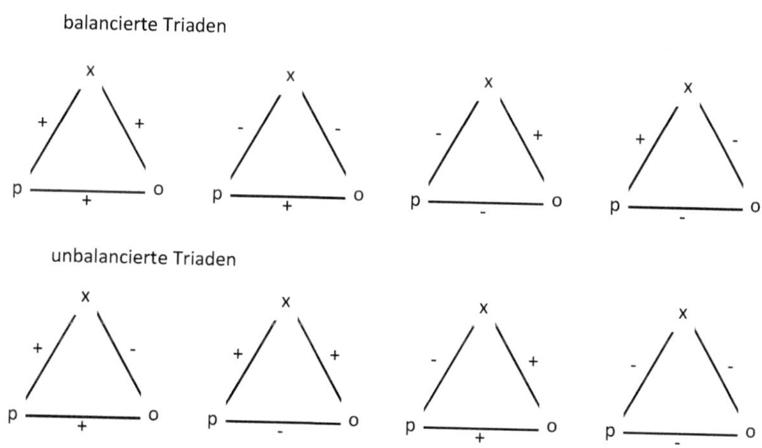

(Quelle: Friemel 2013: 93)

Theodore Newcomb (1953, 1959) differenzierte das Modell von Heider dahingehend, dass er zwischen der Person-Person-Beziehung (engl. attraction) und einer Person-Objekt-Beziehung (engl. attitude) unterscheidet. Auch er geht in seiner

Theorie der Ko-Orientierung davon aus, dass ein sozialer/psychologischer Druck zu Harmonie zwischen zwei Personen und einem Einstellungsobjekt besteht. Neben der Veränderung der Einstellung (attitude) von einer der beiden Personen, kann eine Balancierung auch durch die Anpassung der Beziehung zwischen den Personen erfolgen. Welche der beiden Möglichkeiten wahrscheinlicher ist, hängt dabei unter anderem vom Thema und der Situation ab (Chaffee/Tims 1976).

4.3.2 **Kongruenzmodell** (Osgood/Tannenbaum)

Charles Osgood und Percy Tannenbaum entwickelten 1955 ein *Kongruitätsmodell*, das sich explizit auf die Massenkommunikation bezieht und genaue Voraussagen über die Richtung und das Ausmaß von Einstellungsänderungen erlaubt. *Basiskomponenten des Modells* sind die präkommunikative Einstellung einer Person (P) zu einer Informationsquelle (S) und die präkommunikative Einstellung von P zu einem sozialen Objekt oder Sachverhalt (O), über das die Quelle (S) eine wertende Aussage macht. Die entsprechenden *Einstellungen* sind restriktiv definiert und umfassen nur die evaluative Komponente. Diese wird mithilfe einer Einstellungsskala von +3 bis -3 gemessen.

Abb. 48 Einstellungsanpassung nach dem Kongruitätsmodell

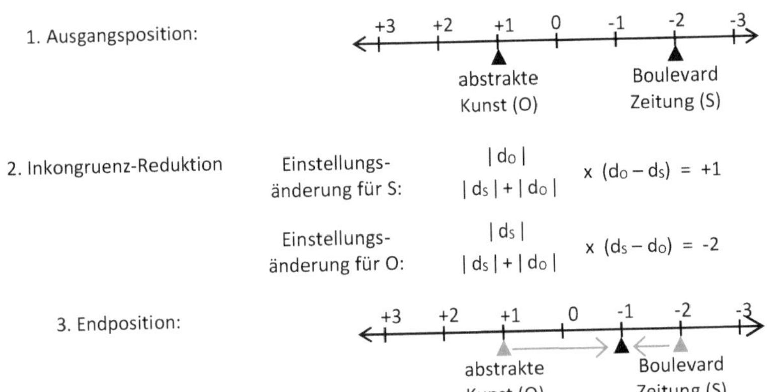

(Quelle: eigenes Beispiel)

Zwischen zwei Konzepten können Verbindungen assoziativer oder dissoziativer Art bestehen, indem die Kommunikationsquelle eine zustimmende oder ablehnende Aussage gegenüber einem Objekt macht. *Inkongruenz* entsteht z.B. dann, wenn sich ein Medium positiv zu etwas äußert, die Person (P) aber Objekt (O) und Quelle (S) unterschiedlich bewertet. Diese Inkongruenz kann reduziert werden, wenn sowohl die Quelle (S) wie auch das Objekt (O) neu bewertet werden. *Beispiel:* Eine Person P schätzt die Boulevard-Zeitung (S) mit -2 eher negativ ein. Zugleich hat sie eine leicht positive Einstellung gegenüber abstrakter Kunst mit +1. Macht nun die Boulevard-Zeitung in einem Artikel eine positive Aussage über abstrakte Kunst, führt dies zu einer verbesserten Bewertung der Zeitung und einer verschlechterten Bewertung von abstrakter Kunst (vgl. Abb. 48). Tannenbaum (1955) hat diese Prozesse für unterschiedliche Quellen und Themen empirisch nachweisen können.

4.3.3 Kognitive Dissonanztheorie (Festinger)

Die *Kognitive Dissonanztheorie* von Leon Festinger (1957) versucht menschliches Handeln in verschiedensten Situationen zu erklären, bzw. unter Rückgriff auf die spezifischen Beziehungen zwischen kognitiver Struktur und Handeln vorauszusagen. Prämisse ist, dass Personen bestrebt sind, in Übereinstimmung mit ihrem Wissen bzw. ihrer Einstellung zu handeln (Donsbach/Mothes 2017).

Definition. Unter dem Begriff der *Kognition* fasst Festinger Wissen, Meinungen und Einstellungen (gegenüber der Umwelt), über sich selbst und über das Verhalten anderer zusammen (1957: 3). Diese vielfach kritisierte Unschärfe des Begriffs bringt eine wesentliche Ausweitung der Anwendungsmöglichkeiten mit sich und umfasst alle Situationen in denen die oben aufgeführten Formen von Kognitionen vorhanden sind. *Kognitionen* können nach Festinger aus einer Mehrzahl von Kognitionen bestehen (er verwendet auch den Begriff eines „Clusters“) wobei es eine nicht eindeutig lösbare Frage der Definition sei, was ein einzelnes *kognitives Element* und was eine zusammengesetzte Kognition ist (1957: 10). Konsonanz und Dissonanz ist stets eine relationale Eigenschaft der Beziehung zweier kognitiver Elemente.

Dissonanz zwischen zwei kognitiven Elementen besteht nach Festinger dann, wenn aus der Negierung eines Element das andere folgt (nicht-x folgt aus y). Wichtig ist dabei der Hinweis darauf, dass die Beziehung zwischen Rauchen und ungesund (also der Negierung von gesund) nur dann zu einer Dissonanz führt, wenn man davon ausgeht, dass die Person ein Interesse an der Erhaltung der Gesundheit hat. Es ist deshalb wichtig, die *Relevanz* von Beziehungen zwischen den kognitiven Elementen zu berücksichtigen. Besitzt eine Beziehung keine Relevanz, so besteht auch keine Dissonanz (z.B. die Qualität der Weinernte ist unabhängig von meinem Musikgeschmack). Die *Stärke* der jeweiligen Dissonanz ist abhängig von der Wichtigkeit der Elemente und von der damit gewichteten

Anzahl der kognitiven Elemente mit dissonanter Relation (1957: 262). Der Ansatz von Festinger geht also nicht von der Relation absolut definierbarer Einheiten aus, sondern von Kognitionen, die sich aus einer Vielzahl von kognitiven Elementen zusammensetzen, die in mehr oder weniger bedeutsamer Beziehung stehen (vgl. zu dieser Sichtweise auch die Ausführungen unter Kap. 4.2).

Kognitive Dissonanzen können verschiedene Ursprünge haben: a) logische Inkonsistenzen als Folge von Unzulänglichkeiten im Denken, b) heterogene und widersprüchliche Normen oder Rollenkonflikte, c) Widersprüche zwischen allgemeinen und spezifischen Einstellungen, d) Erinnerung an frühere Erfahrung und aktuelles eigenes Handeln, e) sozialer Druck auf das Verhalten, f) sozialer Wandel und sich ändernde Umwelt z.B. durch Mobilität und g) neue Information durch Kommunikation. Im Falle einer bestehenden Dissonanz geht die Theorie von folgenden Verhaltensmustern aus (Festinger 1957: 3):

1. The existence of dissonance, being psychologically uncomfortable, will motivate the person to try to reduce the dissonance and achieve consonance.
2. When dissonance is present, in addition to trying to reduce it, the person will actively avoid situations and information which would likely increase the dissonance.

Neben diesen beiden Hypothesen formuliert Festinger (1957: 264): drei grundsätzliche *Strategien zur Reduktion von Dissonanz:* 1) Anpassung eines Elements in der dissonanten Beziehung, 2) Hinzufügen neuer kognitiver Elemente, die konsonant sind mit der bestehenden Kognition (engl. bolstering), oder 3) Reduktion der Bedeutung der Elemente (auch als Differenzierung bezeichnet).

Donsbach (1991: 50ff.) gibt einen Überblick der wichtigsten intervenierenden Variablen, welche die dissonanz-theoretische Forschung der Psychologie ergab (vgl. Abb. 49). Auf der obersten Ebene wird zwischen Rezipienten und Informationsvariablen unterschieden. Bezüglich beider Bereiche kann weiter differenziert werden, ob die Selektivität abhängig oder unabhängig von der spezifischen Information erfolgt. Auf einer dritten Ebene der Systematik wird schließlich nach der Manipulierbarkeit der Variable unterschieden (aktiv manipulierbar vs. zugewiesene Variablenausprägungen). Der Überblick verdeutlicht, dass die vermeintlich einfache Logik der Dissonanztheorie in der empirischen Forschung eine starke Ausdifferenzierung erfahren hat und ohne die Berücksichtigung dieser intervenierenden Variablen keine stabilen Befunde zu erwarten sind.

Die Dissonanztheorie kann als *Schlüsseltheorie für die Annahme wirkungsschwacher Medien* gesehen werden (Donsbach 1991). Vermag sie doch auf einfache Weise zu erklären, wieso trotz hohem kommunikativen Aufwand (z.B. in Wahlkämpfen) nur beschränkte Änderungen in den Einstellungen auftreten. Donsbach (2009:

141ff.) betont an anderer Stelle, dass die Anwendung der Dissonanztheorie in der Kommunikationswissenschaft jedoch einem fundamentalen Missverständnis unterliegt. Festinger geht in seiner Arbeit stets von einem Zustand der Dissonanz aus und die Theorie beschäftigt sich mit Prozessen, wie diese Dissonanz verringert wird. In den kommunikationswissenschaftlichen Arbeiten wurde dies häufig gleichgesetzt mit Situationen, in denen (für den Rezipienten) Konsonanz besteht und das Entstehen von Dissonanz vermieden wird.

Abb. 49 Intervenierende Variablen bei Dissonanzreduktion

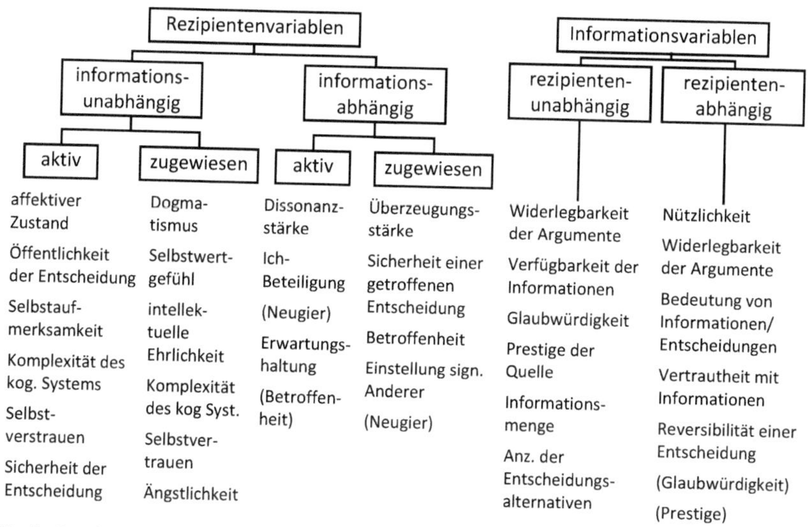

(Quelle: Donsbach 1991: 51)

4.3.4 **Inokulationstheorie** (McGuire)

Während die Konsistenztheorien bzw. die Wirkungsforschung überhaupt sich am Problem der Beeinflussung und Änderung von Einstellungen orientieren, befasste sich William McGuire (1964) in seiner *Inokulationstheorie* als erster mit der Frage, wie bestehende Einstellungen gegenüber Beeinflussungsversuchen resistent gemacht werden können. Ausgangspunkt war die *biologische Analogie* der Immunisierung durch Impfung: Das beste Verfahren, Resistenz zu erzeugen, besteht darin, einer Person schwache Dosen des Erregers zu verabreichen. Dieser Eingriff regt die Produktion von Abwehrstoffen an, die fähig sind, später auch stärkeren Angriffen des Erregers standzuhalten. Auf Einstellungsstrukturen übertragen heißt dies: Die Auseinandersetzung mit abgeschwächter und entkräfteter Gegenpropaganda müsste bestehende Einstellungen resistenter machen, im Gegensatz zu Personen, deren Einstellungen nie in Frage gestellt wurden.

McGuire arbeitete mit kulturell weitgehend geteilten Selbstverständlichkeiten im Zusammenhang mit Gesundheit, wie „Zähneputzen nach jedem Mahl ist gut", die normalerweise kaum je in Frage gestellt werden. Diese sollten nach der Inokulationstheorie gegenüber Gegenpropaganda relativ anfällig sein, und zwar a) wegen mangelnder Motivation und b) wegen Ungeübtheit. Umgekehrt sollte die Präsentation von Gegenargumenten bei gleichzeitigem Zeigen, dass diese entkräftet werden können, das Individuum dazu motivieren, Argumente zur Stützung seiner Einstellung zu entwickeln. Die Probanden wurden in einer ersten Sitzung in schriftlicher oder mündlicher, passiver oder aktiver Form mit a) unterstützenden Argumenten oder b) mit entkräfteten Gegenargumenten konfrontiert. In einer zweiten Sitzung hatten sie Texte zu lesen, in denen ihre Einstellung angegriffen wurde. In beiden Sitzungen wurden zudem Fragebogen über Verständlichkeit und Einstellung ausgefüllt. In der Kontrollsituation, wo die Einstellungen weder angegriffen noch verteidigt wurden, war der Mittelwert der Zustimmung bei 12.6 auf einer 15-Punkte-Skala; in der Situation, wo die Einstellung nur angegriffen wurde bei 6.6. Die Gegenpropaganda war also erfolgreich. Im Vergleich dazu betrug der Mittelwert 7.4 bei jenen, die nur unterstützende Argumente gelesen hatten, 10.3 jedoch bei jenen, die mit Entkräftigungen von Gegenargumenten umgegangen waren.

Anwendungen. Die Inokulationstheorie wurde in zahlreichen Studien untersucht (Compton 2013). Während sich McGuire anfangs noch auf unumstrittene und kulturell fest verankerte Themen fokussierte (wie im obigen Beispiel) umfasst das Themenspektrum späterer Studien auch kontroverse Themen wie Genfood (Wood 2007), medizinische Tierversuche (Nabi 2003) und klassische Themen der Persuasionsforschung wie politische Kampagnen (Pfau et al. 1990) und Gesundheitskommunikation (Compton/Pfau 2005). Eine Meta-Analyse von 54 empirischen Studien kommt zu dem Schluss, dass mit einer Inokulationsstrategie (also dem Präsentieren von kritischen Argumenten) mehr Resistenz gegenüber späteren Beeinflussungen aufgebaut werden kann als wenn zuvor unterstützende Argumente wahrgenommen werden (Banas und Rains (2010). Auch wenn die aktuelle Forschungslage nicht unumstritten ist und es zahlreiche Beispiele gibt, in denen die Inokulationstheorie nicht bestätigt werden konnte, sehen sie die Effektivität der „Impf-Strategie" als bestätigt an. Die genauen Einflussfaktoren und Prozesse sind indes noch immer Gegenstand der Forschung und umfassen zum einen kognitive Aspekte wie die Zugänglichkeit von Eistellungen (Pfau et al. 2003) und die assoziative Struktur von Wissensnetzerken (Pfau et al. 2005), aber auch affektive

Aspekte (Nabi 2003; Pfau et al. 2009) sowie die Diffusion in sozialen Netzwerken (Compton/Pfau 2009). Neue Studien weisen zudem auf die Möglichkeiten einer sog. Meta-Inokulation hin (Banas/Miller 2013).

4.3.5 Anwendungsbeispiel: Tabakprävention

Tabakpräventionskampagnen (Farrelly/Niederdeppe/Yarsevich 2011) basieren meist auf der Botschaft, dass Rauchen gesundheitsschädigend ist: *Loss-Framing* (vgl. Kap. 5.2.4). Dieser Strategie liegt die Annahme zugrunde, dass alle Menschen lieber gesund als krank sind und ein Raucher aufgrund seines ungesunden Verhaltens eine gewisse Dissonanz verspürt. Die Verstärkung dieser Dissonanz, meist durch Furchtappelle, so die Strategie, soll Raucher dazu bringen, mit dem Rauchen aufzuhören. Für die Praxisanwendung der *Dissonanztheorie* greift diese Überlegung jedoch zu kurz. Bereits Festinger hat darauf hingewiesen, dass die Rezipienten eine Dissonanz nicht nur durch eine Verhaltensanpassung reduzieren können, sondern auch durch *aktive Vermeidung der Botschaften* (vgl. Kap. 4.3.3). Dies erklärt z.B., warum Zigarettenschachteln in Schutzhüllen gesteckt werden, um die abgebildeten Warnhinweise und Abschreckungsbilder nicht sehen zu müssen.

Abb. 50 Häufigkeit der Pro-Zigarren Argumente im Magazin "Cigar Aficionado"

Anzahl	*Argument / Strategie*
85	Zigarren Rauchen fördert die Gesundheit (z.B. Entspannung).
69	Zigarren sind keine Zigaretten (z.B. macht nicht süchtig, keine Inhalation, nicht rafinierter Tabak, geringere Anzahl).
67	Wissenschaftliche Studien, die keinen Zusammenhang zwischen Tabakkonsum und Gesundheitsschädigung finden, sind schlecht gemacht.
48	Durch maßvollen Konsum können alle Risiken eliminiert werden.
47	Das Leben ist so oder so gefährlich (z.B. Autofahren, Junk-Food, Alkohol).
35	Wissenschaftliche Studien, die keinen Zusammenhang zwischen Tabakkonsum und Gesundheitsschädigung finden, werden zitiert.
33	Auch Raucher können alt werden.

(Quelle: DeSantis/Morgan 2003: 465)

Alternative Strategien für Raucher sind, die Relevanz ihrer Gesundheit herunterzustufen oder den Zusammenhang zwischen Rauchen und negativem Einfluss auf die Gesundheit in Frage zu stellen: „Es gibt auch Raucher, die sehr alt wurden." Nicht vergessen werden darf zudem, dass die *Tabakindustrie* mit viel größeren *Werbebudgets* als Präventionskampagnen positive Assoziationen mit dem Rauchen fördert. Botschaften, welche Raucher als erfolgreich oder unabhängig darstellen, ermöglichen es den Rauchern, die Dissonanz indirekt aufzulösen. Im

Gegensatz zur direkten Auflösung durch Verhaltensänderung (Rauchstopp) wird das Rauchen mit alternativen Attributen versehen. Dies führt dazu, dass trotz Wahrnehmung eines negativen Zusammenhangs zwischen Rauchen und Gesundheit weiter geraucht wird, da andere relevante Werte (Erfolg oder Unabhängigkeit) wichtiger eingestuft werden (Pinkleton/Weintraub (2014).

DeSantis und Morgan (2003) untersuchten die Argumente, welche in einer Zeitschrift für Zigarrenraucher aufgeführt werden, um den Lesern eine Auflösung der kognitiven Dissonanz zu ermöglichen. Die Inhaltsanalyse von „Cigar Aficionado" von 1992 bis 2000 lässt sieben Strategien erkennen, welche den Zusammenhang zwischen Rauchen und Gesundheitsschädigung direkt oder indirekt in Frage stellen. In den untersuchten 41 Ausgaben gab es durchschnittlich 9.4 Argumente für das Rauchen von Zigarren (vgl. Abb. 50).

Präventionskampagnen wie die „Smoke free"-Kampagne des Bundesamts für Gesundheit in der Schweiz (www.bag.admin.ch) betonen darum positive Aspekte des Nichtrauchens wie *„SmokeFree lässt dich jünger aussehen und älter werden"* (2012), und können durchaus wirksam sein (Durkin/Brennan/Wakefield 2012).

4.4 Lerntheorien

Unter Lerntheorien werden nachfolgend theoretische Perspektiven zusammengefasst, welche für das Verständnis von Medienwirkungsprozessen zentral sind. Die *instrumentelle Lerntheorie* nach Hovland (vgl. Kap. 4.4.1) und die *sozial-kognitive Lerntheorie* nach Bandura (vgl. Kap. 4.4.2) stellen umfassendere Lern-Verhaltensmodelle dar, die eine Vielzahl von Faktoren berücksichtigen, welche das Aufnehmen, Verarbeiten, Behalten und Ausführen von neuen Fertigkeiten beschreiben.

Demgegenüber fokussieren das *Elaborations-Likelihood-Modell* (vgl. Kap. 4.4.3) und das *Modell der heuristisch-systematischen Informationsverarbeitung* (vgl. 4.4.4) auf die kognitiven und affektiven Verarbeitungsprozesse von Medienbotschaften.

4.4.1 Instrumentelle Lerntheorie (Hovland)

Carl I. Hovland geht von der Überlegung aus, dass sich Einstellungen durch *Lernprozesse* ändern. Einstellungen werden aber nur geändert, wenn die neu gemachten Erfahrungen oder die aufgenommene Information *als lohnender* empfunden werden als die vorhandenen Einstellungen. Das Ausmaß der Anreize oder (symbolischen) Belohnungen, die mit dem Kommunikationsinhalt verbunden sind, motiviert die Einstellungsänderung, sofern sie als Belohnung auch perzipiert

Abb. 51 Zentrale Faktoren der Einstellungsänderung

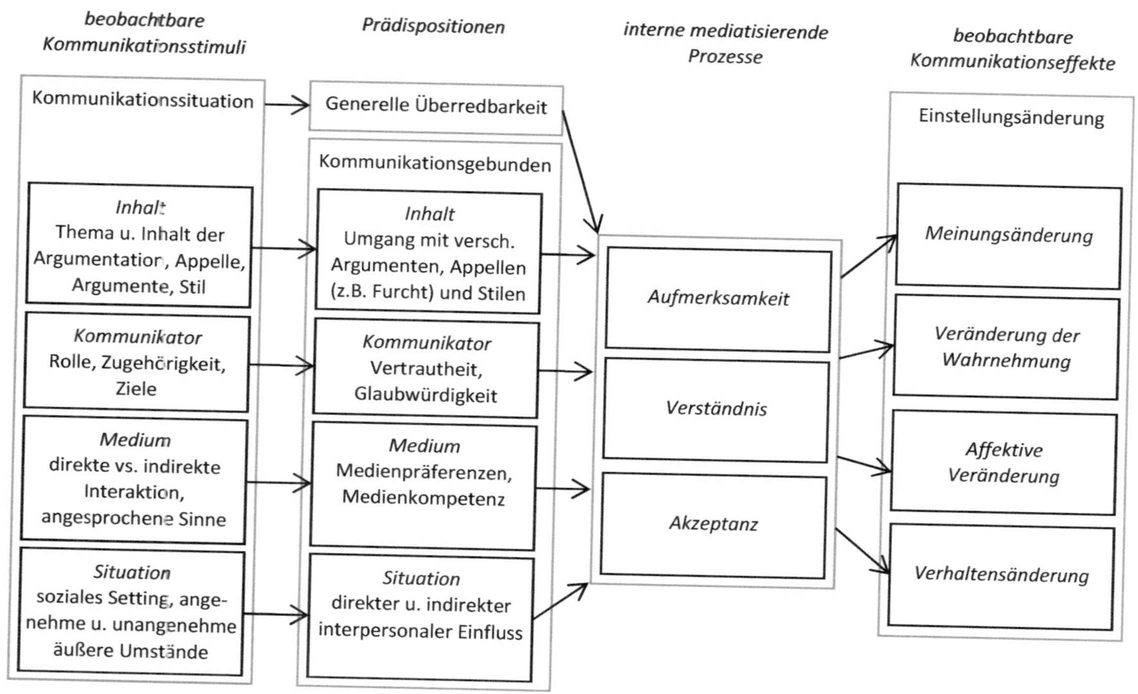

(Quelle: nach Janis/Hovland 1959: 4)

werden. Im Zentrum des Einstellungsbegriffs von Hovland steht also die antizipierte Verstärkung oder Belohnung, die durch die Botschaft einer Informationsquelle ins Spiel gebracht wird. *Anreiztypen* sind: unmittelbare finanzielle Zuwendungen, Gesundheit, Sicherheit und Geborgenheit; soziale Zuwendung, Prestige, Akzeptanz durch eine Gruppe; Selbsteinschätzung, Selbstwertgefühl, Respekt etc.

Hovland führte in den 1940er- bis 1960er-Jahren an der Yale Universität zahlreiche Studien durch, die unter dem Begriff „Yale Communication and Attitude Change Program" bekannt wurden (Hovland/Janis/Kelley 1953; Janis/Hovland 1959). Ihnen liegt ein Schema zugrunde, das die wesentlichen, für Einstellungsänderung relevanten Faktoren zusammenfasst. Dieses Kommunikationsmodell vereint neben den kontrollier- und beobachtbaren Elementen des Stimulus und der Reaktion auch Annahmen über die dazwischen liegenden Prozesse und Faktoren (vgl. Abb. 51).

Die beiden „beobachtbaren" Elemente der Stimuli und der Effekte bilden die beiden Endpunkte des Kommunikationsprozesses. Dazwischen liegen die beiden psychologischen Hauptkonstrukte, welche den Prozess der Einstellungsänderung beschreiben sollen: die individuellen Prädispositionen und die internen mediatisierenden Prozesse.

Die *prädisponierenden Faktoren* sollen den individuellen Differenzen bei den Rezipienten Rechnung tragen, d.h. wenn alle Dimensionen des Stimulus konstant gehalten werden, können je nach Rezipient trotzdem unterschiedliche Wirkungen auftreten. Die *internen mediatisierenden Prozesse* sollen demgegenüber den Unterschieden Rechnung tragen, welche bei denselben Rezipienten aber unterschiedlichen Themen auftreten (Janis/Hovland 1959: 3f.). Zu beachten gilt zudem, dass Janis und Hovland klar zwischen Einstellung (engl. attitude) und Meinung (engl. opinion) unterscheiden. Die verbalisierte Meinung stellt dabei eine Komponente der Einstellung dar.

4.4.2 Sozial-kognitive Lerntheorie (Bandura)

In der instrumentellen Lerntheorie wird eine Verhaltensänderung als *Reaktion auf Umweltreize* gesehen, welche bestärkende oder hemmende Funktion haben. Demgegenüber geht Albert Bandura (1979, 2000, 2001, 2009; Liu et al. 2017) davon aus, dass menschliches Verhalten nie einseitig bestimmt ist, und entwickelte so das Modell eines *reziproken Determinismus*. Das Verhalten, persönliche Faktoren kognitiver und biologischer Natur sowie Umweltereignisse beeinflussen sich gegenseitig: „Aufgrund der Bidirektionalität der Einflüsse sind Menschen sowohl Produkte als auch Produzenten ihrer Umwelt (Bandura 2000: 153).

Die menschliche Natur ist nach der sozial-kognitiven Theorie durch ein enormes Potenzial gekennzeichnet. Menschen lernen durch vielfältige *direkte Erfahrung*, aber auch, indem sie das Verhalten anderer Personen *beobachten* und dieses als *Modell* nachahmen. Die Beobachtung anderer erlaubt Vorstellungen darüber, wie Verhaltensweisen ausgeführt werden. Diese Prozesse basieren auf den Fähigkeiten des Menschen zur Symbolisierung, stellvertretenden Erfahrung, Selbstregulierung und zur Selbstreflexion.

Nach Abb. 52 wird das Beobachtungslernen durch vier analytisch getrennte *Subfunktionen* gesteuert: 1) Aufmerksamkeitsprozesse, 2) Prozesse kognitiver Repräsentation, 3) Prozesse der Verhaltensproduktion 4) motivationale Prozesse.

Abb. 52 Faktoren, die sozial-kognitives Lernen beeinflussen

Aufmerksamkeit	→	Behalten	→	(Re-)Produktion	→	Motivation
Modellierungs-stimuli: • Salienz • affektive Valenz • Komplexität • Verbreitung • Zugänglichkeit • funktionaler Wert		• symbolische Umsetzung • kognitive Organisation • kognitive Nachbildung • motorische Nachbildung		• kognitive Reproduktion • Selbst-beobachtung • Feedback zu Angemessen-heit • Konzeptan-passung		*äußere Bekräftigung* • sensorische Anreize • materielle Anreize • soziale Anreize • Kontrolle, Zwang *stellvertretende Bekräftigung* • Nutzen, Kosten *Selbstbekräftigung* • materiell • selbst-evaluativ
Beobachter: • Wahrnehmungs-kapazität • Wahrnehmungs-muster • Erregungsniveau • Werthaltungen		*Beobachter:* • kognitive Fähigkeiten • kognitive Strukturen		*Beobachter:* • physische Fähigkeiten • verfügbare Subfunktionen		*Beobachter:* • Belohnungs-präferenzen • sozialer Vergleich • Persönliche Normen

(Quelle: nach Bandura 1979: 32, 2002: 128, 2009: 100)

Aufmerksamkeit. Prozesse der Aufmerksamkeit entscheiden darüber, was und wie aus der Fülle der auf den Beobachter einwirkenden Modellierungseinflüsse selektiv beobachtet wird und welche dieser Darbietungen berücksichtigt werden. Was das Modell anbelangt, so sind dies Aspekte wie Deutlichkeit (Salienz), affektive Valenz, Komplexität oder Verbreitung. Auf Seite des Beobachters wiederum spielen die Wahrnehmungskapazität oder Wertstrukturen eine Rolle.

Behalten. Nach der Wahrnehmung aufgrund von Aufmerksamkeit müssen beobachtete Reaktionsmuster *behalten*, also symbolisch im Gedächtnis gespeichert werden. Hierbei wird davon ausgegangen, dass sowohl das Behalten als auch das Erinnern aktiv-konstruktive Prozesse sind (vgl. Kap. 4.2). Die Art und Komplexität der symbolischen Repräsentation spielt in dieser Phase eine wichtige Rolle, genauso wie die kognitiven Fähigkeiten des Beobachters.

Reproduktion. Die Umsetzung der symbolischen Repräsentationen in angemessene Handlungen (*Reproduktion*) erfordert die kognitive Organisation der Reaktion, ihre Auslösung, ihre Überwachung und ihre Korrektur. Dabei werden zentral gesteuerte Verhaltensmuster aktiviert und die Angemessenheit der jeweiligen Handlung mit dem konzeptionellen Modell verglichen. Längerfristig werden dabei *motorische Kompetenzen* aufgebaut.

Für die sozial-kognitive Lerntheorie ist die Unterscheidung zwischen *Erwerb* und *Ausführung* von Handlungen zentral, weil Menschen lange nicht alles in die Tat umsetzen, was sie gelernt haben. Die Nichtausübung einer Verhaltensweise heißt somit nicht immer, dass die Person das entsprechende Verhalten nicht gelernt hat – z.B. der Zusammenhang zwischen Fernsehgewalt und aggressivem Verhalten (vgl. Kap. 4.2.8). Für die Ausübung von Verhaltensweisen sind *drei Typen von Motivatoren* des Handelnden entscheidend: a) direkte, b) selbstproduzierte und c) stellvertretende Motivationen. Die *direkte Motivation* bezieht sich auf sensorische, materielle und soziale Anreize sowie auf Zwang. Die *selbstproduzierte Motivation* (Selbstbekräftigung) bezieht sich dagegen auf intrinsische Prozesse der Selbstbelohnung und Bewertung anhand persönlicher Normen, aber auch der perzipierten *Selbstwirksamkeit* als Fähigkeit, das Verhalten ausüben zu können. Aus Sicht der Wirkungsforschung ist die *stellvertretende Bekräftigung* von Interesse. Diese ist gegeben, wenn Menschen durch beobachtete Erfolge oder Misserfolge anderer dazu motiviert werden, ein Handeln auszuführen oder zu unterlassen. Die Wirksamkeit dieser stellvertretenden Bekräftigung wird als umso höher angenommen, je ähnlicher die beobachteten Personen und Situationen der eigenen Lebenswelt sind.

Das Aufkommen des Fernsehens und und des Internets haben für Kinder und Erwachsene gleichermaßen die Zahl der verfügbaren und besonders real dargestellten Verhaltensmodelle erheblich vergrößert (Bandura 2001: 271). Die Modelle, die auf den Bildschirmen dargeboten werden (vor allem im Unterhaltungsprogramm des Fernsehens und auf audiovisuellen Inhalten des Internets), nehmen die Aufmerksamkeit so nachdrücklich gefangen, dass Zuschauer vieles von dem was sie sehen, auch lernen, ohne dass sie dazu weiterer Anreize bedürfen. Das gleiche gilt auch für Computer und Konsolenspiele, welche eine immer realitätsnähere Gestaltung erfahren. Bei den elektronischen Spielen ist jüngst auch die Entwicklung zu beobachten, die Steuerung der Spiele realitätsnäher zu gestalten. Der Tennisschläger wird nicht mehr per Knopfdruck geschwungen, sondern anhand einer entsprechenden Köperbewegung. Auch wenn noch immer eine erhebliche Diskrepanz zwischen der Spiel- und Realwelt besteht, ist eine zunehmende Annäherung visueller, auditiver, aber auch haptischer Erlebnisdimensionen offensichtlich.

4.4.3 Elaboration-Likelihood-Modell (Petty/Cacioppo)

Das *Elaboration-Likelihood-Modell* (ELM) und das *Heuristisch-Systematische Modell* (HSM) gehen beide davon aus, dass *aktive Denkprozesse* einen wesentlichen Bestandteil von Einstellungsänderungen bilden. Beide können als Ansätze der kognitiven Reaktionen (engl. cognitive response approach CRA) bezeichnet werden und stellen eine Weiterentwicklunge der oben diskutierten Einstellungs- und Lerntheorien dar (Petty/Cacioppo 1981; Petty/Ostrom/Brock 1981; Klimmt 2011; O'Keefe 2013; Xu 2017).

Prämissen des ELM-Modells von Richard Petty & John Cacioppo (1986: 5ff.) sind:

1. *Menschen sind motiviert, korrekte Einstellungen zu haben.* Da Einstellungen nicht in einem absoluten Sinne korrekt sein können, sondern z.B. von sozialen Standards abhängen, sind Menschen ständig bestrebt, ihre Einstellungen zu validieren und bei Bedarf zu korrigieren.
2. Trotz dieses grundsätzlichen Bedürfnisses werden nicht alle einstellungsrelevanten Botschaften gleich intensiv verarbeitet. *Das Ausmaß und die Art der Verarbeitung zu der Menschen fähig und motiviert sind, hängen ab von individuellen und situationalen Faktoren.* Wird z.B. eine Person auf der Straße um die Unterstützung einer politischen Initiative gebeten, so kann dies einer Person den Anstoß geben, sich detailliert mit der Vorlage auseinanderzusetzen, während eine andere Person nur schon durch die physische Attraktivität der fragenden Person zur Unterschrift motiviert wird (individueller Faktor). Es ist aber auch denkbar, dass die gleichen Personen zu unterschiedlichen Zeitpunkten verschieden reagieren, sich das eine Mal geduldig Zeit nehmen oder aber die Sammlung der Unterschriften gar nicht wahrnehmen (situationaler Faktor).
3. Unterschiedliche Variablen können das Ausmaß und die Richtung des Einstellungswandels beeinflussen, in dem sie als *a) persuasive Argumente dienen, b) periphere Reize darstellen* und/oder *c) Ausmaß und Richtung der Verarbeitung der Argumente beeinflussen.*

4. Sowohl eine Erhöhung wie auch durch eine Reduktion der Prüfung der Argumente kann die Motivation und/oder Fähigkeit für eine *unvoreingenommene Verarbeitung* erhöhen. Dabei wird angenommen, dass das Resultat einer unvoreingenommenen Verarbeitung zusätzlich abhängig ist von der Qualität der Argumente. Eine vertiefte Prüfung der Argumente (z.B. wenn eine persönliche Relevanz des Themas besteht) führt demnach dazu, dass starke Argumente überzeugender sind als schwache, während schwache Argumente dann überzeugender sind, wenn die Verarbeitungstiefe reduziert wird (z.B. durch Ablenkung).
5. Variablen wie z.B. die bisherige Einstellung, welche zu einer *unausgewogenen Verarbeitung* führen (engl. biased processing), können sich sowohl positiv (unterstützen) wie auch negativ (behindern) auf die Motivation und Fähigkeit der Informationsverarbeitung auswirken.
6. Bei tiefer Motivation und/oder Fähigkeit werden *periphere Reize* wichtiger.
7. Einstellungsänderungen aufgrund der Verarbeitung themenrelevanter Argumente *(zentrale Route)* weisen *höhere zeitliche Stabilität* auf, haben *direkteren Zusammenhang mit Verhalten* und sind *gegenüber Gegenbeeinflussung resistenter.*

Das ELM geht also davon aus, dass Persuasionsprozesse *situational* auf unterschiedliche Arten erfolgen können (Klimmt 2011; Wirth/Kühne 2013). Die als *zentrale und periphere Route* bezeichneten Prozesse stellen die beiden idealtypischen Endpunkte auf einem Kontinuum der „Verarbeitungs-Wahrscheinlichkeit“ dar.

Merksatz

Die zentrale Route des ELM umfasst eine vertiefte kognitive Auseinandersetzung mit den Argumenten der Botschaft, während die periphere Route lediglich einige besonders auffällige Schlüsselreize berücksichtigt.

Die folgende Abb. 53 stellt die beiden Routen bzw. Modi der Informationsverarbeitung schematisch dar. Dabei führt die *zentrale Route* (von oben nach unten) zu nachhaltigen Einstellungsänderungen, während die *periphere Route* (von links nach rechts) auch Effekte erzeugen kann, aber höchstens kurzfristige.

Zentrale Route. Eine tiefergehende *Verarbeitung* geschieht dann, wenn der Rezipient a) *motiviert* ist, über die Botschaft nachzudenken und b) die *Fähigkeit hat,* die Informationen und Argumente intensiv und sorgfältig zu verarbeiten und auf ihre Gültigkeit und Stichhaltigkeit hin zu überdenken. Dies kann a) in „objektiver“ Weise als unvoreingenommene Auseinandersetzung mit den Argumenten der Botschaft ablaufen oder b) in voreingenommener Weise, d.h. beeinflusst durch extreme Werthaltungen und/oder bestehende Einstellungen als Prädispositionen.

Abb. 53 Zwei Routen der Persuasion nach dem ELM

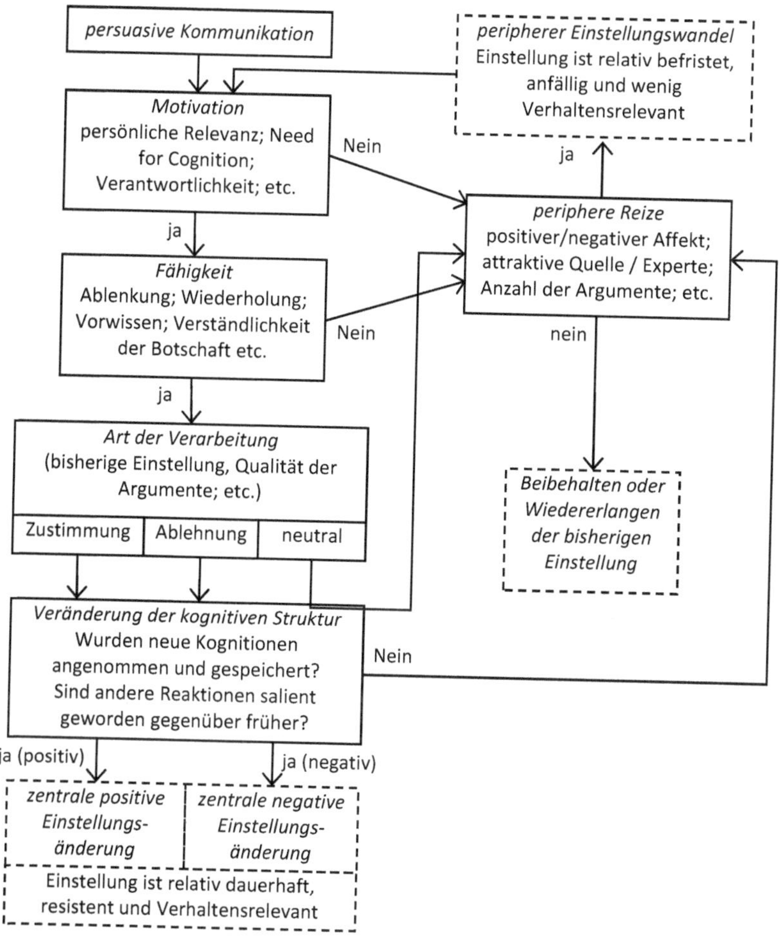

(Quelle: Petty/Cacioppo 1986: 4)

Objektive Verarbeitung wird einerseits *gefördert* durch a) persönliche Betroffenheit, b) Wissensbedürfnis (engl. need for cognition), c) Intelligenz und d) moderate Wiederholung, andererseits *vermindert* durch a) Ablenkung, b) gehobene Stimmung und c) hohe Komplexität. Bei unvoreingenommener Verarbeitung hängt eine Einstellungsänderung von der Stärke bzw. Qualität der Argumente ab (Petersen/Doll/Jürgensen 1997).

Periphere Route. Eine Person ohne spezielle Motivation und/oder Fähigkeit zur intensiven Auseinandersetzung verarbeitet über die *periphere Route,* wobei sie sich nicht wie bei der zentralen Verarbeitung an der Argumentationsqualität orientiert, sondern an *situationsgebundenen Reizen* (engl. cues). Hierzu zählen a) situationsinduzierte Affekte wie gehobene Stimmung oder Belohnung, b) periphere Hinweisreize der Botschaft wie appellativer Charakter, Bilder oder Anzahl der Argumente, c) Charakteristika der Informationsquelle wie Expertenstatus, Glaubwürdigkeit, Sympathie und Berühmtheit, d) personenbezogene Faktoren der Verarbeitung wie Betroffenheit, Intelligenz, Vorwissen, Werthaltung, Selbstaufmerksamkeit.

Relevanz. Das ELM gehört zweifelslos zu den bedeutendsten Theorien zur Analyse von Einstellungswandel (Petty/Wegener/Fabrigar 1997). Sein zentraler Verdienst besteht darin, dass unterschiedliche Prozesse des Einstellungswandels in einem Modell zusammengefasst und erklärt werden können und dass gezeigt werden kann, dass eine Variable auf verschiedene Weise Einfluss auf den Verarbeitungsprozess haben kann. Auch für die Annahme, dass sowohl *Motivation* wie auch *Fähigkeit* eine entscheidende Rolle bei der Informationsverarbeitung spielen, liegen genügend empirische Bestätigungen vor (Eagly/Chaiken 1993: 320f.). Kritisiert wird am Modell unter anderem, dass es keine Hinweise liefere, was starke Argumente auszeichnet und wieso gewisse Variablen als periphere Reize dienen. Die Theorie verbleibt damit auf einer eher deskriptiven Ebene und liefert für die praktische Anwendung nur sehr allgemeine Hinweise.

4.4.4 Heuristisch-systematische Informationsverarbeitung

Das Heuristisch-Systematische Modell (HSM) unterscheidet wie das ELM zwischen den zwei idealtypischen Prozessen der systematischen Verarbeitung (zentrale Route) und der heuristischen Verarbeitung (periphere Route). Während stark interessierte (involvierte) Personen eine Botschaft *systematisch* verarbeiten und dabei die einzelnen Argumente analytisch bewerten, orientieren sich wenig interessierte (nicht involvierte) Personen in ihrer heuristischen Verarbeitung eher an einfachen Entscheidungsregeln: sog. *Heuristiken* (Chaiken 1980). Die jeweilige Wahl zwischen den beiden Verarbeitungsarten stellt einen Kompromiss dar zwischen der Minimierung des (kognitiven) Aufwandes und dem Bestreben, eine gewisse Einstellungssicherheit zu erlangen (Bohner/Wänke 2002: 153). Das HSM definiert die *heuristische* Verarbeitung spezifischer als dies bei der peripheren Route des ELM der Fall ist. Eine heuristische Verarbeitung bedeutet, dass einfache Entscheidungsregeln angewendet werden wie z.B. „einem Experten kann man vertrauen". Die Aktivierung und die Bedeutung der Heuristiken ist zum einen vom

Vorhandensein entsprechender Reize abhängig (jemand muss als Experte erkennbar sein) und zum anderen von der Verfügbarkeit entsprechender Bewertungen.

Ein wesentlicher Unterschied zum ELM ist, dass nicht davon ausgegangen wird, dass sich die beiden Prozesse gegenseitig verdrängen. Gemäß ELM reduziert sich die Bedeutung der peripheren Reize, wenn eine zentrale Verarbeitung erfolgt und umgekehrt. Im HSM wird demgegenüber angenommen, dass die heuristischen Prozesse auch dann ihre Wirkung entfalten, wenn eine systematische Verarbeitung erfolgt (Co-Occurence-Hypothese). Ein weiterer Unterschied ist, dass im ELM primär durch das Streben nach einer korrekten Einstellung (engl. accuracy) zu einer systematischen/zentralen Verarbeitung motiviert werden (1. Postulat). Im HSM wird dieses Motiv ergänzt durch das Bestreben der Person, ihre bisherige Einstellung zu verteidigen (engl. defense) und zu einer sozial akzeptierten Einstellung zu gelangen (engl. impression motivation) (Bohner/Moskowitz/Chaiken 1995; Chen/Chaiken 1999).

Abb. 54 Korrelationen zwischen Variablen der Zwei-Prozess-Modelle

	1)	2)	3)	4)	5)	6)	7)
1) System. Verarbeitung	-						
2) Heurist. Verarbeitung	-.51**	-					
3) Fähigkeit	.57**	-.43**	-				
4) Motivation	.74**	-.31**	.43**	-			
5) Need for Cognition	.26**	-.25**	.20**	.15**	-		
6) Einstellungssicherheit	.22**	-.25**	.28**	.21**	.16**	-	
7) Einstellungsextremität	.22**	-.17**	.22**	.28**	.29**	.28**	-
8) Antwortlatenz	-.14**	.07*	.10**	.06	-.05	-.04	.05

N=885; *p< .05; **p< .01

(Quelle: Schemer/Wirth/Matthes 2008: 42)

Beide Zwei-Prozess-Modelle stammen aus der Sozialpsychologie und wurden primär in experimentellen Studien untersucht. Ihre Bedeutung für die Kommunikationswissenschaft und massenmediale Persuasionsprozesse ist leicht erkennbar etwa im Bereich Werbewirkung (Petty/Briñol/Priester 2009), in der empirischen Umsetzung jedoch anspruchsvoll. Für die Anwendung in Befragungsstudien wurde jüngst ein Instrumentarium vorgestellt, dass den Ansprüchen der Validität und Reliabilität genügt (Schemer/Wirth/Matthes 2008).

Für den Prozess der Informationsverarbeitung von politischen Informationen wurden dabei die in Abb. 54 zusammengefassten Korrelationen zwischen den einzelnen Variablen festgestellt.

4.4.5 Anwendungsbeispiele: Werbung

Die Erkenntnisse aus dem ELM und HSM wurden in der Praxis vor allem für die Gestaltung von Werbebotschaften genutzt (Klimmt 2011: 73ff.). Insbesondere bei Inseraten und Plakaten werden häufig einfache *Schlüsselreize* ins Zentrum gerückt (z.B. großes Bild). Dadurch soll zum einen die Aufmerksamkeit der Rezipienten erregt und zum anderen zur genaueren Verarbeitung der weniger auffälligen, aber dafür umso umfassenderen Zusatzinformationen motiviert werden. Inwiefern die allgemeinen Befunde der Zwei-Prozess-Modelle auch für jüngere Altersgruppen Gültigkeit besitzen, kann jedoch angezweifelt werden (Harari/Lampert/Lehman-Wilzig 2007) und bedarf weiterer Forschung.

Forschungsdesign. Bei der Mediaplanung für Werbekampagnen ist der sog. Werbedruck eine wichtige Planungsgröße. Der Werbedruck bezeichnet die Intensität, mit der eine Botschaft kommuniziert wird, und bestimmt somit, wie häufig eine Zielgruppe mit der Werbebotschaft in Kontakt kommt. Wie in Kap. 4.2.4 erklärt, kann gemäß dem *Mere-Exposure-Effekt* eine wiederholte Darstellung eines Logos zu einer positiveren Bewertung einer Marke führen.

Abb. 55 Firmen-Logo in einem Fernsehbeitrag

(Quelle: Matthes/Schemer/Wirth 2007: 489)

Matthes, Schemer und Wirth (2007) untersuchten diesen Effekt sowie damit zusammenhängende Einflussvariablen in einem Experiment. Als Stimulusmaterial diente ein Fernsehbeitrag einer Wissenschaftssendung in der das Logo einer Firma 13 Mal zu sehen war. Die Firma stellte Produkte für die Milchverarbeitung her und war somit den Studienteilnehmern kaum bekannt. Um den Einfluss der Häufigkeit der Sichtbarkeit des Logo zu untersuchen, wurden verschiedene Versionen dieses Beitrags erstellt, in denen ein Teil der Logos bzw. alle Logos entfernt wurden (vgl. Abb. 55).

Als weitere Einflussfaktoren wurden die *Involviertheit* (Aufmerksamkeit) und das *Beeinflussungswissen* berücksichtigt. Die Aufmerksamkeit wurde manipuliert, in dem einem Teil der Studienteilnehmer gesagt wurde, dass es sich um einen wichtigen Beitrag handle, sie sich auf den Inhalt konzentrieren sollten und im Anschluss ein Wissenstest erfolgen werde (hohes Involvement). Diese hohe Involviertheit sollte dazu führen, dass die Rezipienten die Logos eher unbewusst wahrnehmen, da sie sich auf die Informationen des Sprechers konzentrieren. Das Beeinflussungswissen wurde nicht manipuliert, sondern im Anschluss mittels Fragebogen gemessen. Hierbei wurde erhoben, wie störend die Logos empfunden wurden.

Abb. 56 Resultate zur Markenbewertung und Wiedererkennung

	Involviertheit			
	hoch (n=58)		tief (n=57)	
	Beeinflussungswissen		*Beeinflussungswissen*	
	hoch	tief	hoch	tief
Einstellunggegenüber der Marke (z-standardisierte Werte)				
0 Logos	0.39	-0.12	0.22	0.34
7 Logos	0.26	-0.13	-0.80	-0.25
13 Logos	-0.13	1.23	-0.67	0.05
Wiedererkennung (Skala von 1 = „keine Erinnerung" bis 5 = „Logo wiedererkannt"				
0 Logos	1.14	1.40	1.50	1.17
7 Logos	3.00	1.33	1.71	1.14
13 Logos	3.23	1.25	3.31	1.75

(Quelle: Matthes/Schemer/Wirth 2007: 494)

Befunde. Die Resultate zeigen einen deutlichen *Mere-Exposure-Effekt*, in dem die Personen mit hoher Involviertheit und tiefem Beeinflussungswissen die Marke am besten bewerten (1.23), sich aber gleichzeitig nicht besonders gut an die Marke erinnern (1.25). Dies zeigt, dass es tatsächlich so etwas wie eine unbewusste Beeinflussung in Richtung einer positiven Bewertung gibt. Die Ergebnisse zeigen jedoch auch auf, dass der *Mere-Exposure-Effekt* nicht in jeder Situation funktioniert, sondern abhängig ist von Involviertheit und Beeinflussungswissen. Bei Personen mit geringer Involviertheit und hohem Beeinflussungswissen zeigt sich eine negative Bewertung der Marke (-0.80 bzw. -0.67). Diese *Reaktanz* verdeutlicht, dass der richtige Werbedruck keine absolute Größe ist, sondern auch von der Wahrnehmungssituation und den Eigenschaften der Rezipienten abhängig ist.

4.5 Attributionstheorie

Die Attributionstheorie hat sich aus der Forschung zur Personenwahrnehmung entwickelt und untersucht, wie eigenes und fremdes Verhalten erklärt wird. Sie geht davon aus, dass Menschen motiviert sind, beobachtbare Ereignisse nicht nur wahrzunehmen, sondern auf zugrunde liegende Ursachen zurückzuführen. Attributionen haben die Funktion, Ereignissen der sozialen Umwelt Bedeutung zu verleihen und das Verhalten der Interaktionspartner voraussagbar und erklärbar zu machen. Die Attributionstheorie beschäftigt sich so mit der „naiven Psychologie", d.h. mit Verhaltensdeutungen und Erklärungen, wie sie von Personen in ihrem Alltagsleben dauernd vorgenommen werden (Meyer/Försterling 2002).

Nach Fritz Heider (1958) bildet die *Erforschung der „naiven Psychologien"* den Gegenstand der Attributionstheorie. Die wissenschaftliche Bedeutung, die den Alltagspozessen der *Ursachenzuschreibung* zugemessen wird, liegt in der Prämisse, dass die Ergebnisse dieser Attribuierungsprozesse das faktische Verhalten in einer sozialen Situation beeinflussen. Wissenschaftlich befriedigende Erklärungen von sozialem Handeln sind so nur möglich, wenn Attributionen und die ihnen zugrundeliegenden kognitiven Prozesse als mediatisierende Faktoren in die Theoriebildung miteinbezogen werden: S → C → R. Das soziale Verhalten einer Person (R) wird nicht unmittelbar durch die Umweltreize (S) gesteuert. Stimuli der Außenwelt müssen zunächst aufgenommen und zu Attributionen (C) verarbeitet werden. Von diesen hängt es ab, ob und wie gehandelt wird.

Die Attributionstheorie lässt sich auf viele Phänomene im Medienbereich allgemein und in der Wirkungsforschung speziell anwenden, weil Medien in ihrer Berichterstattung, aber auch im fiktionalen Bereich immer wieder Personen als Akteuren Handlungsmotive zuschreiben und Ereignisse durch Bezugnahme auf bestimmte Ursachen zu erklären versuchen (Seibold/Spitzberg 1982). So wird z.B. in der Sportberichterstattung ein Sieg oder eine Niederlage zu erklären versucht, in dem auf besondere Fähigkeiten, außerordentliche Anstrengung oder auf Glück und Pech verwiesen wird (Marr/Stiehler 1995).

Kovarianzmodell. Die Attributionstheorie ist entscheidend von Harold Kelley im sog. Kovarianzmodell weiterentwickelt worden (Kelley/Michela 1980), das zu erklären versucht, wie es zu einer bestimmten Attribution kommt. Drei Arten von Informationen spielen dabei eine entscheidende Rolle: a) *Konsens-Informationen* über die beteiligten Akteure: Wie verhalten sich diese in anderen Situationen? b) *Konsistenz-Informationen:* Inwieweit erfolgt gegenüber vergleichbaren Objekten ein ähnliches Verhalten? und c) *Distinktheits-Informationen:* Wie verhält sich der Akteur in vergleichbaren Situationen? Auf das Beispiel der Sportberichterstattung übertragen (z.B. Sieg der Schweizer Fußballnationalmannschaft über den späteren

Weltmeister Spanien bei der WM 2010), würden demnach folgende Fragen Hinweise auf eine plausible Ursachenattribution liefern: a) Haben andere Nationalmannschaften auch gegen Spanien gewonnen? b) Hat die Schweiz frühere Spiele gegen Spanien auch gewonnen oder war dies das erste Mal? c) Hat die Schweiz die übrigen Spiele auch gewonnen oder war dies der einzige Sieg?

Attributionsfehler. Edward Jones und Victor Harris (1967) entdeckten, dass bei beobachteten Handlungen nicht alle potenziellen Ursachen (insb. Situation und Akteur) mit derselben Wahrscheinlichkeit als mögliche Ursache in Betracht gezogen werden. Der *fundamentale Attributionsfehler* (engl. fundamental attribution error FAE) besagt, dass bei der Ursachenattribution dazu tendiert wird, akteursabhängige Merkmale überzubewerten und situationale Merkmale zu vernachlässigen. Im Sinne einer selbstwertschützenden Strategie tritt dieser Effekt jedoch primär bei der Beobachtung anderer Akteure auf. Bei der Ursachenzuschreibung eigener Handlungen erfolgt gemäß dem *Actor-Observer-Bias* die Attribution eher external (Situation, Umwelt). Zudem ist die bevorzugte Attribution abhängig vom Ergebnis einer Handlung (Erfolg vs. Misserfolg). Eigene Erfolge werden demnach eher als internal (Anstrengung) und stabil (Fähigkeit) angesehen, während Misserfolg gerne als external (schwierige Aufgabe, Pech) und instabil (zu wenig angestrengt) attribuiert wird (vgl. Beispiel Abb. 57).

Abb. 57 Attribuierung von Erfolg und Misserfolg

Ursache	Lokation	Stabilität	Beispiel
Schwierigkeit	extern / Umwelt	stabil	Diese Statistikprüfung war schwer. Der Gegner war zu schwach.
Zufall (Glück/Pech)	extern / Umwelt	instabil / situationsabhängig	Die anderen hatten Glück. Der Gegner hatte Pech.
Fähigkeit	intern / Akteur	stabil	Ich kann das nicht. Wir sind sehr stark
Anstrengung	intern / Akteur	instabil / variabel	Ich habe mich nicht besonders angestrengt. Das Team hat großen Einsatz gezeigt.

Anwendungen. Die Attributionstheorie kann auf verschiedene Weise auf Massenmedien und Medienwirkungen angewendet werden. Zunächst nehmen Journalisten in ihrer Berichterstattung häufig eine Ursachenattribution vor bzw. die in den Medien zu Wort kommenden Akteure versuchen im Sinne eines Framings eine gewisse Lesart nahezulegen (vgl. Kap. 5.2). Die wahrgenommene Kausalbeziehung zwischen Ursache und Wirkung hat in der Folge denn auch Auswirkungen auf die Einstellung der Rezipienten. Untersucht wurde dies unter anderem für Wahlen und Abstimmungen (Staab 1992; Stiehler/Marr 1994; Försterling 2000; Melischek/Seethaler 2003) für Gesundheitsthemen (Jeong 2007), fiktionale Figuren (Tal-Or/Papirman 2007), für die Sportberichterstattung (Marr/Stiehler 1995) oder bezüglich der Wahrnehmung von Homosexualität (Haider-Markel/Joslyn 2008).

Persönlichkeitsmerkmale. Differentialpsychologisch kann gefragt werden, ob es Personen gibt, die das Eintreffen positiver bzw. negativer Ereignisse vor allem als Konsequenzen eigenen Handelns attribuieren *(interne Kontrolle)* oder ob gewisse Personen Ereignisse eher der Situation und äußeren, nicht von ihnen kontrollierbaren Faktoren zuschreiben *(externe Kontrolle)*. Untersuchungen zeigen, dass Personen generalisierte Muster der Kontrollwahrnehmung als spezifischen Attribuierungsstil ausbilden (Vitouch 1981). Auf die Massenkommunikation bezogen zeigt sich, dass Personen mit perzipierter externer Kontrolle (sog. „Externe") sozial inaktiver und schlechter über ihre Umwelt informiert sind als „Interne". „Externe" sind weniger aufmerksam und weniger an Informationen interessiert. Sie ändern ihre Einstellungen auch leichter, können aber weniger Gründe für Entscheidungen angeben als Interne.

Glaubwürdigkeit. Attributionsprozesse finden zudem bei der Einschätzung der Glaubwürdigkeit eines Kommunikatoren statt. Während in der Hovland-Tradition die Kommunikatorglaubwürdigkeit als unabhängige Variable für die Erklärung von Medienwirkungen benutzt wird, fragt die Attributionstheorie, wie und warum dem Kommunikator als abhängige Dimension überhaupt Glaubwürdigkeit zugeschrieben wird. Eagly/Wood/Chaiken (1978) gehen davon aus, dass Rezipienten die persuasive Botschaft a) den persönlichen Charakteristika des Kommunikators als *Quellenorientierung,* b) seiner Situation oder Rolle und c) dem in der Meldung beschriebenen Ereignis als *Sachorientierung* zuschreiben können. Die ersten beiden Fälle schreiben die einseitige Darstellung dem Kommunikator zu – und zwar einerseits seiner verzerrten Wahrnehmung der Wirklichkeit – andererseits seiner Bereitschaft, in gewissen Situationen, quasi unabhängig von seinen persönlich gehegten Überzeugungen, eine verzerrte Darstellung der Realität zu geben. Im dritten Fall wird die Darstellung nicht als verzerrte wahrgenommen, sondern als Struktur des Ereignisses selbst perzipiert. Robertson und Rossiter (1974) untersuchten, wie sich bei *Kindern* mit zunehmendem Alter die Fähigkeit erhöht, *den persuasiven Charakter von Werbesendungen* zu erkennen.

Heranwachsende als künftige Konsumenten erwerben somit im Verlaufe ihrer Mediensozialisation ein mehr oder weniger differenziertes *Laienwissen* über die

Intentionen und Taktiken der Werbetreibenden und entsprechende Bewältigungsstrategien (engl. coping) (Weber/Fahr 2013: 334). Wird der Werbung vor diesem Hintergrund ein persuasiver Charakter attribuiert (Shrum et al. 2013), ist die zugeschriebene Glaubwürdigkeit gering, was in bestimmten Situationen die Werbewirkung herabzusetzen vermag.

Übungsaufgaben

1. Wie lässt sich Wissen als Netzwerk operationalisieren?
2. Welche Prozesse beschreibt die Theorie der Ko-Orientierung und auf welche Fragestellungen der Kommunikations- und Medienwissenschaft lässt sie sich anwenden?
3. Was besagt der Mere-Exposure-Effekt und ist es ratsam die Häufigkeit von Werbebotschaften uneingeschränkt zu erhöhen?
4. Welche Erklärungsansätze gibt es, um den Zusammenhang zwischen Mediennutzung und Gewalt zu beschreiben? Welche sind überzeugend und weshalb?

Zum Weiterlesen

Rossmann, Constanze (2011): Theory of reasoned action, theory of planned behaviour. Baden-Baden.

Dieser Band bietet einen guten Überblick über eine der einflussreichsten Theorien zum Thema Einstellung und Verhalten.

Matthes, Jörg/Naderer, Brigitte (2015): Children's consumption behavior in response to food product placements in movies. In: Journal of Consumer Behaviour 14(2), S. 127-136.

Der Beitrag beschäftigt sich mit der Wirkung von Productplacement auf Kinder und untersucht diese in einem experimentellen Design.

Niederdeppe, Jeff/Heley, Kathryn/Barry, Colleen L. (2015): Inoculation and Narrative Strategies in Competitive Framing of Three Health Policy Issues. In: Journal of Communication 65(5), S. 838-862.

Die Studie vergleicht die Wirkung eines Inokulations-Ansatzes mit einer narrativen Botschaft und stellt fest, dass diese kurz- und mittelfristig unterschiedliche Effekte haben.

5 Thematischer Kontext von Medienwirkungen

Lernziele

1. Sie lernen den Agenda-Setting-Ansatz kennen und können diesen mit aktuellen Beispielen aus dem Medienbereich illustrieren.
2. Sie beherrschen die Framing-Perspektive und können diese mit aktuellen Beispielen aus den Medien erklären.
3. Sie kennen die Weiterentwicklung des Agenda-Setting-Ansatzes und können diese mit der Framing-Perspektive vergleichen und abgrenzen.
4. Sie können den Agenda-Setting-Ansatz und die Framing-Perspektive auf Gesundheitskampagnen übertragen und an einem Beispiel erläutern.

Der *thematische Kontext* von Medienwirkungen verweist darauf, dass Medien Themen auswählen und unterschiedlich gewichten (Agenda-Setting), aber auch aus verschiedenen Perspektiven beleuchten und interpretieren (Framing). Bei der Agenda-Setting-Theorie wie bei der Framing-Perspektive handelt es sich um neuere Ansätze der dritten Phase der Medienwirkungsforschung (ab 1970). Im Zentrum stehen kognitive Wirkungsphänomene einerseits und andererseits wird im Unterschied zu den klassischen Ansätzen (1945-1970) den Medien durchaus ein gesellschaftlich relevantes Wirkungspotenzial zugeschrieben.

5.1 Agenda-Setting (McCombs/Shaw)

Die Agenda-Setting-Theorie von Maxwell McCombs und Donald Shaw – 1972 formuliert und in ihrer Chapel-Hill-Studie empirisch untersucht – gilt weiterhin als wichtigster theoretischer Ansatz der neueren Wirkungsforschung. Er thematisiert als neues Paradigma *starke mittel- bis langfristige kognitive Effekte* der Massenkommunikation, indem nicht mehr auf die Tendenz von Medieninhalten und Einstellungsbeeinflussung, sondern auf die Auswahl bzw. Gewichtung von Medienthemen und die Beeinflussung von Themenprioritäten bei den Rezipienten fokussiert wird. Postuliert wird ein *Transfer von Salienz bzw. Relevanz:* Bedeutsame Medienthemen erlangen Relevanz in den Köpfen bzw. in der sozialen Wirklichkeit des Publikums (McCombs/Shaw 1972, 1993; McCombs 2000; McCombs/Reynolds 2009; McCombs/Lee 2013; Bulkow/Schweiger 2013, Wanta/Alkazemi 2017).

Bei der Agenda-Setting-Funktion handelt es sich um ein *positiv bewertetes* Wirkungsphänomen der *Homogenisierung:* Medien fokussieren die Aufmerksamkeit der

Bürger einer Zivilgesellschaft auf ein Set gemeinsamer und öffentlich relevanter Themen – was für den politischen Prozess als funktional betrachtet wird.

5.1.1 Der Ansatz

Prämissen. Ausgangspunkt der Agenda-Setting-Theorie ist die *Prämisse*, dass *vor* jeder Meinungs- oder Einstellungsbeeinflussung durch die Medien die Funktion der *Thematisierung* steht. Zurückgegriffen wird auf Ideen, die Walter Lippmann schon 1922 im Kapitel „The World Outside and the Pictures in Our Heads" in seinem Buch *„Public Opinion"* reflektiert hatte: Medien können aus der Vielfalt der möglichen Ereignisse, die tagtäglich in der „Welt" passieren, immer nur eine kleine Menge auswählen, über die dann als „Medienrealität" berichtet wird. Massenmedien konstruieren so für die Öffentlichkeit durch Selektion, Thematisierung und Gewichtung (engl. salience) ein *Themenuniversum* (Luhmann 1996), welches für das Publikum quasi als „dringlich" dargestellt wird und wiederum die *Prioritätensetzung* und *Themenstrukturierung* beim Rezipienten als Publikumsagenda bzw. als „soziale Realität" bestimmt (McLeod/Becker/Byrnes 1974; Shaw/McCombs 1977; McCombs 2000; Protess/McCombs 1991; Rogers/Dearing 1988; Journalism Quarterly 1993 zu *„Two Decades of Agenda-Setting Research"*; Lasorsa 2007; Wanta/Ghanem 2007; McCombs/Reynolds 2009; Shah et al. 2009; McCombs/Lee 2013 und zur *Rezeption in Deutschland:* Ehlers 1983; Schönbach 1983a; Schulz 1984; Brosius 1994; Rössler 1997 Eichhorn 1996; Tiele/ Scherer 2004; Maurer 2010; Bulkow/Schweiger 2013).

Abb. 58 Instanzen im Agenda-Setting-Prozess

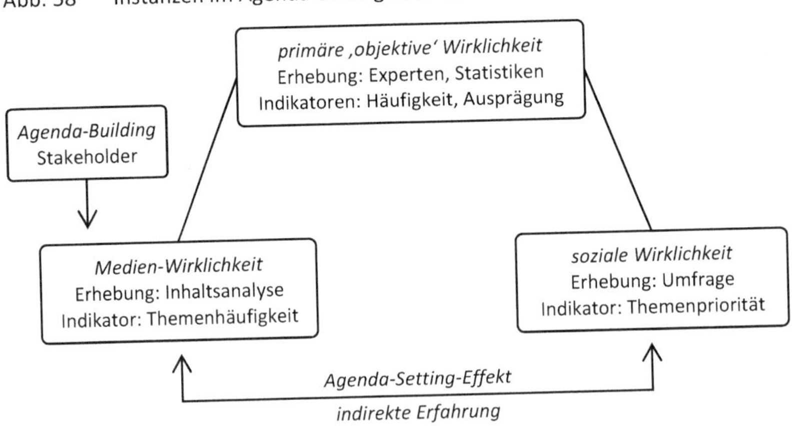

Instanzen. Abb. 58 visualisiert die im Agenda-Setting-Prozess involvierten Instanzen: a) Die „*objektive Wirklichkeit*", d.h. die Welt bzw. die Gesellschaft ist als „primäre Realität" das Bezugssystem der Menschen und der Medien. Sie kann durch unterschiedliche Indikatoren wie z.B. Kriminalitätsstatistiken, Umweltbelastung oder Anzahl von Parlamentsvorstößen (Policy-Agenda) mehr oder weniger zuverlässig beschrieben werden. b) Die *Medien-Wirklichkeit* lässt sich durch das Instrument der Inhaltsanalyse bezüglich Häufigkeit und Gewichtung von Themen als sekundäre Realität erfassen. Stakeholder versuchen diese mittels PR zu beeinflusen: *Agenda-Building*. c) Die *soziale Wirklichkeit* – z.B. als Wahrnehmung des Klimawandels oder Angst vor Kriminalität und Drogen – kann mit dem Instrument der standardisierten Bevölkerungsbefragung erfasst werden, indem nach den dringlichsten Problemen gefragt wird. Neu wird auch als Indikator das Online-Suchverhalten benutzt (Holbach/Maurer 2014).

Fragestellungen. Medieneffekte werden in der Tradition des S-R-Paradigmas durch Rückgriff auf Umfang und Struktur der Inhalte des Mediensystems erklärt: Bevor sich der Rezipient eine Meinung zu einem bestimmten Thema bildet oder gar verändern kann, muss er durch die Vermittlung der Massenkommunikation den jeweiligen Meinungs*gegenstand* erst einmal kennenlernen: Die Medien nehmen so über ihre Informations- und Orientierungsfunktion zunächst Einfluss darauf, *worüber* Menschen nachdenken; erst in einem zweiten Schritt kann dann untersucht werden, welche Wirkung Medien darauf haben, *wie* Menschen über ein Thema denken. Oder bereits 1963 von Bernard Cohen pointiert formuliert: „That the media may not be successful in telling people what to think, but they are stunningly successful in telling them what to think about" (vgl. McCombs/Reynolds 2009: 2). Die Agenda-Setting-Forschung setzt sich darum zum Ziel, abzuklären, welche Faktoren darüber bestimmen, ob, wie und durch welche Medien das Publikum auf welche gesellschaftlichen Probleme aufmerksam gemacht wird oder nicht (McCombs/Shaw 1972).

Merksatz

Die Agenda-Setting-Forschung geht davon aus, dass die Medien evtl. nicht beeinflussen können, was die Bevölkerung denkt, aber erstaunlich erfolgreich sind, worüber sich die Bevölkerung Gedanken macht bzw. was relevant ist.

Methodische Umsetzung. Die empirische Analyse von Agenda-Setting-Effekten erfordert die Analyse der Medienwirklichkeit und der sozialen Wirklichkeit sowie deren Verknüpfung. Die klassischen Methoden für die Datenerhebung sind a) die *Inhaltsanalyse* der Medienthemenstruktur und b) eine bzw. mehrere *Bevölkerungsumfragen* zur Wahrnehmung der Dringlichkeit der untersuchten Themen durch die Bevölkerung. Idealiter werden beide im Zeitverlauf miteinander verknüpft (vgl. Abb. 59), obwohl es auch Querschnittstudien mit Daten nur zu einem Zeitpunkt gibt, wie die *Chapel-Hill-Studie*. Erst die zwei- bzw. mehrmalige Messung erlaubt nämlich die Bestimmung der *Kausalitätsrichtung*, d.h. die Entscheidung der Frage, ob die Medienagenda die Bevölkerungsagenda bestimmt, oder ob nicht umgekehrt sich in der Medienagenda die Bevölkerungsmeinung spiegelt. In methodischer Hinsicht muss weiter unterschieden werden zwischen Studien, welche a) Agenda-Setting-Effekte nur mittels *aggregierter Daten* auf System- und nicht auf Personenebene belegen, indem sie Medien- und Bevölkerungsagenda als Ganzes miteinander in Beziehung setzen (Rangkorrelationen oder Zeitreihenanalysen), und b) Untersuchungen, die auf Basis von *individuellen Daten* sowohl zur Publikumsagenda als auch zur Mediennutzung auf Personenebene arbeiten. c) Schließlich kann *thematisch* unterschieden werden: *Longitudinal monothematische Studien* zum Energieproblem (Neuman 1990); zu Aids (Rogers/Dearing/Chang 1991); zum Thema „Bürgerrechte" (Winter/Eyal 1981) und *Querschnittstudien mit Rezipientenfaktoren* zu Demografie, Nutzung und Glaubwürdigkeit der Medien (Wanta/Hu 1994; Wanta 1997); zum Thema „Ethnie" (Miller/Wanta 1996) oder *multithematische Studien* zu mehreren Themen (Funkhouser 1973a, 1973b). d) Zudem wurden *experimentelle Studien* von Iyengar/Kinder (1987) durchgeführt und *ländervergleichende Studien* (Peter 2003; Peter/de Vreese 2003).

Abb. 59 Untersuchungsdesign von Agenda-Setting-Studien

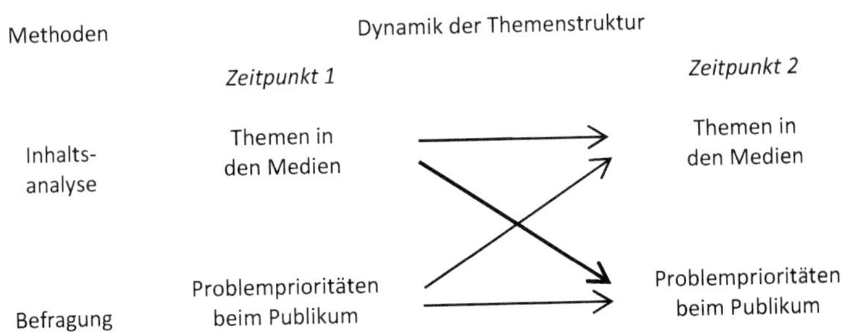

Forschungsstand. Die Agenda-Setting-Theorie ist der erfolgreichste der neueren Ansätze der Wirkungsforschung und in einer 2009 publizierten Übersicht verweisen McCombs und Reynolds auf gut 425 Studien. Wanta/Ghanem (2007: 45ff.) kommen in ihrer *Meta-Analyse* von 90 vergleichbaren Studien zu dem Schluss, dass die Mehrzahl statistisch signifikante Agenda-Setting-Effekte ermitteln, und zwar mit einer mittleren Korrelation von +0.53, wobei in longitudinalen Studien im Vergleich zu Querschnitt-Studien häufiger Effekte gemessen wurden.

5.1.2 Konzeptionelle Weiterentwicklung

Der Agenda-Setting-Ansatz ist in konzeptioneller und methodischer Hinsicht seit den 1970er-Jahren weiterentwickelt worden: 1) In einem ersten Schritt wurde der Ausgangsbegriff „Medien-Agenda" differenziert und analytisch zwischen Thematisierung und Themenstrukturierung unterschieden. 2) Zudem wurden verschiedene Wirkungskonstellationen bzw. Wirkungsverläufe unterschieden. 3) Als Folge des Erfolgs der Framing-Perspektive wurde das Phänomen des sog. *Second-Level-Agenda-Setting* (vgl. Kap. 5.2) eingeführt: Als Wirkungsphänomen wird nicht mehr nur die Themensetzung untersucht, sondern neu postuliert, dass die Medien ebenso die Bedeutungszuweisung von Attributen bzw. Eigenschaften von Themen beeinflussen. 4) Darüber hinaus wurde aber auch die zu unspezifische Ausgangshypothese (Medienagenda → Bevölkerungsagenda) durch Miteinbezug von *mediatisierenden Drittfaktoren* genauer spezifiziert (Rogers/Dearing 1988; Protess/McCombs 1991; Brosius 1994; McCombs/Bell 1996; Tiele/Scherer 2004; McCombs/Reynolds 2009, Wanta/Alkazemi 2017): Unter welchen Bedingungen sind stärkere bzw. schwächere Agenda-Setting-Effekte zu erwarten? Untersucht wurden Faktoren wie Medienkonkurrenz, Quellenglaubwürdigkeit, Thementyp und Personalisierung, aber auch medienpsychologische Faktoren wie Orientierungsbedürfnis des Mediennutzers u.a.m.

Grundbegriffe. Für die Agenda-Setting-Theorie ist der Begriff „Thema" zentral. In der englischsprachigen Literatur finden sich dafür die Bezeichnungen „issues", „topics" oder „item". Dabei handelt es sich nicht um allgemeine und neutrale Themen, sondern um gesellschaftlich *kontroverse Fragen und Probleme* wie Kriminalität, Arbeitslosigkeit, Ausländerfrage, Inflation, Drogenproblematik, Klimaerwärmung etc. Nicht immer genügend spezifiziert ist freilich, auf welcher Ebene der Konkretisierung, solche Themen definiert und operationalisiert sind (Kosicki 1993). Diese *Operationalisierungsproblematik* akzentuiert sich in der Agenda-Setting-Forschung insofern, als mit der Inhaltsanalyse und der Befragung zwei unterschiedliche Methoden zum Einsatz kommen und eine Abstimmung der jeweiligen Themenoperationalisierung schwierig ist.

Thematisierung – Salienz – Themenstrukturierung. Es muss unterschieden werden zwischen einzelnen Agenda-Setting-Effekten a) als Berichterstattung über *ein* spezifisches Thema, z.B. Klimaerwärmung, welche *Thematisierung* erzeugt *(Awareness-Modell)* und so die b) *Relevanzeinschätzung* des Themas verändert *(Salience-Modell)* und c) themenübergreifenden *Strukturierungseffekten* als Veränderung der Prioritätsstruktur von mehreren Themen *(Priorities-Modell)*, deren Rangierung verglichen wird. Methodisch bedeutet dies im ersten Fall, dass nur die Medienberichterstattung des einen interessierenden Themas untersucht werden muss. Im zweiten Fall ist jedoch die Betrachtung des gesamten Themenuniversums notwendig, um die Veränderungen der Themen in der Bedeutungshierarchie analysieren zu können (Bulkow/Schweiger 2013: 177).

Bevölkerungsagenda. Das Konzept der sozialen Wirklichkeit hat sich als vielschichtig erwiesen und je nach Forschungsinteresse kommen deshalb unterschiedliche Operationalisierungen zum Einsatz: a) *intrapersonale Agenda* durch personbezogene Fragen wie „What are you most concerned these days?“ Oder: „Es soll einmal untersucht werden, was den Menschen heute Sorgen bereitet, was sie bedrückt. Können Sie diese Karten bitte auf diese Streifen verteilen – je nachdem, was für Sie persönlich zutrifft?“ (Institut für Demoskopie Allensbach, nach Brosius/Weimann 1995: 317). b) *Perzipierte öffentliche Agenda:* „Things, government should concentrate on.“ c) *Interpersonale Agenda:* Auf das soziale Umfeld bezogene Fragen wie „Worüber man mit anderen Personen spricht“.

Thementypen. Die Überlegung, dass Agenda-Setting-Effekte nicht nur das Resultat von Medienberichterstattung sein müssen, sondern sich ebenfalls durch direkte Konfrontation mit Alltagsproblemen einstellen können, liegt der Unterscheidung von Themen nach dem *Grad ihrer Sichtbarkeit, Auffälligkeit bzw. Aufdringlichkeit* (engl. obtrusiveness) zugrunde. „Inflation“ z.B. ist ein aufdringliches Thema, weil steigende Preise direkt sichtbar sind. Umgekehrt ist die „Zunahme von Kriminalität“ kaum sichtbar, da die wenigsten Leute damit direkt konfrontiert werden – abgesehen von Medienberichten. Agenda-Setting-Effekte durch die Medienberichterstattung bei nichtaufdringlichen Themen sind wahrscheinlicher, da nichtmediale Einflüsse eine geringere Rolle spielen.

Eine andere Einteilung legt Neuman (1990) seiner amerikanischen Längsschnittanalyse zugrunde. Er unterscheidet: a) *Krisen* mit einem klaren Beginn, Höhepunkt und Ende wie dem Vietnamkrieg (1962-1975), den Rassenunruhen (1954-1980) oder der Energiekrise (1972-1980), b) *symbolische Krisen*, bei denen die öffentliche Problemdefinition im Vordergrund steht, wie Watergate (1972-1976), Drogen (1945-1980), Luftverschmutzung (1968-1980) und Armut (1964-1980), c) *soziale Probleme* wie Inflation (1945-1980) oder Arbeitslosigkeit (1945-1980) und d) *Nichtprobleme* wie Kriminalität (1966-1980).

Agenda-Setting-Konstellationen. Seit der Pionierstudie von McCombs/Shaw (1972) haben sich mehrere Hundert Studien mit der Frage beschäftigt, ob und welche Beziehungen zwischen a) der Medienagenda einerseits und b) der Bevölkerungs- bzw. c) der Politikeragenda andererseits bestehen (vgl. Rogers/Dearing 1988; Brosius 1994; McCombs/Reynolds 2009).

Betrachtet man diese drei Agenden, so ergeben sich neun Wirkungskonstellationen (vgl. Abb. 60), wobei nach Rogers/Dearing (1988) hauptsächlich die Konstellationen 2, 3 und 6 untersucht worden sind, also der Einfluss der Medienagenda auf die Bevölkerungs- (2) oder Politikeragenda (3) einerseits, andererseits der Einfluss der Bevölkerungs- auf die Politikeragenda (6). In neuerer Zeit wurden auch vermehrt *intermediale Agenda-Setting-Prozesse* (1) thematisiert (Breen 1997). Nach Brosius/Weimann (1995: 312ff.) haben die Beziehungen zwischen Bevölkerungs- und Medienagenda (4) sowie bevölkerungsinterne Agenda-Setting-Prozesse (5) am wenigsten Beachtung gefunden – wie z.B. die Beeinflussung der Bevölkerung durch die Gruppe der sog. Persönlichkeitsstarken bezüglich des Themas „Arbeitslosigkeit“ (vgl. Brosius/Weimann 1995: 324ff.). Neuerdings werden auch die *Agenda-Building-Prozesse* untersucht: Wer (z.B. PR von Politikern, NGOs) hat Einfluss auf die Medien-Agenda?

Abb. 60 Typologie von Agenda-Setting-Konstellationen

Ursache des Agenda-Settings bei ...	*Wirkung des Agenda-Setting-Prozesses bei ...* Medien	Bevölkerung	Politik
Medien	1	2	3
Bevölkerung	4	5	6
Politik	7	8	9

Wirkungsverläufe. Kepplinger et al. (1989) unterscheiden aufgrund von Zeitreihenanalysen zwischen verschiedenen *Wirkungsverläufen*: 1) Im *Kumulationsmodell* besteht eine lineare Beziehung zwischen Thematisierungsintensität und Problembewusstsein, d.h. eine Verdoppelung der Berichterstattung führt zu einem doppelt starken Agenda-Effekt. Demgegenüber stehen verschiedene nichtlineare Modelle wie 2) das *Schwellenmodell*, nach dem eine minimale Intensität der Berichterstattung notwendig ist, damit es zu Agenda-Effekten kommt; bleibt die Berichterstattung unter diesem Schwellenwert, wird das Thema von der Bevölkerung nicht beachtet. 3) Beim *Beschleunigungsmodell* reagiert die Bevölkerung überdurchschnittlich rasch und intensiv auf die Medienthematisierung, etwa als Folge der Berichterstattung über einen politischen Skandal oder eine Katastrophe: sog. *Trigger Events*. Genau umgekehrt ist es 4) beim *Trägheitsmodell*, wo die Themenrelevanz ab einer gewissen Höhe der Berichterstattung nur noch unterdurchschnittlich zunimmt: Abnützungseffekt. 5) Das *Echomodell* bezeichnet einen Wirkungsverlauf, bei dem die Berichterstattung ab einem gewissen Punkt stark zurückgeht – typisch für Katastrophen (z.B. Fukushima) – , wobei aber die Agenda-Effekte auf einem mehr oder weniger hohen Niveau weiter bestehen bleiben. 6) *Spiegelungsmodell*: Es gibt aber auch Themen, bei denen nicht die Medienberichterstattung die Problemsicht der Bevölkerung bestimmt, sondern umgekehrt reagiert die Medienberichterstattung verspätet auf die schon seit längerem bestehende Sensibilisierung der Bevölkerung für ein bestimmtes Problem.

Methodisch sind zur genaueren Spezifizierung solcher Wirkungsverläufe die Anzahl und die Länge der gewählten Untersuchungsintervalle (engl. time-lags) entscheidend (Brosius/Kepplinger 1990, 1992).

Second-Level-Agenda-Setting. Das Basiskonzept des Agenda-Setting-Ansatzes ist die Tagesordnung bzw. die Agenda der Medienberichterstattung. In den klassischen Studien bilden darum die Gegenstände (Objekte), d.h. die öffentlichen Anliegen oder Themen, die grundlegenden Untersuchungseinheiten sowohl der Inhaltsanalysen als auch der Bevölkerungsumfragen. In neueren Veröffentlichungen (McCombs et al. 1997; McCombs 1997, 2000) wird zudem auf einer zweiten Ebene ein weiterer Aspekt berücksichtigt: die *Attribute der Themen.* In der Medienberichterstattung über Themen werden immer bestimmte Aspekte, Charakteristika oder Attribute hervorgehoben, während andere im Hintergrund bleiben:

> „Wie es eine Agenda der Objekte gibt, so gibt es auch eine Agenda der Attribute für jedes Objekt, die in Orientierung an der relativen Salienz der Attribute aufgebaut werden kann. Sowohl die Auswahl der Objekte im Sinne des auf sie aufmerksam Machens, wie auch die Auswahl der Attribute, um die Reflektion über diese Objekte anzuregen, beinhalten einflussreiche Agenda-Setting-Rollen" (McCombs 2000: 125).

Inwiefern zwischen den Konzepten der „Attribute-Agenda" und der „News Frames" eine Konvergenz besteht, wird jedoch kontrovers diskutiert (McCombs 1997; Scheufele 2000; Schemer 2013).

Priming-Effekte. Nach Iyengar (1988) bzw. Iyengar/Simon (1993) hat die Fokussierung der Medien auf bestimmte Themen im Wahlkampf einen zusätzlichen indirekten *Priming-Effekt* (engl. priming = aufladen) zur Folge, indem durch das Agenda-Setting und den Prozess des Framings nicht nur die Bedeutung der Kandidaten beeinflusst wird, sondern darüber hinaus auch *Wahrnehmungs- und Bewertungsdimensionen* vermittelt werden, die für das Image eines Kandidaten entscheidend sein können. Dominiert z.B. das Thema „Wirtschaftspolitik bzw. wirtschaftlicher Aufschwung" und nicht „Arbeitslosigkeit und deren Bekämpfung" den Wahlkampf, hat dies zur Folge, dass bei der Beurteilung der Kandidatenimages als Maßstab ebenfalls „Wirtschaftspolitik" und nicht „soziale Sicherheit" relevant ist. Die je spezifische Thematisierungsfunktion der Medien macht sich also nicht nur auf der kognitiven Ebene bemerkbar, sondern beeinflusst indirekt ebenfalls die *Einstellungen,* indem durch Fokussierung auf bestimmte Themen entsprechende *Bewertungsmassstäbe* gesetzt bzw. „geprimt" werden. Kognitiv wird dies so erklärt, dass Menschen bei ihrer Urteils- und Entscheidungsfindung z.B. zwischen Kandidaten in einem Wahlkampf nie systematisch alle gespeicherte (Medien-)Information berücksichtigen, sondern auf der Basis von Heuristiken selektiv nur die besonders zugänglichen Informationen genutzt werden bzw. im Gedächtnis sind (vgl. Peter 2002; Scheufele 2016). Die Forschung analysiert aber nicht nur Priming-Effekte in *Wahlkämpfen*, sondern auch im Kontext von *Mediengewalt* oder von *Rassen- und Gender-Stereotypen* (Roskos-Ewoldsen/Roskos-Ewoldsen/Dillman Carpentier 2009; Arendt 2013).

Roskos-Ewoldsen et al. (2007) haben in einer Meta-Analyse von 48 Studien nur eine schwache, aber signifikante Wirkung von Priming- Phänomenen dokumentiert, wobei die Priming-Effekte in der Politik mit $r = 0.08$ deutlich schwächer ausgeprägt waren als jene zur Mediengewalt mit $r = 0.30$. Allerdings handelt es sich bei den Gewaltstudien meist um Laborexperimente, in denen die Priming-Ereignisse intensiver und die Priming-Effekte von kürzerer Dauer waren.

5.1.3 Empirische Umsetzung

Chapel-Hill-Studie. McCombs/Shaw (1972) überprüften die Agenda-Setting-These erstmals empirisch, indem sie die Thematisierungsfunktion der Tagespresse und der TV-News für die Bevölkerung von Chapel Hill, North Carolina, in einem Wahlkampf untersuchten (vgl. die Follow-Up Studie Shaw/McCombs 1977). Methodisch gesehen wurde wie in allen Untersuchungen zur Agenda-Setting-Funktion der Medien eine *Inhaltsanalyse* der Wahlkampfthemen mit einer *Befragung* der subjektiv eingeschätzten Themenprioritäten der Wähler verglichen, und zwar bezüglich Übereinstimmung zwischen Gewichtung in der Berichterstattung und Prioritäten bei noch unentschlossenen Wählern. Der Agenda-Setting-Effekt wurde in Form eines Rang-Korrelationskoeffizienten ausgedrückt. – Mangelhaft ist diese erste empirische Umsetzung insofern, als nur zu einem Zeitpunkt gemessen wurde, die Bevölkerungsumfrage nur gerade 100 Wählern umfasste, und die Rangkorrelation von +0.967 auf den aggregierten Werten basierte.

Drogenberichterstattung. In einer Sekundärstudie analysiert Beniger (1978) aufgrund unterschiedlicher Indikatoren das Drogenproblem (vgl. Abb. 61). Während sich bezüglich „Marihuana" Parallelen zwischen Indikatoren der realen Welt – Marihuana-Rauchen bei College-Studenten – und der Medieninformation als *Spiegelungseffekt* äußern, scheint die intensive Berichterstattung über LSD ab 1965 die Verbreitung dieser Modedroge erst ermöglicht zu haben (Kontrolleffekt), während der Agenda-Setting-Effekt bei der übrigen Bevölkerung als Sensibilisierung bezüglich des Drogenproblems sich erst relativ spät einstellte.

Issues of the Millenium. Gehrau, Väth und Haake (2014) untersuchten auf der Basis einer Sekundäranalyse die Entwicklung der Medienberichterstattung und der Themeneinschätzung durch die Bevölkerung in Deutschland.

Abb. 61 Kontroll- versus Spiegelungsfunktion

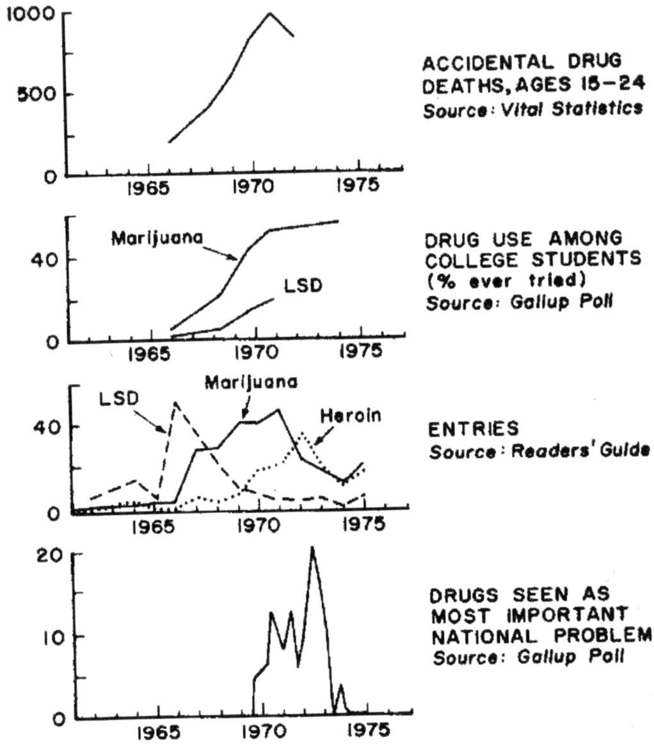

(Quelle: Beniger 1978: 445)

In Abb. 62 ist exemplarisch die Intensität der Berichterstattung (Fernsehnachrichten und Titelseiten von Zeitungen), die abstrakte Themenaufmerksamkeit (Nennung der drei interessantesten Medienthemen) und die Problemeinschätzung (Nennung der drei wichtigsten Probleme) über einen Zeitverlauf von 622 Wochen dargestellt. Die Schwankungen aller drei Kurven über die zwölf Jahre ist relativ hoch und erschwert es, Zusammenhänge zu erkennen. Aus Sicht des Agenda-Settings interessiert vor allem, ob es eine Korreltaion bzw. zeitlich versetzte Korrelation der Kurven von Medienberichterstattung und Problemeinschätzung gibt. Die Themenaufmerksamkeit ist dabei von untergeordneter Rolle und dient allenfalls als eine Art „Treatment-Test“ um zu plausibilisieren, dass es sich tatsächlich um eine Medienwirkung handelt und nicht bloß um eine Scheinkorrelation.

Abb. 62 Agenda-Setting zum Thema Umwelt in Deutschland

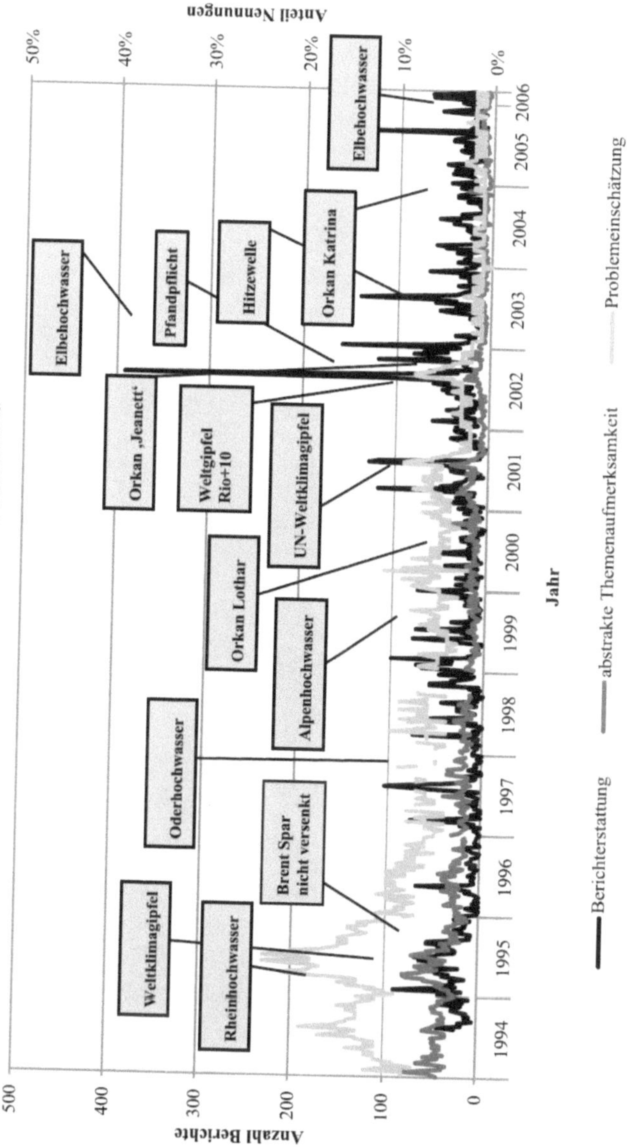

(Quelle: Boonk et al. 2014: 89)

Die Zeitrehenanalyse zeigt, dass die Problem-einschätzung leicht mit der Häufigkeit der Berichterstattung korreliert (r=0,2) aber nicht die notwendige zeitliche Versetzung vorliegt, damit von einem Einfluss der Medien auf die Problemwahrnehmung ausgegangen werden kann (vgl. Abb. 63). Für Terrorismus und Rechtsextremismus sind die Korrelationen ohne Zeitversetzung (t_0) deutlich höher (0,5 bzw. 0,6). Das heisst, dass in Wochen, in denen häufig über diese Themen berichtet wurde, die Bevölkerung diese auch häufig als wichtige Probleme nannte. Zudem liegen für beide Themen zeitlich versetzte Korrelationen vor. Der Wert von 0,3 in der Spalte t_{-1} gibt z.B. an, dass zwischen der Medienberichterstattung der Vorwoche und der Problemeinschätzung der Bevölkerung ein signifikanter Zusammenhang besteht, was auf ein von den Medien ausgehendes Agenda-Setting hinweist. Bemerkenswert ist auch der doppelte Zusammenhang für Rechtsextremismus, bei dem nicht nur eine Orientierung der Bevölkerung an den Medien zu erkennen ist (0,2 für t_{-1}) sondern umgekehrt auch die Medien der Einschätzung der Bevölkerung „nachfolgen" (0,5 und 0,4 in t_{+1} bzw. t_{+2}).

Abb. 63 Einfluss der Berichterstattung auf die Problemeinschätzung

	t_{-1}	t_0	t_{+1}	t_{+2}
Umwelt		0,2		
Terrorismus	0,3	0,5		
Rechtsextremismus	0,2	0,6	0,5	0,4
Wirtschaft/Konsum	0,1	0,2		

(Quelle: Gehrau 2014: 257)

First- vs. Second-Level-Agenda-Building und Agenda-Setting. Wu/Seltzer (2006) untersuchten und belegten den Einfluss von PR-Texten der Kandidaten auf die Medienberichterstattung als *First-Level-Agenda-Building* und auf die Wahrnehmung der Kandidaten-Attribute als *Second-LevelAgenda-Setting* im Wahlkampf 2002 in Florida; sie verwendeten dabei eine Kombination von Inhaltsanalysen und Befragung.

5.1.4 Mediatisierende Faktoren und Prozesse

Der anfänglichen Überzeugung, dass es eine *uneingeschränkte* Thematisierungs- und Themenstrukturierungsfunktion der Medien gebe, wich mit wachsender Anzahl empirischer Forschungen die Einsicht, dass bestimmte *Rahmenbedingungen* und *mediatisierende Faktoren* im Agenda-Setting-Modell mitberücksichtigt werden müssen: und zwar sowohl auf Seite der *Medien* – wie Medienspezifika (TV vs. Print), Themenprägnanz, Präsentationsunterschiede und Themenverlauf – als auch auf Seite der *Rezipienten* – wie Mediennutzung, Media-Dependenz oder perzipierte Medienglaubwürdigkeit (z.B. Wanta/Hu 1994), Orientierungsbedürfnis und interpersonale Kommunikation (Wanta/Ghanem 2007: 38).

Erbring/Goldenberg/Miller (1980) spezifizierten aufgrund theoretischer Überlegungen drei mediatisierende Prozesse bzw. Faktoren: a) *Inhaltswirkungen:* Thematisierungseffekte sind vor allem bei Personen hoch, die für das entsprechende Thema schon von vornherein sensibilisiert sind (engl. issue sensitivity); später wurde dies durch das Orientierungsbedürfnis der Rezipienten ergänzt. *b) Nutzungswirkungen:* „News-Exposure" wirkt sich unterschiedlich aus. Bei *neuen* Themen ist die Agenda-Setting-Wirkung bei sensibilisierten Rezipienten stärker, wenn sie die Medien stark nutzen; bei *eingeführten* Themen setzt sich Nutzung vor allem bei noch nicht sensibilisierten Rezipienten in Agenda-Setting-Effekte um. c) *Bindungswirkungen: Ausschließliche* Nutzung *eines* Mediums in Form von Media-Dependenz (vgl. Kap. 7.1.2) erhöht dessen Agenda-Setting-Effekt. Die Nutzung verschiedenster Medien verwischt hingegen mögliche Agenda-Effekte, sofern nicht hohe Konsonanz in der Berichterstattung besteht. d) *Kontextwirkungen:* Die *direkt* erfahrene Umwelt hat einen größeren Einfluss auf die Agenda bei den Rezipienten als der Agenda-Setting-Effekt des Mediensystems.

Weitere Befunde (Eichhorn 1996: 30ff.; Rössler 1997: 144ff.) zeigen: *Tageszeitungen* scheinen im politischen Bereich eine stärkere Themenstrukturierungsfunktion auszuüben als das *Fernsehen* (vgl. McClure/Patterson 1976; McCombs 1977; Schönbach 1981). Dabei scheinen auch die spezifischen *Formate und Präsentationsmerkmale* der Medien eine Rolle zu spielen. Insgesamt machen sich Agenda-Setting-Effekte auf *nationaler* Ebene stärker bemerkbar als auf der *lokalen Ebene,* wo direkte Erfahrung bzw. interpersonale Kommunikation den Agenda-Setting-Effekt der Medien überlagern (Palmgreen/Clarke 1977). In Verbreitungsgebieten mit *Zeitungswettbewerb* besteht – generell gesehen – ein breiteres Spektrum von politisch als wichtig eingestuften Themen beim Publikum als in Gebieten ohne Zeitungswettbewerb *(Themenpluralismus).* Auch scheint der Grad der *politischen Informiertheit* der Bevölkerung nachweislich mit der Angebotsvielfalt auf dem Zeitungsmarkt verknüpft zu sein (Clarke/Fredin 1978; Ehlers 1983a).

Neu wird auf der *kognitiven Ebene* bezüglich der Verarbeitung unterschieden zwischen Agenda-Setting-Effekten bloß aufgrund der Themenkontakte bzw. von *Agenda-Cueing* bzw. eines *Mere-Exposure-Effekts* im Unterschied zur vertieften Beschäftigung mit dem Thema (engl. reasoning) (Pingree/Stoycheff 2013).

Schließlich interveniert die *interpersonale Kommunikation* in den Agenda-Setting-Prozess (Shaw 1977; Weaver/Zhu/Willnat 1992; Yang/Stone 2003; Krause/Gehrau 2007; Haas 2014), wenngleich sie sich in manchen Studien positiv, in anderen, gewissermaßen in Konkurrenz zur Massenkommunikation, negativ auf das Media-Agenda-Setting auswirkt (Schenk 1997: 163). In der Studie von Schenk manifestieren sich zwar beträchtliche *„Awareness-Effekte"* des Media-Agenda-Settings, aber erst interpersonaler Austausch im sozialen Netzwerk führt zur eigentlichen *Themenwichtigkeit* bzw. *Salience*.

Abb. 64 Awareness- versus Salience Agenda-Effekt

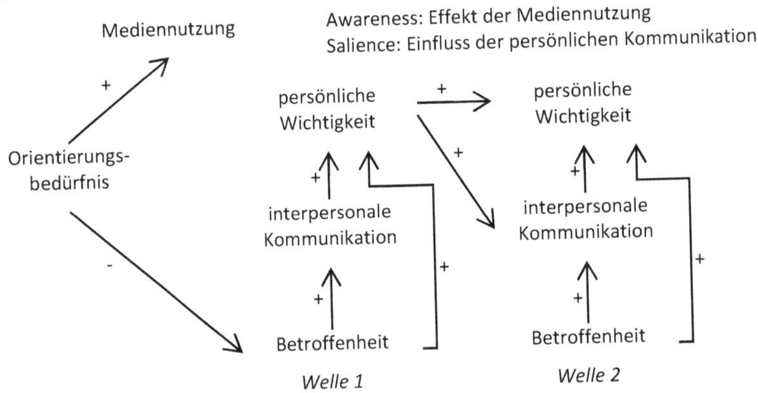

(Quelle: Schenk 1997: 164)

Brosius/Weimann (1995) verbinden zudem den Agenda-Setting-Prozess mit dem *Zwei-Stufen-Fluss der Kommunikation:* a) Nach klassischer Auffassung beeinflusst die Medienagenda die Agenda der sog. „Persönlichkeitsstarken" und deren Agenda wiederum beeinflusst in einem zweiten Schritt die Bevölkerungsagenda. b) Es ist auch ein umgekehrter Zwei-Stufen-Fluss denkbar, indem die Persönlichkeitsstarken auf die Bevölkerungsagenda reagieren und diese wiederum an die Medien weitergeben. c) In einer dritten Konstellation reagieren die Medien auf die Agenda der Persönlichkeitsstarken, setzen aber in einem zweiten Schritt die Bevölkerungsagenda. Die Ergebnisse ihrer Studie bestätigen keines dieser drei Modelle, deuten aber darauf, dass die bislang vernachlässigte Einflussrichtung von der Bevölkerungs- auf die Medienagenda ernster genommen werden muss.

5.1.5 Praktische Relevanz

Die Agenda-Setting-Theorie geht davon aus, dass Medien den Blick des Publikums auf soziale und politische Probleme im weitesten Sinn lenken. Damit verknüpft ist die Frage, ob und wie Medien gesellschaftliche Realität *„spiegeln"* oder *„kontrollieren"*. Die Forschung zeigt, dass die Antworten je nach Thema und Kontext unterschiedlich ausfallen. *Normativ* gewendet gibt es unterschiedliche

Positionen: Neben der Leistungserwartung, dass Medien ein *„objektiver" Spiegel der Realität* sein sollten, wird die These vertreten, dass die Gesellschaft auch *Frühwarnfunktionen* erwartet. Die Medien haben deshalb über Themen zu berichten, bevor sich diese schon zu sozialen Problemen entwickelt haben. Haben sich *soziale Probleme* tatsächlich zu gesellschaftlichen Zerreißproben entwickelt – z.B. Aids, BSE oder Fremdenfeindlichkeit – wird wiederum von den Medien verlangt, dass sie sich in ihrer Berichterstattung eher mäßigen, also den bestehenden Konflikt nicht noch weiter anheizen oder beschleunigen sollten.

Solche Überlegungen fokussieren auf die Frage: Wie entsteht die Themenstruktur der Medien? Wer entscheidet darüber: Medien, Politiker oder Publikum? In *Wahlkämpfen* kann entscheidend werden, wer bestimmte *dominierende Themen* durchzusetzen vermag: Einstellungseffekte aufgrund von Priming. Solche Fragen des aktiven *Themenmanagements* als *Agenda-Building* haben vermehrt in der Forschung Aufmerksamkeit erlangt (Lang/Lang 1981; Schönbach 1983a; Ehlers 1983; Kepplinger et al. 1989; Mathes/Pfetsch 1991).

So untersuchte Longchamp (2000) bei schweizerischen Nationalratswahlen (1983-1995) Trends in der Medien- bzw. Bevölkerungsagenda, wobei 1) Themenfelder mit gleichzeitiger Thematisierung und Problematisierung, d.h. mit starken Agenda-Setting-Effekten, 2) Themen mit gleichzeitiger De-Thematisierung und Ent-Problematisierung gegenüberstanden. 3) Es gab aber auch Medienthematisierung ohne Problematisierung bei der Wählerschaft sowie 4) Problematisierung durch die Wähler, jedoch ohne Medienthematisierung. Und Wirth et al. (2010) analysierten auf der Basis von Argumenten First- und Second-Level Agenda-Building and Agenda-Setting-Effekte in einer Schweizer Referendumskampagne.

5.1.6 Fazit

Der Agenda-Setting-Ansatz ist auch 40 Jahre nach seiner Formulierung und Umsetzung in der Chapel-Hill-Studie einer der wichtigsten Ansätze der Wirkungsforschung geblieben, nicht zuletzt durch die theoretische Weiterentwicklung unter dem Label „Second-Level"-Agenda-Setting bzw. Attribute-Agenda-Setting, was eine Anbindung an die neuere Framing-Perspektive ermöglicht hat. Gleichzeitig bleibt das theoretische Verhältnis zwischen Agenda-Setting- und Framing-Theorie je nach Standort des Forschers umstritten (Kosicki 1993; Maher 2001; Shah et al. 2009; Wanta/Alkazemi 2017). – Darüber hinaus stellen sich weitere theoretische sowie methodische Herausforderungen (z.B. Takeshita 2006).

In theoretischer Hinsicht ist noch weitgehend ungeklärt, inwieweit Agenda-Setting-Effekte als Transfer von Salienz das Resultat quasi automatischer und damit mehr oder weniger unbewusster kognitiver Prozesse im Sinne von „Low

Involvement" bzw. der peripheren Route beim ELM-Modell betrachtet werden müssen oder ob ihnen, wenigstens teilweise, im Zusammenhang des sog. „Need for Orientation" (Matthes 2006) durchaus stärker aktiv-kognitiv verarbeitende Prozesse der Sinngebung unterliegen (Graber 1984, 1989). Untersucht werden auch kurzfristige Agenda-Setting-Effekte, nicht zuletzt über interpersonale Kommunikation sogar bei Nichtnutzern (Krause/Fretwurst 2007).

Vor dem Hintergrund der rasanten Verbreitung des Internets und der damit zusammenhängenden Erweiterung und Diversifizierung des medialen Angebots stellt sich die Frage, inwiefern in Zukunft noch von einer mehr oder weniger homogenen Medien-Agenda ausgegangen werden kann, bzw. welche gesellschaftlichen Konsequenzen sich aus dem stärker fragmentierten Medienpublikum ergeben werden (Marr 2002). Allerdings gibt es auch Anzeichen dafür, dass das Agenda-Setting in den klassischen Medien entsprechende Intermedia-Agenda-Setting-Phänomene im Internet (Rußmann 2007) stimulieren kann. Für einige Online-Anwendungen wie Twitter lässt sich zudem die Frage stellen, ob diese eher als Publikums- oder Medien-Agenda bzw. als eigenständige Agenda verstanden werden sollen. Für das Beispiel der amerikanischen Vorwahlen wurden die Inhalte der Twitter-Accounts von Parteien und Politikern z.B. als eigenständige Agenda betrachtet, und der Zusammenhang mit der Agenda klassischer Medien untersucht (Conway/Kenski/Wang 2015).

Merksatz

Während die Agenda-Setting-Theorie auf die Häufigkeit und Intensität der Berichterstattung über Medienthemen bzw. Issues und deren Wirkungen fokussiert, interessiert sich die Framing-Perspektive zudem für die Frage, aus welchen Perspektiven und wie in den Medien über diese Themen berichtet wird.

5.2 Framing (Entman/Iyengar et al.)

In Abgrenzung zur *Agenda-Setting-Theorie*, deren Ausgangspunkt die Medienfunktionen der Selektion, Thematisierung und Priorisierung von gesellschaftlich als relevant erachteten Problemen und Themen in der Öffentlichkeit sind, hat die jüngere *Framing-Perspektive* (Iyengar 1991; Entman 1993; Scheufele D. 1999; Scheufele B. 2003; Matthes 2014a) ihren Ursprung in der Beobachtung, dass Medien nicht nur Themen in der öffentlichen Agenda auswählen und auf diese setzen, sondern zudem entscheiden, aus welcher Perspektive ein Thema behandelt wird, d.h. welche Aspekte eines Themas – „Attribute" in der Second-Level-Agenda-Setting-Terminologie (Shah et al. 2009) – hervorgehoben und ins Zentrum gerückt und welche im Hintergrund bleiben oder vernachlässigt werden.

Während ein großer Teil der Framing-Forschung auf der Basis von quantitativen und qualitativen Inhaltsanalysen die durch Journalisten und Medien produzierten und angebotenen *Medien-Frames* in verschiedensten thematischen Feldern analysiert und deren Ursprung als *Frame-Building*, (z.B. im Zusammenhang mit PR-Aktivitäten von Stakeholdern) zu rekonstruieren versucht (Scheufele 2003; Dahinden 2006; Leonarz 2006), fragt die *wirkungsbezogene Framing-Forschung* (Matthes 2007) zum einen, wie Mediennutzer zur Wahrnehmung ihrer sozialen Realität überhaupt *kognitive Schemata* bzw. *Personen- / Rezipienten-Frames* benutzen, und zum anderen, inwiefern Mediennutzer die von den Medien angebotenen Medien-Frames im Sinne eines *Frame-Settings* übernehmen, und welche Konsequenzen sich daraus für Wahrnehmung, Meinungsbildung und Verhalten ergeben (Scheufele 1999; Tewksbury/Scheufele 2009; Schemer 2013; Scheufele/Scheufele 2013). – Die folgenden Ausführungen fokussieren auf die Ebene der Personen-Frames.

5.2.1 Entwicklung der Schema- bzw. Framing-Theorie

Hintergrund. Der Begriff „Schema“ bzw. verwandte Konzepte wie „Frame“ (dt. Rahmen), „Skript“, „Map“ oder „mentales Modell“ sind mit ähnlicher Bedeutung in verschiedenen Disziplinen der Sozialwissenschaften seit den 1970er-Jahren entwickelt worden: In der *Sozialpsychologie* erschien 1974 (dt. 1980) „Frame Analysis“ von Erving Goffman, und in der *Kognitionspsychologie* war die Arbeit von David E. Rumelhart wegweisend: „Schemata: the Building Blocks of Cognition“ (1980). In der *Wahrnehmungs- und Gedächtnispsychologie* sind Vorläufer wie Jean Piaget in den 1950er-Jahren zu nennen mit seinem Assimilations- und Akkomodationskonzept. Weitere Beiträge stammen aus der *Entscheidungstheorie* (Kahneman/Tversky 1984). Und Kuklinski/Luskin/Bolland (1991) konstatieren in ihrer Kritik der Schema-Theorie (Busselle 2017), dass dieses Konzept auch in der *Politischen Psychologie* äußerst populär sei (z.B. Gamson 1996).

Im Vergleich dazu ist die Framing- bzw. Schema-Theorie in der empirischen Kommunikationswissenschaft sowohl im Bereich der *Inhaltsanalyse* als auch der *Wirkungsforschung* eher spät rezipiert worden, hat aber rasch an Popularität gewonnen (Brosius 1991; Price/Tewksbury 1998; Scheufele 1999; Wicks 2001; Reese/Gandy/Grant 2001; Scheufele 2003; Dahinden 2006; Matthes 2007, 2014; Shah et al. 2009; Tewksbury/Scheufele 2009; Scheufele/Scheufele 2013; Schemer 2013; Matthes 2014; D'Angelo 2017; Aarøe 2017).

Grundkonzept. In der *Psychologie* bezieht sich das Schema-Konzept auf die menschliche Fähigkeit, *gemeinsame Attribute bei Objekten, Ereignissen und Personen* im Sinne der Reduktion von Komplexität anzunehmen bzw. zu entdecken. Dem liegt die

Überlegung zugrunde, dass der Mensch nur einen Bruchteil der auf ihn einströmenden Informationen aufnehmen und verarbeiten kann, darum bedarf er schnell und mühelos anwendbarer Wahrnehmungs-, Verarbeitungs- und Speicherungsroutinen. Informationsverarbeitung erfolgt so aufgrund von Hypothesen. Kognitive Schemata leiten als Erwartungen und Vorstellungen diese Hypothesen in Form *einfachre Denkstrategien* bzw. *Heuristiken.* Das Schema-Konzept wird in der kognitiven Psychologie gebraucht, um die Organisation des Gedächtnisses und die Informationsverarbeitung zu erklären.

Formal gesehen ist ein Schema danach ein *Set von Attributen, Dimensionen oder „Slots", das Objekte einer bestimmten Kategorie teilen.* Inhaltlich wird auch von *„organized knowledge structures"* gesprochen. Zur Erkennung und Speicherung werden also nur einige wenige, für die Objekte *zentrale und diskriminierende* Attribute zugeordnet, während die meisten als unwichtig unberücksichtigt bleiben. Objekte, die in allen Aspekten dem Schema entsprechen, werden als *Prototypen* bezeichnet.

Typen von Frames. In der *Linguistik bzw. Texttheorie* spricht man von Begriffs-, Situations- bzw. Text-Schemata und in der *Medienwissenschaft* z.B. von *Nachrichten-Schemata* (engl. news frames), die formal aus den Attributen bzw. Dimensionen Ereignis (Was?), Akteure (Wer?), Ort (Wo?), Zeit (Wann?), Ursachen (Warum?) und Folgen (Auswirkungen?) bestehen. In Studien zu TV-Nachrichten werden *„episodic" vs. „thematic" Frames* (Iyengar/Simon 1993) oder in der Wissenschaftskommunikation (Peters 1994) *Popularisierungs-, Orientierungs-, Kontroverse- oder Skandal-Frames* bzw. in der Berichterstattung zur Gentechnologie Frames wie *„scientific progress", „economic prospects", „ethical", „Pandoras Box" oder „public accountability"* (Leonarz 2006: 139) unterschieden. Und Gamson/Modigliani (1989: 3ff.) verwenden den Begriff *„Package"* als Argumentationslinien in kontroversen thematischen Diskursen zur Kernenergie. – Der Frame-Begriff wird folglich sehr unterschiedlich gebraucht. Es handelt sich jedoch meist um Tiefenstrukturen, die Texten unterliegen, bzw. um Modelle, die zur Analyse von (Medien-)Texten formuliert werden (vgl. Bonfadelli 2002a: 143ff.; Leonarz 2006: 87ff.).

Empirische Umsetzung. Experimentell wird das Schema-Konzept in der *Psychologie oder Linguistik* mit mehrdeutigem Material nachgewiesen. Beispiel: „Peter rief den Kellner. Nachdem er gekommen war, bestellte er ein Glas Milch." Obwohl der Satz grammatikalisch mehrdeutig ist, wird er von den meisten Menschen eindeutig so verstanden, dass Peter und nicht der Kellner das Glas Milch bestellt. Erklärt wird dies mit dem Schema-Konzept: Menschen haben eine Vorstellung davon, was in einem Restaurant wie abläuft und verstehen den Satz durch Anwendung dieses „Restaurant"-Schemas situationsadäquat. Umgekehrt wird in *experimentellen Studien* der Kommunikationswissenschaft meist die gleiche Information unterschiedlich „verpackt" bzw. „geframt" und analysiert, ob die je spezifisch geframten Stories dem Frame entsprechend rezipiert werden. Price/Tewksbury/Powers (1997) benutzten eine Story zur staatlichen Finanzierung der Universitäten in Michigan mit drei spezifisch geframten Versionen („Konflikt"-, „Human Interest"- und „Konsequenz"-Frame), wobei die Studierenden nach dem Lesen der entsprechenden Version alle Gedanken und Gefühle niederschreiben sollten, welche sie während dem Lesen hatten.

Abb. 65 Empirische Umsetzung der Framing-Theorie

Frage-stellungen	*Frames als ...*	
	abhängige Variable	*unabhängige Variable*
Medien-Frames	Inwiefern sind Media-Frames das Resultat von professionellen journalistischen Routinen? (z.B. Tuchman 1978)	Wie beeinflussen Media-Frames die Personen-Frames, Einstellungen und Verhalten von Rezipienten? (z.B. Pan/Kosicki 1993; Entman 1993)
Rezipienten-Frames	Inwiefern ist z.B. die Attribuierung von Verantwortung beeinflusst durch spezifische Media-Frames? (z.B. Iyengar 1991)	Wie beeinflussen z.B. Personen-Frames die Motivation, sich an sozialen Bewegungen zu beteiligen? (z.B. Nelson et al. 1997a)

(Quelle: nach Scheufele 1999: 109)

Iyengar (1991) wiederum verwendet in seinen Experimenten TV-News-Beiträge zu Kriminalität, Terrorismus oder Armut mit unterschiedlichen Framing-Varianten, in denen sowohl die *Ursachen* der Probleme als auch deren *Lösung* bezüglich Verantwortung unterschiedlich attribuiert werden, nämlich *individuell vs. gesellschaftlich.* Zudem gibt es *Feldstudien* (Matthes 2007: 91ff.).

Typen der Framing Forschung. Nach Scheufele (1999: 108ff.) kann die Framing-Forschung in zwei Typen unterteilt werden: und zwar ob *Medien-Frames* als Frames in Medientexten (Matthes 2007: 55ff.) oder ob *Individual- bzw. Personen-Frames* (Matthes 2007: 91ff.) im Zentrum stehen. Methodisch stellt sich einerseits die Frage, ob Frames jeweils als *abhängige* oder *unabhängige* Variable untersucht werden und andererseits ob *deduktiv* vorgegebene Frames benutzt oder Frames *induktiv* aus Medientexten oder Rezipienten-Statements erschlossen werden. Parallel dazu wird zwischen *generischen,* d.h. allgemeinen bzw. themenübergreifenden, und *themenspezifischen* Frame-Typologien unterschieden.

Medien-Frames: Als *abhängige* Variable kann gefragt werden, welche Faktoren bei Journalisten und Medien oder vorgelagerten Stakeholdern wie NGOs bzw. in der PR im Sinne eines strategischen Framings (Matthes 2007: 33ff.) darüber bestimmen, dass ein Thema so und nicht anders geframt wird, und welche Prozesse involviert sind. Die journalistische Rahmung eines Themas kann über die Auswahl des Themas und/oder über dessen inhaltliche Strukturierung geschehen. Die

Hauptfunktion der Frames besteht in der Selektion und der Strukturierung der Informationen zu einem Thema, wobei die Frames die journalistische Arbeit erleichtern. Untersucht man Frames jedoch als *unabhängige* Variable, stellt sich die Frage, welche Medien-Frames die Wahrnehmung und Bewertung von Themen (engl. issues) durch die Rezipienten wie beeinflussen.

Personen-/Rezipienten-Frames: Als *abhängige* Variable wird nach den Faktoren gefragt, welche die Bildung von individuellen Frames beeinflussen. Werden vom Rezipienten quasi passiv die entsprechenden Medien-Frames übernommen oder wie gehen Mediennutzer mit Medien-Frames in einem aktiven Rezeptionsprozess um? Rezipienten-Frames als *unabhängige* Variable können wiederum einen Einfluss auf selektive Wahrnehmung und Interpretation von Medieninformation ausüben. Schließlich können Rezipienten-Frames einen Einfluss darauf haben, wie Menschen mit umstrittenen sozialen Themen umgehen, d.h. ob sie u.U. motiviert werden, soziale Anliegen zu unterstützen (Nelson/Clawson/Oxley 1997).

Phasen im Framing Prozess. Scheufele (1999: 115) hat die verschiedenen Framing-Phämomene *prozessorientiert visualisiert* (vgl. Abb. 66). Im Prozess des *Frame-Building* versuchen unterschiedliche gesellschaftliche Stakeholder ihrer Sicht eines Issues in den Medien zum Durchbruch zu verhelfen bzw. *Deutungshoheit* zu gewinnen. *Frame-Setting* meint dabei den Wirkungsprozess, indem Medien-Frames einen Einfluss auf die Rezipienten-Frames nehmen. Schließlich haben die Rezipienten-Frames wiederum auf individueller Ebene Auswirkungen kognitiver Art – etwa in Form der Attribuierung von Verantwortlichkeit (individuell vs. gesellschaftlich) oder auf die Einstellungen und das Verhalten des Rezipienten.

Abb. 66 Wirkungsprozesse nach der Framing-Perspektive

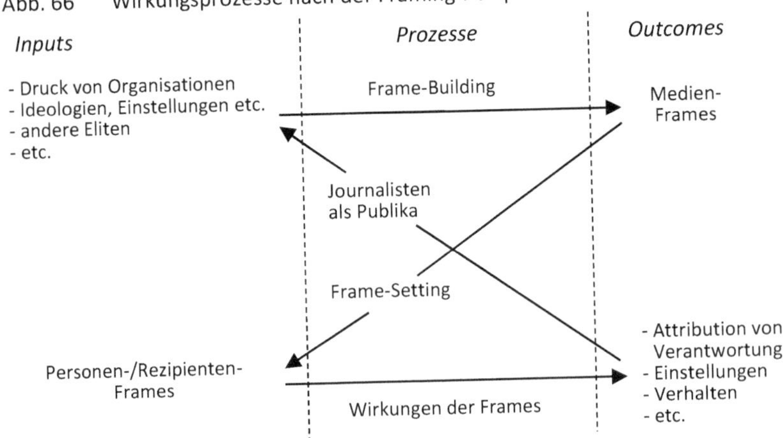

(Quelle: nach Scheufele 1999: 115)

Kritik. Bemängelt wird in der Literatur immer wieder die *variable* und *uneindeutige* Verwendung des Frame- bzw. Schema-Konzepts, das eine empirische Überprüfung erschwere (de Vreese 2012: 366). Unklar bleibt in der angewandten Forschung zudem oft, welche empirischen Kriterien, z.B. bei Inhaltsanalysen, überhaupt gegeben sein müssen, dass von einem Frame bzw. Schema gesprochen werden kann. Kritisch gefragt wird auch – z.B. von Kuklinski/Luskin/Bolland (1991) – wieviel das Schema-Konzept tatsächlich zum Verstehen von politischem Verhalten beitrage. Sie behaupten ferner, dass das Frame-Konzept im Prinzip über das Konzept der Einstellung nicht hinausgehe.

Alle kognitiven Ansätze, die sich auf das Konzept „Schema" bzw. „Frame" berufen, gehen davon aus, dass Rezipienten im Rezeptionsprozess aktiv sind, indem sie den Medienaussagen aufgrund der bei ihnen vorhandenen kognitiven Strukturen (Personen-Frames) Bedeutung zuweisen. Schemata organisieren also äußere Eindrücke als unabhängige Faktoren (vgl. Abb. 65); sie entwickeln sich aber umgekehrt auch wieder als abhängige Variable in Auseinandersetzung mit den Medien-Frames der (Medien-)Umwelt und werden durch äußere Eindrücke modifiziert. Der Selektionsprozess der Rezipienten wird also im Gegensatz zu den klassischen Ansätzen nicht nur negativ als selektives Vermeiden, sondern positiv als Prozess der aktiven Sinnkonstruktion gesehen.

5.2.2 Schema- / Framing-Theorie in der Wirkungsforschung

In der Medienwirkungsforschung wird die Framing-Theorie vor allem zur Analyse der Informationsverarbeitung von politischer Kommunikation angewendet. Gefragt wird z.B., wie Personen-Frames sich im Rezeptionsprozess äußern oder diesen beeinflussen – wobei dies mit *qualitativen Studien* (u.a. Graber 1984; Gamson 1996; Just/Cringler/Neuman 1996), aber auch mit *quantitativen Analysen* (z.B. Surveys) (z.B. Iyengar/Simon 1993) oder *Experimenten* (z.B. de Vreese 2004) realisiert wird. Das Themenspektrum reicht dabei von der Politik (z.B. News (Iyengar 1991) oder Skandalen (Kepplinger/Geiss/Siebert 2012)), der Gesundheits- (Hastall/Sukulla 2013) oder der Risikokommunikation (z.B. Gentechnologie (Dahinden 2006)) bis zur Kampagnenforschung (z.B. Rothman et al. 2006).

Beispiel 1: Rezeption politischer Information. In der Rezeptionsforschung hat Doris Graber (1984) das Framing-Konzept schon früh zur Analyse der *Nachrichtenrezeption* von 21 Personen angewendet, die sie länger als ein Jahr mittels einer Vielzahl von qualitativen Interviews befragt hat. Nach ihr haben Schemata folgende *Funktionen:* 1) Sie bestimmen, *welche* Informationen innerhalb einer Meldung aufgenommen und verarbeitet werden. 2) Sie helfen, neue Informationen der Medienberichterstattung zu *bewerten* und in vorhandenes Wissen zu *integrieren*. 3) Sie ermöglichen es, über bereitgestellte Informationen hinaus *Inferenzen* zu ziehen und Info-Lücken zu schließen. 4) Sie tragen aber auch dazu bei, Konfliktsituationen zu lösen, indem sie Szenarien und mögliche *Problemlösungen* bereitstellen.

Nach Doris Graber (1984) erklärt die Schema-Theorie (Busselle 2017), wieso Rezipienten in der Nachrichtenerinnerung im Allgemeinen schlecht abschneiden. Dies liegt eben daran, weil sie die Informationsflut auf grundlegende regelhafte Bedeutungen hin reduzieren, wobei nahezu alle Details vergessen werden. Es bleibt allerdings unklar, wie sie ihre Schemata *induktiv* herleitet: „Cause and Effects", „Person", „Institution", „Cultural Norms", „Human Interest und Empathy". So bleibt z.B. offen, welche Schemata bei Rezipienten existieren und wie ihr Bezug speziell zu den Nachrichten-Schemata der Medienschaffenden ist.

Beispiel 2: Kognitive und affektive Dimensionen. Just/Cringler/Neuman (1996) analysierten mittels qualitativer Leitfaden-Interviews, wie 28 Erwachsene über vier politische Themen denken: SDI, Apartheid, Drogenmissbrauch, Aids. Gefragt wurde: 1) Wie würden die Befragten diese kontroversen Themen jemandem erklären und welche Bilder werden mit den Themen assoziiert. 2) Welche Gefühle evozieren die Themen? 3) Wie erfuhr man von den Themen? 4) Wie berichten Medien über das Thema? 5) Als wie wichtig wird das Thema persönlich und für das ganze Land erachtet? – In der Auswertung zeigten sich nach den Autoren eine kleine Zahl induktiv identifizierbarer Rezipienten-Frames im Sinne von unabhängigen Variablen: 1) Der *„Human Impact Frame"* betrifft den Sachverhalt, dass etwa die Hälfte der Befragten das gewählte Thema hinsichtlich seiner Wirkungen auf andere Menschen diskutierte, wobei dies oft emotionsgeladen geschah. 2) Auch etwa die Hälfte der Befragten benützte den *„Economic Frame"*, indem Äußerungen hinsichtlich Kosten von politischen Programmen gemacht wurden, auf ein Profitmotiv hingewiesen wurde oder das Thema auf die Wirtschaft der USA bzw. auf die ganze Welt bezogen wurde. 3) Der *„Us-Them Frame"* bezieht sich darauf, dass Politik meist als polarisiert erlebt wird. 4) Schließlich bezeichnet der *„Control Frame"*, ob man sich bezüglich des Themas als hilflos und ohnmächtig fühlt oder ob Kontrollmöglichkeiten wahrgenommen werden.

Beispiel 3: Medieneffekte auf Rezipienten-Frames. Die experimentelle Forschung untersucht, wie und unter welchen Bedingungen Rezipienten durch Medien-Frames meist kurzfristig beeinflusst werden. Iyengar (1991: 67) bilanziert:

> „Taken together, the five experiments indicate that network news stories can affect how people attribute responsibility for poverty and race inequality. Episodic framing of poverty increased attributions of individualistic responsibility, while thematic framing increased attributions of societal responsibility."

Und auch Price/Tewksbury/Powers (1997: 481) meinen, dass Nachrichten-Frames „(…) significantly affected the topical focus and evaluative implications of thoughts generated" und sogar „(…) subtly could affect audience decision making about matters of public policy."

Beispiel 4: Exemplifikation. Zillmann/Brosius (2000: 34ff.) und Zillmann (2002), gehen davon aus, dass in der Medienberichterstattung immer wieder typische Fälle als beispibrosiuselhaft herausgestellt werden: Fallbeispiele die zu sog. *Fallbeispiel-Effekten* führen können (Krämer 2015; Brosius/Peter (2017). Diese Phänomene können auch als Schemata interpretiert werden. Im Alltagshandeln können solche konkreten Fälle – wegen ihrer guten kognitiven Zugänglichkeit – als sog. *Heuristiken* in Entscheidungssituationen dienen (vgl. auch den Priming-Effekt in Kap. 5.1.2). Laborexperimente belegen ebenfalls, dass Menschen zur Abschätzung von Risiken in Entscheidungssituationen auf Frames zurückgreifen (Kahneman/ Tversky 1984).

Erklärungen. Als Wirkungsmodell wird meist eine *direkte Übernahme* der Medien-Frames durch die Rezipienten als Frame-Setting postuliert (z.B. Scheufele 1999), wobei es bislang an Untersuchungen zu *mediatisierenden Faktoren* mangelt. Die Forschung ist somit stark stimulus- und nur schwach rezipientenorientiert gewesen (Matthes 2007: 98). Price/Tewksbury (1998) haben dazu explizit ein gedächtnisbasiertes *Aktivierungsmodell* entwickelt, das zwischen dem Langzeitgedächtnis (engl. knowledge store) und dem Arbeitsgedächtnis (engl. active thoughts) unterscheidet. Ihr *assoziatives Netzwerkmodell* geht davon aus, dass Medien-Frames als aktuelle Stimuli über Erregungsverbreitung die Wissenskonstrukte als Rezipienten-Frames aus dem Langzeitgedächtnis zu aktivieren vermögen, die dann wiederum das aktive Denken im Arbeitsgedächtnis bestimmen. Die Aktivierung hängt einerseits davon ab, welche Konstrukte überhaupt verfügbar und zugänglich sind (Erregungsniveau als Zugänglichkeitseffekt), andererseits spielt stimulusorientiert eine Rolle, wie gut ein Medien-Frame auf ein Rezipienten-Frame (Anwendbarkeitseffekt) anwendbar ist. Und in *zeitlicher Hinsicht* wird vermutet, dass diese Frames wahrscheinlich Wirkungen auf die Einstellungen haben werden, wenn ein Rezipient *kumulativ* mit *konsonanten* Medien-Frames konfrontiert wird (Matthes 2007: 105ff.; Scheufele/Scheufele 2013).

Im Gegensatz zu diesem integralen Modell unterscheidet Bertram Scheufele (2003) *vier Typen von Framing-Effekten:* a) *Transformation bestehender Schemata:* Bei kumulativ-konsonanter Berichterstattung, welche konträr zu bestehenden Rezipienten-Frames erfolgt, kann sich ein kognitives Schema verändern. b) *Transformation der Verknüpfungen zwischen Schemata:* Vielfach bestehen zwischen verschiedenen kognitiven Konstrukten bzw. Schemata mehr oder weniger enge Verknüpfungen (z.B. Islam ↔ Terrorismus). Diese Verbindungen können durch kumulative

Berichterstattung verstärkt, aufgelöst oder verschoben werden. c) *Etablierung neuer Vorstellungen:* Wenn kein entsprechendes Schema vorhanden ist, greifen Mediennutzer auf verwandte bzw. ähnliche Schemata zurück. Durch die Betonung neuer Aspekte in der Medienberichterstattung können sich neue (Sub-)Schemata herausbilden. d) *Einstellungseffekte:* Analog zum Priming wird postuliert, dass in einem ersten Schritt durch die Medienberichterstattung ein Rezipienten-Frame salient wird, der dann in einem zweiten Schritt für Bewertungsprozesse verwendet wird.

Mediatisierende Faktoren. Obwohl bislang vergleichsweise wenig Studien sich mit mediatisierenden Faktoren befasst haben, besteht doch Konsens in der Forschung, dass Framing-Effekte immer auf komplexen Interaktionen zwischen Medien-Frames, Rezipienten-Frames und Kontextfaktoren basieren (Shah et al. 2009: 90; Scheufele/Scheufele 2013: 91ff.; Aarøe 2017).

Seitens der Rezipienten kann davon ausgegangen werden, dass Medien-Frames nur eine geringe Wirkung haben, wenn bereits *starke Meinungen* zu einem Thema bzw. Issue vorhanden sind. Aber auch bezüglich des bestehenden *Vorwissens* wird vermutet, dass sich gut informierte Rezipienten weniger durch Medien-Frames beeinflussen lassen. Allerdings kann auch argumentiert werden, dass vorhandenes Wissen sowohl die Motivation als auch die Fähigkeit begünstigt, sich intensiver mit Medien-Frames auseinanderzusetzen, was entsprechende Effekte verstärken könnte (Nelson/Oxley/Clawson 1997; Slothuus 2008).

Andere Studien fokussieren stärker auf *Aspekte der Medien-Frames* bzw. auf die *Interaktion zwischen Medium und Rezipient*, insofern z.B. Shen/Edwards (2005) nachweisen konnten, dass Framing-Effekte nicht nur durch ein Medien-Frame beeinflusst werden, sondern davon abhängig sind, ob eine Resonanz zwischen dem Medien-Frame und tiefer liegenden *Werthaltungen* des Individuums bestehen. Nach ihrer Studie äußerten sich stärkere Effekte des sog. „public aid"-Frame bei Personen mit humanistischen im Vergleich zu individualistischen Werthaltungen (vgl. Scheufele 2010). Zudem spielt nach Druckman (2001) die Glaubwürdigkeit der Botschaft eine Rolle. Umgekehrt schwächt das *Angebot von Gegenframes*, aber auch *interpersonale Kommunikation* speziell von Kontra-Standpunkten die Effekte von Medien-Frames ab (Druckman/Nelson 2003).

5.2.3 Fazit

Wegen seiner breiten Anwendbarkeit – sowohl in quantitativen als auch in qualitativen Studien – ist die Schema-/Framing-Perspektive in der Kommunikationswissenschaft insgesamt und speziell in der Wirkungsforschung zurzeit populär, wird allerdings auch kontrovers diskutiert, nicht zuletzt in Bezug darauf, ob

Second-Level Agenda-Setting mit Framing gleichzusetzen sei oder eine verkürzte Sicht auf Framing-Prozesse darstelle (Matthes 2007: 97). Shah et al. (2009: 93ff.) weisen zudem in ihrer Bilanz der Framing-Forschung darauf hin, dass die *theoretische Konzeptionalisierung*, aber auch der *Fokus* von Framing-Effekten erweitert werden müsste – insbesondere bezüglich des Zusammenspiels von Printmedien, TV und Internet. Und Vliegenharth/van Zoonen (2011) wünschen sich eine stärkere Verankerung der Framing-Forschung in der Soziologie, während van Gorp (2007) die konstruktivistische Basis des Framing-Konzepts betont.

Framing-Effekte sollten also stärker als bislang als *komplex, indirekt und nicht uniform* betrachtet und auf die *zugrunde liegenden Mechanismen* (Tewksbury/Scheufele 2009) hin analysiert werden. Aber nicht nur in *theoretischer Hinsicht*, sondern auch bezüglich der *methodischen Umsetzung* besteht Reflexionsbedarf, z.B. in Bezug auf die Realitätsnähe der Experimente oder die Kurzfristigkeit der gemessenen Effekte (vgl. Matthes 2007: 124ff.). In vielen US-Studien wird beispielsweise davon ausgegangen, dass die Rezipienten zu den meisten politischen Themen keine fest verankerten Voreinstellungen im Sinne von Prädispositionen haben; Experimente haben so vielfach nur einen schwachen Realitätsbezug – im Unterschied etwa zur Erforschung der Wirkungen von Gesundheitskampagnen.

5.2.4 Anwendungsbeispiel: Gesundheitskampagnen

Die Analyse von Framing-Effekten hat *anwendungsorientiert* vielfältige Forschungsaktivitäten zu *massenmedialen Gesundheitskampagnen* stimuliert, wobei „Gain- vs. Loss-Frames“ im Zentrum stehen: Detweiler et al. (1999), Jones/Sinclair/Courneya (2003), Cho/Boster (2008), Shen/Dillard (2009), Mayer/Tormala (2010), Hastall/Sukulla (2013). Deren Resultate sind in *theoretischen Übersichten* von Rothman/Salovey (1997), Salovey/Williams-Piehota (2004), Rothman et al. (2006), O'Keefe (2012) und in *Meta-Analysen* von Salovey/Schneider/Apanovitch (2002), O'Keefe/Jensen (2006, 2009), Gallagher/Updegraff (2012) bilanziert worden:

Gesundheitskampagnen sind intendierte und strategisch konzeptionierte und realisierte Kommunikationsaktivitäten über eine bestimmte Zeitdauer, welche bei den von ihnen anvisierten Zielgruppen möglichst effektiv Aufmerksamkeit erzielen, Problembewusstsein erhöhen, Wissen vermitteln und Verhalten motivieren wollen (Bonfadelli/Friemel 2010: 15ff.; Rice/Atkin 2013: 3). Dabei stellt sich nicht zuletzt die Frage nach der Konzeption und Realisation von möglichst effektiven Botschaften. Der anwendungsorientierte Bereich der Evaluation von Gesundheitskampagnen bietet darum die Möglichkeit, grundlagentheoretische Konzepte der Medienwirkungsforschung wie die Framing-Perspektive möglichst

realistisch, d.h. nicht nur im Laborkontext, sondern mit *Feldexperimenten* (vgl. Salovey/Williams-Piehonta 2004) anzuwenden und zu überprüfen.
Während in älteren Gesundheitskampagnen im Kontext der verwendeten Botschaften Aspekte wie Verständlichkeit, Glaubwürdigkeit oder Visualisierung (Cho 2012), aber nicht zuletzt *Furcht-Appelle* (Yzer/Southwell/Stephenson 2013; Mongeau 2013) im Zentrum gestanden haben, hat die *Framing-Perspektive* seit Ende der 1990er-Jahre an Bedeutung gewonnen. Dabei war die Unterscheidung zwischen *Loss-Frames* und *Gain-Frames* wegweisend. Furchtappellen unterliegt oft ein Verlust-Framing (engl. loss frame). Gemeint ist, dass in den Kampagnenbotschaften zentral die Verluste und Schäden als Kosten herausgestellt werden, die bei Nichtbefolgen der Kampagnenziele für die Zielgruppen resultieren.

Abb. 67 Gain versus Loss Frames in Verkehrssicherheitskampagnen

Polizei Zürich & Partner 2004 | www.handyamsteuer.ch 2007 | UK Dep. of Transport 2006

In neueren Kampagnen hat diesbezüglich ein Umdenken stattgefunden, insofern nicht mehr dominant mit Furcht-Appellen gearbeitet wird, sondern in den Kampagnenbotschaften verstärkt Vorteile und Nutzen für die anvisierten Zielgruppen bei Befolgen der Kampagnenziele herausgestrichen werden. Abb. 67 illustriert dies am Beispiel von *Verkehrssicherheitskampagnen:* Während die schweizerische Kampagne der Polizei von Zürich und ihren Partnern noch 2004 mit dem Gain-Frame „Aufmerksamkeit rettet Leben“ die Automobilisten dazu bringen wollte, auf den Gebrauch des Handy beim Fahren zu verzichten, verwendete sie ab 2007 ein Loss-Frame, indem nun das Sterben bei Nichtbefolgen der Botschaft visualisiert in Form eines Grabkreuzes angedroht wird. Ähnlich argumentiert die Kampagne „Dying to Take a Call" des britischen Verkehrsministeriums 2006. Empirisch betrachtet stellt sich die Frage, ob „gain-framed messages" zur Förderung von gesundheitsorientiertem Verhalten wie Benutzung von Sonnenschutz Cremes, Mammografien durchführen zu lassen oder sich bezüglich HIV testen zu lassen (Rothman et al. 2006) generell wirksamer sind als „loss-framed" Botschaften und welche mediatisierenden Faktoren allenfalls eine Rolle spielen.

In theoretischer Hinsicht wurde schon früh unter Rückgriff auf die sog. *Prospect Theory* von Tversky/Kahneman (1981) argumentiert, dass Personen ihre Entscheidungen in *Risikosituationen* tatsächlich an der Art und Weise, wie die Risikoinformation dargeboten wird (gain vs. loss frames), orientieren. Allerdings differenziert die Theorie nach dem *Typ der Entscheidungssituation*: Wenn die Verhaltensoptionen nur ein geringes Risiko oder kaum Unsicherheit beinhalten, werden Entscheidungsoptionen eher gewählt, in denen positiv Vorteile herausgestrichen werden, wie das beim Gain-Framing der Fall ist. Wenn jedoch die Verhaltensoptionen ein gewisses Risiko und Unsicherheit enthält, wählen Menschen eher jene Risikooptionen, welche in Bezug auf den potenziellen Verlust geframt sind wie beim Loss-Framing (engl. detection vs. prevention behavior). Vor diesem theoretischen Hintergrund wird argumentiert, dass *Loss-Framing* speziell wirksam sein sollte bei Kampagnen, welche HIV-Tests oder Mammografie zur *Detektion* bzw. *Früherkennung eines Risikos* wie HIV-Ansteckung oder Brustkrebs propagieren, indem die Zielgruppen ermutigt werden, sich mit den negativen Konsequenzen der Option „Nichtstun" zu befassen. Dagegen sollte kaum riskantes *Präventionsverhalten* wie Empfehlungen, sich sportlich zu betätigen oder Sonnenschutz Crème zu benutzen, effektiver mit Gain-Frames kommuniziert werden.

Die durchgeführten empirischen Studien, aber auch das Fazit der Meta-Analysen zur Wirksamkeit des Gain- bzw. Loss-Framing in Gesundheitskampagnen sind bislang inkonsistent geblieben. Die erste Meta-Analyse von Salovey/Schneider/Apanovitch (2002) auf der Basis von 12 Experimenten hält konsonant zur Prospect Theory fest, dass ein Gain-Framing wirksamer sei, wenn das empfohlene Verhalten der Prävention von Krankheit diene, aber ein Loss-Framing effektiver sei, wenn das Kampagnenziel in der Früherkennung von Risiken bestehe. Im Unterschied dazu sieht die zweite Meta-Analyse von O'Keefe/Jensen (2006) auf der Basis von 33 Studien keine Unterschiede, während ihre auf 53 Studien erweiterte Meta-Analyse von 2009 immerhin statistisch signifikante Unterschiede ausweist – wobei der Vorteil des Loss-Framing in Fällen der Früherkennung von (z.B. Brustkrebs-)Risiken gering zu sein scheint: r=-0.056. Schließlich bilanzieren Gallagher und Updegraff (2012: 101) ihre Meta-Analyse von 94 publizierten Studien wie folgt:

> „Gain-framed messages appear to be more effective than loss framed messages in promoting prevention behavior. Research should examine the contexts in which loss-framed messages are most effective, and the processes that mediate the effects of framing on behavior."

Eine Spezifizierung dazu liefern Shen/Dillard (2009), welche unter Rückgriff auf das ELM-Modell argumentieren, dass Loss-Framing größere Aufmerksamkeit erziele als Gain-Framing, und darüber hinaus Kampagnenbotschaften mit Loss-Framing vertiefter verarbeitet würden.

In verschiedenen Studien sind weitere mediatisierende Faktoren (etwa auf Personen-Ebene) berücksichtig worden: Cho/Boster (2008) untersuchten die Wirksamkeit von Antidrogen-TV-Spots auf 10- bis 15-Jährige. In ihrem Experiment mit Jugendlichen, die Freunde mit Drogenkonsum haben, war die Wirkung von Loss-Framing stärker als von Gain-Framing. Und Jones/Sinclair/Courneya (2003) kombinierten unterschiedlich glaubwürdige Quellen mit Gain- und Loss-Framing, wobei *hohe Quellenglaubwürdigkeit* zusammen mit *Gain-Framing* besonders wirksam war zur Propagierung von sportlicher Betätigung.

Mayer/Tormala (2010) untersuchten zudem in einer experimentellen Studie die persuasive Wirkung von sog. *„Think"- vs. „Feeling"-Frames.* Bestätigt wurde rezipientenorientiert die Hypothese, dass „Think"-Frames wirksamer sind, wenn die angesprochenen Zielgruppen im Rezeptionsprozess eher kognitiv orientiert sind, während „Feel"-Frames besser abschneiden bei affektiver Orientierung (vgl. dazu auch die Ausführungen zum *Framing als Persuasionsansatz* (Wirth/Kühne 2013).

Übungsaufgaben

1. An welchen aktuellen Beispielen kann man Agenda-Setting illustrieren und was macht diese Beispiele besonders überzeugend?
2. Hat sich der Framing-Ansatz aus der Agenda-Setting Forschung heraus entwickelt (als Second-Level-Agenda-Setting) oder hat er auch eigenständige Wurzeln?
3. Suchen Sie ein aktuelles Beispiel, bei dem man erkennt, wie verschiedene Akteure versuchen, das Thema unterscheidlich zu framen.
4. Wieso werden Kommunikationskampagnen mit Loss-Framing von der breiten Bevölkerung häufig als wirkungsvoller angesehen und wieso muss das nicht unbedingt der Fall sein?

Zum Weiterlesen

Tai, Zixue (2009): The Structure of Knowledge and Dynamics of Scholarly Communication in Agenda Setting Research, 1996-2005. In: Journal of Communication 59(3), S. 481-513.

Derr Aufsatz analysisert und beschreibt die Entwicklung der Agenda-Setting-Forschung anhand einer *Netzwerkanalyse* der Zitationen englischsprachiger Zeitschriftenaufsätze.

Kohring, Matthias/Marcinkowski, Frank/Donk, André/Metag, Julia/Friedemann, Anne (2011): Das Bild der Nanotechnologie in deutschen Printmedien. Eine frameanalytische Langzeitstudie. In: Publizistik 56 (2), S. 199–219.

Die Studie zeigt, wie sich die Häufigkeit verschiedener Frames zur Nanotechnologie über einen Zeitraum von acht Jahren entwickelt.

Schemer, Christian (2013): Priming, Framing, Stereotype. In: Wolfgang Schweiger und Andreas Fahr (Hg.): Handbuch Medienwirkungsforschung. Wiesbaden: Springer VS, S. 153–169.

Der Handbuchartikel bietet einen Überblick über Medien-Priming und Medien-Framing-Effekte.

6 Interpersonaler Kontext von Medienwirkungen

Lernziele

1. Sie kennen den historischen Hintergrund und den Stellenwert der interpersonalen Kommunikation in der Wirkungsforschung.
2. Sie können das Two-Step-Flow-Konzept beschreiben und an Beispielen aus der politischen Kommunikation illustrieren.
3. Der Third-Person-, aber auch der Hostile-Media-Effekt sind Ihnen vertraut.
4. Sie kennen die Theorie der Schweigespirale, ihren Hintergrund und ihre Prämissen, aber auch die Kritik daran.

Untersuchungen zur Gruppenpsychologie und zum Verhalten von Personen in Organisationen in den 1940er- und 1950er-Jahren erschütterten die lerntheoretische Konzeption vom Menschen, der seine Einstellungen nur aufgrund rationaler Einsicht oder erhoffter Gratifikationen ändert. In Frage gestellt und als empirisch überprüfenswert angesehen wurden Annahmen, dass a) Medien so gut wie alle Rezipienten erreichen, b) dass diese auch bereit sind, die Botschaften aufzunehmen, c) dass die Botschaften einen direkten und hinreichenden Grund zur Meinungsänderung darstellen und d) dass die Rezipienten schließlich auch den Botschaften entsprechend handeln (Renckstorf 1970). Ein blinder Fleck der am Experiment orientierten Yale-Tradition bestand zudem darin, dass der interpersonale Kontext meist komplett ausgeblendet wurde (vgl. Kap. 4.4.1).

Die in diesem Kapitel besprochenen Ansätze zeigen auf, welche Bedeutung dem *interpersonalen Kontext* hinsichtlich der Wirkung von Massenmedien zukommt. Zentral ist dabei die Betrachtung des *Menschen als soziales Wesen*, das mit anderen Menschen interagiert und sich in seinem Verhalten nicht nur an den Themen der Öffentlichkeit, sondern ebenso an *sozialen Normen, Bezugsgruppen und wichtigen Einzelpersonen* orientiert. Einstellungs- und Meinungsänderungen dürfen darum nicht nur als direktes Einwirken oder rein individualpsychologisches Geschehen verstanden werden; sie sind vielmehr durch das *Netz sozialer Beziehungen* vermittelt, in denen ein Individuum als Gruppenmitglied verankert ist. Die in den sozialen Kontexten ablaufenden Vergleichs-, Konformitäts- und Verarbeitungsprozesse können den Medieneinfluss sowohl einschränken wie auch verstärken. Dabei kommt dem Zusammenspiel von interpersonaler Kommunikation und Massenkommunikation eine besonders wichtige Bedeutung zu.

Forschungsleitende Fragestellungen. Welche sozialen Funktionen erfüllen Kommunikation und Information in sozialen Systemen? Welche Beziehungen bestehen zwischen interpersonaler und medienvermittelter Kommunikation? Anschlusskommunikation als Gespräche über Medien? Neue Formen der mediatisierten interpersonalen Kommunikation, z.B. im Social Web? Wie mediatisiert interpersonale Kommunikation Medienwirkungen? (Katz/Lazarsfeld 1955, 1962; Müller 1970; Renckstorf 1970; McLeod/Chaffe 1973; Schenk 1989; Eisenstein 1994; Höflich 2005; Gehrau/Goertz 2010; Friemel 2013; Weber 2015).

6.1 Interpersonale Kommunikation über Massenmedien

Menschen verbringen nicht nur viel Zeit mit Medien, sondern reden auch häufig darüber, weshalb Phänomene des *Sprechens über Medien und Medieninhalte* ebenfalls zum Gegenstand der qualitativen und quantitativen Medienwirkungsforschung zählen (vgl. Kap. 2.7). Eine Reihe empirischer Studien zeigt, wie verbreitet mediale Bezüge in der alltäglichen Kommunikation sind (vgl. Abb. 68) – und so kann durchaus auch von einer „Mediatisierung des kommunikativen Handelns" (Krotz 2001: 34f.) bzw. von „mediatisierten Welten" gesprochen werden (Hepp 2013). In *Beobachtungsstudien* konnte in 56% bis 77% der Gespräche ein Medienbezug festgestellt werden (Greenberg 1975; Kepplinger/Martin 1986) und bei einer *Befragung* von Jugendlichen gab die Hälfte an, dass das TV ihnen Gesprächsstoff für Freunde mindestens einmal pro Woche liefere (Medienpädagogischer Forschungsverbund Südwest 2005). Dem Fernsehen kommt im Vergleich zu den anderen Medien eine herausragende Rolle zu. So stellen Gehrau/Goertz (2010) fest, dass bei 51% der Gespräche mit Medienbezug die Informationen aus dem Fernsehen stammen, 20% aus Zeitungen und je 13% aus Radio und Internet.

Der Großteil der eher spärlichen kommunikationswissenschaftlichen Forschung zur interpersonalen Kommunikation fokussiert auf die Phase nach der Mediennutzung. Im deutschen Sprachbereich hat Tilmann Sutter (2002) mit dem Konzept der *Anschlusskommunikation* als kommunikativer Aneignung und Verarbeitung einen theoretischen Beitrag geleistet – neben Studien aus der Linguistik zu Sprach- und Handlungsmustern beim Fernsehen (Holly/Püschel 1993). Medienangebote wirken demnach nicht „an sich", sondern erlangen vielfach erst Bedeutung im Rahmen der Interaktion mit anderen Menschen durch Medienreferenzen im sozialen Alltagskontext. Dies geschieht etwa durch *Kurzverweise* oder *Belehrungen* im Rückgriff auf Medieninhalte, um eigene Meinungen gegenüber Gesprächspartnern zu stützen oder zu belegen (vgl. hierzu auch Kap. 6.2 zum Meinungsführer-Konzept). Zudem gibt es auch *eigenständige Medienrekonstruktionen* und *Re-Inszenierungen* im Sinne der gemeinsamen Vergegenwärtigung und Bewertung von rezipierten Medieninhalten etwa bei Tischgesprächen (Keppler 1994) und Prozessen der *kognitiven Verarbeitung* von TV-Nachrichten durch Gespräche (Sommer 2010; Hefner 2012; vgl. hierzu auch Kap. 6.9).

Abb. 68 Häufigkeit von Gesprächen über Medieninhalte

Studie	*Methode*	*Bezugsgröße*	*Thema*	*Anteil*
Greenberg (1975)	Beobachtung	Konversationen	Massenmedien Politik	56% 76%
Levy/Windhal (1984)	Befragung	Befragte	Nachrichten	51%
Kepplinger/Martin (1986)	Beobachtung	Konversationen	Massenmedien	77%
Hurrelmann (1989)	Befragung	Familien: mind. einmal pro Woche	Tageszeitung Kinderbücher Fernsehsendungen	73% 59% 45%
Suoninen (2001)	Befragung	Jugendliche	Fernsehen	74%
Vocke (2002)	Befragung	Befragte	Lieblingssoap	75%
Feierabend/Klingler (2006)	Befragung	Kinder: mind. einmal pro Woche	Fernsehen/Fernseh-programm	79%
Friemel (2013)	Befragung	Jugendliche: mehrmals pro Woche/täglich	Musik Internet	66% 35%
Weber (2015)	Befragung	Jugendliche: mehrmals pro Woche/täglich	Medien	53%

Gespräche über Medien erfüllen somit unterschiedlichste *Funktionen*, *vor-*, *während und nach* der Mediennutzung bzw. im Fall des Zwei-Stufen-Flusses (vgl. Kap. 6.2) *anstellte* der direkten Nutzung. Friemel (2009, 2013) unterscheidet fünf Funktionen der interpersonalen Kommunikation über massenmediale Inhalte:

1) *Medienselektion*: Durch interpersonale Kommunikation erhalten Rezipienten Hinweise auf Medieninhalte, die für sie von Interesse sind. Es kann vermutet werden, dass diese bislang kaum beachtete Funktion aufgrund einer zunehmenden Ausdifferenzierung des Medienangebots (insb. im Internet) an Bedeutung gewinnen wird. 2) *Kognitive Verarbeitung*: Durch Gespräche werden rezipierte Medieninhalte verarbeitet und Sinnzusammenhänge erschlossen. 3) *Affektive Verarbeitung und Stimmungsregulierung*: Insbesondere während und nach der Mediennutzung ermöglicht der Austausch mit anderen Personen, die Stimmung zu regulieren und erlebte Emotionen zu verstärken oder abzuschwächen. 4) *Soziale Positionierung*: Medieninhalte können sowohl der sozialen Integration wie auch der Abgrenzung dienen (vgl. Kap. 6.7). Massenmedien liefern der Gesellschaft gemeinsame Bezugspunkte für diverse soziale Prozesse. 5) *Information*: Gespräche über Medieninhalte können die Mediennutzung selbst zu einem gewissen Grad auch ersetzen, in dem die medienvermittelte Information interpersonal weitergegeben wird (vgl. Kap. 6.2).

6.2 Two-Step-Flow-Theorie (Lazarsfeld et al.)

Die Studie „The People's Choice" von Paul F. Lazarsfeld, Bernard Berelson und Hazel Gaudet (1944) wird häufig als Wendepunkt in der Medienwirkungsforschung aufgeführt (Neuman/Guggenheim 2011: 172). Sie bildet den Auftakt zu einer Reihe von Studien, die unter dem Begriff der *Columbia-Studien* bekannt wurden (Eulau 1980) und die den interpersonalen Kontext als zusätzlichen Einflussfaktor in die theoretischen Überlegungen und die empirische Untersuchung einbezogen. Anzumerken ist, dass die Relevanz des interpersonalen Kontexts dabei eher zufällig entdeckt wurde, da es dem damaligen Kanon der direkten Medienwirkungen widersprach. Lazarsfeld und Katz führen an mehreren Stellen selbst an, dass die Bedeutung der interpersonalen Kommunikation und der Rolle des Meinungsführers von ihnen nicht antizipiert wurde (Katz/Lazarsfeld 1962: 9) und dass die Hypothese des Zwei-Stufen-Flusses der Kommunikation deshalb der am schlechtesten dokumentierte Teil ihrer Wahlstudie sei (Katz 1957: 62).

6.2.1 Die Wahlstudien

Die klassische Studie „The Peoples' Choice" (Potthoff 2016: 25ff.) wurde im Umfeld der amerikanischen Präsidentschaftswahl 1940 (Roosevelt gegen Willkie) durchgeführt und 1944 publiziert (Lazarsfeld/Berelson/Gaudet 1969). Im Verlauf von sieben Monaten wurde im *Erie County* (Ohio) eine *Panelstudie* bei ca. 600 Personen durchgeführt. Deren Erkenntnisse führten zur Entwicklung des „*Zwei-Stufen-Flusses der Medienwirkung*" und zur Formulierung des Konzepts der „*Meinungsführer*" (engl. opinion leader). Weiter differenziert wurden die neuen Ideen in der *Rovere-Studie* (Merton 1949), 1954 in der *Elmira-Studie* zur Präsidentschaftswahl von 1948 (Berelson/Lazarsfeld/McPhee 1954) und 1955 in der *Decatur-Studie* zur Lokalpolitik und anderen Themen (Katz/Lazarsfeld 1955). Der Befund, dass die Wähler stärker durch die interpersonale Kommunikation beeinflusst wurden als durch die Massenmedien, hatte zur Folge, dass bis in die späten 1970er-Jahre hinein Medien in den US-Wahlstudien kaum noch berücksichtigt wurden (Chaffee/Hochheimer 1983; Langenbucher 2008; Schönbach 1998).

Die in der *Erie-County-Studie* verwendete *Panel-Methode* erlaubte es, die Veränderungen der Wahlabsicht einer Person über einen längeren Zeitraum hinweg zu beobachten. Als wichtigster Befund ergab sich, dass zwischen Mai und Oktober die *Wahlabsichten sehr beständig* blieben. Bei 52% wurde eine Verstärkung der bestehenden Einstellungen festgestellt, bei 14% Aktivierung, bei 3% eine doppelte Meinungsänderung (also ein zwischenzeitliches Abweichen und Zurückkehren zur ursprünglichen Meinung), bei 6% eine partielle Meinungsänderung, bei 8% eine Meinungsänderung und bei 16% überhaupt keine Wirkung (Lazarsfeld/Berelson/Gaudet 1969: 141). Zudem gaben 77% an, dass schon die Eltern bzw. Großeltern die gleiche Partei gewählt hatten.

Für die Erklärung des Wahlverhaltens waren *politische Prädispositionen* der Bürger (Stadt vs. Land, arm vs. wohlhabend, katholisch vs. protestantisch) wichtiger als die Mediennutzung. Wieso das Wirkungspotenzial der Massenmedien offenbar gering ist, erklären Lazarsfeld, Berelson und Gaudet folgendermaßen (1969):

1. Die *Stabilität der Einstellungen* als Wahlabsicht wurde durch einen sog. *„Schutzschild"* ermöglicht: Wähler setzen sich nur derjenigen Propaganda aus, mit der sie sowieso übereinstimmen (vgl. Kap. 4.2.6).
2. Indem die Wähler ihre Einstellungen stabil halten, sind sie imstande, Konflikte und Uneinigkeiten mit Personen ihrer sozialen Umgebung, welche diese Einstellungen teilen, zu vermeiden.
3. Zugleich *bekräftigen* die Kontakte mit den Mitgliedern der Gruppe die in der Gruppe geteilten Einstellungen.
4. *Änderungen* scheinen nur dort vorzukommen, wo etwa Wähler entgegengesetzten Kräften ausgesetzt sind (engl. cross pressures).

Auf die *Massenmedien* bezogen – damals: Zeitungen, Zeitschriften und Radio – kommt das Forschungsteam zu folgenden Schlüssen:

1. Die Funktion der Massenkommunikation besteht nicht in der Änderung von politischen Einstellungen, sondern vielmehr in der *Aktivierung der latenten politischen Prädispositionen* der Wähler: Propaganda verstärkt das zu Beginn des Wahlkampfs erst schwache Interesse; zunehmendes Interesse führt allmählich zu stärkerer Zuwendung zu den Medien; die Aufmerksamkeit ist aber selektiv; mit der Zeit *kristallisieren* sich dann die Stimmen für bestimmte Kandidaten heraus.
2. Eine weitere Medienleistung ist der *Verstärkereffekt*: Die Funktion der Wahlpropaganda ist weniger die Gewinnung neuer als die Abwanderung von Wählern zu verhindern, die der Partei bereits zugeneigt sind: Wahlpropaganda liefert Argumente für die Parteigänger und verstärkt aufgrund selektiver Perzeption die Bestätigung, Orientierung und *Konsolidierung*.
3. *Interpersonale Kommunikation:* Wähler nannten interpersonale Quellen zum Wahlkampf 10% häufiger als die Massenmedien. Wechsler erwähnten als Grund der Meinungsänderung ebenfalls interpersonale Quellen häufiger.
4. Lazarsfeld/Berelson/Gaudet folgerten daraus in zeitlicher Hinsicht, ohne dies aber überprüft zu haben: *„Ideas often flow from radio and print to opinion leaders and from them to the less active sections of the population."*

Abb. 69 Visualisierung des Two-Step-Flow of Communication

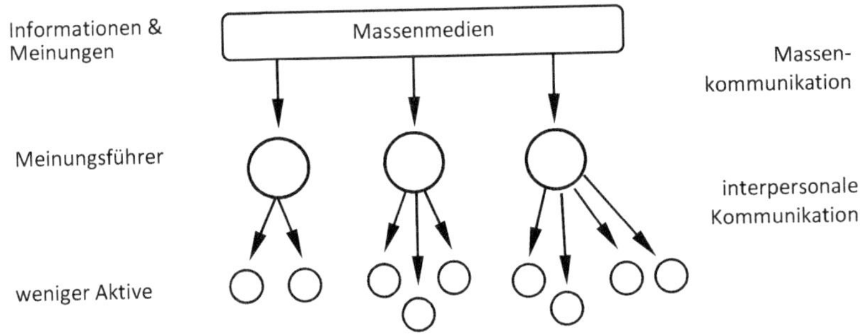

5. *Meinungsführer* sind Personen, die besonders intensiv am Wahlkampf teilnahmen. Definiert wurden sie aufgrund der Frage: *„Haben Sie neulich versucht, irgendjemanden von Ihren politischen Ideen zu überzeugen?"* Und: *„Hat neulich irgendjemand Sie um Rat über ein politisches Problem gebeten?"* – Total 21% der Wähler wurden als Meinungsführer identifiziert (Katz/Lazarsfeld 1955; Weimann 1991, 1992; Schenk/Rössler 1997).
6. *Charakteristika der Meinungsführer:* höheres politisches Interesse, kosmopolitische Orientierung, höhere Mediennutzung, höhere Aufmerksamkeit für die Gruppe. Meinungsführer sind in jeder sozialen Schicht zu finden, d.h. es handelt sich meist um eine horizontale Beeinflussung innerhalb der sozialen Schicht und nicht um eine vertikale Beeinflussung von tieferen Gruppen durch statushöhere Gruppen. – Laut Katz (1957) basiert Meinungsführerschaft auf einer Kombination von persönlicher und sozialer Charakteristik: a) „wer man ist" oder die Personifizierung bestimmter Werte, b) „was man weiß" oder die Kompetenz in bestimmten Bereichen und c) „wen man kennt" oder strategische soziale Platzierung.

6.2.2 Kritik am Zwei-Stufen-Fluss der Kommunikation

Der Kommunikationsforschung hat das Meinungsführerkonzept für die nächsten 25 Jahre äußerst fruchtbare Impulse verliehen (Langenbucher 2008). Weitere Forschungsarbeiten stellten später freilich seine universelle Gültigkeit in Frage (Renckstorf 1970; Lin 1973; Noelle-Neumann 1990; Eisenstein 1994). Kritisiert wurde das Konzept unter anderem a) in *konzeptioneller Hinsicht* wegen der Fixierung auf nur zwei Stufen (vs. Multistep-Flow) im Kommunikationsprozess; b) bezüglich der Vermischung von *„Information" und „Beeinflussung"* sowie c) in *methodischer Hinsicht* bezüglich der Selbsteinschätzung der Meinungsführer.

Abb. 70 Kommunikationsprozesse im Two-Step-Flow-Modell

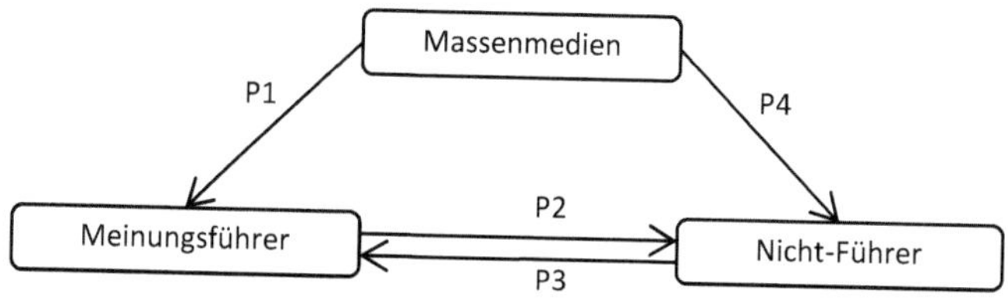

Nach Lin (1973) sind nicht alle Hypothesen über den zwei-stufigen Kommunikationsfluss in der Originalstudie überprüft worden. Gezeigt werden konnte nur, dass die sog. Meinungsführer *(engl. opinion leader)* (OL) etwas häufiger die Medien nutzten ($P_1 > P_4$) und auch häufiger über die Wahl sprachen. Die OL gaben auch an, dass die Massenmedien ihre Entscheidungen stärker beeinflusst hätten als persönliche Beziehungen. Obwohl die Wechsler den persönlichen Einfluss von OL erwähnten (P_2), wurden auch der Rundfunk und etwas weniger die Presse als Ursache für Meinungsänderungen genannt (P_4). Nicht klar ist aber, ob die OL wirklich zeitlich zuerst über die Massenmedien beeinflusst wurden. Auch die Frage, ob die OL vor allem die Nicht-Führer, aber die Nicht-Führer nicht umgekehrt auch die OL beeinflussen (P_3), blieb unbeantwortet (vgl. Abb. 70).

Kritisiert wurde auch die rigide Zweiteilung in *Meinungsführer* und *Gefolgsleute.* Analysen von *sozialen Netzwerken* und der darin relevanten Positionen und Rollen legen nahe, dass die Strukturen der interpersonalen Kommunikation wesentlich komplexer sind, als dies die Zwei-Stufen-Theorie nahelegt. So gilt es z.B. auch Personen zu unterscheiden, die weder klare Führer noch Folger sind, sondern eher als Austauscher charakterisiert werden müssen, oder aber isolierte Personen, die im Netzwerk gar nicht eingebunden sind (Friemel 2008).

Weiter kann bemängelt werden, dass die Wahlkampfforschung den *historischen Kontext* vernachlässigt habe. Mit dem seit den 1940er-Jahren stattgefundenen gesellschaftlichen Wandel (Abschwächung der Parteibindung; mehr Wechselwähler) und mit der fast vollständigen Abdeckung des Fernsehens wurde wieder mehr vom *Modell des starken Medieneinflusses* ausgegangen (Chaffee/Hochheimer 1983; Noelle-Neumann 1973). Inwiefern diese Ansichten durch das Aufkommen neuer Möglichkeiten der interpersonalen Kommunikation im Internet (z.B. soziale Netzwerkplattformen) bereits wieder überholt sind, bleibt zu prüfen.

Aufgrund der angeführten Kritik sind die folgenden *Weiterentwicklungen* dieses Forschungsbereichs relevant:

1. Die Trennung zwischen Informationsfluss und Beeinflussungsprozess und die Frage nach den Beziehungen zwischen Massenmedien und persönlicher

Kommunikation im Prozess der Informationsverbreitung führt zur Etablierung der *Diffusionsforschung* (Rosengren 1973, 1987; DeFleur 1987; Basil/Brown 1994; Rogers 2003; Friemel 2010).

2. Die Analyse der interpersonalen Kommunikationsstrukturen findet ihre Fortführung in Analysen des *Multistep-Flows* der Kommunikation (Eisenstein 1994; Weimann 2017) und in der *sozialen Netzwerkanalyse* (Liu et al. 2017). Die systematische Typologisierung von Kommunikationsrollen, deren statistische Beschreibung sowie das theoretische Verständnis von Kommunikationsnetzwerken geht in der Zwischenzeit weit über die Unterscheidung von Führern und Folgern hinaus (Wassermann/Faust 1994; Monge/Contractor 2003; Friemel 2008, 2012, 2013).
3. Die Klärung und Differenzierung des Opinion-Leader-Konzeptes zeigt, dass die Funktion des Meinungsführers oft auf einzelne Sachbereiche beschränkt bleibt. Spätere Versuche, *themenübergreifende Meinungsführer* zu identifizieren, wurden mit dem Konzept der *Persönlichkeitsstärke* unternommen (Noelle-Neumann 1983; Weimann 1991, 1992; Schenk/Rössler 1997). Der Wunsch vieler Kommunikationspraktiker, mit der Beeinflussung weniger Opinion Leader eine Kettenreaktion der Persuasion auszulösen, blieb jedoch bis heute eine Utopie (Schnell/Friemel 2005).

Die beiden erstgenannten Forschungsbereiche werden in den nachfolgenden Abschnitten noch genauer beleuchtet (vgl. Kap. 6.3 bzw. 6.7).

6.3 Diffusions- und Innovationsforschung (Rogers)

Forschungsentwicklung. Die Weiterentwicklung der Zwei-Stufen-Theorie der Massenkommunikation hat unter anderem zur *(Nachrichten-)Diffusionsforschung* geführt: der Analyse der Verbreitung von Information mittels Massenmedien. Ergänzt wurde dieser Forschungszweig durch die *Innovationsforschung* von Everett Rogers, wobei nicht nur die Aufnahme neuer Information, sondern die Übernahme und Ausübung neuer Ideen, Techniken und Verhaltensweisen analysiert wird. Beispiele sind die Verwendung von neuen Medikamenten durch Ärzte, die Anwendung neuer Ackerbautechniken durch Bauern in der 3. Welt, der Kauf neuer Produkte durch Konsumenten oder die Anschaffung neuer Kommunikationstechnologien wie PC, Internet und Handy (Rogers/Adhikarya 1979; Rogers/Singhal 1996; Rogers 2003; Schnorf 2008; von Pape 2008; Karnowski 2011, 2013).

Fragestellungen. Im Zentrum steht die Frage, wie sich Nachrichten in sozialen Systemen ausbreiten. Im Rahmen einer *soziologischen Perspektive* konzentriert sich die Forschung auf die *Faktoren „Zeit“* und *„Medium“* (DeFleur 1987). Und auf der

Personebene geht es um die Frage, wie eine spezifische Nachricht von den Medien bzw. von anderen Personen aufgenommen und ob sie an andere Personen weitergegeben wird (Anschlusskommunikation). Erste Studien zur *Nachrichtendiffusion* wurden Mitte der 1940er-Jahre in den USA im Zusammenhang mit dem Tod von Präsident Roosevelt durchgeführt. Nach einer Kulmination der Forschung in den 1960er-Jahren verringerte sich das Interesse jedoch (Basil/Brown 1994; Funkhouser/McCombs 1971). Die 9/11-Anschläge in New York haben ihr aber wieder Auftrieb gegeben (vgl. Emmer et al. 2002; Noll 2003; Reuband 2010).

Diffusionsverlauf. Auf der Mikro-Ebene wird zunächst meist abgeklärt, *wann* jemand von einem Ereignis erfahren hat (Zeitpunkt) Dem entspricht auf der Makroebene die Frage: *Wie schnell* breitet sich eine Neuigkeit in einer bestimmten Population aus, wobei idealtypischerweise von der für viele Naturprozesse typischen *S-Kurve* bzw. Glocken-Kurve ausgegangen wird: Der Diffusionsprozess verläuft in seiner Anfangsphase zunächst langsam, wird dann immer schneller und schwächt sich bei Annäherung an den Sättigungspunkt wieder ab (vgl. Abb. 73). Wo dieser *Sättigungspunkt* liegt, hängt bei der Diffusion von Informationen über ein Ereignis u.a. von dessen Relevanz ab.

Mediale vs. interpersonale Kanäle. Neben der Fragestellung nach der Diffusionsgeschwindigkeit wird in einem zweiten Schritt häufig nach der *Informationsquelle* gefragt, wobei speziell das Zusammenspiel von medienvermittelter und interpersonaler Kommunikation von Interesse ist. Auch hier kann von einem Einfluss des Ereignisses ausgegangen und z.B. zwischen unterschiedlich bedeutsamen Ereignissen (engl. major vs. minor events) unterschieden werden (Rogers/Shoemaker 1971; Weibull/Lindahl/Rosengren 1987). Im Vergleich dazu ist noch wenig untersucht worden, wovon es abhängt, ob Personen ein Medienereignis, von dem sie gehört haben, aktiv an andere weiter kommunizieren (Basil/Brown 1994). Ein Erklärungsansatz liefert die *affektive Verarbeitungsfunktion* der interpersonalen Kommunikation (Friemel 2013). Sie stützt sich unter anderem auf die *Emotional-Broadcaster-Theorie* von Harber/Cohen (2005). Diese geht davon aus, dass Personen, die spezielle Dinge erlebt haben (auch Medienereignisse), durch Gespräche mit anderen Personen versuchen, ihre Emotionen zu regulieren. Die medial ausgelösten Emotionen können Rezipienten demnach dazu verleiten, mit anderen Personen darüber zu sprechen, wodurch quasi als Nebeneffekt die dazugehörigen Informationen weitergegeben werden.

Befunde. *1) Veränderungen im Mediensystem* strukturieren längerfristig die Art und Weise um, wie Mediennutzer zu ihren Nachrichten kommen und welches Medium als erste Informationsquelle fungiert. Exemplarisch sei hier auf die Verbreitung des Fernsehens in der zweiten Hälfte des 20. Jahrhunderts, dem Internet ab Mitte der 1990er-Jahre sowie jüngst die Push-Technologien in Verbindung mit mobilen Geräten verwiesen. 2) Entgegen der Zwei-Stufen-Fluss-Theorie von Lazarsfeld erfahren die meisten Menschen *zuerst via Massenmedien* und nicht via interpersonaler Kommunikation von einem Medienereignis. *3) Wichtige Ereignisse* diffundieren schneller und erreichen mehr Leute als weniger wichtige Ereignisse. 4) Für Ereignisse mit sehr hohem bzw. stark *emotionalem Nachrichtenwert* ist die *interpersonale Kommunikation* als Informationsquelle von höherer Bedeutung (vgl. insb. Attentat auf Kennedy von 1963 und Challenger-Unglück von 1990). 5) Die Quelle der Nachricht (medial vs. interpersonal) hat keinen Einfluss darauf, ob die Nachricht weitergegeben wird oder nicht. Die Weitergabe korreliert hingegen mit der persönlichen Wichtigkeit des Themas und der emotionalen Erregung. 6) Welches Medium im konkreten Fall die erste Nachrichtenquelle ist, hängt von der Interaktion zwischen dem Zeitpunkt des Ereignisses, der Herstellungs- und Verbreitungsart der Medien sowie der Mediennutzung im Tagesrhythmus der Bevölkerung ab: Zeitungen können am Morgen, Radio und Gespräche während des Tages und Fernsehen am Abend einen Diffusionsvorteil haben (Rosengren 1973; DeFleur 1987; Basil/ Brown 1994; Rogers 2000. Aber aufgrund der multimedialen Möglichkeiten des Internets, Push-Technologien wie Twitter und der Verbreitung mobiler Endgeräte (Handy, Tablets) sind hier wesentliche Veränderungen eingetreten (Kümpel et al. 2015).

Abb. 71 Diffusionsstudien

		Diffusion	Quellen		
Thema	Jahr	in 24 h	personal	medial	Forscher
Roosevelt	1945	>91%	85%	15%	Miller
Taft	1953	>50%	26%	74%	Larsen/Hill
Einsenhower I	1956	>96%	20%	80%	Danielson
Eisenhower II	1957	95%	18%	82%	Deutschmann/Danielson
Explorer I	1958	93%	18%	82%	Deutschmann/Danielson
Alaska	1958	89%	6%	94%	Deutschmann/Danielson
Kennedy Mord	1963	98%	57%	43%	Hill/Bonjean
Chruschtschow	1964	97%	19%	81%	Budd/McLean/Barnes
Jenkins	1964	72%	3%	97%	Budd/McLean/Barnes
Paul IV Enzyklika	1967	35%	2%	98%	Addams/Mullen/Wilson
LBJ' Decision	1968	87%	5%	95%	Allen/Colfax
Palme-Mord	1986	98%	31%	69%	Weibull
Challenger	1990	>93%	51%	49%	Mayer et al.
11. September	2001	>95%	23%	77%	Emmer et al.

(Quellen: Renckstorf 1970; Basil/Brown 1994: 314; Emmer et al. 2002)

Innovationsprozess. Im Unterschied zur bloßen Informationsverbreitung wird in der Innovationsforschung von Everett M. Rogers darüber hinaus untersucht, welche Faktoren die Übernahme einer Innovation beeinflussen, wobei von fünf Teilprozessen ausgegangen wird (Rogers 1971, 2003; Rogers/Adhikarya 1979; Rogers/Singhal 1996; Rice 2009; Karnowski 2013): a) Wissen, b) Persuasion, c) Entscheidung d) Implementation und e) Bestätigung (vgl. Abb. 72).

Die empirische Forschung zeigt, dass Massenmedien in der ersten Phase, wo es um das „Wecken von Aufmerksamkeit" und die „Vermittlung von Wissen" geht, am wichtigsten sind, während die interpersonale Kommunikation in den Phasen „Persuasion" und „Entscheidung" von zunehmender Bedeutung wird (Rogers 2003: S. 168ff.).

Adoptionsbereitschaft. Auf der Personenebene definiert Rogers (2003) folgende *Übernehmertypologie:* a) Innovatoren (5%), b) frühe Übernehmer, c) frühe Mehrheit, d) späte Mehrheit und e) Nachzügler. Mit der Adoptionsbereitschaft korrelieren sozio-ökonomische Eigenschaften wie höherer sozialer Status, höhere Bildung, Persönlichkeitseigenschaften wie positive Einstellung zu Wandel, Empathie, Leistungsmotivation und Kommunikationsverhalten wie kosmopolitische Ausrichtung, häufigere Opinion Leader Rollen und größere Mediennutzung.

Abb. 72 Faktoren des Innovations-Adoptionsprozesses

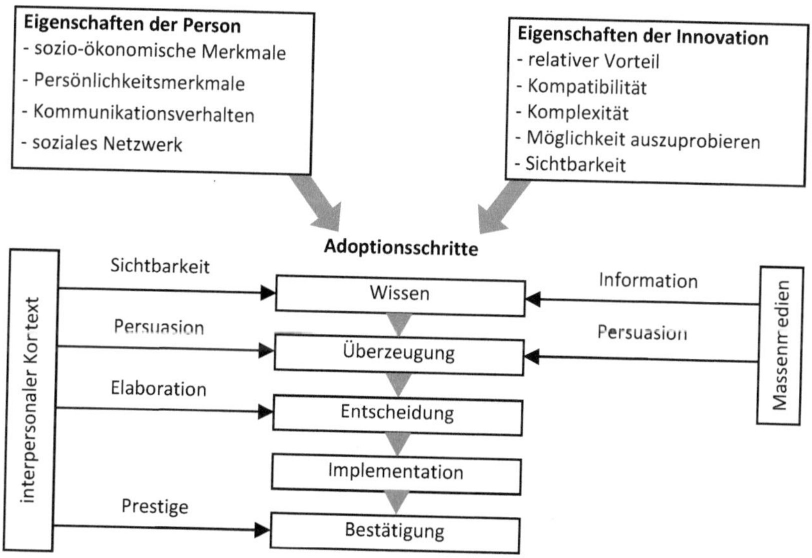

Die Wahrscheinlichkeit, dass eine Innovation übernommen wird, hängt jedoch auch von der Innovation selbst ab. Als wichtigste Faktoren gelten hierbei 1) der *relative Vorteil*, welcher eine Innovation bietet, 2) *Kompatibilität* mit sozialen Werten und Normen, aber auch technische Vergleichbarkeit mit weit verbreiteten Systemen (z.B. dass ein DVD-Player auch CDs abspielen kann), 3) geringe wahrgenommene *Komplexität*, 4) die Möglichkeit, die Innovation *auszuprobieren* (z.B. Testversion oder Probefahrt) und 5) die *Sichtbarkeit* der Innovation für andere.

Anwendungen. Die Diffusions- bzw. Innovationsforschung hat im Zusammenhang mit der *Einführung der sog. „Neuen Medien"* wieder neuen Auftrieb erhalten. Entsprechende Studien befassten sich mit der Akzeptanz von Kabelfernsehen, Video und Bildschirmtext (Carey/Moss 1985; Becker/Schönbach 1989), Computer und Internet (Schenk/Dahm/Sonje 1997; Atkin/Jeffres/Neuendorf 1998; Andres et al. 2010) oder Handy (Schnorf 2008; von Pape 2008).

Abb. 73 zeigt die Adaptionskurven verschiedener Kommunikationstechnologien in den USA wobei die weiter oben beschriebene S-Form (außer beim Personal Computer) deutlich erkennbar ist (Thierer/Eskelsen 2008).

Abb. 73 Adoption von Kommunikationstechnologien in den USA

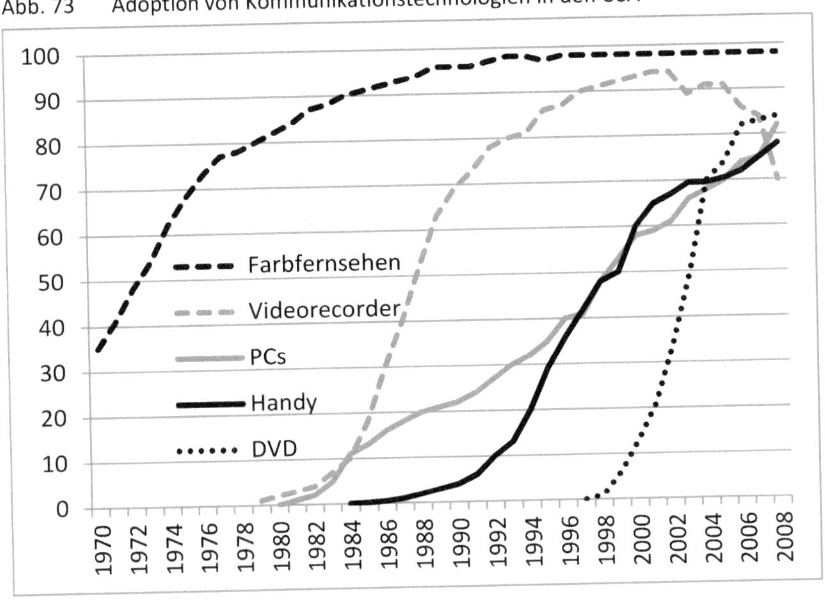

(Quelle: nach Thierer/Eskelsen 2008)

Kritik. Die Diffusions- und Innovationsforschung ist in verschiedener Hinsicht kritisiert worden:

1. Kritisiert wurde, dass es sich um eine stark *individuums-zentrierte Perspektive* handelt, weil der Diffusions-Adoptionsprozess nur als Resultat einer individuellen Entscheidung betrachtet wird, d.h. *strukturelle Aspekte* vernachlässigt werden. Dies wurde später von der Netzwerktheorie aufgegriffen (Valente 1995; Schenk/Dahm/Sonje 1997; Friemel 2010, 2012).
2. Das soziologisch und ökonomisch orientierte Konzept der sog. *„kritischen Masse"* (Morris/Ogan 1996: 45), das bezüglich des „Take-off"-Punkts einer Innovation von Bedeutung ist, wurde erst in jüngeren Studien verwendet.
3. In den meisten Untersuchungen wird die Frage nach den *Entstehungsbedingungen* sowie nach den *sozialen Konsequenzen* von Innovationen ausgeblendet bzw. ethnozentrisch interpretiert. So wird der Diffusions-Innovationsforschung etwa von Forschern aus der Dritten Welt vorgeworfen, dass sie aus der (westlichen) Perspektive der Innovatoren formuliert sei, d.h. einen „Pro-Innovations" Bias betone (Beltran 1976).

6.4 Ko-Orientierung und Mediennutzung (Newcomb)

Wie einleitend erwähnt, basiert ein Großteil der Wirkungsforschung auf *intrapersonalen Konzepten* und Erklärungsansätzen wie Einstellungen und Nutzungsfunktionen. Im Gegensatz dazu bezieht sich die Perspektive der Ko-Orientierung nicht auf die Analyseeinheit des einzelnen Individuums, sondern auf *interpersonale Relationen* wie die Dyade oder die Kleingruppe. Kommunikationsverhalten wird so nicht nur durch Merkmale des Rezipienten selbst zu erklären versucht. Verhalten wird vielmehr als Funktion der Perzeption der Orientierungen und Verhaltensweisen der Interaktionspartner aufgefasst: *Ko-Orientierung*. Diese meta-theoretische Prämissen sind stark beeinflusst durch den Symbolischen Interaktionismus, der menschliches Verhalten im Zusammenhang mit den wechselseitigen Perzeptionen und Erwartungshaltungen der Interaktionspartner in sozialen Situationen analysiert (McLeod/Chaffee 1973).

Basis ist das von Newcomb (1953) formulierte Modell, wonach bei der Analyse von interpersonalen Beziehungen zwischen zwei Personen A und B eine *Sachdimension* (A-X und B-X) als gemeinsame Ko-Orientierung bezüglich einer Sache sowie eine *Beziehungsdimension* (A-B) relevant sind. Als System beeinflussen sich diese gegenseitig. Die Ko-Orientierungsanalyse konzentriert sich auf Veränderungen zwischen A-X-B über die Zeit hinweg. Als *Medienwirkungen* sind nicht auf einzelne Personen bezogene Effekte relevant, sondern *Veränderungen der Relationen zwischen Personen*, und zwar bezüglich ihrer gegenseitigen Perzeptionen: *Erhöhung von Verständigung* als Übereinstimmung der gegenseitigen Situationsperzeptionen.

Abb. 74 Ko-Orientierung zwischen Journalisten (A) und Lesern (B)

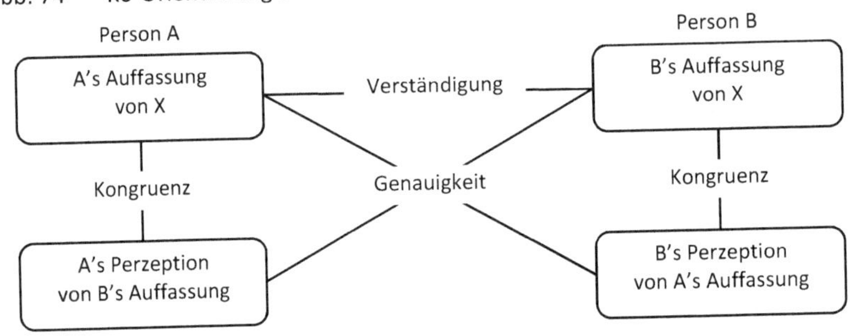

Folgende Aspekte müssen unterschieden werden: a) *Verständigung* als Ähnlichkeit in der Auffassung bezüglich der Sache (objektive Übereinstimmung), b) *Kongruenz* als perzipierte Ähnlichkeit zwischen eigener Auffassung und wahrgenommenem Standpunkt des Interaktionspartners und c) *Genauigkeit* als Übereinstimmung von perzipiertem Fremdstandpunkt mit der Fremdauffassung (vgl. Abb. 74).

Beispielstudie: Wissenschaftskommunikation
Tannenbaum (1963) hat bezüglich psychischer Krankheiten die Meinungen von Fachleuten (Psychologen und Psychiatern), Wissenschaftsjournalisten und Lesern verglichen. Die objektive Verständigung zwischen den Gruppen war erstaunlich hoch. Alle drei Gruppen hatten also eine ähnliche Auffassung hinsichtlich des Einstellungsobjekts. Trotz dieser Übereinstimmung schätzten die Journalisten die Einstellung ihrer Leser als abweichend ein (geringe Kongruenz). Während die faktische Übereinstimmung als *Verständigung* zwischen Journalisten und Leserschaft also hoch war, bestand auf der Ebene der *Kongruenz* und *Genauigkeit* zwischen *Fremdperzeption* der Leserschaft und deren tatsächlicher Auffassung keine Übereinstimmung. Eine genauere Analyse zeigte, dass die Vorstellungen der Journalisten von den vermeintlichen Ansichten ihrer Leserschaft vor allem mit dem von den Medien gezeichneten Bild übereinstimmten.

Rollenselbst-/Rollenfremdverständnis. Eine andere Anwendung findet die Idee der Ko-Orientierung bei Saxer (1992), der das Rollenverständnis von Politikern und Journalisten untersucht hat. Verglichen wird dabei das *Rollenselbstverständnis als Autostereotyp* mit dem perzipierten Rollenfremdbild der jeweils anderen Gruppe als *Heterostereotyp*: Sowohl Politiker wie Journalisten erwarten vom Journalismus, dass „Zusammenhänge aufgezeigt werden" (75% bzw. 81%)

und „neutral informiert" wird (64% bzw. 58%). Während es für Journalisten (58%) aber bedeutend wichtiger als für Politiker (32%) ist, Kontrollfunktionen gegenüber dem politischen System wahrzunehmen, betonen Politiker viel stärker, dass der Journalismus sowohl der Regierung und dem Parlament (71% vs. 46%) als auch den Parteien (42% vs. 10%) helfen sollte, deren Absichten bekannt zu machen (Saxer 1992: 106).

Ko-Orientierung als gegenseitige Anpassung. Noch allgemeiner bezeichnet Ko-Orientierung Prozesse, in denen sich ein Akteur an einer Referenzgruppe orientiert, deren Mitglieder sich wiederum an den übrigen Mitgliedern orientieren. Es handelt sich um einen gegenseitigen Anpassungsprozess, bei dem keine klare Unterscheidung von verschiedenen Rollen (wie bei der Unterscheidung zwischen Meinungsführern und Folgern) im Zentrum steht. Aufgrund der fortlaufenden gegenseitigen Anpassung sollte es über die Zeit hinweg auch dann zu einer „Verständigung" kommen, wenn die Fremdauffassung anfangs nur ungenau wahrgenommen wird (tiefe „Genauigkeit"; vgl. Abb. 74). Bei diesen Prozessen der Ko-Orientierung kommt der interpersonalen Kommunikation eine besondere Rolle zu. Neben der sozial interaktiven Funktion der interpersonalen Kommunikation über massenmediale Inhalte (vgl. Kap. 2.5 und 6.1), können durch solche Gespräche auch Normen etabliert werden, welche Medieninhalte in der Gruppe genutzt oder bewertet werden (Friemel 2017). Eine positive Korrelation zwischen der Häufigkeit von interpersonaler Kommunikation über Massenmedien und der Intensität ihrer Nutzung kann denn auch als ein Hinweis auf solche Ko-Orientierungsprozesse dienen. So zeigte sich, dass aktive Informationssuche durch das Vorhandensein von Gesprächspartnern stimuliert wird. Nach der sog. Zürcher-Studie (Saxer/Bonfadelli/Hättenschwiler 1980) erwähnten häufige Bücher- und Zeitungsleser unter den Heranwachsenden signifikant mehr, dass sie in der Familie mit den Eltern über Bücher und Zeitung sprachen. Clarke (1971) konnte zeigen, dass vor allem jene Jugendlichen nach einem Konzert zusätzliche Informationen wünschten, die mit anderen darüber gesprochen hatten oder über Gesprächspartner bezüglich Musik verfügten. Eine *netzwerkanalytische Umsetzung* des Ko-Orientierungs-Ansatzes für die Mediennutzung von Jugendlichen und deren interpersonalen Kommunikation liegt zudem von Friemel (2012, 2013) vor.

6.5 Third-Person-Effekt (Davison)

Phillips Davison wies 1983 erstmals auf ein neues Wirkungsphänomen hin, das mit Ko-Orientierung zusammenhängt: Menschen gehen im Allgemeinen davon aus, dass die anderen (engl. *third persons)* durch Medien stärker beeinflusst werden als sie selbst (engl. *first person)*. Diese Wahrnehmung von Effekten bei anderen Menschen (*Perzeptionshypothese*) kann gemäß dem „*Thomas-Theorem*" wiederum Rückwirkungen auf das eigene Verhalten haben (*Verhaltenshypothese)* (Davison 1983; Perloff 2009; Dohle 2013). Beispiel: Man perzipiert negative Effekte von Mediengewalt auf Kinder und Jugendliche und befürwortet als Erziehungsperson darum entsprechende Verbote. Die bloße Vermutung einer Medienwirkung kann also *indirekt* zu einer effektiven Wirkung führen.

Generalbefund. Perloff (1993) analysierte den *Forschungsstand* nach 10 Jahren und bilanzierte, dass 13 von 14 dazu durchgeführte empirische Untersuchungen den „Third Person"-Effekt bestätigen, wobei in zwei Untersuchungen die Befragten sich selbst als stärker beeinflusst sahen als die anderen. Paul/Salwen/Dupagne (2000) berechnen in ihrer Meta-Analyse von 32 Studien und 121 separaten Effekten einen mittleren Zusammenhang von r=0.50 (Pearson Produkt-Moment-Korrelation) zwischen der wahrgenommenen Wirkung auf sich selbst und auf andere Personen. Sun/Pan/Shen (2008) weisen auf statistische Mängel dieser Meta-Evaluation hin und kommen zu einem etwas tieferen mittleren Zusammenhang von r=0.31, der auf insgesamt 106 Studien und 372 separaten Effekten beruht.

Differenzierungen. Die Stärke des „Third-Person"-Effekts ist von verschiedenen Faktoren abhängig und so wurde im Verlauf der Forschung zunehmend nach mediatisierenden Variablen gesucht (Andsager/White 2007; Dohle 2013; Shen et al. 2015). Stärkere Third-Person-Effekte treten auf bei a) negativen Themen bzw. sozial unerwünschten Effekten wie negativen Wahlkampf-Spots, Pornografie, Diffamierung oder Gewalt, b) hohem Involvement oder subjektivem Wissen, c) perzipiertem negativem Bias der Quelle, d) höherer Bildung e) geringer Mediennutzung und f) größerer sozialer Distanz zur Referenzgruppe, die als „third person" perzipiert wird (Paul/Salwen/Dupagne 2000; Andsager/White 2007; Huck/Brosius 2007; Sun/Pan/Shen 2008).

Verursachende Prozesse. Wieso es zum „Third-Person"-Effekt kommt, wird in der Literatur unterschiedlich erklärt (Shen et al. 2015): a) In *kognitiver* Hinsicht wird davon ausgegangen, dass Mediennutzer trotz oder gerade wegen fehlendem Wissen über die Wirkungsmöglichkeiten der Medien (sog. *„media effects schemas")* in Bezug auf „Medienallmacht" sich aneignen würden. b) Gleichzeitig wird in *motivationaler* Hinsicht davon ausgegangen, dass Menschen bezüglich sich selbst die *Illusion der Unbeeinflussbarkeit* (biased optimism) – quasi als Selbstschutz – aufrecht erhalten müssen (Davison 1996; Brosius/Engel 1997). Während einzelne Studien mit dem Elaboration-Likelihood-Modell (vgl. Kap. 4.4.3), dem Hostile-Media-Phänomen (vgl. Kap. 6.6) oder der Theorie der sozialen Kategorisierung argumentieren, gelten die *Attributions-Theorie* und der *Biased Optimism* als die am stärksten verbreiteten Erklärungsansätze (Paul/Salwen/Dupagne 2000; Huck/ Brosius 2007).

Verhaltensrelevante Wirkung. Wie einleitend illustriert kann die bloße Vermutung eines Effekts (*engl. presumed influence*) auf andere (insbesondere die breite Bevölkerung) einen Einfluss auf das eigene Handeln haben. Tal-Or/Tsfati/ Gunther (2009) schlagen eine Kategorisierung von drei wesentlichen Wirkungstypen vor: a) Prävention, b) Koordination und c) normativer Einfluss. Prävention bezieht sich auf alle Versuche, die weitere Verbreitung im Allgemeinen oder für bestimmte Zielgruppen einzuschränken. Je stärker also die Wirkung auf andere eingeschätzt wird, z.B. von Pornografie oder Gewaltdarstellung, desto eher werden Zensurmaßnahmen befürwortet.

Während bei der *Prävention* noch versucht wird, die vermeintliche Wirkung der Medien einzudämmen, gehen die beiden anderen Ansätze davon aus, dass die Medien ihre Wirkung bereits entfaltet haben. Mit dem Stichwort der *Koordination* sind alle Einstellungs- oder Verhaltensänderungen gemeint, die in Zusammenhang mit dem Handeln anderer stehen. Wenn in den Medien z.B. über einen möglichen Liquiditätsengpass einer Bank berichtet wird und die Rezipienten davon ausgehen, dass deshalb andere Kunden versuchen werden, ihr Guthaben möglichst schnell abzuheben, wird man selbst versuchen, der Zahlungsunfähigkeit zuvor zu kommen und sein Geld zurückfordern. Die Furcht vor der Wirkung von Nachrichten auf die breite Bevölkerung kann also zu einer Art „Massenpanik" führen, wodurch das Problem erst manifestiert wird. Neben dieser negativen Gleichschaltung kann es selbstverständlich auch zu einer positiven Verstärkung oder gar zu einer bewussten Abgrenzung von der „Masse" kommen.

Der *normative Einfluss* unterscheidet sich von der oben erwähnten Koordination dadurch, dass es nicht um kurzfristige Nutzenmaximierung geht, sondern um den Effekt „stabilerer" sozialer Normen. Der Einfluss des Third-Person-Phänomens besteht hier darin, dass medienvermittelte Normen (dies kann auch durch Werbung sein) als effektiv geltende Normen perzipiert werden und dass das eigene Verhalten daran angepasst wird. Die empirische Umsetzung des Zusammenhangs zwischen sozialen Normen und individuellem Handeln erfolgte insbesondere im Bereich der Gesundheitskommunikation (Bonfadelli/Friemel 2010: 71ff.; Friemel/ Bonfadelli 2014). So konnte z.B. festgestellt werden, dass der wahrgenommene Einfluss von Botschaften zum *Thema Rauchen* einen Effekt ausübt auf die Empfänglichkeit von Jugendlichen bzgl. „Pro-Rauch"-Botschaften.

Beispiel. In Deutschland haben Peiser/Peter (2000) bei einer Stichprobe von 200 Personen a) die Perzeption des quantitativen TV-Konsums, b) die zielgerichtete Programmauswahl und in qualitativer Hinsicht c) sechs verschiedene Fernsehfunktionen abgefragt: Fernsehen, um sich zu informieren, zielgerichtete Nutzung, um sich zu unterhalten, aus Gewohnheit, um nicht allein zu sein und um eigene Probleme zu vergessen. Die Befragten hatten jeweils a) ihren eigenen Umgang mit dem Fernsehen, b) das Verhalten ihrer Bekannten und c) das Verhalten der übrigen Bevölkerung (engl. most others) einzuschätzen. – Als Basishypothese wurde postuliert, dass Menschen davon ausgehen, dass die anderen Menschen mehr Fernsehen, weil die Freizeitaktivität „Fernsehen" nach wie vor sozial als eher unerwünscht angesehen wird. Zudem wurde vermutet, dass die Modalitäten „Fernsehen, um sich zu informieren" und „Sich Programme zielgerichtet auswählen" positiv bewertet sind, d.h. auf diesen beiden Statements würde die Selbstbeurteilung im Vergleich zur Fremdbeurteilung höher ausfallen. Schließlich wurde postuliert, dass mit zunehmendem sozialem Abstand sich der Third-Person-Effekt verstärken würde.

Abb. 75 Third-Person-Effekt beim Thema „Fernsehen"

TV-Funktionen Skala: 1 – 4 Punkte	Eigen- vs. Fremdperzeption Selbst	 Bekannte	 Mehrheit
- gut 3 Std. pro Tag fernsehen	2.72	3.11	3.84
- fernsehen, um sich zu unterhalten	2.89	2.89	3.37
- aus Gewohnheit fernsehen	2.20	2.67	3.21
- fernsehen, um nicht allein zu sein	1.53	1.82	2.51
- fernsehen, um eigene Probleme zu vergessen	1.42	1.82	2.48
- fernsehen, um sich zu informieren	3.36	2.94	2.89
- TV-Programme zielgerichtet auswählen	3.28	2.92	2.57

(Quelle: Peiser/Peter 2000: 38)

Die Daten in **Fehler! Verweisquelle konnte nicht gefunden werden.** belegen, dass es bezüglich der Tätigkeit „Fernsehen" Third-Person-Effekte gibt. Auf der Nutzungsebene kann zunächst einmal festgestellt werden, dass die Nutzungsdauer bei sich selbst am geringsten und mit zunehmender sozialer Distanz höher eingeschätzt wird. Die gleiche Effektrichtung findet man auch bei den vier negativ besetzen Nutzungsfunktionen. Auch hier wird mit zunehmender sozialer Distanz der (negative) Einfluss als zunehmend eingeschätzt. Einzig beim Nutzungsmotiv der Unterhaltung besteht kein signifikanter Unterschied zwischen der Selbsteinschätzung und der Einschätzung von Bekannten.

Die beiden positiv besetzten Nutzungsverhalten der Information und der gezielten Nutzung illustrieren den *umgekehrten Third-Person-Effekt.* Demnach wird das eigene Nutzungsverhalten als informationsorientierter und zielgerichteter eingeschätzt als das von Bekannten und der anonymen Mehrheit.

6.6 Hostile-Media-Effekt

Der Hostile-Media-Effekt (HME) beschreibt den Umstand, dass Rezipienten meist das Gefühl haben, dass die Medienberichterstattung unausgeglichen ist und ihre eigene Position benachteiligt wird. Es wird also eine feindselige (engl. hostile) Verzerrung der Berichterstattung zugunsten einer Gegenposition wahrgenommen (Tsfati/Cohen 2013). Eine Meta-Analyse von 34 Studien zeigt die breite empirische Abstützung dieses Phänomens auf, und zwar mit einer durchschnittlichen Effektstärke von r=0.30 aus (Hansen/Kim 2011).

Beispiel. Vallone/Ross/Lepper (1985) stellten in einem Experiment fest, dass die Berichterstattung über das Beirut-Massaker von pro- und kontra-israelischen Studenten in den USA sehr unterschiedlich wahrgenommen wurde. Die pro-israelisch eingestellten Studenten bewerteten die Berichterstattung als unausgewogen und zwar zugunsten der Araber, während die pro-arabisch eingestellten Studenten die identischen Berichte als pro-israelisch wahrnahmen (vgl. Abb. 76). Bei allen sieben Fragen unterscheiden sich die pro-israelischen und pro-arabischen Studenten deutlich (p<.01). Bei den ersten vier Items weichen zudem beide Gruppen von einer neutralen Gruppe ab. Bei den Items 5 bis 7 ist kein Unterschied zwischen der neutralen und pro-israelischen Einstellung feststellbar.

Vor dem Hintergrund des Third-Person-Effekts (vgl. Kap. 6.5) überrascht auch nicht weiter, dass die Teilnehmer der Studie davon ausgegangen sind, dass die als feindselig wahrgenommene Medienberichterstattung auch einen negativen Einfluss auf die übrigen Zuschauer hat. Während die pro-israelischen Studenten davon ausgehen, dass aufgrund der Berichterstattung 68% der Zuschauer eine negativere Einstellung gegenüber Israel entwickeln werden, liegt die Schätzung der pro-arabischen Studenten bei lediglich 37%.

Abb. 76 Wahrgenommene Verzerrung der Medienberichterstattung

Berichterstattung zum Beirut-Massaker Frage (Skala)	pro-Israel	neutral	pro-Arabisch
1) Behandlung von Israel (1=gegen I.; 9=für I.)	2.9	3.8	6.7
2) angewendete Norm bei Israel im Vergleich zu anderen Ländern (1=höher; 7=tiefer)	2.1	3.0	5.0
3) Fokus auf Israels Rolle (1=zu hoch; 9=zu tief)	2.9	3.9	5.9
4) Argumente für Israel minus Argumente gegen Israel (1=gegen I; 9=für I.)	-3.6	-2.3	7.9
5) Anteil wohlwollender / unvorteilhafter Bezüge zu Israel	16/57	19/54	42/26
6) geschätzter Anteil der Zuschauer, die aufgrund der Berichterstattung negativer zu Israel eingestellt werden	68	65	37
7) Einschätzung der persönlichen Meinung der Redakteure (1=anti-I.; 9=pro-I.)	3.8	4.2	6.9

(Quelle: Vallone/Ross/Lepper 1985: 581)

Erklärungsansätze. Eine Erklärung für den Hostile-Media-Effekt ist *verzerrte Informationsverarbeitung*, wobei weiter nach selektiver Erinnerung, selektiver Kategorisierung und unterschiedlichen Standards differenziert werden kann (Schmitt/Günther/Liebhart: 2004). Der Erklärungsansatz der *selektiven Erinnerung* vermutet, dass Personen den „gegnerischen" Argumenten mehr Aufmerksamkeit schenken oder intensiver verarbeiten und diese dadurch auch salienter sind. Denkbar ist aber auch, dass sich die Anhänger zweier Lager zwar an die gleichen Argumente erinnern (also keine selektive Erinnerung vorliegt), diese aber unterschiedlich kategorisieren. Die *selektive Kategorisierung* besteht z.B. darin, dass auch neutrale oder wohlwollende Argumente als feindselig wahrgenommen werden. Als Erklärung der *unterschiedlichen Standards* wird vermutet, dass selbst wenn keine selektive Erinnerung oder Kategorisierung vorliegt, eine Verzerrung eintreten kann, indem Argumente für die Gegenpartei nicht als themenrelevant oder als ungültig angesehen werden. Es werden also unterschiedliche Standards angewendet, was die Relevanz und Gültigkeit der Argumente betrifft. Empirische Studien legen nahe, dass verzerrte Informationsverarbeitung primär durch *selektive Kategorisierung* entsteht (Schmitt/Günther/Liebhart: 2004; Gunther/Liebhart 2006).

Gunther und Liebhart (2006) stellten zudem fest, dass die *Quelle der Berichterstattung* einen wesentlichen Einfluss darauf hat, ob eine selektive Kategorisierung stattfindet und somit ein Hostile-Media-Effekt feststellbar ist. Je größer die Reichweite eines Mediums und je einflussreicher der Absender eingeschätzt wurde, desto ausgeprägter war der Effekt. Zudem gibt es breit abgestützte Hinweise, dass der Effekt mit der *Involviertheit* des Rezipienten zunimmt (Hansen/Kim 2011). Je wichtiger einer Person also ein Thema ist, desto eher wird die Berichterstattung als verzerrt wahrgenommen. Das kann durch das Lesen von Kommentaren bei Online-Nachrichten zusätzlich verstärkt werden bzw. bei hohem Involvement werden auch die Kommentare eher fehlinterpretiert (Lee 2012). Sozialpsychologisch lässt sich der Hostile-Media-Effekt durch das *Konzept der sozialen Identität* (engl. social identity theory) erklären. Je involvierter jemand ist, desto eher wird die soziale Identität und somit die Unterscheidung zwischen In- und Out-Group aktiviert (Matheson/Dursun 2001; Reid 2012).

6.7 Soziale Netzwerke der Kommunikation

Kommunikation ist ein Phänomen, das per Definition mindestens zwei Akteure umfasst, im Fall der Massenkommunikation meist eine Vielzahl von Akteuren. Ansätze wie der Third-Person- und Hostile-Media-Effekt (vgl. 6.5 und 6.6) oder die Theorie der Schweigespirale (vgl. Kap. 6.8) berücksichtigen die Existenz des sozialen Kontexts und dessen Einfluss auf die Medienwirkung beim einzelnen Rezipient lediglich im Sinne von wahrgenommenen Mehrheitsmeinungen und diffus definierten Bezugsgruppen. Im Gegensatz dazu wird bei der Analyse sozialer Netzwerke (Friemel 2005; Stegbauer 2005) die Kommunikations- und Einflussstruktur zwischen den Akteuren im Detail untersucht.

Ursprung und Entwicklung. Die theoretischen Ursprünge der sozialen Netzwerkanalyse reichen bis ins späte 19. Jahrhundert zurück aber der eigentliche Durchbruch zu einer etablierten Forschungsrichtung erfolgte erst in den 1970er-Jahren (Freeman 2004). Ausgehend von der Soziologie wurde die Netzwerkanalyse in der Zwischenzeit in den meisten Sozialwissenschaften aufgegriffen und auch der bereits vorgestellte Ansatz des Two-Step-Flow (vgl. Kap. 6.2) und die Diffusionsforschung (vgl. Kap. 6.3) lassen sich in diese Entwicklungsgeschichte einordnen (Rogers/Kincaid 1981; Schenk 1984; Richards/Barnett 1993).

In der Kommunikationswissenschaft lassen sich Netzwerke auf unterschiedlichen Ebenen untersuchen: internationale Kommunikationsströme, Netzwerke zwischen Politikern und Journalisten oder die Linkstruktur im Internet (Friemel 2005). Im Zusammenhang mit der Medienwirkungsforschung interessieren an dieser Stelle insbesondere die sozialen Netzwerke der Rezipienten und ihrer interpersonalen Kommunikation.

Abb. 77 Idealtypische Struktur von Kommunikationsnetzwerken (Small-World)

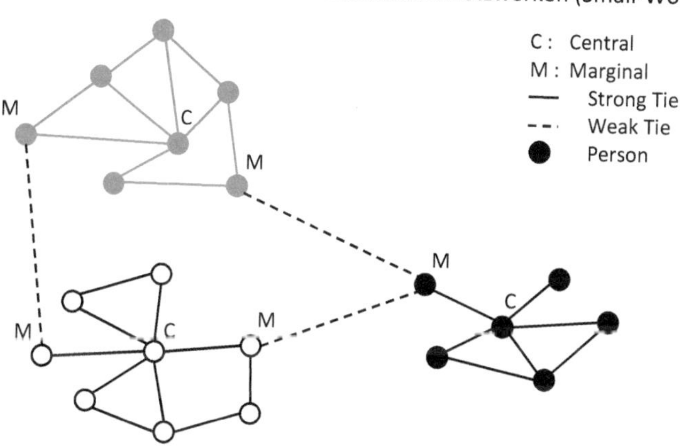

Small-World-Struktur. Die Gesamtstruktur von Netzwerken der interpersonalen Kommunikation kann als sog. Small-World-Struktur (Travers/Milgram 1967) bezeichnet werden. Das heißt, dass das Netzwerk keine zufällige Struktur aufweist, sondern dass es viele dicht vernetzte Cluster gibt, die wiederum durch ein paar wenige Verbindungen zusammengehalten werden. Abb. 77 stellt diese Struktur schematisch dar. Die Punkte repräsentieren einzelne Personen und die Grauschattierung ihre Eigenschaft (z.B. Wissen oder Einstellung). Auch die Verbindungen zwischen den Personen können unterschiedliche Ausprägungen aufweisen (z.B. starke vs. schwache Beziehung). Der Begriff „Small World" geht auf ein Experiment von Travers und Milgram (1969) zurück, die untersuchten, wie viele Personen notwendig sind, damit ein Paket von einer Person an der Westküste der USA an eine bestimmte Person an der Ostküste gelangt, (und umgekehrt), wenn das Paket jeweils nur an persönlich bekannte Personen weitergereicht werden kann. Die durchschnittliche Anzahl notwendiger „Mittelsmänner" betrug 5,2, woraus sie schlossen, dass man in durchschnittlich sechs Schritten jede Personen erreichen kann. Für die *Diffusion* von Informationen bedeutet diese geringe mittlere Distanz zwischen zwei beliebigen Personen, dass sich eine Information theoretisch sehr schnell im gesamten Netzwerk ausbreiten kann. Da die Diffusion einer Information meist wenig zielgerichtet und schon gar kein koordinierter Prozess ist (bei dem die einzelnen Personen den Überblick haben und gezielt Uninformierte ansprechen), führt die Kommunikation in sozialen Netzwerken häufig zu Redundanzen. Durch die dicht vernetzten Cluster ist nämlich die Wahrscheinlichkeit groß, dass eine Person informiert wird, welche die Information bereits hat. Gleichzeitig kann eine Gruppe von Personen relativ lange von der Information abgeschnitten bleiben, wenn die Information nicht durch eine der „wenigen" Verbindungen von außen in die Gruppe eingebracht wird.

Starke und schwache Beziehungen. Der Verbindung zwischen den Clustern kommt bei der Ausbreitung von Informationen (oder Meinungen) also eine besondere Bedeutung zu. Der Umstand, dass die Verbindungen zwischen den Clustern oftmals losere Beziehungen (engl. weak ties) darstellen und enge Beziehungen (engl. strong ties) eher innerhalt von Clustern vorkommen (vgl. Abb. 77), erklärt, wieso man auch von der „Stärke der schwachen Beziehungen" spricht (engl. „*strength of weak ties*"). Mark Granovetter (1973) stellte in seiner vielbeachteten Untersuchung zum Informationsfluss bezüglich der Suche nach Arbeitsstellen fest, dass die wertvollen Informationen nicht von den engsten Freunden also aus dem eigenen Cluster stammen, sondern eher von lose Bekannten außerhalb des Clusters.

Zentrale und marginale Postitionen. Der Befund wirft hinsichtlich der strukturellen Position der Meinungsführer die Frage auf, wo sich diese befinden. Bilden sie die Brückenköpfe (Liaisons) zwischen verschiedenen Cluster oder befinden sie sich eher im Zentrum eines Clusters und sind mit allen Mitgliedern gut vernetzt? Beide Positionen scheinen für die Ausbreitung von Informationen und die Beeinflussung von anderen bedeutsam zu sein. Die Konzeptualisierung des „Meinungsführers" in der Tradition des Two-Step-Flow der Kommunikation (vgl. Kap. 6.2) entspricht eher der Rolle eines zentralen Akteurs „C" (engl. centrals), der in ein enges Beziehungsgefüge eingebunden ist (vgl. Abb. 77). Dies ergibt sich nicht zuletzt aus der Art, wie Netzwerke bestimmt und Meinungsführer identifiziert werden. Typischerweise wird dabei nach den wichtigsten Bezugspersonen oder häufigsten Gesprächspartnern gefragt (und nicht etwas nach losen Bekannten) und Personen mit vielen Verbindungen werden als „Meinungsführer" definiert.

Die enge Eingebundenheit der so definierten „Meinungsführer" bringt jedoch zwei limitierende Faktoren mit sich, welche einem idealen „Meinungsführer" widersprechen. Zum einen ist der „Meinungsführer" auf die Zulieferung neuer Informationen durch die Brückenköpfe angewiesen und zum anderen bedeutet die enge Eingebundenheit nicht zwingend, dass ein großer Einfluss auf die anderen Personen ausgeübt werden kann, sondern dass der vermeintliche Meinungsführer im Gegenteil besonders stark von den Meinungen der übrigen Gruppenmitglieder abhängig ist (*Gruppendruck*). Denn basierend auf der Balancetheorie (vgl. Kap. 4.3.1) ist davon auszugehen, dass innerhalb einer eng vernetzten Gruppe ein stärkerer Konformitätsdruck herrscht als in losen Netzwerken (ohne geschlossene Triaden). Bereits in den „Columbia-Studien" wurde festgestellt, dass die stark eingebundenen „Führer" eher die Gruppennorm repräsentieren und nicht besonders innovativ sind. Berelson, Lazarsfeld und McPhee (1963: 113) meinen denn auch: „Those men can better lead who are traveling the same road as their followers but are a little ahead." Den Meinungsführern wird also nicht blind in jegliche Richtung gefolgt. Im Gegenteil, sie schlagen den Weg ein, der durch die Gruppe vorgegeben wird und sind der Gruppe bloß etwas voraus (Katz/ Lazarsfeld 1962: 119). Inwiefern der Begriff des „Führers" aufgrund dieser Erkenntnis überhaupt noch angemessen ist, kann durchaus diskutiert werden.

Die oben erwähnten Brückenköpfe werden häufig auch als „*Marginals*" bezeichnet (vgl. „M" in Abb. 77), da sie sich in der Regel am Rande eines Clusters befinden und nur „marginal" in das lokale Netzwerk eingebunden sind. Weimann (1982) konnte bei der Analyse des Kommunikationsnetzwerkes in einem Israelischen Kibutz mit 270 Personen aufzeigen, dass der größte Teil der Informationen zwischen den Clustern über die Marginals fließt, während die Centrals definitionsgemäss für die schnelle Verbreitung innerhalb eines Clusters zuständig sind.

Beeinflussung und Selektion. Die Meinungsführer- und Diffusionsforschung ging lange Zeit von einer relativ stabilen Netzwerkstruktur aus. Man interessierte sich primär für die Veränderungen bei den Personen (Informiertheit oder Meinung) und versuchte, dies durch die bestehenden Kommunikationsbeziehungen und die Eigenschaften der übrigen Personen im Netzwerk zu erklären.

Bei dieser Betrachtung wird jedoch vielfach übersehen, dass nicht nur die Informiertheit/Meinung der Personen variabel ist, sondern auch ihr Netzwerk. Wenn eine Gruppe von Personen einer Meinung ist, so muss dies nicht zwingend das Resultat von Beeinflussungsprozessen sein, sondern kann genauso gut durch Selektionsprozesse entstehen (Friemel 2015). In der Tat zeigt sich, dass soziale Beziehungen wie Freundschaften wesentlich durch Selektionsprozesse bestimmt werden, in dem eine Person bevorzugt solche Personen auswählt, welche ihr ähnlich sind und Beziehungen zu abweichenden Personen aufgelöst werden (Lazarsfeld/Merton 1954). Diese homophile Selektion führt genauso wie die Beeinflussung zu homogenen Netzwerken, in denen z.B. die gleiche politische Einstellung vertreten wird oder die gleichen Medieninhalte genutzt werden (Rogers/Bhowmik 1971; McPherson/Smith-Lovin/Cook 2001; McPherson/Smith-Lovin/Brashears 2006; Friemel 2012, 2013). In Abb. 77 wird diese Homogenität durch die gleiche Graustufe innerhalb der Cluster dargestellt. Untersuchungen von Beeinflussungsprozessen müssen deshalb auch mögliche Selektionsprozesse berücksichtigen, da ansonsten die Stärke der Beeinflussung überschätzt wird (Steglich/Snijders/Pearson 2010; Friemel 2015).

Medienbezogene Studien, welche sowohl Selektions- wie auch Beeinflussungsprozesse berücksichtigen, liegen für Musikgeschmack (Steglich/Snijders/West 2006) und die Nutzung von TV-Sendungen vor (Friemel 2012). In beiden Studien wurde festgestellt, dass in sozialen Netzwerken bezüglich der Mediennutzung Homogenität vorherrscht. Befreundete Personen sprechen häufig miteinander, nutzen tendenziell also ähnliche Medieninhalte. Zudem zeigte sich, dass für diese Homogenität primär Selektionsprozesse verantwortlich sind. Steglich, Snijders und West unterschieden in ihrer Studie zwischen drei breit gefassten Musikstilen (Techno, Rock und Klassik) und konnten für „Techno" und „Rock" signifikante Selektionsprozesse in den Freundschaftsnetzwerken von Jugendlichen feststellen. Friemel untersuchte die Gesprächsnetzwerke in Schulklassen im Zusammenhang mit der Fernsehnutzung und zwei spezifischer Genres. Auch hier zeigte sich, dass die festgestellte Homogenität primär durch Selektionsprozesse und nicht etwa durch eine gegenseitige Beeinflussung erklärt werden kann (Friemel 2012).

6.8 Theorie der Schweigespirale (Noelle-Neumann)

Die Theorie der Schweigespirale ist in den 1970er-Jahren von Elisabeth Noelle-Neumann, der damaligen Leiterin des Instituts für Demoskopie Allensbach, im Kontext ihrer Wahlanalysen einerseits und des zentralen Stellenwerts des Fernsehens andererseits entwickelt worden Sie ging dabei von der Prämisse *„Return to* *the Concept of Powerful Mass Media"* (Noelle-Neumann 1973, 1982) aus. Der Ansatz basiert auf Grundkonzepten der Einstellungs- und Gruppentheorie und steht in der Tradition der Wahlforschung von Lazarsfeld (Langenbucher 2008). – Erst später ist die Schweigespiralen-Theorie auch in der *amerikanischen Forschung* breit rezipiert und umgesetzt worden (Salmon/Glynn 1996; Scheufele/Moy 2000).

Prämissen bzgl. der Medien. Nach Noelle-Neumann ist die Wirksamkeit eines Mediums umso stärker, je weniger es den schützenden Mechanismus der selektiven Wahrnehmung zulässt. Dies gilt nach ihr besonders für das suggestiv-authentische und dadurch glaubwürdige Medium „Fernsehen". Das starke Wirkungspotenzial des Fernsehens fasst sie in drei Begriffe: 1) *Kumulation:* stete Wiederholung von Botschaften als Folge der Periodizität und Agenda-Setting-Funktion der Medien; 2) *Konsonanz:* bewertungsmäßige Ähnlichkeiten in den publizistischen Aussagen, die nicht auf Übereinstimmung mit der Wirklichkeit basiert, sondern durch selektive Auswahl der Journalisten aufgrund übereinstimmender Nachrichtenwerte oder politischen Präferenzen zustandekommt; 3) *Öffentlichkeitseffekt:* Jeder weiß, dass alle eine Botschaft sehen, hören und erfahren können.

Abb. 78 Schematische Darstellung der Schweigespirale

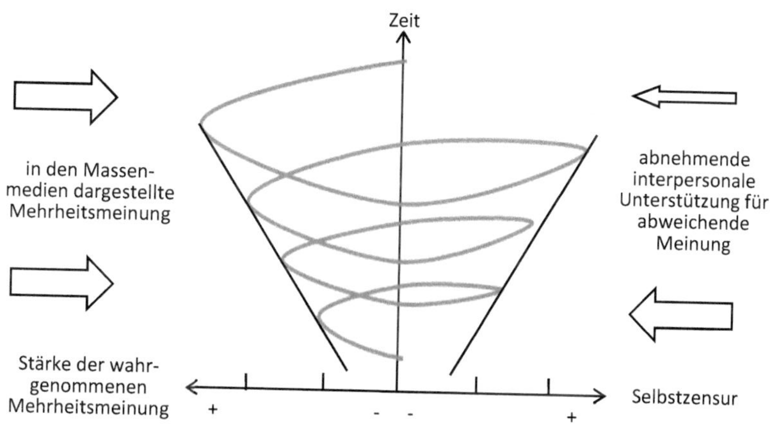

Prämissen bzgl. der Rezipienten. Nach Noelle-Neumann veranlasst die soziale Natur des Menschen diesen, *Isolation zu fürchten* und keine der Mehrheitsmeinung widersprechende Position einzunehmen. Personen beobachten darum ständig aufmerksam ihre *Umwelt,* die sie sowohl über die Massenmedien und der darin dargestellten *Mehrheitsmeinung* wie auch im persönlichen Umfeld und den im Gespräch geäußerten Positionen erfahren. Diesen Prozess bezeichnet sie als *quasistatistische Wahrnehmung der öffentlichen Meinung.* Das soziale Konsonanzstreben wird gleichsam als anthropologische Konstante mit der sozialen Natur des Menschen gleichsetzt (vgl. Kap. 4.3.1 zur Balancetheorie).

Zeitliche Dynamik. Der sich selbst verstärkende Prozess der Schweigespirale basiert auf der gegenseitigen Abhängigkeit der Stärke der wahrgenommenen Mehrheitsmeinung und der vom Individuum vorgenommenen Selbstzensur. Je dominanter eine (vermeintliche) Mehrheitsmeinung eingeschätzt wird, desto eher wird Selbstzensur ausgeübt, falls man abweichender Meinung ist. Durch das Schweigen, verstärkt sich wiederum der Eindruck für andere, dass es keine abweichenden Meinungen gibt. Und die Mehrheitsmeinung wird in der Folge als zunehmend stärker eingeschätzt. Anders ausgedrückt: Die interpersonale Unterstützung, eine abweichende Meinung zu vertreten, nimmt im Zeitverlauf ab. Der Einfluss der Medien bleibt hingegen konstant, spielt aber (so die Annahme) für das Funktionieren der Schweigespirale, eine entscheidende Rolle. Die Medien können demgemäß gar eine effektive Minderheitsmeinung als Mehrheitsmeinung darstellen und zu einem Umschwung der öffentlichen Meinung führen.

Abb. 79 Allensbacher Wahldaten 1976

vermutete Wahlsieger	März n=1.052	Juli n=925	September n=1.005
CDU/CSU	47%	40%	36%
SPD/FDP	27%	33%	39%
unentschieden/w.n.	26%	27%	25%
Total	100%	100%	100%

Nutzung politischer Fernsehsendungen	häufig		selten	
	März n=175	Juli n=175	März n=118	Juli n=118
CDU/CSU	47%	34%	36%	38%
SPD/FDP	32%	42%	24%	25%
unentschieden/w.n.	21%	24%	40%	37%
Total	100%	100%	100%	100%

vermutete Wahlsieger	Bevölkerungsgruppen	
	Rezipienten	Journalisten
CDU/CSU	40	10
SPD/FDP	33	76
unentschieden/w.n.	27	14
Total	100% (n=1.256)	100% (n=100)

(Quelle: Noelle-Neumann 1982: 228ff)

Beispiel Wahlniederlage von CDU/CSU 1976. Noelle-Neumann behauptet aufgrund ihres Modells, dass das Fernsehen 1976 beim Sieg der SPD/FDP wahlentscheidend gewesen sei. Nach ihr haben die übereinstimmenden politischen Orientierungen der TV-Journalisten zu einer wirklichkeitsverzerrenden und konsonant die Linkskoalition begünstigenden Berichterstattung geführt. Dieses Meinungsklima habe nach den Daten ihres Allensbacher-Instituts vor allem bei den *starken* TV-Nutzern dazu geführt, dass diese ihre politische Haltung nicht mehr öffentlich geäußert hätten (vgl. Abb. 79). Die so in Gang gesetzte Schweigespirale habe letztlich zu einem Umschwung der politischen Einstellungen geführt (vgl. Noelle-Neumann 1983: 227ff.; Potthoff 2013: 173ff..

Kritik. Es erstaunt nicht, dass es vor allem in Deutschland zu starken *politischen Kontroversen* um die Theorie der Schweigespirale gekommen ist (Kiefer 1977; Noetzel 1978; Atteslander 1980; Merten 1983, 1985b; Schönbach 1983b), was sich später z.B. in der verstärkten parteipolitischen Kontrolle des öffentlich-rechtlichen Fernsehens niedergeschlagen hat. Die *These vom wahlentscheidenden Einfluss des Fernsehens* ist aber bis heute umstritten geblieben. Kritisiert wurden sowohl die Prämissen der Theorie, deren methodische Umsetzung wie auch die Interpretation der Befunde:

1. Kritisiert und empirisch überprüft wurde die quasi anthropologische *Prämisse, aus Isolationsfurcht würden Menschen nicht zu ihrer Meinung stehen* (vgl. Glynn/Hayes/Shanahan 1997). Gerhards (1996) zeichnet ein differenziertes Bild: Nach ihm gibt es nur 3,5% sog. Anpasser, aber 5% Missionare; 39% Reder und 31% Schweiger, d.h. Menschen, die in allen Situationen ihre Meinung äußern bzw. verschweigen. Diese Verteilung entspreche einer generellen Kommunikationsbereitschaft bzw. Nichtbereitschaft zur Teilnahme an der Öffentlichkeit, die themenunabhängig zu sein scheint. Die von Noelle-Neumann fokussierte *Gruppe der Anpasser* bildet also nur eine kleine Minderheit. In Ergänzung belegt die Studie von Lasorsa (1991), dass die Redebereitschaft nicht nur vom Meinungsklima abhängig ist, sondern beträchtlich variiert, und zwar in Abhängigkeit von Faktoren wie politisches Interesse, Selbstwirksamkeit (engl. self-efficacy), Betroffenheit durch das Thema, Ausmaß der Mediennutzung und Gewissheit der persönlichen Meinung.
2. Schönbach (1983b) hat sich mit der Behauptung der *„Macht des Fernsehens"* auseinandergesetzt: a) Nach ihm relativieren amerikanische Studien den Einfluss der Medien im Wahlkampf stark im Vergleich zu politischen Faktoren einerseits, aber auch zur Bedeutung der interpersonalen Kommunikation andererseits. b) Im *Medienvergleich* finden sich zudem vielfach Belege für eine starke *Effektivität der Presse* sowohl auf das Image der Politiker als

auch im Prozess des Agenda-Settings. c) Zudem kritisiert er das überholte *„Stimulus-Response-Wirkungsmodell unter erschwerten Bedingungen"* von Noelle-Neumann, die nur aufgrund des Medienangebots argumentiert.

3. Speziell der Wahlanalyse von 1976 wurde vorgeworfen (z.B. Kiefer 1977; Merten 1983), dass Noelle-Neumann *keine Inhaltsanalyse* der TV-Berichterstattung durchgeführt hatte. Hinzu kommt, dass die von ihr verwendete *Journalistenbefragung* vermutlich zur Mehrheit auf Print- und nicht auf Fernsehjournalisten beruht. Zudem wurden diese nur bezüglich der Wahlchancen der Parteien und nicht über ihre persönliche politische Präferenz bzw. ihre Berichterstattung befragt.
4. M*ethodisch* wurde Noelle-Neumann vorgehalten, dass ihre Analysen meist nur auf *bivariaten Zusammenhängen* beruhen, d.h. weitere intervenierende Drittfaktoren nicht kontrolliert wurden, was Behauptungen über kausale Wirkprozesse stark einschränkt. Insbesondere überzeugt nicht, dass sie nur die Nutzung politischer Fernsehsendungen, nicht aber die Zuwendung zur Presse oder anderer Wahlinformation berücksichtigte.
5. Weitere methodische Punkte betreffen Fragen der *Operationalisierung* und der *Validität:* a) Als abhängige Variable werden nur die Erwartungen über den Wahlausgang benutzt; das eigene faktische Wahlverhalten wird nicht berücksichtigt. b) Die *Redebereitschaft* wird mit einer Frage nach dem Gesprächsverhalten in der *hypothetischen Situation* einer fünfstündigen Eisenbahnfahrt operationalisiert: Ob man mit einer fremden Person, die eine zur eigenen Meinung abweichende Position vertritt, über ein kontroverses Thema diskutieren und die eigene Meinung vertreten würde. Erstaunlich ist, dass nicht nach der Häufigkeit des faktischen Kommunikationsverhaltens in der Rolle des Redens aber auch Zuhörens gefragt wird. c) Differenziert wird auch nicht zwischen der faktischen und der perzipierten Minoritätsposition. Es kann ja sein, dass Personen, die aufgrund vorliegender Umfragen *faktisch* eine Minderheitsmeinung vertreten, sich *subjektiv* aber als Vertreter der Mehrheitsmeinung einschätzen und umgekehrt.
6. Zudem ist anzunehmen, dass die postulierten psychologischen Mechanismen auch von *kulturellen Werten* (z.B. Individualismus vs. Kollektivismus) abhängig sind (Scheufele/Moy 2000). So konnte bei einem Vergleich zwischen den USA und Taiwan festgestellt werden, dass die Schweigespirale in einer *kollektivistischen Gesellschaft*, welche sich stärker am Gemeinwohl orientiert, eher eintritt als in einer *individualistischen Gesellschaft* wie den Vereinigten Staaten (Huang 2005). Der für Taiwan festgestellte Effekt der reduzierten Redebereitschaft bei einer vermeintlichen Minderheit wird indes nicht auf die postulierte Furcht vor Isolation zurückgeführt, sondern dient vielmehr der *Wahrung kollektiver Harmonie.*

Trotz der oben bilanzierten vielfältigen Kritik wurde die Theorie der Schweigespirale in weiteren Studien untersucht und neuerdings auch auf *Phänomene der Online-Kommunikation* angewendet (z.B. Schulz/Roessler 2012; Tsfati/Stroud/Chotiner 2014). Dabei argumentieren Porten-Cheé/Eilders (2015) etwa, dass die Präferenz für „user-generated content" zu einer anderen Wahrnehmung des Meinungsklimas führe als bei der Präferenz für klassische Medien. Ihre Resultate bestätigten dies jedoch nicht.

Zusammenfassend betrachtet gilt: Die vorliegenden Befunde (Roessing 2011: 57ff.) sind wenig konsistent und widersprüchlich, was Salmon/Glynn (1996: 177) zur kritischen Einschätzung veranlasste:

> „While the empirical evidence shows that some individuals are reluctant to express minority viewpoints in some settings on some topics with some people, the magnitude of the phenomenon is not nearly as pronounced as is implied in the Noelle-Neumann's claims and generalizations."

6.9 Anwendungsbeispiel: politische Kommunikation

Die Frage ob nun die Massenmedien oder die interpersonale Kommunikation einen stärkeren Einfluss auf die politische Meinungsbildung haben, oder ob die beiden Kommunikationsformen sich womöglich gar neutralisieren, beschäftigt die Wissenschaft auch gut 70 Jahre nach den ersten Columbia-Studien (vgl. Kap. 6.2) noch immer. Ein guter Überblick über die Thematik liefert Schmitt-Beck (2000, 2012), der die politische Kommunikation und das Wählerverhalten in mehreren Ländern untersucht hat (vgl. Kap. 6.9.1). Die Studie von Eveland (2004) diskutiert anschliessend, wie der vielfach festgestellte Zusammenhang zwischen Gesprächshäufigkeit und politischem Wissen erklärt werden kann (vgl. Kap. 6.9.2). – Die Fragestellung hat dabei im Kontext des Social Web neue Relevanz erlangt.

6.9.1 Interpersonale Kommunikation versus Massenmedien

Auf einer allgemeinen Ebene unterscheidet Schmitt-Beck (2000: 380) zwischen einer Konkurrenz- und einer Interaktionsthese. Die *Konkurrenzthese* geht davon aus, dass die Massenmedien und die interpersonale Kommunikation unabhängig voneinander wirken und von Interesse ist, welche der beiden Kanäle einen stärkeren Einfluss auf die Rezipienten hat. Hierbei zeigt sich, dass die interpersonale Kommunikation in der Mehrheit der Fälle von wesentlich größerer Bedeutung für die Erklärung des Wählerverhaltens war als die Massenkommunikation. Dies bedeutet jedoch nicht, dass Massenmedien wirkungslos sind, denn ein Großteil der Inhalte, welche interpersonal diskutiert werden, stammt ursprünglich aus den Medien. Dieser Umstand leitet über zur Interaktionsthese, welche von einer Wechselwirkung beider Kommunikationsformen ausgeht. Dabei kann unterschieden werden zwischen der Sekundärdiffusion und der Filterthese.

Die *Sekundärdiffusion* entspricht der Idee des Two-Step-Flow, dass Informationen und Argumente aus den Massenmedien in der interpersonalen Kommunikation weitergeleitet werden. Schmitt-Beck (2000: 385) findet keine empirische Unterstützung für diese These und kommt zum Schluss, dass die interpersonale Kommunikation nicht nur als „Transmissionsriemen für Medienbotschaften" fungiert, sondern eine „eigenständige politische Einflussquelle" darstellt.

Die *Filterthese* geht von der umgekehrten zeitlichen Abfolge aus. Hier interessiert der Einfluss der interpersonalen Kommunikation auf die Wirkung der Massenmedien (und nicht umgekehrt, wie dies bei der Sekundärdiffusion der Fall ist). Untersucht wurde unter anderem der Einfluss der interpersonalen Kommunikation auf die Agenda-Setting-Funktion der Massenmedien (vgl. Kap. 5.1) oder auch möglicher Priming-Effekte (vgl. 5.1.2), ohne jedoch zu konsistenten Befunden zu gelangen (Schmitt-Beck 2000: 387). In seiner eigenen Studie erhebt Schmitt-Beck sog. Ego-Netzwerke um zu untersuchen, ob die Homogenität bzw. Heterogenität des unmittelbaren Gesprächsnetzwerkes einen Einfluss hat auf die Wirkung der Massenmedien. Homogen ist ein Ego-Netzwerk dann, wenn die Gesprächspartner einer Person die gleiche politische Einstellung aufweisen. Er kommt zum Schluss, dass die Filterthese insofern bestätigt werden kann, als die Homogenität eines Netzwerks das Einflusspotenzial der Medien verstärkt, wenn diese zur Gruppenmeinung konsonante Botschaften beinhaltet und bei abweichenden Medieninhalten abgeschwächt bzw. eben „gefiltert" wird (ebd. 403).

Partheymüller/Schäfer (2013) haben im Rahmen der nationalen Wahlstudie „German Longitudinal Election Study" mittels einer repräsentativen Telefonbefragung das Informationsverhalten der Bürger im Bundestagswahlkampf 2013 in Deutschland untersucht, wobei die traditionellen Massenmedien (Presse, TV) und die neuen Medien (Informationsangebote, soziale Netzwerke) einerseits, aber auch Gespräche mit Familie, Freunden und Bekannten andererseits sowie die Beachtung der Kampagnen der Parteien analysiert wurden.

Sie bilanzieren, dass moderne Wahlkämpfe unter den Bedingungen eines komplex ausdifferenzierten politischen Informationsangebots stattfinden. Nach wie vor ist das habitualisierte Informationsverhalten bei den *Printmedien* (60% Lokal-/Regionalzeitungen) zusammen mit der Nutzung der *TV-Nachrichten* vor allem von ARD und ZDF (75% - 80%) zentral und bleibt während des Wahlkampfs auf einem stabil hohen Niveau. Im Vergleich dazu spielt das *Internet* erst eine untergeordnete Rolle, d.h. ist nur bei 25%-30% die am häufigsten genutzte Quelle. Komplementär zu den Medien werden *persönliche Gespräche* vor allem in den letzten vier Wochen vor der Wahl wichtig (45% zu Beginn und 70% gegen Ende des Wahlkampfs), wobei Interesse an Politik und Wahlkampf diese begünstigen. Interessant ist der Befund, dass in *Sozialen Netzwerken* im Unterschied zu Online-Nachrichtenangeboten offenbar auch Personen ohne eine starke intrinsische politische Motivation mit politischen Informationen in Kontakt geraten (Partheymüller/Schäfer 2013: 587). Auch die Parteiwerbung – vorab in Presse, TV und Radio – wird im Laufe des Wahlkampfs stärker wahrgenommen. Mit rund 10% ist die Nutzung der Webseiten von Parteien eher marginal.

6.9.2 Interpersonale Kommunikation und politische Informiertheit

Wie im Kapitel zur Wissenskluft (vgl. Kap. 7.2) ausgeführt wird, ist die Häufigkeit der interpersonalen Kommunikation ein wesentlicher Einflussfaktor für die politische Informiertheit der Bevölkerung. Personen, welche häufig über politische Themen sprechen – z.B. während Wahlkämpfen (Eveland 2004; Eveland/Thomson 2006; Eveland/Hutchens Hively 2009) oder Referendumskampagnen (Bonfadelli/Friemel 2012) – weisen auch ein höheres politisches Wissen auf.

Eveland (2004) untersucht drei mögliche Erklärungen für dieses Phänomen. Die *Expositions-Erklärung* greift die Idee des Two-Step-Flow auf (vgl. Kap. 6.2) und geht davon aus, dass die Rezipienten durch interpersonale Kommunikation zusätzliche Informationen erhalten. Die zweite Erklärung ist vom Uses-and-Gratifications-Ansatz inspiriert (vgl. Kap. 2.5) und betont die *antizipierte Verarbeitung*. Rezipienten verarbeiten demnach mediale Informationen intensiver, wenn sie annehmen, dass sie sich später mit anderen Personen darüber unterhalten werden. Die dritte Erklärung betont schlussendlich die Informationsverarbeitung während der Gespräche als *diskussionsgenerierte Verarbeitung*.

Konsonant zu Schmitt-Beck (2000) konnte Eveland (2004) keine empirische Bestätigung für einen Two-Step-Flow der Kommunikation finden (vgl. Sekundärdiffusion in Kap. 6.9.1). Gestützt werden konnten hingegen die Vermutungen, dass die Verarbeitung von politischen Nachrichten durch die *antizipierte Anschlusskommunikation* positiv beeinflusst wird (antizipierte Verarbeitung).

Übungsaufgaben

1. Welchen alternativen Erklärungsansatz muss man bei Diffusionsstudien immer mitberücksichtigen und wieso?
2. Beschreiben Sie den Third-Person- und Hostile-Media-Effekt und erläutern Sie, welche Auswirkungen das Auftreten dieser Phänomene haben kann.
3. Wie lässt sich der interpersonale Kontext der Mediennutzung und Medienwirkung methodisch erfassen?
4. In welchem historischen Kontext ist die Theorie der Schweigespirale entstanden und welche Relevanz besitzt der Ansatz heute?

Zum Weiterlesen

Zerback, Thomas (2016): Der Einfluss des Tenors von TV-Nachrichten auf die wahrgenommene öffentliche Meinung. In: Publizistik 61(3), S. 267-286.

Dieser Aufsatz beschreibt, wie Rezipienten auf der Basis eines einzelnen Medienbeitrags auf den Tenor der gesamten Berichterstattung schließen und welche Wirkungsvermutung bei der Bevölkerung sie damit verbinden.

Zillich, Arne Freya (2014): Watching television with others: The influence of interpersonal communication on entertainment. In: Communications. The European Journal of Communication Research 39(2), S. 169-192.

Die Studie untersucht den Einfluss verschiedener Nutzungssituationen und interpersonaler Kommunikation auf das Unterhaltungserleben.

Sun, Ye; Pan, Zhongdang; Shen, Lijiang (2008): Understanding the Third-Person Perception: Evidence from a Meta-Analysis. In: Journal of Communication 58, S. 280-300.

Meta-Analyse der empirischen Studien zum Third-Person-Effekt.

7 Gesellschaftlicher Kontext von Medienwirkungen

Lernziele

1. Sie wissen, was unter Mediendependenz verstanden wird.
2. Sie kennen die Hypothese der Wissenskluft, können die verursachenden Faktoren benennen, aber auch auf Schwächen bzw. Kritik hinweisen.
3. Sie verstehen die Kultivierungs-Analyse und können deren Hauptaussagen in Bezug auf TV-Angebot und TV-Nutzung sowie die Kritik an ihr erklären.
4. Sie kennen die Basics der Media-Malaise-These.

Im *gesellschaftlichen Kontext* werden zwei theoretische Perspektiven vorgestellt und diskutiert, die in den 1970er-Jahren parallel zur Agenda-Setting-Theorie entwickelt wurden und die ebenfalls kognitive Wirkungsphänomene der *postkommunikative Phase* des Wirkungsprozesses als zentralen Gegenstand haben. Stärker noch als die bis jetzt behandelten Theorien fokussieren diese aber *makrotheoretisch* auf den *gesellschaftlichen Kontext* der Massenkommunikation.

Sowohl die *Wissenskluft-Perspektive*, die von Phillip Tichenor, George Donohue und Clarice Olien 1970 erstmals formuliert wurde, als auch die *Kultivierungs-Analyse* des Teams um George Gerbner von der Annenberg School for Communication – Mitte der 1970er-Jahre entwickelt – sind von gesellschaftspolitischer Relevanz. Beide gehen davon aus, dass die Medien durch ihre Inhalte nicht nur funktionale, sondern auch *dysfunktionale Wirkungen* auf die Gesamtgesellschaft haben können.

Sie unterscheiden sich aber, weil der *Wissenskluft-Perspektive* die Prämisse unterliegt, dass als Konsequenz der bestehenden gesellschaftlichen Ungleichheiten bezüglich Verteilung von Bildung, Einkommen und sozialen Positionen sich diese Ungleichheiten auch im Bereich der Aneignung von medienvermitteltem Wissen reproduzieren und tendenziell sogar verstärken. Im Unterschied zu diesen *differenzierenden* gesellschaftlichen Effekten des Informationsangebots der Medien, befürchtet die *Kultivierungs-Analyse* gesellschaftlich dysfunktionale Wirkungen vor allem durch Unterhaltungsangebote des Fernsehens, und zwar als *homogenisierte Weltbilder*. Diese Form von gesellschaftlicher Medienwirkung wird speziell in einer Machtperspektive als *Kulturimperialismus* der US-Unterhaltungsindustrie interpretiert – ähnlich wie ältere *Manipulationstheorien* (neo-)marxistischer Prägung den Massenmedien ideologische Gleichschaltung und soziale Entfremdung der Menschen vorgeworfen haben (z.B. Prokop 1981, 1985).

Während die meisten theoretischen Perspektiven der Wirkungsforschung Medieneffekte nur auf der Ebene des Individuums analysieren, unterscheiden sich die Wissenskluft-Perspektive und die Kultivierungs-Analyse dahingehend, als sie darüber hinaus auch die *gesellschaftlichen Konsequenzen* dieser Wirkungen auf Individuen und die Gesamtgesellschaft miteinbeziehen.

7.1 Wissensvermittlung durch Medien

Medien erfüllen für die Öffentlichkeit eine wichtige Informationsfunktion, indem sie für ihre Nutzer Informationen und Wissen zu öffentlich relevanten Themen bereitstellen und vermitteln. Und weil die Wissenskluft-Perspektive auf Überlegungen und Befunden zur (ungleichen) Wissensvermittlung durch Massenmedien aufbaut, wird in diesem einführenden Kapitel der Frage nachgegangen, was und wie Menschen durch ihre Mediennutzung lernen.

7.1.1 Fragestellungen und theoretische Perspektiven

In der Kommunikationswissenschaft sind zum Prozess der Informationsaneignung und Informationsverarbeitung vor allem aus einer *medienpsychologischen Perspektive* theoretische Überlegungen formuliert und empirische Forschungen durchgeführt worden (Janetzko 2008; Maier 2009). Zudem gibt es bedeutende Impulse aus dem Bereich der *politischen Kommunikation* (Sotirovic/McLeod 2004; Maier 2007). Hier stehen stärker Prozesse des *politischen Lernens* im Zentrum, welche normativ als Voraussetzung der aktiven Teilnahme von Bürgern an der Demokratie betrachtet werden. Medien erfüllen wichtige Funktionen der *Informationsvermittlung* und *Meinungsbildung* für den politischen Prozess. *Normativ* ist insbesondere die Betonung von *Äquivalenz* im Zugang zu Medieninformation und in der Aufnahme und Umsetzung dieser medienvermittelten politischen Information: Alle Bürger sollten mindestens minimal über gesellschaftliche Belange informiert sein. Empirisch untersucht werden die Prozesse der Teilhabe am öffentlichen Geschehen in der Politikwissenschaft traditionell bei nationalen Wahlen und Abstimmungen (Schulz 2008: 237ff.). Neuere Studien der Kommunikationswissenschaft fokussieren auf die Vermittlung von Wissen im *Medienvergleich* (Print vs. TV vs. Online) (Hollander 2014; Schmitt 2014), im *Ländervergleich* (Bennett et al. 1996; Hollander 1997; Iyengar et al. 2009), im öffentlichen vs. privaten *Mediensystemvergleich* (Holtz-Bacha/Norris 2001; Curran et al. 2009) oder in einer *zeitlichen Perspektive* (Delli Carpini/Keeter 1991).

Weil die vorhandenen Studien immer wieder belegt haben, dass das Interesse am und das Wissen über das politische Geschehen vergleichsweise gering und *bildungsabhängig* sind und deutlich hinter den normativen Erwartungen zurückbleiben, stellt sich die Frage nach den *Ursachen* der mangelnden Leistung der Medien, aber auch nach den *Konsequenzen* dieses Defizits. Es gibt jedoch *Versuche einer Neubewertung* der bestehenden Forschungsbefunde sowohl in methodischer als auch theoretischer Hinsicht, welche nicht vom demokratischen Ideal des „informed" oder „good citizen" (Schudson 1999) mit seiner „duty to keep informed" (Poindexter/McCombs 2001) ausgehen, sondern den Durchschnittsbürger mit Stichworten wie „know-nothings", „cognitive misers" oder „political ignorant" charakterisieren (Bennett 1988; Zaller 2003; Maier 2009: 393).

In *methodischer Hinsicht* hat sich Graber (1984, 1994) vor dem Hintergrund ihrer qualitativen Studien zur Nutzung und Informiertheit bei Nachrichten dazu geäußert. Neben Mängeln in der Wahlberichterstattung – wie der Nichtübereinstimmung zwischen Nachrichten-Frames und Zuschauer-Frames, der Präsentation der Information gemäß Nachrichtenpyramide, dem Gebrauch von ungewohnten technischen Begriffen, der Dominanz von episodischen Frames (vgl. Kap. 5.2) und der hoch verdichteten Komplexität der vermittelten Information, macht sie nicht zuletzt die verwendeten *print-lastigen Wissenstests* für das schlechte Abschneiden der Befragten in den meisten Studien verantwortlich, welche eher *Schulbuchwissen* abfragen. Sie moniert insbesondere, dass die Forscher vielfach zu eng von ihren eigenen Idealvorstellungen in Bezug auf relevantes Wissen ausgehen würden, was zu einer Unterschätzung führe (Graber 1994: 342).

In *theoretisch-normativer Hinsicht* formulierte Zaller (2003) medienbezogen das alternative Modell eines *„Burglar Alarm of News Quality"*. Er relativiert die Kritik sowohl an der geringen Qualität der amerikanischen TV-Nachrichten als auch am Ideal des ständig gut und breit informierten Bürgers. In wirklich wichtigen Situationen würden die Medien übereinstimmend ihr Nachrichtenangebot ausweiten und wie ein Einbrecher-Alarm (engl. burglar alarm) für die Bürger funktionieren. Zuschauer, die sich sonst nur flüchtig und oberflächlich über das politische Geschehen auf dem Laufenden halten (engl. monitoring), würden dadurch wachgerüttelt. Einer solchen Neueinschätzung widerspricht allerdings Bennett (2003).

Im *Schnittgebiet von Theorie und empirischer Forschung* wird kontrovers diskutiert, ob das angewachsene Angebot an *Soft News und Infotainment*, zusammen mit der Zuschauerpräferenz der weniger Gebildeten für Unterhaltung, bezüglich der Auswirkungen auf Informiertheit und politische Partizipation nur negativ oder allenfalls auch positiv zu bewerten sei (Delli Carpini/Williams 2001; Baum 2003; Prior 2003, 2005; Moy/Xenos/Hess 2005; Delli Carpini 2012).

Vor dem Hintergrund der obigen Überlegungen stellt sich somit die Frage, wie erklärt werden kann, *wer durch welche Medien was, worüber und wofür lernt?* Es muss dabei unterschieden werden zwischen medien-, gesellschafts- und personenorientierten Ansätzen, welche nachfolgend dargestellt und diskutiert werden.

7.1.2 Perspektive der Mediendependenz

Konzept. Der makrotheoretische Ansatz erklärt Medieneffekte durch Rückgriff auf die Beziehungen zwischen Gesellschaft, Medien und Publikum. Zentrales erklärendes Konzept ist der Grad der Abhängigkeit des Publikums von den Medien als Informationsquellen. „Mediendependenz" wird definiert als: „(...) a relationship in which the satisfaction of needs or the attainment of goals by one party is contingent upon the resources of another party" (Ball-Rokeach/DeFleur 1976; Ball-Rokeach/Jung 2009).

Hintergrund. In urbanen Industriegesellschaften nimmt die Komplexität in allen Gesellschaftsbereichen stark zu. Die Gesellschaftsmitglieder haben immer weniger direkten Kontakt mit der Gesellschaft als Ganzem. Das Mediensystem differenziert sich als eigenständiges Subsystem aus und nimmt in verstärktem Ausmaß Informations- und Kontrollfunktionen bezüglich der Politik im engeren und der Öffentlichkeit im umfassenden Sinn wahr. Die Gesellschaftsmitglieder, aber auch gesellschaftliche Subsysteme wie Politik, Wirtschaft und Kultur werden vom Mediensystem abhängig und orientieren sich deshalb zunehmend an der Handlungslogik der Medien (*Medialisierung*). Medien kontrollieren so mehr oder weniger stark den Zugang zu gesellschaftlicher Information (Schulz 2008: 21ff.).

Hypothesen. a) Je komplexer eine Gesellschaft ist, desto abhängiger sind die Mitglieder vom Mediensystem. b) Je stärker der Grad an Veränderung und Konflikt in einer Gesellschaft ist, desto größer ist die Mediendependenz. c) In Zeiten und Situationen mit erhöhter Unsicherheit steigt die Mediendependenz. d) Je größer die Mediendependenz des Publikums ist, desto größer ist das Potenzial des Mediensystems für Medienwirkungen. Empirisch umgesetzt und überprüft wurde von diesen makrotheoretischen Hypothesen bis jetzt freilich noch wenig (McDonald 1983; Ball-Rokeach 1985).

Weiterentwicklung. Becker/Whitney (1980) differenzieren und operationalisieren das Mediendependenz-Konzept auf der *individuellen Ebene*: Rezipienten können unterschieden werden nach dem Grad ihrer Abhängigkeit vom TV, den Printmedien und von interpersonalen Informationsquellen. Nach ihnen werden Unterschiede in der Wissensaufnahme und im Wissensstand zwischen Rezipienten signifikant mitbeeinflusst durch die je spezifische Mediendependenz, und zwar weil sich Fernsehen und Printmedien stark bezüglich formaler und inhaltlicher Kriterien voneinander unterscheiden. Zeitungsabhängigkeit korreliert positiv mit Wissen und Verständnis über die Regierung, TV-Abhängigkeit jedoch negativ, und zwar unabhängig vom Bildungsniveau. Empirische Belege fanden sich zu beiden Hypothesen. Graber (2001: 2ff.) vertritt demgegenüber die These, dass das Fernsehen durchaus in der Lage wäre, politische Information effizient zu vermitteln; die Berichterstattung müsste nur stärker auf die Interessen des Publikums abgestimmt werden. Zugleich meint sie, dass den vorliegenden Studien überzogene normative Ansprüche an den Informationsstand unterliegen und überdies von einem unrealistischen Bild des sog. „idealen Bürgers" in Bezug auf politische Partizipation ausgegangen werde.

7.1.3 Mediennutzung, Wissen und Bildung

Ausgangspunkt. Empirisch belegt ist, dass in den meisten Studien nur eine schwache Korrelation zwischen der *faktischen Mediennutzung* und dem Informationsstand besteht (Clarke/Kline 1974; Robinson/Levy 1986, 1996; Chaffee/Kanihan 1997). Dabei äußern sich medienspezifische Unterschiede: Die *Nutzung der Printmedien* (Zeitung, Zeitschrift, Buch) führt meist zu signifikant höherem Wissenserwerb als die Nutzung der *elektronischen Medien* (Radio, TV). Vor allem beim Fernsehen belegen verschiedenste Studien, dass eine hohe quantitative Nutzung dieses Mediums sich im Wissensstand kaum bemerkbar macht. Analog zu den Printmedien wird ebenso dem *Internet* ein positiver Effekt auf die Informationsaufnahme zugeschrieben (Grabe/Kamhawi/Yefiyan 2009).

Die Breite des inhaltlichen Angebots der Medien und selbst deren häufige Nutzung garantieren somit keineswegs schon entsprechende Lernprozesse: *Psychische, soziale und kulturelle Barrieren* stehen offenbar einem optimalen Wissenstransfer im Wege. Ob sich Mediennutzung in Informationsaufnahme und Wissenserwerb umsetzt, lässt sich also nur erklären, wenn weitere soziale Faktoren als *mediatisierende Instanzen* mitberücksichtigt werden. Der Bildungsgrad und/oder soziale Status (Lenz/Zillien 2005) sind – neben anderen motivationalen, kognitiven und situationalen Aspekten (Dervin 1980) – wichtige erklärende Faktoren. Zudem hängen Bildung und sozio-ökonomischer Status (engl. socio economic status; SES) meist stark mit der Mediennutzung zusammen: Je höher die Rangposition eines Individuums bezüglich der Bildung und/oder des SES ist, desto stärker sind Zugang und Nutzung der informationsreichen Printmedien, aber auch des Internet; je tiefer diese aber ist, desto höher ist die Nutzung des Fernsehens als ausschließliche Informationsquelle. Hinzu kommt, dass beide Faktoren generell mit hohem Wissensstand korrelieren. Bildung und SES sind aber bezüglich Informationsaufnahme meist erklärungskräftiger als die Mediennutzung selbst.
Die Interdependenz der drei Faktoren (vgl. Abb. 80) zeigt, dass Mediennutzung *und* Informationsaneignung durch Bildung/SES mediatisiert sind. Interessant ist, dass Gebildete oder Personen mit hohem SES, praktisch unabhängig von der Höhe ihrer faktischen Mediennutzung, meist gut informiert sind. *Erklärungsmöglichkeiten:* Einmal ist davon auszugehen, dass diese Gruppe bezüglich neuer

Information stärker *motiviert* ist (Informations- vs. Unterhaltungsorientierung) und auch bei geringer Mediennutzung diese sofort und *effizient* (differenziertere Medienkompetenz) aufnimmt, so dass sich eine intensivere Nutzung u.U. nicht in wesentlich höherem Wissensstand äußert: *Ceiling-Effekt* aufgrund begrenzter Medien-Info. Andererseits ist die ausschließliche *Mediendependenz* (vgl. Kap. 7.1.2) dieser Gruppe geringer; ihr Zugang zu interpersonalen und institutionellen Informationsquellen, aber auch zu Spezialmedien ist besser (Rosser et al. 1990).

Abb. 80 Bildung/SES, Mediennutzung und Info-Aufnahme

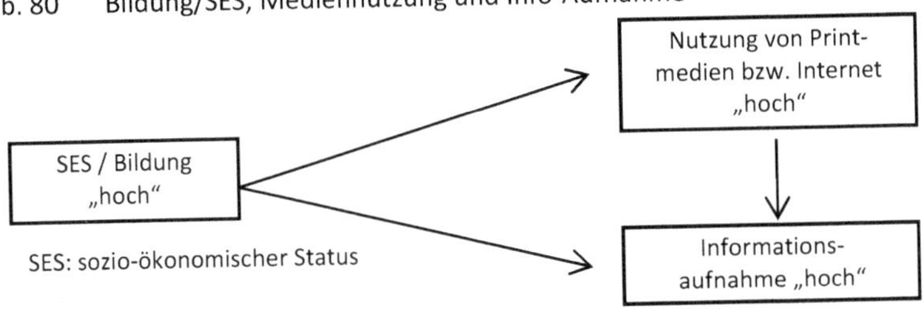

Die oben erwähnten Unterschiede sind natürlich nicht bei allen *Wissensformen* gleichermaßen stark ausgeprägt. Informationsdefizite sind am größten im Bereich der politischen und wirtschaftlichen Information. Dies gilt vor allem, wenn traditionelle Wissenstests verwendet werden, die sich an der Berichterstattung der Printmedien orientieren und lexikalisches Wissen im Sinne von Schulbuchwissen abfragen. Es zeigt sich, dass der Bildungseinfluss kleiner wird, wenn *funktionale* und *rezipienten-orientierte* Wissensoperationalisierungen (Price/Zaller 1993) gebraucht werden. Dies hängt damit zusammen, dass Personen sich Informationen aussetzen und diese aufnehmen, die für sie nützlich sind und eine funktionale Relevanz haben (Graber 2001).

Während Personen mit hohem Bildungsstatus/SES aufgrund ihrer Schulerfahrung gewohnt sind, Informationen an sich und unabhängig von einem spezifischen Verwertungskontext (dekontextualisiertes Wissen) als nützlich anzusehen und auch aufzunehmen, nehmen Personen mit tiefem Bildungsstatus/SES Medieninformation meist nur auf, wenn sie einen expliziten und erkennbaren Bezug zu ihrer Alltagsrealität und zu ihrem Leben haben. Darum haben einfache und *kontextualisierte Informationen*, die in Strukturähnlichkeit zur interpersonalen Kommunikation stehen und zudem *personenbezogen* und *ereignishaft* sind, bei dieser Gruppe eine größere Chance, rezipiert zu werden. Die Verwendung von Wissenstests, die der subjektiven Organisation des Wissens gerecht werden (z.B. Problemwissen, Hauptinformationen, Lösungs-, Akteurwissen) und zudem die persönliche Relevanz und den Situationsbezug berücksichtigen, wäre darum wichtig.

7.2 Wissenskluft-Perspektive (Tichenor/Donohue/Olien)

7.2.1 Fragestellung und Ausgangshypothese

Der Zusammenhang zwischen Medienangebot, Mediennutzung, Wissenserwerb und Bildung/SES (sozio-ökonomischer Status) wurde in zeitlicher, medialer, sachlicher und sozialer Hinsicht miteinander verknüpft und 1970 durch die Forschergruppe Phillip J. Tichenor, George A. Donohue und Clarice N. Olien von der University of Minnesota als *Hypothese* von der *„Increasing Knowledge-Gap"* formuliert. Sie wurde zu verschiedenen Zeitpunkten u.a. mit Fragen nach der Möglichkeit einer Mondlandung, dem Zusammenhang von Rauchen und Krebs und den Fortschritten in der Raumfahrt empirisch illustriert (Potthoff 2016: 109ff.). Zur Wissenskluft-Perspektive gibt es *Übersichten* von Bonfadelli (1994, 2007, 2008); Gaziano (1983, 1997); Saxer (1985); Horstmann (1991); Gaziano/Gaziano (1996), Viswanath/Finnegan (1996), Wirth (1997); Jäckel (1999, 2008); Holst (2000); Zillien (2013); Gaziano (2010, 2017). Und unter dem Label *„Digitale Kluft" bzw. „Digital Divide"* hat die Wissenskluft-Perspektive im Kontext der Diffusion des Internets erneut soziale Brisanz erlangt (Norris 2001; Bonfadelli 2002b; Arnold 2003; Marr 2005; Zillien 2009; Marr/Zillien 2010; Zillien/Haufs-Brusberg 2014; Robinson et al. 2015; Friemel 2016); van Dijk 2013, 2017).

7.2.2 Theoretischer Hintergrund

Die Wissenskluft-Hypothese basiert, was die *zeitliche* und *mediale* Dimension der Verbreitung von Informationen durch Massenmedien anbelangt, auf der Fragestellung der älteren *Diffusionsforschung* (vgl. Kap. 6.3). Sie geht aber weiter, insofern nicht nur untersucht wird, wie rasch und über welche Medien Menschen von aktuellen Ereignissen erfahren (Rosengren 1973; Defleur 1987), sondern darüber hinaus analysiert und postuliert wird, dass der gesellschaftliche Informationsfluss in sozialer Hinsicht nicht homogen, sondern heterogen erfolgt. – Die *Ausgangshypothese* verbalisiert in deutscher Übersetzung (und visualisiert in Abb. 81) lautet:

Definition: Wissenskluft-Hypothese

Wenn der Informationszufluss in ein Sozialsystem wächst, tendieren die Bevölkerungssegmente mit höherem sozio-ökonomischem Status und/oder höherer formaler Bildung zu einer rascheren Aneignung dieser Information als die status- und bildungsniedrigeren Segmente, so dass die Wissenskluft zwischen diesen Segmenten tendenziell zu- statt abnimmt.

(Quelle: Tichenor/Donohue/Olien 1970: 159, dt. nach Saxer 1978: 35/36.)

Abb. 81 Visualisierte Hypothese der wachsenden Wissenskluft

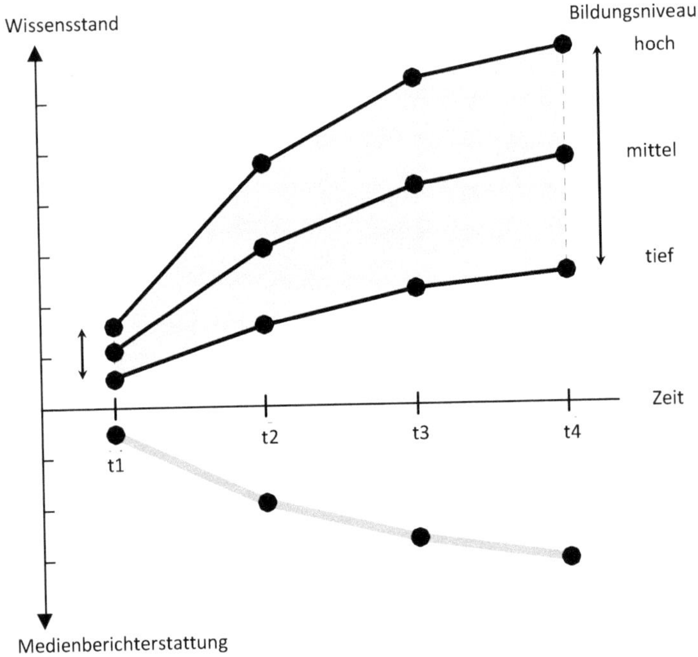

Der Informationsstand in verschiedenen sozialen Segmenten und seine zeitlich zu- oder abnehmende Heterogenität wird nach der Wissenskluft-Perspektive *makrotheoretisch* durch Bezug auf die *Sozialstruktur der Gesellschaft* erklärt: Die bestehende soziale Schichtung der Gesellschaft hat – in Interaktion mit dem Informationsangebot der Medien – zur Folge, dass auch das Wissen in der Gesellschaft ungleich verteilt wird, und dass sich diese Disparitäten in der Verteilung des gesellschaftlichen Wissens speziell bei *Zunahme* der Information nicht ausgleichen, sondern sogar verstärken (Bonfadelli 1994: 17ff.).

7.2.3 Gesellschaftliche Relevanz

Die Medien funktionieren somit als *Trendverstärker:* (sog. „Matthäus-Effekt"): Sie tragen zur Verstärkung sozialer Ungleichheit und zur Verfestigung der bestehenden Machtstrukturen bei und sind darum kaum Agenten des sozialen Wandels. Ein zunehmendes Informationsangebot – z.B. auch durch das Internet – führt also nicht automatisch zur Informiertheit aller, sondern hat eher Überlastung durch Information zur Folge. Obwohl die Mehrheit der Bevölkerung durchaus über bestimmte herausragende Ereignisse informiert ist, bleibt dieses Wissen gleichzeitig in vielen Fällen eher oberflächlich und besteht oft nur aus mehr oder weniger irrelevanten Einzelheiten. Oder angewendet auf Gesundheitskampagnen: Auch hier bleibt oft unklar, ob diese ausgleichend wirken oder bestehende Benachteiligungen vielmehr noch verstärken (Bonfadelli/Friemel 2010: 78ff.).

7.2.4 Erklärungen

Erklärt wird das Entstehen solcher Wissensunterschiede zwischen den verschiedenen sozialen Segmenten der Gesellschaft dadurch, dass jene, die bildungsmäßig und sozial privilegiert sind, die Medien intensiver und vorteilhafter nutzen und so auch besser informiert sind und ihren Wissensvorsprung demnach sogar noch auszuweiten können.

Die folgenden bildungsspezifische *Faktoren* sind nach Tichenor/Donohue/Olien (1970) für das Ausweiten von Wissensklüften relevant: 1) Bei gebildeten und statushohen Personen ist die *Sensibilisierung* gegenüber neuen Themen und Problemen größer. 2) Ihr umfangreiches *Vorwissen*, durch Schulbildung und Mediennutzung erworben, macht sie gegenüber neuer Information motivierter und erlaubt wegen der vorhandenen kognitiven Konzepte bzw. Schemata bessere Lernleistungen. 3) Ihre *Kommunikations- und Medienkompetenz* ist differenzierter und dies nicht zuletzt als Folge der habituellen Printmediennutzung. 4) Sie nutzen zudem mehr und auch andere Quellen, wie zum einen die informationsreichen *Printmedien* und zum anderen auch 5) *interpersonale Quellen,* was Anschlusskommunikation bezüglich vieler öffentlicher Themen stiftet (vgl. Kap. 6.1).

7.2.5 Forschungsstand und Forschungsrichtungen

Seit Formulierung der Ausgangshypothese sind weit *über 100 empirische Studien* (Bonfadelli 1994: 138ff.) mit einem Höhepunkt in den 1980er- bis 1990er-Jahren zu verschiedensten *Fragen* bzw. *Themen* der öffentlichen Kommunikation durchgeführt worden, wobei eine aktuelle Meta-Analyse von Hwang/Jeong (2009) den Forschungsstand verdichtet (vgl. auch Gazinao 2010).

Das Forschungsfeld gliedert sich nach Abb. 82 in vier Bereiche. Hierfür gibt es zahlreiche Beispiele: die *Diffusion von Nachrichten* (Budd/McLean/Barnes 1966), *Wahlen* (Moore 1987; Eveland/Scheufele 2000; Holbrook 2002), *Presidential Debates* (McLeod/Bybee/Durall 1979), *Abstimmungen* (Bonfadelli 1995, 2010b),

Info-Kampagnen und Gesundheit (Douglas/Westley/Chaffee 1970; Ettema/Brown/Luepker 1983; Visvanath et al. 1991; Yows et al. 1991; Weenig/Midden 1997), *Entwicklungskommunikation* (Shingi/Mody 1976; Galloway 1977), *Medienereignisse* (Genova/Greenberg 1979; Griffin 1990; Wanta/Elliott 1995; Holst 2000), *Wissensklüfte im Ländervergleich* (Bauer/Bonfadelli 2002; Iyengar et al. 2009) oder *Digital Divide* (Bonfadelli/Marr 2002, 2008) und *Wissensklüfte bei der Internetnutzung* (Bonfadelli 2002b; Marr 2002; van Doersen/van Dijk 2014). Sie basieren auf *Querschnitt- oder Paneldesigns,* auch auf *Experimenten* (Wirth 1997; Grabe et al. 2000; Bas/Grabe 2015) und verwenden je andere *Operationalisierungen* des Wissens.

Abb. 82 Forschungsfeld der Wissenskluft-Perspektive

Forschungs-typen	*weiteres Umfeld der Wissenskluft-Perspektive*	*engerer Rahmen der Wissenskluft-Hypothese*
Querschnitt-Studien	- Nutzung, Präferenzen und Funktionen von Medien - Umgang mit Neuen Medien - Evaluation Info-Kampagnen - politische Informiertheit	*Mikroebene* - Wissensklüfte und Drittfaktoren *Makroebene* - Größe, Homogenität, Konflikt etc. des sozialen Systems
Längsschnitt-Studien	- ungleiche Diffusion von Nachrichten - ungleiche Diffusion des Internets	- Wahlen und Debatten - Medienereignisse - kontroverse Themen - Kommunikationskampagnen - Feldexperimente

Nach der Formulierung der Ausgangshypothese wurde diese im weiteren Forschungsverlauf durch mediatisierende Faktoren sowohl auf der *psychologischen* als auch auf der *soziologischen Ebene* differenziert. Vor diesem Hintergrund können die empirischen Studien einerseits in einer *Makro-Ebene* und andererseits in einer Mikro-Ebene verortet werden, wobei psychologisch orientierte Studien dominieren und soziologische Studien selten geblieben sind.

Makro-Ebene. Tichenor et al. (1973, 1980) konnten nachweisen, dass es Mechanismen gibt, die auf der Ebene des Medien- und Gesellschaftssystems nicht nur zur Differenzierung, sondern auch zu einer *Homogenisierung des Wissens,* d.h. zu einer Einebnung bestehender Wissensklüfte führen können. Folgende mediatisierende Faktoren spielen eine Rolle a) *Sozialer Konflikt:* In sozialen Systemen, wo die Berichterstattung bezüglich eines Themas konflikthaltiger ist, und die Meinungen polarisiert sind, ist die Wissensverteilung im Vergleich zu wenig kontroversen Themen homogener (Olien/Donohue/Tichenor 1983). b) *Pluralismus:* Wissensklüfte sind in größeren und komplexeren Städten mit diversifizierteren Mediensystemen stärker ausgeprägt (Finnegan et al. 1993; Viswanath et al. 1994).

c) *Zeitverlauf:* Wissensklüfte treten vor allem am Anfang der Thematisierung von Konflikten auf, können jedoch unter bestimmten Voraussetzungen wie hoher Betroffenheit und intensiver Berichterstattung im Laufe der Zeit geschlossen werden (Holst 2000: 259). d) Regionaler Vergleich: Wissensklüfte sind stärker ausgeprägt in Gebieten mit hoher Medienthematisierung (Slater et al. 2009).

Mikro-Ebene. Auf *psychologischer Ebene* konnte gezeigt werden, dass a) motivational die perzipierte *Problemrelevanz* bzw. die *subjektive Betroffenheit* sowie das *Themeninteresse* und b) kognitiv das vorhandene Vorwissen und die *informationsorientierte Mediennutzung* im Zeitablauf zu einem Ausgleich des Wissens führen können und bestehende Bildungsnachteile teilweise kompensiert werden. c) Dies gilt ebenfalls für die Nutzung von *interpersonalen Quellen* (Beaudoin 2004) und von *Printmedien*, sofern diese durch die benachteiligten Segmente überhaupt genutzt werden (Bonfadelli 1995). Kontrovers diskutiert wird die Frage, ob das *Fernsehen* im Unterschied zur *Zeitung* ein sog. „knowledge leveler" sei, d.h. Wissensklüfte auszugleichen vermöge (Eveland/Scheufele 2000; Liu/Eveland 2005; Miyo 1983; Jennsen 2012). Argumentiert wird, dass die Nutzung von TV-Nachrichten wegen Visualisierung, Personalisierung und geringer Informationsdichte vor allem im tiefen Bildungssegment Wissenszuwachs begünstige. Wissensausgleichend wirken zudem mediatisierende Faktoren wie die Mitgliedschaft in Gewerkschaften oder lokale Partizipation (Shingi/Mody 1976; Bonfadelli 1995; Eveland/Scheufele 2000; Rucinski 2004). d) Was die Intensität und Art der Berichterstattung der Medien selbst anbelangt, so scheinen Wissensklüfte insbesondere dann zu entstehen, wenn die Medien mit *hoher Informationsdichte, aber geringer Intensität* über einen Konflikt berichten (Holst 2000: 258).

Nachfolgend werden beispielshaft einige dieser Zusammenhänge anhand von Daten aus empirischen Studien illustriert:

Abb. 83 Gleichzeitig anwachsende und sich verringernde Wissensklüfte

Themenwissen (1-3 Pkte), Sachwissen (1-4 Pkte)	*Knowledge of HIV*		*Knowledge of HIV Transmission*	
	before	*after*	*before*	*after*
Summe: Mittelwerte	.66	1.59	3.02	3.44
College graduate	.94	1.59	3.21	3.57
Some college	.67	1.64	3.07	3.51
High school graduate	.46	1.38	2.79	3.14
Less than high school	.28	1.30	2.57	2.50
Knowledge Gap	.66	.29	.64	1.07

(Quelle: Wanta/Elliott 1995: 316f.)

Beispiel: Gleichzeitig anwachsende und sich verringernde Wissensklüfte. Wayne/Elliott (1995) untersuchten mit einer Panel-Studie (März und November 1991; N=366 bzw. 307) wie sich das öffentliche Bekenntnis des Basketball Stars „Magic Johnson", HIV-positiv zu sein, auf den Wissensstand auswirkte. Generell zeigte sich zwar eine Zunahme des Wissens, aber gleichzeitig auch das Bestehen von bildungsbasierten Wissensklüften (vgl. Abb. 83). Während sich die Wissensklüfte bezüglich der Kenntnis des Begriffs „HIV" verringerten, verstärkten sich diese in Bezug auf das komplexere Sachwissen als Fragen zu den Übertragungswegen von AIDS (Summe von vier Fragen).

Beispiel: Mediennutzung und Wissensklüfte. In Unterschied zu Panel-Studien werden der Informationszufluss und seine Folgen für Wissensklüfte in Querschnitt-Studien durch einen Vergleich von Wenig- mit Vielnutzern der Medienberichterstattung simuliert.

Abb. 84 Mediennutzung, Bildung, Wissen bezüglich Gentechnik

Index „Gesamtwissen" 0-10 Punkte Mittelwerte		Gesamt N=1.248	*Bildung* tief N=96	mittel N=700	hoch N=452	*Wissens-Kluft*
Insgesamt		5.5	4.5	5.3	6.0	*+1.5*
Beachtung der Gentechnologie in den Medien	hoch	6.5	4.8	5.9	*7.0*	+2.2
	mittel	5.6	4.1	5.4	6.3	+2.2
	tief	4.2	*3.3*	4.8	4.8	+1.5
Medien-Effekt		*+2.3*	+1.5	+1.1	+2.2	

(Quelle: Bonfadelli 2010a: 196)

Abb. 84 zeigt die Befunde einer repräsentativen Befragung zum Wissensstand über die Gentechnik in der Schweiz. Zum einen äußert sich eine Wissenskluft im Vergleich der verschiedenen Bildungsgruppen und zum anderen zeigt sich als Effekt der Beachtung von Gentechnik-Berichten in den Medien ein Anstieg im Wissen. Dieser Medien-Effekt ist konsonant zur Wissenskluft-Hypothese im Segment mit hoher Bildung deutlich stärker als bei den weniger Gebildeten.

Beispiel: Internet und Klüfte. Im Zusammenhang mit der Einführung der *Neuen Medien* wurden in der Anfangsphase sich verstärkende Nutzungs- und Kommunikationsklüfte prognostiziert (Katzman 1974). Solche Prognosen sind erstmals im Zusammenhang mit der Einführung des Bildschirmtexts in den USA und Deutschland, aber auch in der Schweiz empirisch überprüft worden (Bonfadelli 1994: 151ff.; Ettema 1984). Öffentlichkeitswirksame Beachtung ist der Wissenskluft-Hypothese zudem ab 2000 unter dem Label „Digital Divide" bzw. „Digitale Spaltung" zuteil geworden (vgl. Kubicek/Welling 2000; DiMaggio et al. 2001; Norris 2001; Roters/Turecek/Klingler 2003; Bonfadelli 2008, 2010b; van Dijk 2009; Marr/Zillien 2010; Zillien/Haufs-Brusberg 2014; Robinson et al. 2015; van Dijk 2013, 2017).

Abb. 85 Nutzung von Zeitungen vs. Internet und Wissensklüfte

Sachwissen Mittelwerte 0-10 Pkte.		Gesamt (N=840)	Bildungsniveau tief (N=128)	mittel (N=497)	hoch (N=215)	Wissens-kluft
Wissensstand total		6.6	5.4	6.4	7.7	+2.3
Qualitäts-zeitung	ja (N=526)	7.1	5.8	6.9	8.0	+2.2
	nein (N=314)	5.9	4.9	5.8	6.7	+1.8
Zeitungs-Effekt		+1.2	+0.9	+1.1	+1.3	
Internet-zugang	ja (N=463)	6.9	5.8	6.8	7.6	+1.8
	nein (N=377)	6.3	4.7	6.0	7.8	+3.1
Internet-Effekt		+0.6	+1.1	+0.8	-0.2	

Anmerkung: Mit einem repräsentativen Survey in der Schweiz wurden Personen mit bzw. ohne Zugang zum Internet 2001 bezüglich ihrer Mediennutzung, aber auch der Informiertheit über 10 aktuelle politische Themen befragt. Zwecks Neutralisierung von Dritteinflüssen wurden die Samples bezüglich Alter, Geschlecht und Bildung egalisiert.

(Quelle: Bonfadelli/Marr 2002)

Im Zusammenhang mit der sozial ungleichen Diffusion des Internets wurde in der Öffentlichkeit und in der Wissenschaft kontrovers diskutiert, ob sich in Form eines sog. *„trickle-down"-Effekts* die Unterschiede im Zugang und in der Nutzung des Internets zwischen Gebildeten und Ungebildeten, Reichen und Armen, Jungen und Alten sowie Männern und Frauen in nächster Zeit angleichen würden oder ob strukturelle Zugangs- und Nutzungsbarrieren auch längerfristig bestehen bleiben werden. Zudem ist empirisch noch wenig geklärt (vgl. Abb. 85), ob sich im Sinne der sog. *Ketten-Hypothese* 1) die postulierten Informationsvorteile des Internets (Menge, Qualität und Interaktivität der Information) zusammen mit 2) dem sozial ungleichen Zugang und 3) der bildungsspezifisch unterschiedlichen Nutzung des Internets sich tatsächlich 4) in verstärkten Wissensklüften auswirken werden. Zurzeit scheint das Internet noch eher wenig zur politischen Information genutzt zu werden – und wenn überhaupt, dann wird meist auf die klassischen Medien wie Online-Zeitungen zugegriffen, also Information abgerufen, die auch sonst zugänglich ist (Bonfadelli 2002b; Marr 2005).

Fazit. Während in vielen Wissenskluft-Studien signifikante Korrelationen zwischen Wissensstand und Bildung zu einem bestimmten Zeitpunkt (Querschnitt-Studien) und stärkere Wissensklüfte im Vergleich von Personen mit wenig bzw.

viel Mediennutzung nachgewiesen werden konnten, sind die Evidenzen zur Entwicklung von Wissensklüften im Zeitverlauf (Panel-Studien) weniger eindeutig geblieben, wurden doch neben dem Anwachsen auch sich verringernde Wissensklüfte, etwa bei Kommunikationskampagnen, festgestellt (Viswanath et al. 1993, 1994; Bonfadelli 1994, 2007; Wanta/Elliott 1995; Gaziano/Gaziano 1996; Viswanath/Finnegan 1996). – Allerdings wird der Informationszufluss meist nicht kontrolliert. Diese empirischen Inkonsistenzen, zusammen mit theoretischen Überlegungen haben zu einer Weiterentwicklung und theoretischen Differenzierung des Wissenskluft-Paradigmas geführt.

7.2.6 Konzeptionelle Weiterentwicklungen

Konzept „Wissen". Der zentrale Stellenwert des Konzepts „Wissen" hat zu verschiedenen Weiterentwicklungen Anlass gegeben, hat sich doch gezeigt, dass sowohl die Stärke als auch die Entwicklung von Wissensklüften im Zeitverlauf je nach Themenbereich und Wissenstyp recht unterschiedlich sein können.

Zunächst müssen *Wissensbereiche* stärker voneinander differenziert werden. Die Ausgangshypothese fokussierte, wie auch die spätere Forschung, stark auf den Bereich des Politikwissens (engl. public affairs), aber auch auf Wissen aus dem Bereich Wissenschaft. Im Unterschied dazu steht das *Alltags- und Praxiswissen* z.B. über Fragen der Gesundheit, Themen des Lokalen oder im Medienbereich die sog. *Soft-News-Themen* aus den Bereichen von Showbusiness und Unterhaltung. Zu vermuten ist, dass in diesen Bereichen von hoher Relevanz auch für Personen mit geringer Bildung die Wissensklüfte weniger ausgeprägt sein dürften (Fredin/Monnett/Kosicki 1994; Rucinski 2004; Iyengar et al. 2009).

In der empirischen Forschung wurden aber auch verschiedene Formen des Wissens oder unterschiedliche Wissenstypen abgefragt. Unterschieden werden muss zwischen *„Kenntnis von"* (engl. knowledge about) und *„Wissen über"* (engl. knowledge of), d.h. zwischen Fakten- und Struktur-/Hintergrundwissen. Empirisch belegt ist, dass bei prominenten Medienthemen auf Ebene des Faktenwissens keine Wissensklüfte bestehen können; es auf Ebene des Strukturwissens aber gleichwohl zu Wissensklüften kommen kann (Wanta/Elliott 1995).

Diese Überlegungen sind eng mit der *Messproblematik* verknüpft: geschlossene Antwortvorgaben mittels Multiple-Choice-Tests als Abfrage von Schulbuchwissen im Unterschied zu offenen Vorgehensweisen, die nach Ursachen oder Lösungen von Problemen fragen (Wirth 1997: 101ff.). – Vermutlich begünstigt die geschlossene Abfrage Personen mit höherem Bildungshintergrund.

Ceiling-Effekte. Mit dem Begriff „Deckeneffekt“ werden weitere Probleme angesprochen: Wissenstests sollten methodisch so konstruiert sein, dass diese zwischen den verschiedenen sozialen Segmenten gleichermaßen gut zu diskriminieren vermögen. Zudem gibt es aber Wissensformen wie z.B. beim Agenda- bzw. Themen-Wissen, die nicht weiter vermehrbar sind, was quasi automatisch wegen diesem unvermeidbaren Deckeneffekt zu einer Verringerung von anfänglich bestehenden Klüften führen muss (vgl. Ettema/Kline 1977). Ebenso wurde der ausgleichende Effekt des Fernsehens damit erklärt, dass weniger Gebildete zwar von TV-News zu profitieren vermögen, gebildete Mediennutzer wegen der Redundanz der TV-Informationen jedoch nicht.

Abb. 86 Mediatisierende Prozesse und Drittfaktoren

Sozialsystem	- Größe: groß vs. klein - Pluralität: homogen vs. heterogen - Ausmaß an Konflikt: gering vs. hoch
Medienthema	- national/international vs. lokal - politisch/„public affairs“ vs. Softnews - erfahrbar/aufdringlich (engl. obtrusive) vs. entfernt/unobtrusive
Informationsangebot	- hohe vs. geringe Medienpublizität - hohe vs. geringe Informationsdichte - Medienberichterstattung vs. Informationskampagnen
Person	- Affekt: Interesse, Involvement, Relevanz, Funktionalität - Kognitionen: Vorwissen, Schemata: ja vs. nein - Partizipation: Mitgliedschaft in Organisationen, Gespräche
Mediennutzung (engl. exposure)	- Mediendependenz: Printmedien vs. Fernsehen - Unterhaltungsorientierung - interpersonale Kommunikation vs. Massenmedien - Nutzung des Internets
Rezeption	- Aufmerksamkeit: hoch vs. niedrig
Wissen	- Agenda- / Salience- vs. Struktur- / Hintergrundwissen - „Schulbuch“- vs. Alltagswissen: Probleme, Lösungen - Komplexität des Wissens: hoch vs. niedrig - geschlossene vs. offene Wissensfragen
Verhalten	- Klüfte im (politischen) Verhalten: Partizipation - Klüfte im Vertrauen

Defizite vs. Differenzen. Theoretisch wurde am stärksten von Brenda Dervin (1980) moniert, dass das in manchen Untersuchungen abgefragte Wissen nicht in allen sozio-ökonomischen Segmenten von gleicher Relevanz sein muss, die festgestellten Unterschiede also nicht automatisch als *Defizite*, sondern u.U. nur als *Differenzen* zu interpretieren sind. Und auch nach Ettema/Kline (1977) sind für das Entstehen von Wissensklüften vorab *unterschiedlich ausgeprägte Motivationen*, sich bestimmte Informationen anzueignen oder nicht, relevant. – Zu fragen ist darum, ob solche Motivationsunterschiede nur *situational* oder *situationsübergreifend* quasi strukturell mit der Bildungs-/Schichtstruktur verknüpft sind (dazu auch: Yows et al. 1991; Visvanath et al. 1993; Chew/Palmer 1994; Wanta/Elliott 1995).

Rivalisierende Erklärungsmodelle. Kwak (1999) synthetisierte die beiden rivalisierenden Defizit- und Differenz-Modelle im *Kontingenz-Modell* (vgl. Abb. 87). Nach diesem spielen bei der Entstehung von Wissensklüften sowohl Bildung als auch Motivation eine entscheidende Rolle. Während bei hoher Motivation sich im Zeitverlauf bestehende Wissensklüfte nur unwesentlich oder gar nicht verstärken, akzentuieren sich bei nur schwacher Motivation diese deutlich. Viswanath et al. (1993: 559) beschreiben diesen multifaktoriellen Zusammenhang folgendermassen: „In our view, the issue is not motivation or education; it is motivation and education as they operate jointly to affect knowledge."

Abb. 87 Rivalisierende Erklärungsmodelle

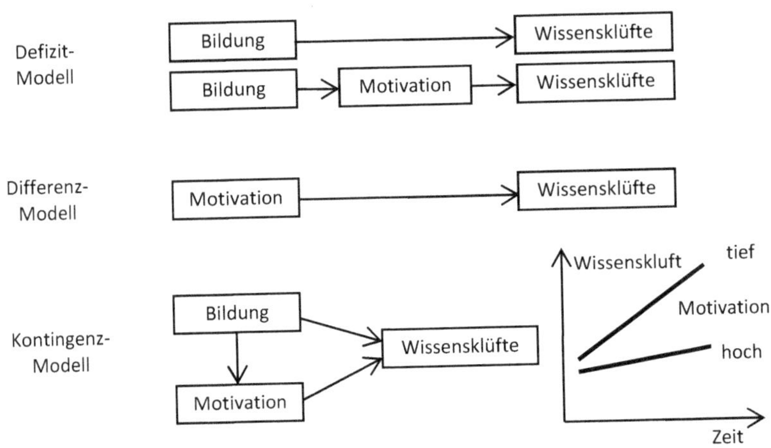

Äquivalenz von Zuwendung vs. Rezeption. Eine weitere Klärung ergibt sich, wenn nach Phasen im Rezeptionsprozess unterschieden wird (Wirth 1997): Wissensklüfte entsteheen vor allem, weil z.B. durch Wahlkampagnen oder Debatten die verschiedenen sozialen Segmente *unterschiedlich gut erreicht* werden (engl. access gap) oder weil auch bei gleicher Erreichbarkeit mit steigendem Bildungshintergrund die vermittelte Information *schneller bzw. besser rezipiert* wird (engl. usage gap). Das Beispiel der Bildungssendung „Sesame Street" zeigt, dass die anfangs bestehenden Wissensklüfte zwischen Kindern aus statushohen und bildungsnahen bzw. bildungsfernen Familien sich vergrößerten, weil die Sendung von den privilegierten Kindern häufiger gesehen wurde, und weil in einem zweiten Schritt – unabhängig von Anzahl gesehener Sendungen – privilegierte Kinder mit besseren Ausgangsleistungen von den Sendungen mehr lernten als die unterprivilegierten Kinder mit schlechteren Ausgangsleistungen (Ball/Bogatz 1970). Neuere Studien zeigen zudem, dass eine dominante Unterhaltungsorientierung bei der Rezeption von News der Wissensaufnahme abträglich ist und zur Verstärkung von Wissens- und Partizipationsklüften beiträgt (z.B. Prior 2005; Delli Carpini 2012).

Partizipationsklüfte. Während in der klassischen Wissenskluft-Forschung der Zusammenhang zwischen Mediennutzung und Wissensstand im Zentrum stand, befassen sich neuere Studien darüber hinaus mit den Folgen der Mediennutzung auf die *politische Partizipation* (Eveland/Scheufele 2000; Liu/Eveland 2005; Cho/McLeod 2007; Nir 2012). Auch hier lautet die Basishypothese, dass die besser gebildeten Mediennutzer stärker zur politischen Partizipation motiviert werden und sich dementsprechend die Partizipationsklüfte verstärken.

Neben Partizipationsklüften wurde auch der Einfluss der Medienberichterstattung auf die Entwicklung und den Verlauf von *Klüften im Vertrauen* (engl. trust gap) untersucht (Priest/Bonfadelli/Rusanen 2003). Und Hindman (2012) unterscheidet im Kontext verstärkter Polarisierung zudem zwischen *Knowledge Gaps* und *Gaps in Beliefs* – letztere sind durch politische Haltung beeinflusst.

7.2.7 Fazit

Eine Meta-Analyse von 46 empirischen Studien aus 35 Jahren Wissenskluft-Forschung (Hwang/Jeong 2009) wies zwar eine durchschnittliche Korrelation von 0.28 zwischen Bildung und Wissen nach, aber keine signifikante Zunahme der Klüfte im Zeitverlauf (t_1: 0.23, t_2: 0.26) bzw. zwischen Situationen mit geringer und hoher Medienpublizität (tief: 0.24, hoch: 0.28). – Der Prozess des medienvermittelten heterogenen bzw. homogenen gesellschaftlichen Informationsflusses ist ein im Zeitverlauf dynamisches Geschehen, bei dem *verschiedenste Faktoren und Prozesse* sowohl der Mikro- (Stichwort: Motivation) als auch der Makroebene (Stichwort: Konflikt) auf äußerst komplexe Art und Weise zusammenwirken. Deren Konstellation entscheidet letztlich, ob es im jeweiligen Fall zu anwachsenden, gleichbleibenden oder sich verringernden Wissensklüften kommen wird.

7.3 Kultivierungs-Analyse (Gerbner et al.)

Im Rahmen der Wissenskluft-Hypothese wird von der Prämisse ausgegangen, dass sich bei politischen Medieninhalten vorab ein *Effekt der Wissensdifferenzierung* einstellt. George Gerbner entwickelte demgegenüber Anfangs der 1970er-Jahre mit seinem Forschungsteam an der „Annenberg School for Communication" in Philadelphia – ausgelöst durch Diskussionen über Gewalt in Unterhaltungssendungen des Fernsehens – seine Kultivierungs-Hypothese. Sie unterstellt dem Fernsehen vorab *Homogenisierungseffekte*, indem es eine Konvergenz von Wahrnehmungen, Perspektiven und Erwartungen bei Vielsehern bewirkt (Gerbner 1970, 2000; Gerbner/Gross 1976; Melischek/Rosengren/Stappers 1984; Morgan/ Shanahan 1997; Gerbner et al. 2002; De Gruyter 2004; Morgan 2009; Shrum 2009, 2013, 2017; Van den Bulck 2013; Rossmann 2013; Chung 2014; Meltzer 2017).

Analog zur Agenda-Setting-Theorie beruht Gerbners Ansatz auf zwei Elementen: a) die Analyse von Medieninhalten als „Message-System-Analysis" bzw. *„Cultural-Indicators-Analysis"* auf der Basis von TV-Inhaltsanalysen im Vergleich mit Indikatoren der objektiven Realität sowie b) die Analyse der Mediennutzung bzw. der Medienwirkung als *„Cultivation-Analysis"* mittels Befragung.

Merksatz

George Gerbner postulierte als Basisthese der Kultivierungs-Analyse zu Beginn der 1970er-Jahre, dass Menschen, die viel fernsehen, die reale Welt für gefährlicher und schrecklicher halten als jene, die wenig fernsehen. Vielseher haben weniger Vertrauen zu ihren Mitbürgern und mehr Angst vor der Wirklichkeit.

7.3.1 Hintergrund

Der Ausgangspunkt der Kultivierungs-Analyse war eine seit 1967 bis Mitte der 1980er-Jahre jährlich durchgeführte sog. „Message-System-Analysis". Diese standardisierten Inhaltsanalysen dokumentierten die Ausgangsthese, dass das US-amerikanischen Fernsehen in seinen Unterhaltungsprogrammen *kumulativ* und *konsonant* bestimmte *symbolische Gesellschaftsbilder* vermittelt, die von der *Alltagsrealität* systematisch abweichen, aber nach der Gerbner-Gruppe die sog. „Mainstream"-Ideologie der amerikanischen Gesellschaft widerspiegeln. Das Fernsehen mit seinen erzählten Geschichten und Bildern ist für ihn eine zentralisiert produzierte und standardisierte geteilte Symbolwelt (engl. centralized system of storytelling), in der die heutigen Menschen aufwachsen und der sich niemand entziehen kann. Sie nimmt nach Gerbner heute die frühere Funktion der Religion ein. Und im Umgang mit dieser Fernsehrealität werden als Wirkung beim Rezipienten längerfristig konsonante Vorstellungen über die Alltagsrealität kultiviert. Dabei spielt es nach Gerbner letztlich keine Rolle, ob die Zuschauer das Gesehene für wahr halten oder nicht und ob sie zwischen fiktionaler und dokumentarischer Realität trennen (Morgan/Shanahan/Signorielli 2009: 36).

Die Kultivierungsperspektive erzeugte in den 1970er-Jahren rasch ein großes Medienecho, während die akademische Forschung eher reserviert bis ablehnend reagierte (vgl. die Kritik von Hirsch 1980, 1981). Aufgrund der breiten empirischen Evidenz gehört der Ansatz aber heute zum Kernbestand der modernen Medienwirkungsforschung. Gerbner (2000: 116f.) selbst versteht die Kultivierungsanalyse jedoch nicht als Ersatz, sondern eher als *Ergänzung der traditionellen Ansätze der Wirkungsforschung*, die sich mit Veränderung und weniger mit Stabilität befassen, wobei sich die Kultivierungsanalyse auf die „andauernden und allgemeinen Folgen des Aufwachsens und Lebens mit dem Fernsehen" konzentriert.

Während die Kultivierungs-Analyse zu Beginn auf *Gewalt* in der TV-Unterhaltung fokussierte, befassen sich zwei *klassische Vorläuferstudien* ebenfalls mit der verzerrenden Darstellung und Wirkung der Medien, aber im Bereich der Politik: Lang/Lang (1968, 1973) verglichen die „Einseitigkeit" der TV-Berichterstattung und ihren inszenierten Charakter über die Militärparade am *McArthur Day in Chicago* mit Augenzeugenberichten von Anwesenden. Und Halloran/Elliott/Murdock (1970, 1973) wiesen in *„Demonstrations and Communication"* nach, wie eine einseitig konsonante Realitätsinterpretation in der Medienberichterstattung als Folge der vorab geschaffenen Erwartungshaltung, dass eine Demonstration gegen den Vietnamkrieg „gewalttätig" sein würde, entstehen konnte.

7.3.2 Kultivierungshypothese

Nach George Gerbner kommt dem Fernsehen eine wichtige Funktion als *integrierender Symbolproduzent* in der Gesellschaft zu, indem es eine geteilte Perzeptionen der sozialen Realität beim Publikum kultiviert (Van den Bulck 2013). *Kultivierung* als Medieneffekt meint dabei, dass bei Personen, die viel fernsehen – und zwar im Gegensatz zu den Wenigsehern – die Wahrnehmung der Welt durch die inhaltlichen Strukturen des Fernsehens geprägt wird (Gerbner/Gross 1976).

Gerbner erklärt die *Homogenität der Fernsehinhalte* 1) mit der zentralistischen Produktionsweise und 2) dem kommerziellen Zwang, möglichst große heterogene Publika anzusprechen. 3) Und populär sind TV-Programme dann, wenn sie die dominante kulturelle Ideologie spiegeln. Auf Seiten der Zuschauer begründet Gerbner den Kultivierungseffekt damit, dass 4) der TV-Konsum in den USA universell hoch ist und dass 5) die Programmwahl der Zuschauer nicht selektiv sei.

7.3.3 Methodische Umsetzung

Cultural-Indicators-Analysis. Seit 1967 wurde jedes Jahr eine Woche TV-Programm inhaltsanalytisch untersucht, wobei in der Anfangsphase der Fokus auf *Fernsehgewalt* lag: Einerseits wurden die erhobenen Dimensionen in einen „Gewalt-/Mean-World-Index" verdichtet, andererseits wurden für verschiedene Bevölkerungsgruppen Risiko-Raten berechnet, Opfer von Gewalt zu werden bzw. selbst Gewaltakte zu begehen (Gerbner et al. 1980a). Später sind weitere Themen untersucht worden wie *Geschlechterrollen* (Signorielli 1989, 2013; Signorielli/Bacue 1999) und *Altersbilder* (Gerbner et al. 1980b), *Gesundheits- bzw. Krankheitsbilder* (Rossmann/Brosius 2005, Niederdeppe et al. 2010), Bilder über *Beziehungen, Familien, Heirat, Mutterschaft* (Ex/Janssens/Korzilius 2002; Segrin/Nabi 2002), *Vorstellungen von Politik* (Gerbner et al. 1982, 1984), *Umwelt* (Shanahan/Morgan/Stenbjerre 1997; Holbert/Kwak/Shan 2003) oder *Migration* (Aalberg/Strabac 2010). Dazu *Forschungsüberblicke* in Signorielli/Morgan (1990, 1996); Morgan/Shanahan (1997); Shanahan/Morgan (1999); Weimann (2000); Gerbner et al. (2002); Morgan 2009; Rossmann 2013; Shrum 2009, 2017.

Neuere Studien haben sich zunehmend auch mit *spezifischen Programmgenres* (Bilandzic/Rössler 2004) befasst wie z.B. Talkshows (Hasebrink 2001; Rössler/Brosius 2001), Krankenhausserien (Rossmann 2002; Chory-Assad/Tamborini 2003) oder Soaps und Sitcoms (Segrin/Nabi 2002) und ihren *Zielgruppen* wie Jugendliche (Hasebrink 2001) bzw. junge Frauen (Harrison 1997; Harrison/Cantor 1997; Ex/Janssens/Korzilius 2002), aber auch mit dem Einfluss des Videorecorders (Morgan/Shanahan 1991).

Die Kultivierungsforschung hat sich auch der *Präsenz von überschlanken Models* in Medien und Werbung und den damit vermuteten Wirkungen auf Essstörungen (engl. eating disorders) bei jungen Frauen zugewendet (vgl. Harrison 1997; Harrison/Cantor 1997; Bissell 2004; Märschel 2007; Moriarty/Harrison 2008; Harrison 2009; Levine/Harrison 2009).

Cultivation-Analysis. Sie basiert auf der Befragung von Querschnitt-Stichproben bei Erwachsenen und Jugendlichen. Den Befragten werden einerseits Fragen vorgelegt (vgl. Abb. 88), die sich auf die Gesellschaft beziehen (etwa: „Wie hoch ist die Chance, dass Sie innerhalb eines Jahres Opfer einer Gewalttat werden?") und die zu einem „Mean-World"-Syndrom addiert werden. Andererseits wird die Höhe des TV-Konsums in Minuten pro Tag oder die Nutzung von spezifischen Programmgenres (Krimis oder Serien) erhoben. In der Auswertung – anfangs nur mit deskriptiven bivariaten Tabellen – wird als *Kultivierungsdifferential* analysiert, ob Vielseher im Gegensatz zu Wenigsehern stärker gesellschaftliche Vorstellungen betonen, die aufgrund der Cultural-Indicators als „TV-Realität" ermittelt wurden, z.B. der Anteil der Fernsehprotagonisten, die Opfer von Fernsehgewalt werden, im Unterschied zum tatsächlichen Risiko aufgrund von Kriminalitätsstatistiken.

Die *Unterscheidung nach Viel- und Wenigsehern* erfolgte dabei nicht immer aufgrund gleicher Kriterien. In verschiedenen Studien (NORC-Survey) bezeichnet die Gruppe um George Gerbner aufgrund absoluter Kriterien Personen als Vielseher, die pro Tag vier und mehr Stunden fernsehen, was einem Anteil von ca. 30% an der Stichprobe entspricht. Möglich wäre auch eine Unterscheidung nach relativen Werten wie z.B. Quartilen: Viel- bzw. Wenigseher als die 25% Zuschauer mit höchster bzw. tiefster Nutzung. Zudem bleibt meist die Gruppe der Nichtseher unberücksichtigt – zum einen weil sie (in den USA) zu klein ist, und zum anderen weil sie wegen der TV-Abstinenz sozial zu speziell ist.

Abb. 88 Indikatoren für die Kultivierungsanalyse

reale Welt	1)	US-Zensus-Daten zeigen z.B., dass 1% aller arbeitenden Männer Berufe im Bereich Kriminalitätsbekämpfung innehaben (eng.: law enforcement and crime detection).
	2)	Nach US-Zensus-Daten gab es 1970 0.32 Gewaltkriminalität (engl. violent crimes) auf 100 Personen.
TV-Welt	1)	Nach Gerbners Cultural-Indicators-Analyse sind es im TV 12%.
	2)	Nach Gerbners Cultural-Indicators-Analyse sind zwei Drittel der TV-Akteure pro Woche in Gewalt verwickelt
soziale Realität	1)	Die sog. „Forced-Error" Fragestellung der Kultivierungsanalyse lautet, ob der entsprechende Anteil 5% (TV-Antwort) oder 1% betrage. Als Befund geben 50% der Wenigseher im Vergleich zu 59% der Vielseher die sog. Fernsehantwort.
	2)	39% der Wenigseher im Gegensatz zu 52% der Vielseher gaben an, dass die Anzahl der Personen, die pro Woche in Gewalt verwickelt seien, näher bei 1 zu 10 (TV-Antwort) als bei 1 zu 100 liege.

(Quelle: Gerbner et al. 1977, zitiert nach Morgan/Shanahan 1997: 8ff.)

Weil sich die Kultivierungsanalyse für *interkulturelle Vergleiche* eignet, ist mittlerweile eine Vielzahl von empirischen Untersuchungen in verschiedensten Ländern durchgeführt worden, wobei sich die festgestellten Kultivierungseffekte in jenen Ländern – beispielsweise in Großbritannien (vgl. Wober 1998), Schweden (Hedinsson/Windahl 1984) oder der Schweiz (Bonfadelli 1983) und Deutschland (Barth 1988; Hasebrink 2001; Rössler/Brosius 2001; Rossmann 2002) – als schwächer ausgeprägt bzw. weniger konsistent erwiesen haben, in denen die TV-Realität wegen öffentlichen TV-Anbietern im Vergleich zur USA vielfältiger und weniger repetitiv bzw. homogen war.

7.3.4 Befunde

US-Daten. Gerbner und sein Team konnten in vielen Untersuchungen aufgrund verschiedener Stichproben und unterschiedlicher Kultivierungsfragen zeigen, dass Vielseher auf gewaltbezogene Fragen in stärkerem Ausmaß als Wenigseher jeweils die „TV-nahe" Antwort wählten. Vielseher nehmen ihre Umwelt als gewalthafter wahr, als diese in Wirklichkeit ist. Sie äußern entsprechend mehr *Angstgefühle*, erwarten häufiger, in Gewalttätigkeiten verwickelt zu werden, was folglich ihre Bereitschaft steigert, aggressiv in als bedrohlich empfundenen Situationen zu reagieren (Gerbner/Gross 1976, 2002; Hawkins/Pingree 1982, 1990; Gerbner 2000; Morgan 2002; Morgan/Shanahan/Signorielli 2009, 2014).

Abb. 89 Angst vor Verbrechen ist ein ernstes Problem

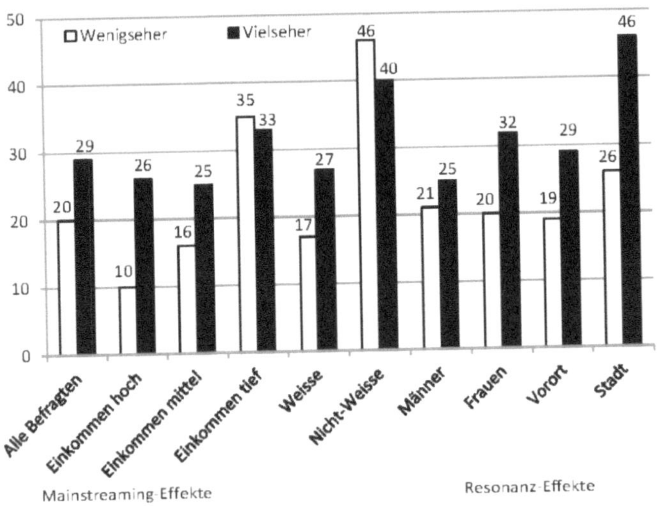

(Quelle: Gerbner et al. 1981: 37)

Abb. 89 zeigt Befunde aus einer repräsentativen amerikanischen Befragung von 1979: 29% der Vielseher im Unterschied zu nur 20% der Wenigseher gaben damals an, dass „Angst vor Verbrechen für sie ein ernstes persönliches Problem ist". Gerbner et al. (1981) interpretieren dies als Kultivierungseffekt, wobei vor allem bezüglich Einkommen und Rasse die Haltungen der Wenigseher heterogen sind und sich als *Mainstreaming-Effekt* durch den hohen TV-Konsum angleichen. Bezüglich Geschlecht und Wohnort existieren hingegen *Resonanz-Effekte* aufgrund der Übereinstimmung von realen Lebensumständen und Umweltbedingungen mit den TV-Inhalten, insofern sich die Kultivierungswirkung des Fernsehens besonders stark bei Frauen und Städtern bemerkbar macht.

Beispiel: Zürcher-Studie. Solche Zusammenhänge – allerdings stark beeinflusst durch mediatisierende Drittfaktoren – konnten auch im deutschsprachigen Raum bei 348 15-jährigen Jugendlichen aus der Schweiz nachgewiesen werden (Bonfadelli 1983). Es bestand eine einfache Korrelation von +0.21 bis +0.26 zwischen dem Kultivierungs-Index als Summe von acht gewaltbezogenen Indikator-Fragen und der TV-Nutzung im Allgemeinen, der Krimi-Nutzung im speziellen und dem TV-Index insgesamt (vgl. Abb. 90). Selbst bei Kontrolle von vier Drittfaktoren blieben die partiellen Korrelationen mit der Krimi-Nutzung (+0.11) und dem TV-Index (+0.12) noch signifikant, außer jene mit der allgemeinen Fernsehnutzung (+0.05). Differenzierend zeigt die Studie, dass der Kultivierungsprozess bei Jugendlichen aus gehobenerem Bildungsmilieu, aber auch bei Mädchen im Vergleich zu Jungen deutlich stärker ausgeprägt ist.

Abb. 90 Differenzielle Kultivierungseffekte bei Zürcher Jugendlichen

TV-Index	insg.	*Bildungsniveau*			*Geschlecht*	
		Realsch.	Sekundar.	Gymnasium	männlich	weiblich
Insgesamt	6.7	7.6	6.7	5.9	6.9	6.5
hoch	7.5	7.4	7.6	8.3	7.7	7.3
mittel	7.1	7.2	6.3	6.7	7.0	7.2
niedrig	6.4	7.1	6.6	5.7	6.1	6.6
sehr niedrig	6.0	8.4	6.5	5.3	6.5	5.4
%-Differenz	+1.5	-1.0	+1.1	+3.0	+1.2	+1.9
partielle Korr.	0.12*	0.01	0.14*	0.16*	0.12*	0.16*

Anmerkung: Partielle Korrelationen 4ter Ordnung, kontrolliert für Bildung, Geschlecht, Schicht, Note, familiär-schulische Belastung; * p. < .05 (Quelle: Bonfadelli 1983)

7.3.5 Kritik

Die Kultivierungs-Hypothese führte in der amerikanischen (z.B. Hirsch 1980, 1981; Rubin/Perse/Taylor 1988; Tapper 1995), aber auch der deutschen Kommunikationswissenschaft (Sturm 1981; Melischek/Rosengren/Stappers 1984; De Gruyter 2004) zu einer Kontroverse darüber, ob dieser direkte und unvermittelte Fernseheinfluss empirisch so abgesichert sei, wie von Gerbner-Gruppe behauptet. Kritisiert wurden in der Folge verschiedenste Punkte sowohl in methodologischer als auch in theoretischer Hinsicht.

Methodische Mängel. Hirsch (1980, 1981) unterstellte als einer der ersten Gerbner vor allem *methodische Mängel* hinsichtlich a) der nicht konsistenter Operationalisierung von „Vielsehen", „Wenig- bzw. Nichtsehen", b) der ungenügenden Kontrolle von Drittvariablen – beruhen doch die Kultivierungs-Befunde nur auf *korrelativer Evidenz* von Querschnittstudien – und c) der Nichtlinearität der Zusammenhänge. Neuere Studien zeigen, dass die quantitative Höhe des Fernsehkonsums allein nur einen relativ geringen Anteil der Varianz in den Alltagsperzeptionen der Zuschauer zu erklären vermag, mithin weitere *mediatisierende Drittfaktoren* wie z.B. die Wohnsituation, persönliche Erfahrungen mit Gewalt oder die funktionale Orientierung der Fernsehnutzung bzw. die genutzten Inhalte oder Genres berücksichtigt werden müssen wie z.B. in der Studie von Roßmann (2002) zur Kultivierung durch Krankenhausserien.

Einflussrichtung. Unklar ist zudem die *Einflussrichtung* bzw. der postulierte *Kausalitätsschluss* (Rossmann/Brosius 2004), da nur wenige longitudinale Studien oder Experimente durchgeführt wurden. Möglich wäre durchaus, dass hoher TV-Konsum mit einem fatalistisch-pessimistischen Persönlichkeitssyndrom parallel geht, das sich durch Ängstlichkeit und Unsicherheit auszeichnet (Vitouch 1993); immerhin sind Wechselwirkungen wahrscheinlich. Vielseher äußern nämlich durchgängig häufiger, dass das Fernsehen für sie Orientierung leiste und für Entspannung und Ablenkung sorge (Schulz 1997).

Psychologische Prozesse. Die Kultivierung von Realitätswahrnehmungen wird meist als *Lern- bzw. Sozialisationsprozess* verstanden, allerdings haben sich erst einzelne Studien mit der Frage beschäftigt, was genau unter „Kultivierung" zu verstehen ist, bzw. welche *psychologischen Teilprozesse* den Kultivierungseffekten unterliegen. Hawkins/Pingree (1990) differenzierten als erste zwischen fünf Faktoren bzw. Prozessen: a) Informationsverarbeitung, b) kritische Fernsehrezeption, c) persönliche Realitätserfahrungen und andere Info-Quellen sowie d) soziale Einflüsse und Kultivierung aufgrund spezifischer TV-Inhalte bzw. selektiver TV-Nutzung.

Shrum (1995, 1997, 2004, 2007) wiederum argumentiert im Rahmen einer sozial-kognitiven Perspektive, indem er davon ausgeht, dass Personen normalerweise keine Informationsquellen berücksichtigen, wenn sie Aussagen über die soziale Realität machen. TV-Bilder werden quasi als für Vielseher am leichtesten zugängliche „Heuristik" (engl. shortcut) benutzt, wenn diese Bewertungen über die Realität machen sollen. Analog argumentieren Bilandzic/Rössler (2004) in ihrem Gratification/Cultivation-Modell, bei dem sie prozessorientiert zwischen einem ersten Schritt mit Encodierung und Speicherung der TV-Botschaften (engl. encoding and storage) und einen zweiten Schritt unterscheiden, in dem dann das gespeicherte Weltwissen wieder abgerufen und situationsspezifisch unter Anwendung von Heuristiken und Frames wieder rekonstruiert wird (engl. retrieval and construction). Erwartete Gratifikationen sind insofern von Bedeutung für das Modell, weil im Sinne von reversiver Kausalität etwa beim Krimi-Sehen bestimmte Realitätsvorstellungen wieder als Sehmotive fungieren können.

Theoretische Differenzierung. Die stärkere Beschäftigung mit psychologischen Teilprozessen führte zudem dazu, dass zwischen *zwei Subprozessen* der Kultivierung unterschieden wurde (Hawkins/Pingree 1990; Potter 1991, 1993): *Kultivierung erster Ordnung* meint die kognitive Einschätzung der Häufigkeiten von Ereignissen (z.B. Anzahl Verbrechen oder Morde), während die *Kultivierung zweiter Ordnung*, welche darauf aufbaut, die Herausbildung von Einstellungen, Bewertungen und Wertvorstellungen beinhaltet. Die empirischen Belege dazu sind jedoch widersprüchlich geblieben.

Aktiver Rezeptionsprozess. Eher grundsätzlicher Art ist dagegen die „humanistische" Kritik von Newcomb (1978), der bezweifelt, ob die durch Inhaltsanalysen festgestellten TV-typischen Gewaltstrukturen durch die Rezipienten als Realitätsbilder überhaupt so homogen perzipiert werden, wie dies Gerbner annimmt. Im Gefolge der Verbreitung von Fernbedienung, Videorecorder (Morgan/Shanahan 1991) und Spartenkanälen hätten sich zudem die Selektionsmöglichkeiten der Zuschauer stark vergrößert. Nach Newcomb wären ergänzende rezipientenorientierte qualitative Ansätze zur Abklärung der „subjektiven Bedeutung" von Gewalt notwendig.

7.3.6 Weiterentwicklung

Gerbner hat auf diese Kritik reagiert und das Kultivierungs-Modell differenziert, indem er die mediatisierenden Prozesse *„Mainstreaming"* und *„Resonance"* in die Kultivierungstheorie einführte: Sie postulieren je nach dem bestehenden sozialen Kontext einen je anderen Kultivierungseffekt, ohne aber zu spezifizieren, welche Randbedingungen zu welchem Kultivierungsprozess führen.

„Mainstreaming" liegt dann vor, wenn das Fernsehen die Ansichten von abweichenden Gruppen auf die Mehrheitsmeinung der Bevölkerung hin anpasst, d.h. bei Wenigsehern liegen die Meinungen auseinander (Heterogenität), während sie bei Vielsehern signifikant homogener sind (vgl. Abb. 91).

„Resonance" liegt dann vor, wenn das Fernsehen eine Verstärkung der Ansichten vorab bei jenen Gruppen bewirkt, die sich „zu Recht" betroffen fühlen, z.B. Frauen oder Bewohner von Großstädten bezüglich Gewalt. – Kritiker meinen allerdings dazu, dass so praktisch jedes empirische Forschungsresultat im

Nachhinein entweder als „Mainstreaming“ oder als „Resonance“ interpretiert werden könne, mithin die Kultivierungstheorie gar nicht falsifizierbar sei.

Zusammenfassend ist trotz solcher Relativierungen festzuhalten, dass in mehr als 300 empirischen Studien in den USA wie international mehrheitlich konsonante Befunde zur Kultivierungs-Hypothese vorliegen, obwohl die Stärke des belegten Zusammenhangs „is likely to be modest in terms of its absolute size“ (Signorielli/Morgan 1996: 123).

Abb. 91 Konstellationen von Kultivierungseffekten

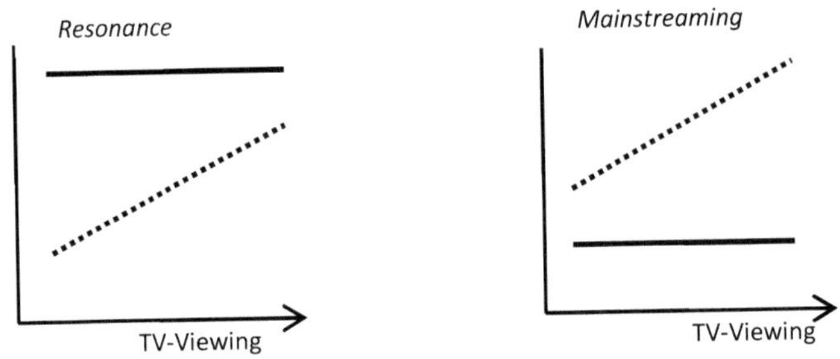

(Quelle: nach Gerbner 2000: 110)

Eine jüngere *Meta-Analyse* beziffert den durchschnittlichen Kultivierungseffekt mit r = 0.09, was nur einer erklärten Varianz von 1% entspräche, wobei Morgan/Shanahan (1997: 33) meinen, dass höhere Werte nur schon darum nicht erwartet werden dürfen, weil es kaum Menschen gibt, die nicht im Verlaufe ihres Lebens einer beträchtlichen Dosis „Fernsehen“ ausgesetzt sind:

> „The forces that shape our beliefs are many and varied; television is just one. As Gerbner et al. have repeatedly argued over the years, television is by no means the most powerful influence on people, but it is the most common, the most pervasive, the most widely shared.“

7.4 Media-Malaise-These (Robinson)

In Deutschland ist die *Einführung des Fernsehens* zwischen 1960 und 1970 durch einen parallelen Anstieg des politischen Interesses und der politischen Partizipation begleitet gewesen, was dazu geführt hat, dass man von einer *Mobilisierung* gesprochen hat (Schulz 2000, 2008). Neuerdings wird dieser gesellschaftlich als funktional bewertete politische Mobilisierungseffekt auch dem Internet mit seinen interaktiven Eigenschaften und speziell dem Web 2.0 zugesprochen, aber auch kontrovers diskutiert (Newton 1999, 2006; Schulz 2008: 206ff.; Schrape 2010; Strömbäck/Shehata 2010).

Im Gegensatz zur optimistischen *Mobilisierungsthese* hat der Amerikaner Michael Robinson in den 1970er-Jahren den Begriff „Videomalaise“ als politische Langzeitwirkung des Fernsehens eingeführt: Er versteht darunter den kumulativen negativen Einfluss speziell der politischen Berichterstattung des Fernsehens auf das Vertrauen in die und die Partizipation an der Politik. Die hohe Glaubwürdigkeit des Fernsehens, zusammen mit Negativität und Konfliktbetonung in der Berichterstattung, führen nach ihm dazu, dass bei den Bürgern das Vertrauen in die Politik (engl. political efficacy) abnehme und die politische Entfremdung (engl. political alienation bzw. political powerlessness) sich verstärke. Die gesellschaftliche *Relevanz* der später *Media-Malaise* genannten These besteht darin, dass Politikverdrossenheit eine Gefahr für die Legitimation von Politik darstelle.

Obwohl nicht explizit Bezug auf die Kultivierungsanalyse genommen wird, sind die Prämissen der Videomalaise-These praktisch identisch: Auch hier handelt es sich um eine langfristige Wirkung von TV-Inhalten – allerdings nicht aus der Unterhaltung, sondern der Politik – und wie bei der Kultivierungsanalyse wird davon ausgegangen, dass die Politikdarstellung im Fernsehen verzerrt sei bzw. einen Bias in Richtung Negativität aufweise und dementsprechend dysfunktionale Wirkungen habe (vgl. Kap. 8). Und auch methodisch gibt es Ähnlichkeiten, insofern Robinson verschiedene Statements zur Wahrnehmung von Politik in Abhängigkeit von TV-Nutzung auswertete (vgl. Abb. 92).

Abb. 92 Videomalaise-These

drei Indikatoren von „political alienation“	not relying on TV	relying on TV	relying only on TV
Cannot understand what's going on	63%	71%	91%
Those elect to congress loose contact with the people	47%	57%	68%
Quite a few people running government are a little croocked	21%	27%	34%

Anmerkung: Zusammenhänge auch bei Kontrolle von Bildung; stärkste Korrelationen bei High-school-Bildung; N = ca. 1.200; repräs. 1968 NORC-Survey.

(Quelle: Robinson 1975)

Die seit den 1980er-Jahren in den USA dazu durchgeführten empirischen Querschnittuntersuchungen z.B. von O'Keefe (1980), Miller/Reese (1982), Bennett et al. (1999); Guggenheim/Kwak/Campbell (2011) erbrachten aber keine konsistenten Befunde, dies auch wegen unterschiedlicher Untersuchungsanlagen und

Operationalisierungen (z.B. Media-Dependenz vs. Nutzungsfrequenz). Unklar ist auch die *Richtung der Kausalität* (Strömbäck/Shehata 2010).

In Deutschland hat Christina Holtz-Bacha (1990, 1994) eine größere Studie dazu vorgelegt: Methodisch beruht sie auf einer repräsentativen Befragung von 1.413 Personen. Politische Entfremdung wurde mit sechs Fragen anhand einer Zwölf-Punkte-Skala gemessen. Mediennutzung wurde nicht nur quantitativ (Frequenzen), sondern auch qualitativ als Nutzung politischer und unterhaltender TV-Programme, aber auch politischer und unterhaltender Printmedien sowie von TV-Aufmerksamkeit operationalisiert. Befunde: 1) Insgesamt erklären alle untersuchten Variablen wie Soziodemografie (Alter, Bildung, Geschlecht), politisches Interesse und Medien (sechs Variablen) nur 13% im Index „politische Entfremdung". 2) Politisches Interesse und Bildung korrelieren am stärksten negativ mit politischer Entfremdung. 3) Die Mediendimensionen erklären nur ein Drittel der erklärten Varianz. 4) Politische TV- und Print-Nutzung korrelieren negativ mit politischer Entfremdung, nur die Nutzung von TV-/Print-Unterhaltung korreliert positiv mit politischer Entfremdung.

Als Fazit scheint somit nicht die Nutzung des Fernsehens per se, sondern spezifisch der unterhaltungsorientierte Umgang sowohl mit dem Fernsehen als auch den Printmedien mit negativen Haltungen gegenüber der Politik zusammenzugehen. – Ähnlich argumentiert auch Schulz (2000: 238) auf der Basis einer weiteren empirischen Studie:

> „Es kommt (…) auf die Art der Nutzung des Mediums an. Wenn intensiv die Informationsangebote im Fernsehen und dabei die Vielfalt des Angebots genutzt werden, trägt Fernsehen zur politischen Kompetenz bei, wenn auch gegenüber anderen Medien nur in geringem Maß."

Weiterführende Studien etwa von Wolling (1999) betonen, dass bei der empirischen *Messung des Konstrukts „Media-Malaise"* die Dimensionalität der Einstellungen zur Politik differenzierter berücksichtigt werden muss. Dies vor allem auch deshalb, weil die verschiedenen Aspekte der Einstellung zur Politik unterschiedlich mit den medialen und nicht-medialen Erfahrungen verknüpft sind. Er differenziert dabei politologisch zwischen Einstellungen zu *Polity* (Strukturen als wahrgenommene Effektivität und Legitimität des Regierungssystems), zu *Politics* (Prozesse als wahrgenommene Responsivität und Integrität der politischen Akteure) und *Policy* (Inhalte als Bewertung der Leistungen von Regierungs- vs. Oppositionsparteien in einzelnen als wichtig bewerteten Politikfeldern).

Übungsaufgaben

1. Welche Faktoren spielen als Ursachen für die Entstehung von Wissensklüften eine Rolle?
2. Diskutieren Sie den Unterschied zwischen der Defizit- und der Differenz-Interpretation von Wissensklüften.
3. Worin besteht der Unterschied zwischen der Cultural-Indicator-Analysis und der Cultivation-Analysis und wie hängen beide zusammen?
4. Beschreiben Sie die Video- bzw. Media-Malaise-These.

Zum Weiterlesen

Kobayashi, Tetsuro/Inamasu, Kazunori (2013): The Knowledge Leveling Effect of Portal Sites. In: Communication Research, 42(4), S. 482-502.

Die japanische Studie zeigt, dass unterhaltungsorientierte Nutzer sich politisches Wissen quasi nebenbei über sog. „Portal Sites" aneignen und diese so als Knowledge Leveler fungieren.

Rossmann, Constanze/Brosius, Hans-Bernd (2005): Vom hässlichen Entlein zum schönen Schwan? Von der Darstellung und Wirkung von Schönheitsoperationen im Fernsehen. In: Medien & Kommunikationswissenschaft, 53(4), S. 507-532.

Die Medienrealität weicht beim Thema „Schönheitsoperationen" deutlich von der objektiven Realität ab, wobei das Fernsehen ein positives Bild zeichnet. Sowohl ein Experiment als auch eine Befragung zeigen, dass dies die Wahrnehmung von Schönheitsoperationen beeinflusst.

Holtz-Bacha, Christina (1990): Der kleine Unterschied im Medienverhalten und seine Folgen für die Kommunikationsforschung. In: Publizistik 35(2), S. 497-503.

Die Studie überprüft das Video-Malaise-Konzept empirisch mit Survey-Daten aus Deutschland. Darauf aufbauend differenziert sie das Konzept.

8 Fazit

Abschließend sollen aktuelle Ansätze der Medienwirkungsforschung hinsichtlich ihrer Aussagen zu den gesamtgesellschaftlichen Konsequenzen der Medien auf Makroebene bilanziert werden. Fokussiert man nicht nur den individuellen Mediennutzer, sondern stärker die gesellschaftlichen Konsequenzen des Medienumgangs, so ist die idealtypische Perspektive von McQuail (2010: 91) hilfreich. Er fragt erstens, ob Medien in Bezug auf den sozialen Zusammenhang der Gesellschaft tendenziell zentrifugale oder eher zentripetale Effekte haben? Zweitens ergänzt er diese Perspektive durch eine weitere Dimension, und zwar, ob diese zentrifugalen bzw. zentripetalen Effekte aus einer gesellschaftlich-normativen Perspektive optimistisch bzw. positiv oder eher pessimistisch bzw. negativ beurteilt werden. Diese Lokalisierung und Bewertung von Medieneffekten für die Gesellschaft wird hier ergänzt, indem verschiedene Ansätze der Wirkungsforschung idealtypisch diesen vier Feldern zugeordnet werden (vgl. Abb. 93).

Abb. 93 Idealtypische Verortung von Wirkungsphänomen und Wirkungstheorien

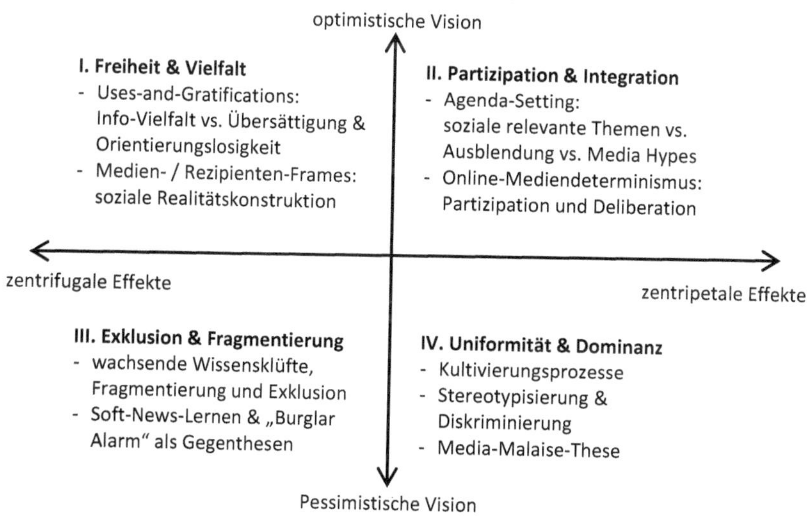

Das erste Szenario „*Freiheit und Vielfalt*" bezeichnet gemäß dem Uses-and-Gratifications-Ansatz ein für Gesellschaft und Politik normativ als funktional bewertetes Mediensystem, das durch Medienfreiheit und vielfältige Medienangebote auf der einen Seite und durch freie Mediennutzung von vielfältigen Medienpublika mit individualisierten Bedürfnissen und Ansprüchen andererseits charakterisiert ist. Als Risiko werden Bedeutungslosigkeit der Angebote und Übersättigung sowie Orientierungslosigkeit der Nutzer diskutiert. In Ergänzung zum Uses-and-Gratifications-Ansatz stehen die konkreten Medieninhalte im Zentrum der konstruktivistischen Framing-Perspektive, welche davon ausgeht, dass Themen wie Armut, Migration, AIDS oder Umweltverschmutzung hinsichtlich ihrer Ursachen, Verantwortlichkeiten und Lösungsstrategien in der Medienrealität je spezifisch konstruiert und bewertet werden. Framing-Leistungen der Medien sind insofern positiv und funktional für die Gesellschaft, als das Mediensystem unterschiedliche Deutungen der sozialen Probleme für die Bürger der Zivilgesellschaft kommuniziert und so einen deliberativen Diskurs ermöglicht. Dysfunktional sind Situationen, in denen dominante Stakeholder die Deutungshoheit aufgrund von finanziellen und kommunikativen Ressourcen zu erringen vermögen und ein öffentlicher Diskurs so unterdrückt wird.

Auch das zweite Szenario „*Partizipation und Integration*" bewertet die gesellschaftlichen Medieneffekte in Form von Agenda-Setting als funktional, indem den Medien als Hauptleistung die gesellschaftliche Integration durch Bereitstellung einer öffentlichen Sphäre mit geteilter Aufmerksamkeit für relevante Themen und aktiver politischer Deliberation und Partizipation zugeschrieben wird. Als Gefahren werden hier gesehen, dass Medien einerseits gewisse Themen im Sinne von Ausblendung nicht aufgreifen oder sogar totschweigen können, andererseits aber Pseudo-Themen in Form von Medien-Hypes und Moral-Panics künstlich geschaffen und dramatisiert werden können. Interessant ist, dass in der Debatte um den Beitrag von Internet und Social Media einerseits zwar unbegrenzte Informationsvielfalt betont wird, andererseits trotzdem oder gerade deswegen neue Formen der gesellschaftlichen Partizipation und Deliberation positiv betont werden.

Im Gegensatz dazu wird das dritte Szenario „*Exklusion und Fragmentierung*" als dysfunktional betrachtet, weil die Medien nach der Wissenskluft-Perspektive gesellschaftliche Exklusion und bestehende Klüfte verfestigen und so die Ausgrenzung, Vereinzelung und Isolation der Mediennutzer verfestigen können, was der Fragmentierung der Gesellschaft Vorschub leistet. Dem wird entgegengehalten, dass das Ideal des aktiven, informierten und politisch interessierten Bürgers überzogen sei und auch Infotainment und Soft News Lernprozesse anregen würden (Baum 2003) bzw. dass auch die politisch Abstinenten von den Medien bei wichtigen Themen im Sinne eines sog. „Burglar Alarms“ aufgeweckt würden (Zaller 2003; Bennett 2003).

Schließlich entspricht auch das vierte Szenario *„Uniformität und Dominanz“* einer pessimistischen Vision, insofern einerseits nach der Kultivierungstheorie die gewaltgeprägte Realität des Fernsehens bei Vielsehern zu verzerrter Wahrnehmung der Alltagswirklichkeit führt. Andererseits würden nach der Media-Malaise-These die Medien durch dominante Akteure und uniforme Berichterstattung beispielsweise in Form von Populismus realitätsverzerrende Weltbilder kultivieren und Stereotype bedienen, was in der Folge das Misstrauen sowie die Abstinenz von der Politik verstärken dürfte.

Diese Verortung der wichtigsten theoretischen Perspektiven der Medienwirkungsforschung nach den beiden Dimensionen „Homogenisierung“ vs. „Differenzierung“ einerseits und andererseits noch stärker bezüglich „positiv-funktionalen“ vs. „negativ-dysfunktionalen“ gesellschaftlichen Konsequenzen zeigt, dass den empirisch-analytischen Ansätzen der Wirkungsforschung auf der Mikro-Ebene durchaus – wenngleich auch eher implizit – *normative Implikationen* (Bonfadelli 2013) hinsichtlich der Wirkung der Medien auf der Makro-Ebene der Gesellschaft unterliegen.

Wie diese Gesamtfunktionalität der Medien und deren Wirkungen auf die Zivilgesellschaft und die Demokratie aufgrund solcher normativer Ansprüche allerdings zukunftsbezogen zu beurteilen ist, wird im Zusammenhang mit der Online-Kommunikation und speziell der Social Media – z.B. die Wahl von Donald Trump zum US-Präsidenten – zurzeit in der Kommunikationswissenschaft und Medienwirkungsforschung von Neuem diskutiert (Coleman/Blumler 2009; Loader/Mercea 2012; Jandura/Fahr/Brosius 2013; Kleinen-von Königslöw/Förster 2014; Couldry/Hepp 2016) – etwa unter dem Stichwort *„echo chambers“* (Garrett 2009). Gemeint ist, dass ein Teil der Zivilgesellschaft sich mittels sozialer Medien wie Facebook und Twitter nur noch ideologisch-konsonanten Botschaften aussetzt bzw. strategisch gezielt durch diese angesprochen und beeinflusst wird.

Literatur

Aalberg, Toril/Strabac, Zan (2010): Media Use and Misperceptions. Does TV Vierwing Improve our Knowledge about Immigration? In: Nordicom Review 31(1), S. 35-52.

Aarøe, Lene (2017): Framing: Audience Frames. In: Rössler, Patrick et al. (Hg.): The International Encyclopedia of Media Effects. Chichester, West Sussex, UK.

Abelson, Robert P. (1968): Theories of Cognitive Consistency: A Sourcebook. Chicago.

Abercrombie, Nicholas/Longhurst, Brian (1998): Audiences. A Sociological Theory of Performance and Imagination. London/Thousand Oaks/New Delhi.

Ajzen, Icek (2001): Nature and Operation of Attitudes. In: Annual Review of Psychology 52(1), S. 27-58.

Ajzen, Icek (2012): Attitudes and Persuasion. In: Deaux, Kay/Snyder, Mark (Hg.): The Oxford Handbook of Personality and Social Psychology. Oxford/New York, S. 367-393.

Ajzen, Icek/Fishbein, Martin (1980): Understanding Attitudes and Predicting Social Behavior. Englewood Cliffs.

Allen, Mike/Preiss, Raymond W. (Hg.) (1998): Persuasion. Advances Through Meta-Analysis. Cresskill.

Allport, Gordon W. (1935): Attitudes. In: Murchison, Carl M. (Hg.): Handbook of Social Psychology. Worcester, S. 792-844.

Anders, Günther (1961): Die Antiquiertheit des Menschen. München.

Anderson, Daniel R. (2017): Attention and Awareness. In: Rössler, Patrick et al. (Hg): The International Encyclopedia of Media Effects. Chichester, West Sussex.

Anderson, Daniel R./Collins, Patricia A./Schmitt, Kelly L./Smith Jacobvitz, Robin (1996): Stressful Life Events and Television Viewing. In: Communication Research 23(3), S. 243-260.

Andres, Luis/Cuberes, David/Diouf, Mame/Serebrisky, Tomas (2010): The diffusion of the internet: A cross-country analysis. In: Telecommunications Policy 34, S. 323-340.

Andsager, Julie L./White, Allen H. (2007): Self Versus Others. Media, Messages, and the Third-Person Effect. Mahwah.

Ang, Ien (1986): Das Gefühl Dallas. Zur Produktion des Trivialen. Bielefeld.

Ang, Ien (1991): Desperately Seeking the Audience. London.

ARD-Forschungsdienst (2017): Glaubwürdigkeit der Medien. In: Media Perspektiven (1), S. 552-56.

Arendt, Florian (2013): Dose-Dependent Media Priming Effects of Stereotypic Newspaper Articles on Implicit and Explicit Stereotypes. In: Journal of Communication 63, S. 830-851.

Armitage, Christopher J./Conner, Mark (2001): Efficacy of the theory of planned behavior: A meta-analytic review. In: British Journal of Social Psychology 40(4), S. 471-499.

Arnold, Katja (2003): Digital Divide. Zugangs- oder Wissenskluft? München.

Atkin, Charles K. (1973): Instrumental Utilities and Information Seeking. In: Clarke, Peter (Hg.): New Models in Mass Communication Research. Beverly Hills/London, S. 205-242.

Atkin, David J./Jeffres, Leo W./Neuendorf, Kimberly A. (1998): Understanding Internet Adoption as Telecommunications Behavior. In: Journal of Broadcasting & Electronic Media 42(4), S. 475-490.

Atteslander, Peter (1980): Ist Medieneinfluss bei Wahlen messbar? In: Media Perspektiven (9), S. 597-604.

Aufenanger, Stefan (2002): Medienerziehung und Medienkompetenz. In: Gruber, Thomas (Hg.): Was bieten die Medien? Was braucht die Gesellschaft? Chancen und Risiken moderner Kommunikation. München, S. 118-123.

Averbeck-Lietz, Stefanie/Meyen, Michael (Hg.) (2016): Handbuch nicht standardisierte Methoden in der Kommunikationswissenschaft. Wiesbaden.

Baacke, Dieter/Sander, Uwe/Vollbrecht, Ralf (1990): Lebenswelten sind Medienwelten. Opladen.

Bachmair, Ben (1990): Alltag als Gegenstand von Fernsehforschung. In: Charlton, Michael/Bachmair, Ben (Hg.): Medienkommunikation im Alltag. Interpretative Studien zum Medienhandeln von Kindern und Jugendlichen. München u.a., S. 57-75.

Ball, Samuel/Bogatz, Gerry Ann (1970): The First Year of Sesame Street. Princeton.

Ball-Rokeach, Sandra J. (1985): The Origins of Individual Media-System Dependency. A Sociological Framework. In: Communication Research 12(4), S. 485-510.

Ball-Rokeach, Sandra J. (2001): The Politics of Studying Media Violence: Reflections 30 Years after the Violence Commission. In: Mass Communication & Society 4(1), S. 3-18.

Ball-Rokeach, Sandra J./DeFleur, Melvin L. (1976): A Dependency Model of Mass-Media Effects. In: Communication Research 3(1), S. 3-21.

Ball-Rokeach, Sandra J./Jung, Joo-Young (2009): The Evolution of Media System Dependency Theory. In: Nabi, Robin L./Oliver, Mary B. (Hg.): The Sage Handbook of Media Processes and Effects. Los Angeles u.a., S. 531-546.

Banas, John A./Miller, Gregory (2013): Inducing Resistance to Conspiracy Theory Propaganda: Testing Inoculation and Metainoculation Strategies. In: Human Communication Research 39(2), S. 184-207.

Banas, John A./Rains, Stephen A. (2010): A Meta-Analysis of Research on Inoculation Theory. In: Communication Monographs 77(3), S. 281-311.

Bandura, Albert (1978): Social Learning Theory of Aggression. In: Journal of Communication 28(3), S. 12-29.

Bandura, Albert (1979): Die sozial-kognitive Lerntheorie. Stuttgart.

Bandura, Albert (2000): Die Sozial-Kognitive Theorie der Massenkommunikation. In: Schorr, Angela (Hg.): Publikums- und Wirkungsforschung. Ein Reader. Wiesbaden, S. 153-180.

Bandura, Albert (2001): Social Cognitive Theory of Mass Communication. In: Mediapsychology 3(3), S. 265-299.

Bandura, Albert (2009[3]): Social Cognitive Theory of Mass Communication. In: Bryant, Jennings/Oliver, Mary B. (Hg.): Media Effects. Advances in Theory and Research. New York/London, S. 95-124.

Barth, Bertram (1988): Fernsehnutzung und Realitätswahrnehmung. Zur Überprüfung der Kultivierungshypothese. In: Rundfunk und Fernsehen 36(1), S. 67-79.

Bas, Ozen/Grabe, Maria Elizabeth (2015): Emotion-Provoking Personalization of News: Informing Citizens and Closing the Knowledge Gap? In: Communicationn Research, 42(2), S. 159-185.

Basil, Michael D./Brown, William J. (1994): Interpersonal Communication in News Diffusion: A Study of „Magic" Johnson's Announcement. In: Journalism Quarterly 71(2), S. 305-320.

Batinic, Bernad/Appel, Markus (Hg.) (2008): Medienpsychologie. Heidelberg.

Bauer, Hans/Grether, Mark (2004): Gebannt im Internet surfen. In Bauer, Hans/Rösger, Jürgen/Neumann, Marcus (Hg.): Konsumentenverhalten im Internet. München, S. 107-132.

Bauer, Martin W./Bonfadelli, Heinz (2002): Controversy, Media Coverage and Public Knowledge. In: Bauer, Martin W./Gaskell, George (Hg.): Biotechnology. The Making of a Global Controversy. Cambridge, S. 149-175.

Bauer, Raymond A. (1964): The Obstinate Audience. In: American Psychologist 19(5), S. 319-328.

Bauer, Wolf/Baur, Elke/Kungel, Bernd (Hg.) (1976): Vier Wochen ohne Fernsehen. Berlin.

Baum, Matthew A. (2003): Soft News and Political Knowledge: Evidence of Absence or Absence of Evidence? In: Political Communication 20(2), S. 173-190.

Beaudoin, Christopher E. (2004): The Independent and Interactive Antecedents of International Knowledge. In: Gazette 66(5), S. 459-473.

Beck, Klaus/Schweiger, Wolfgang (Hg.) (2001): Attention please! Online-Kommuni-kation und Aufmerksamkeit. München.

Beck, Klaus/Schweiger, Wolfgang/Wirth, Werner (Hg.) (2004): Gute Seiten – schlechte Seiten. Qualität in der Online-Kommunikation. München.

Becker, Lee B./Schönbach, Klaus (Hg.) (1989): Audience Responses to Media Diversification. Coping with Plenty. Hillsdale, N.J.

Becker, Lee B./Whitney, Charles D. (1980): Effects of Media Dependencies. Audience Assessment of Government. In: Communication Research 7(1), S. 95-120.

Beltran, Luis R. (1976): Alien Premises, Objects, and Methods in Latin American Communication Research. In: Rogers, Everett M. (Hg.): Communication and Development. Critical Perspectives. Beverly Hills/London, S. 15-42.

Beniger, James R. (1978): Media Content as Social Indicators: The Greenfield Index of Agenda Setting. In: Communication Research 5(4), S. 437-453.

Beniger, James R. (1987): Personalization of Mass Media and the Growth of Pseudo-Community. In: Communication Research 14(3), S. 352-371.

Bennett, Lance W. (2003): The Burglar Alarm That Just Keeps Ringing: A Response to Zaller. In: Political Communication 20(2), S. 131-138.

Bennett, Lance W./Iyengar, Shanto (2008): A New Era of Minimal Effects? The Changing Foundations of Political Communication. In: Journal of Communication 58(4), S. 707-731.

Bennett, Stephen E. (1988): Know-Nothings Revisited: The Meaning of Political Ignorance Today. In: Social Science Quarterly 69(2), S. 422-435.

Bennett, Stephen E./Rhine, Staci/Flickinger, Richard S./Bennett, Linda L.M. (1999): „Video Malaise" Revisited. Public Trust in the Media and Government. In: Press/Politics 4(4), S. 8-23.

Bennett, Stephen E./Flickinger, Richard S./Baker, John R./Rhine, Staci L./Bennett, Linda L. (1996): Citizens' Knowledge of Foreign Affairs. In: Press/Politics 1(2), S. 10-29.

Bente, Gary/Fromm, Bettina (1997): Affektfernsehen. Motive, Angebotsweisen und Wirkungen. Opladen.

Bentele, Günter (1988): Der Faktor Glaubwürdigkeit. Forschungsergebnisse und Fragen für die Sozialisationsperspektive. In: Publizistik 33(2-3), S. 406-426.

Berelson, Bernard (1965): What Missing the Newspaper Means. In: Schramm, Wilbur L. (Hg.): The Process and Effects of Mass Communication. Urbana, S. 36-49.

Berelson, Bernard/Lazarsfeld, Paul F./McPhee, William N. (1954/1963[4]): Voting. A Study of Opinion Formation in a Presidential Campaign. Chicago.

Berelson, Bernard/Steiner, Gary A. (1972): Menschliches Verhalten. Weinheim/Basel.

Berghaus, Margot (1999): Wie Massenmedien wirken? Ein Modell zur Systematisierung. In: Rundfunk und Fernsehen 47(2), S. 181-199.

Berkowitz, Leonard (1978): Cognitive Theories in Social Psychology. New York.

Bertelsmann Stiftung (Hg.) (1993): Lesesozialisation. 1: Leseklima in der Familie; 2: Leseerfahrungen und Lesekarrieren. Gütersloh.

Best, Stefanie/Engel, Bernhard (2016): Generationenprofile in der konvergenten Medienwelt. Kohortenanalyse auf der Basis der ARD/ZDF-Langgzeitstudie Massenkommunikation. In: Media Perspektiven (1), S. 2-26.

Best, Stefanie/Engel, Bernhard/Hoffmann, Henriette/Mai, Lothar/Müller, Dieter K. (2009): Zeitbudgeterhebungen im Zeitalter medialer Konvergenz. In: Media Perspektiven (6), S. 288-296.

BfS – Bundesamt für Statistik (2010): Lesen. Kulturverhalten in der Schweiz. Erhebung 2008. Neuchâtel.

Bickham, David S./Schmidt, Mary Evans/Huston, Aletha C. (2012): Attention, Comprehension, and the Educational Influences of Television and Other Electronic Media. In: Singer, Dorothy. G./Singer, Jerome L. (Hg.): Handbook of Children and the Media. Thousand Oaks, S. 113-137.

Bilandzic, Helena (2014): Wirkungsforschung. In: Karmasin, Matthias/Rath, Mattias/Thomaβ, Barbara (Hg.): Kommunikationswissenschaft als Integrationsdisziplin. Wiesbaden, S. 159-178.

Bilandzic, Helena/Koschel, Friederike/Springer, Nina/Pürer, Heinz (2016): Rezipientenforschung. Mediennutzung – Medienrezeption – Medienwirkung. Konstanz.

Bilandzic, Helena/Rössler, Patrick (2004): Life According to Television. Implications of Genre-Specific Cultivations Effects: The Gratification/Cultivation Model. In: Communications 29(3), S. 295-326.

Bilandzic, Helena/Schramm, Holger/Matthes, Jörg (2015): Medienrezeptionsforschung. Konstanz.

Bimber, Bruce (2001): Information and political engagement in America. The search for effects of information technology at the individual level. In: Political Research Quarterly 54, S. 53-67.

Biocca, Frank A. (1988): Opposing Conceptions of the Audience: The Active and Passive Hemispheres of Mass Communication Theory. In: Anderson, James A.: Com-munication Yearbook 11. Newbury Park/London/New-Delhi, S. 51-81.

Biocca, Frank A. (1993): Communication Research in the Design of Communication Interfaces. In: Journal of Communication 43(4), S. 59-68.

Bissell, Kimberly L. (2004): What Do These Messages Really Mean? Sports Media Exposure, Sports Participation, and Body Image Distortion in Women Between the Ages of 18 to 75. In: Journalism & Mass Communication Quarterly 81(1), S. 108-123.

Blödorn, Sascha/Gerhards, Maria (2004): Informationsverhalten der Deutschen. Ergebnisse einer Repräsentativbefragung. In: Media Perspektiven (1), S. 2-14.

Blumer, Herbert (1966): The Mass, the Public, and Public Opinion. In: Berelson, Bernard/Janowitz, Morris (Hg.): Reader in Public Opinion and Communication. New York/London (19461), S. 43-50.

Blumler, Jay G. (1979): The Role of Theory in Uses and Gratifications Studies. In: Communication Research 6(1), S. 9-36.

Blumler, Jay G./Katz, Elihu (Hg.) (1974): The Uses of Mass Communications. Current Perspectives on Gratifications Research. Beverly Hills.

Böck, Margit (1998): Leseförderung als Kommunikationspolitik. Zum Mediennutzungs- und Leseverhalten sowie zur Situation der Bibliotheken in Österreich. Wien.

Böck, Margit/Weish, Uli (2002): Medienhandeln und Geschlecht. In: Dorer, Johanna/Geiger, Brigitte (Hg.): Feministische Kommunikations- und Medienwissenschaft. Wiesbaden, S. 235-266.

Böhme-Dürr, Karin/Graf, Gerhard (Hg.) (1995): Auf der Suche nach dem Publikum. Medienforschung für die Praxis. Konstanz.

Börsenverein des Deutschen Buchhandels (Hg.) (2008): Buchkäufer und Leser. Profile, Motive, Wünsche. Frankfurt a. M.

Börsenverein des Deutschen Buchhandels (Hrsg.) (2011): Markt mit Perspektiven. Das E-Book in Deutschland 2011. Frankfurt a. M.

Bohner, Gerd/Dickel, Nina (2011): Attitudes and Attitude Change. In: Annual Review of Psychology 62, S. 391-417.

Bohner, Gerd/Moskowitz, Gordon B./Chaiken, Shelly (1995): The Interplay of Heuristic and Systematic Processing of Social Information. In: European Review of Social Psychology 6(1), S. 33-68.

Bohner, Gerd/Wänke, Michaela (2002): Attitudes and Attitude Change. Hove.

Bonfadelli, Heinz (1983): Der Einfluss des Fernsehens auf die Konstruktion der sozialen Realität: Befunde aus der Schweiz zur Kultivierungshypothese. In: Rundfunk und Fernsehen, 31(3-4), S. 415-430.

Bonfadelli, Heinz (1988a): Das Leseverhalten von Kindern und Jugendlichen. In: Schweizerisches Jugendbuch-Institut (Hg.): Leselandschaft Schweiz. Zürich, S. 11-90.

Bonfadelli, Heinz (1988b): Lesen, Fernsehen und Lernen. Eine Studie über differentielle Kommunikationseffekte bei 15jährigen Zürcher Jugendlichen. In: Publizistik 33(2-3), S. 437-455.

Bonfadelli, Heinz (1994): Die Wissenskluft-Perspektive: Massenmedien und gesellschaftliche Information. Konstanz.

Bonfadelli, Heinz (1995): EG und EWR: Wie steht es um die Information der Öffentlichkeit in der Schweiz? In: Erbring, Lutz (Hg.): Kommunikationsraum Europa. Konstanz, S. 222-232.

Bonfadelli, Heinz (2002a): Medieninhaltsforschung. Konstanz.

Bonfadelli, Heinz (2002b): The Internet and Knowledge Gaps. A Theoretical and Empirical Investigation. In: European Journal of Communication 17(1), S. 65-84.

Bonfadelli, Heinz (2004a): Medienwirkungsforschung I. Grundlagen und theoretische Perspektiven. Konstanz.

Bonfadelli, Heinz (2004b): Medienwirkungsforschung II. Anwendungen in Politik, Wirtschaft und Kultur. Konstanz.

Bonfadelli, Heinz (2007): Die Wissenskluft-Perspektive. In: Schenk, Michael (Hg.) (2007[3]): Medienwirkungsforschung. Tübingen, S. 614-647.

Bonfadelli, Heinz (2008): Knowledge Gap. In: Kaid, Lynda L./Holtz-Bacha, Christina (Hg.): Encyclopedia of Political Communication. Los Angeles et al., S. 382-384.

Bonfadelli, Heinz (2010a): Die Grüne Gentechnologie im Urteil der Schweizer Bevölkerung.: Wissen, Akzeptanz, Bewertung. In: Bonfadelli, Heinz/Meier, Werner A. (Hg.): Grüne Gentechnologie im öffentlichen Diskurs. Konstanz, S. 181-232.

Bonfadelli, Heinz (2010b): Mediennutzung stabil auf hohem Niveau, drei Viertel nutzen das Internet regelmäßig und immerhin ein gutes Drittel „ab und zu" zur politischen Information. Forschungsprogramm UNIVOX 2009. Zürich.

Bonfadelli, Heinz (2013): Normativität in der Wirkungsforschung. In: Karmasin, Matthias/Rath, Matthias/Thomaß, Barbara (Hg.): Normativität in der Kommunikationswissenschaft. Wiesbaden, S. 101-114.

Bonfadelli, Heinz (2015): Entstehung und Entwicklung der modernen Lese- und Leserforschung. In: Rautenberg, Ursula/Schneider, Ute (Hg.): Lesen. Ein interdisziplinäres Handbuch. Berlin/Boston, S. 531-546.

Bonfadelli, Heinz (2017): Media Effects Accross and Between Cultures. In: Rössler, Patrick et al. (Hg): The International Encyclopedia of Media Effects. Chichester, West Sussex.

Bonfadelli, Heinz/Friemel, Thomas (2010[2]): Kommunikationskampagnen im Gesundheitsbereich. Grundlagen und Anwendungen. Konstanz.

Bonfadelli, Heinz/Friemel, Thomas (2012): Learning and Knowledge in Political Campaigns. In: Kriesi, Hanspeter (Hg.): Political Communication in Direct Democratic Campaigns. Enlightening or Manipulating? Hampshire, S. 168-187.

Bonfadelli, Heinz/Marr, Mirko (2002): Die Medien in der Informationsgesellschaft. In: Bundesamt für Statistik/Gruppe für Wissenschaft und Forschung/Bundesamt für Kommunikation (Hg.): Informationsgesellschaft Schweiz. Standortbestimmung und Perspektiven. Neuchâtel, S. 49-67.

Bonfadelli, Heinz/Marr, Mirko (2008): Informationsleistungen von Medien im Vergleich. In: Melischek, Gabriele/Seethaler, Josef/Wilke, Jürgen (Hg.): Medien & Kommunikationsforschung im Vergleich. Grundlagen, Gegenstandsbereiche, Verfahrensweisen. Wiesbaden, S. 359-381.

Bonfadelli, Heinz/Meier, Werner A. (1994): Kleinstaatliche Strukturprobleme einer europäischen Medienlandschaft. Das Beispiel Schweiz. In: Jarren, Otfried (Hg.): Medienwandel – Gesellschaftswandel? 10 Jahre dualer Rundfunk in Deutschland. Berlin, S. 69-90.

Boonk, Alicia/Hinnah, Cara/Hollmann, Kristina/Mandow, Sophia (2014): Umwelt. Ein sterbendes Issue. In: Gehrau, Volker/Väth, Judith/Haake, Gianna (Hg.): Dynamiken der öffentlichen Problemwahrnehmung. Umweltpolitik, Terrorismus, Rechtsextremismus und Konsumklima in der deutschen Öffentlichkeit. Wiesbaden, S. 65-120.

Borch, Susan/Wagner Sandra J. (2009): Motive und Kontext der Suche nach Gesundheitsinformationen – Theoretische Überlegungen und empirische Befunde anhand des telefonischen Gesundheitssurveys. In: Roski, Reinhold (Hg.): Zielgruppengerechte Gesundheitskommunikation. Akteure – Auudience Segmentation – Anwendungsfelder. Wiesbaden, S. 59-87.

Boulianne, Shelley (2009): Does Internet Use Affect Engagement? A Meta-Analysis of Research. In: Political Communication 26(2), S. 193-211.

Bourdieu, Pierre (1998): Über das Fernsehen. Frankfurt a.M.

Bowman, Nicholas David (2017): Selective Exposure. In: Rössler, Patrick/Hoffner, Cynthia A,/van Zoonen, Liesbet (Hg.): International Encyclopedia of Media Effects. Chichester, UK.

Breen, Michael J. (1997): A Cook, a Cardinal, His Priests, and the Press: Deviance as a Trigger for Intermedia Agenda-Setting. In: Journalism & Mass Communication Quarterly 74(2), S. 348-356.

Breunig, Christian/Engel, Bernhard (2015): Massenkommunikation 2015: Funktionen und Images der Medien im Vergleich. Ergenisse der ARD/ZDF-Langzeitstudie. In: Media Perspektiven (7-8), S. 323-341.

Breunig, Christian/van Eimeren, Birgit (2015). 50 Jahre „Massenkommunikation: Trends in der Nutzung und Bewertung der Medien. Ergebnisse der ARD/ZDF-Langzeitstudie 1964-2015. In: Media Perspektiven (11), S. 505-525.

Bromley, Rebekah V./Bowles, Dorothy (1995): Impact of Internet on Use of Traditional News Media. In: Newspaper Research Journal 16(2), S. 14-27.

Bronfenbrenner, Uri (1981): Die Ökologie der menschlichen Entwicklung. Stuttgart.

Brosius, Hans-Bernd (1989): Die Bebilderung von Fernsehnachrichten: Unter welchen Bedingungen ist sie von Vorteil? In: Rundfunk und Fernsehen 37(4), S. 458-472.

Brosius, Hans-Bernd (1990): Eins und eins ist ungleich zwei: Differentielle Aufmerksamkeit, Lebhaftigkeit von Information und Medienwirkung. In: Publizistik 35(4), S. 398-407.

Brosius, Hans-Bernd (1991): Schema-Theorie: ein Ansatz in der Wirkungsforschung? In: Publizistik 36(3), S. 285-297.

Brosius, Hans-Bernd (1994): Agenda-Setting nach einem Vierteljahrhundert Forschung: Methodischer und theoretischer Stillstand? In: Publizistik 39(3), S. 269-288.

Brosius, Hans-Bernd (1997): Modelle und Ansätze der Medienwirkungsforschung. Überblick über ein dynamisches Forschungsfeld. Bonn.

Brosius, Hans-Bernd (1998): Visualisierung von Fernsehnachrichten. Text-Bild-Beziehung und ihre Bedeutung für die Informationsleistung. In: Kamps, Klaus/Meckel, Miriam (Hg.): Fernsehnachrichten. Prozesse, Strukturen, Funktionen. Opladen, S. 213-224.

Brosius, Hans-Bernd (2013): Neue Medienumgebungen. Theoretische und methodische Herausforderungen. In: Jandura, Olaf/Fahr, Andreas/Brosius, Hans-Bernd (Hg.): Theorieanpassungen in der digitalen Medienwelt. Baden-Baden, S. 13-29.

Brosius, Hans-Bernd/Birk, Monika (1994): Text-Bild-Korrespondenz und Informationsvermittlung durch Fernsehnachrichten. In: Rundfunk und Fernsehen 42(2), S. 171-183.

Brosius, Hans-Bernd/Engel, Dirk (1997): „Die Medien beeinflussen vielleicht die anderen, aber mich doch nicht": Zu den Ursachen des Third-Person-Effekts. In: Publizistik 42(3), S. 325-345.

Brosius, Hans-Bernd/Esser, Frank (1998): Mythen in der Wirkungsforschung: Auf der Suche nach dem Stimulus-Response-Modell. In: Publizistik 43(4), S. 341-361.

Brosius, Hans-Bernd/Fahr, Andreas (1996): Werbewirkung im Fernsehen. Aktuelle Befunde der Medienforschung. München.

Brosius, Hans-Bernd/Jandura, Olaf (2010): Wo steht die Werbewirkungsforschung heute? In: Koschnick, Wolfgang J. (Hg.): Focus-Jahrbuch 2010. Schwerpunkt Der Stand der Werbewirkungsforschung. München, S. 247-267.

Brosius, Hans-Bernd/Kepplinger, Hans M. (1990): The Agenda-Setting Function of Television News. Static and Dynamic Views. In: Communication Research 17(2), S. 183-211.

Brosius, Hans-Bernd/Kepplinger, Hans M. (1992): Linear and Nonlinear Models of Agenda-Setting in Television. In: Journal of Broadcasting & Electronic Media 36(1), S. 5-23.

Brosius, Hans-Bernd/Peter, Christina (2017): Exemplification Theory. In: Rössler, Patrick/Hoffner, Cynthia A,/van Zoonen, Liesbet (Hg.): International Encyclopedia of Media Effects. Chichester, UK.

Brosius, Hans-Bernd/Schwer, Katja (2008): Die Forschung über Mediengewalt. Deutungshoheit von Kommunikationswissenschaft, Medienpsychologie oder Medienpädagogik? Baden-Baden.

Brosius, Hans-Bernd/Weimann, Gabriel (1995): Medien oder Bevölkerung: Wer bestimmt die Agenda? Ein Beitrag zum Zwei-Stufen-Fluss von Agenda-Setting. In: Rundfunk und Fernsehen 41(3), S. 312-329.

Brown, Jane D./Cantor, Joanne (2000): An Agenda for Research on Youth and the Media. In: Journal of Adolescent Health 27(2), S. 2-7.

Brown, Mary E. (1991): Knowledge and Power: An Ethnography of Soap-Opera Viewers. In: Vande Berg, Leah R./Wenner, Lawrence A. (Hg.): Television Criticism. Approaches and Applications. New York/London, S. 178-198.

Bryant, Jennings/Oliver, Mary B. (Hg.) (2009[3]): Media Effects. Advances in Theory and Research. New York/London.

Bryant, Jennings/Vorderer, Peter (Hg.) (2006): Psychology of Entertainment. Mahwah.

Bryant, Jennings/Zillmann, Dolf (2009): A Retrospective and Prospective Look at Media Effects. In: Nabi, Robin L./Oliver, Mary B. (Hg.): The Sage Handbook of Media Processes and Effects. Thousand Oaks et al., S. 9-18.

Bucher, Hans-Jürgen (1996): Textdesign – Zaubermittel der Verständlichkeit? Die Tageszeitungen auf dem Weg zum interaktiven Medium. In: Hess-Lüttich, Ernest/Holly, Werner/Püschel, Ulrich (Hg.): Textstrukturen im Medienwandel. Frankfurt a.M. et al., S. 31-59.

Bucher, Hans-Jürgen (2008): Vergleichende Rezeptionsforschung: Theorien, Methoden und Befunde. In: Melischek, Gabriele/Seethaler, Josef/Wilke, Jürgen (Hg.): Medien & Kommunikationsforschung im Vergleich. Grundlagen, Gegenstandsbereiche, Verfahrensweisen. Wiesbaden, S. 309-340.

Bucher, Hans-Jürgen/Jäckel, Michael (Hg.) (2002): Die Kommunikationsqualität von E-Business-Plattformen. Empirische Untersuchungen zu Usability und Vertrauen von Online-Angeboten. Trier.

Bucher, Hans-Jürgen/Schumacher, Peter (Hg.) (2012): Interaktionale Rezeptionsforschung. Theorie und Methode der Blickaufzeichnung in der Medienforschung. Wiesbaden.

Bucher, Priska (2004): Leseverhalten und Leseförderung. Zur Rolle von Schule, Familie und Bibliothek im Medienalltag Heranwachsender. Zürich.

Buckingham, David (2002): The Electronic Generation? Children and New Media. In: Lievrouw, Leah A./Livingstone, Sonja (Hg.): Handbook of New Media. London/Thousand Oaks/New Delhi, S. 77-89.

Budd, Richard W./McLean, Malcolm S./Barnes, Alene M. (1966): Regularities in the Diffusion of Two Major News Events. In: Journalism Quarterly 43(2), S. 221-230.

Bulkow, Kristin/Schweiger, Wolfgang (2013): Agenda-Setting – zwischen gesellschaftlichem Phänomen und individuellem Prozess. In: Schweiger, Wolfgang/Fahr, Andreas (Hg.): Handbuch Medienwirkungsforschung. Wiesbaden, S. 171-190.

Burkart, Roland (Hg.) (1987): Wirkungen der Massenkommunikation. Theoretische Ansätze und empirische Ergebnisse. Wien.

Bushman, Brad J./Gollwitzer, Mario/Cruz, Carlos (2014): There Is Broad Consensus: Media Researchers Agree That Violent Media Increase Aggression in Children, and Pediatricians and Parents Concur. In: Psychology of Popular Media Culture, 4(3), S. 200-214.

Bushman, Brad J./Whitacker, Jodi L. (2010): Like a Magnet: Catharsis Beliefs Attract Angry People to Violent Video Games. In: Psychological Science, 21(6), S. 790-792.

Busselle, Rick (2017): Schema Theory and Mental Models. In: Rössler, Patrick et al. (Hg.): The International Encyclopedia of Media Effects. Chichester, West Sussex, UK.

Busselle, Rick/Bilandzic, Helena (2008): Fictionality and Perceived Realism in Experiencing Stories: A Model of Narrative Comprehension and Engagement. In: Communication Theory 18(2), S. 255-280.

Byrne, Sahara/Hart, Philip Solomon (2009): The Boomerang Effect. A Synthesis of Findings and a preliminary Theoretical Framework. In: Beck, Christina S. (Hg.): Communication Yearbook 33. New York/London, S. 3-37.

Byun, Sookeun et. al (2009): Internet Addiction: A Metasynthesis of 1996-2006 Quantitative Research. In: CyberPsychology & Behavior 12(2), S. 203-207.

Canetti, Elias (1960): Masse und Macht. Hamburg.

Cantril, Hadley (1985): Die Invasion vom Mars. In: Prokop, Dieter (Hg.): Medienforschung. 2: Wünsche, Zielgruppen, Wirkungen. Frankfurt a.M., S. 14-28.

Carey, John/Moss, Mitchell L. (1985): The Diffusion of New Telecommunication Technologies. In: Telecommunication Policy 9(2), S. 145-158.

Carpentier, Nico (2011): New Configurations of the Audience? The Challenges of User-Generated Content for Audience Theory and Media Participation. In: Nigthingale, Virginia (Hg.): The Handbook of Media Audiences. Malden, MA, S. 190-212.

Carpentier, Nico/Schrøder, Kim/Hallett, Lawrie (Hg.) (2014): Audience Transformations. Shifting Audience Positions in Late Modernity. New York/London.

Cartwright, Dorwin/Harary, Frank (1956): Structural Balance: A Generalization of Heider's Theory. In: Psychological Review 63(5), S. 277-293.

Case, Donald O. (2008²): Looking for Information. A Survey of Research on Information Seeking, Needs, and Behavior. London u.a.

Case, Donald O. (2012): Health Information Seeking. New York.

Castells, Manuel (1996): The Information Age. Economy, Society and Culture: Volume 1: The Rise of a Network Society. Oxford.

Chaffee, Steven H. (1977): Mass Media Effects: New Research Perspectives. In: Lerner, Daniel/Nelson, Lyle M. (Hg.): Communication Research – A Half Century Appraisal. Honolulu, S. 210-241.

Chaffee, Steven H./Hochheimer, John L. (1983): Mass Communication in National Election Campaigns: The Research Experience in the United States. In: Schulz, Winfried/Schönbach, Klaus (Hg.): Massenmedien und Wahlen. München, S. 65-103.

Chaffee, Steven H./Kanihan, Stacey F. (1997): Learning about Politics from the Mass Media. In: Political Communication 14(4), S. 421-430.

Chaffee, Steven H./McLeod, Jack M. (1973): Individual vs. Social Predictors of Information Seeking. In: Journalism Quarterly 50(2), S. 237-245.

Chaffee, Steven H./Schleuder, Joan (1986): Measurement and Effects of Attention to News Media. In: Human Communication Research 13(1), S. 76-107.

Chaffee, Steven H./Tims, Albert R. (1976): Interpersonal Factors in Adolescent Television Use. In: Journal of Social Issues 32(4), S. 98-115.

Chaiken, Shelly (1980): Heuristic Versus Systematic Information Processing and the Use of Source Versus Message Cues in Persuasion. In: Journal of Personality and Social Psychology 39(5), S. 752-766.

Chaiken, Shelly/Giner-Serolla, Roger/Chen, Serena (1996): Beyond Accuracy: Defense and Impression Motives in Heuristic and Systematic Information Processing. In: Gollwitzer, Peter M./Bargh, John A. (Hg.): The Psychology of Action. Linking Cognition and Motivation to Behavior. New York, S. 553-578.

Charlton, Michael (1997): Rezeptionsforschung als Aufgabe einer interdisziplinären Medienwissenschaft. In: Charlton, Michael/Schneider, Silvia (Hg.): Rezeptionsforschung. Theorien und Untersuchungen zum Umgang mit Massenmedien. Opladen, S. 16-39.

Charlton, Michael/Bachmair, Ben (Hg.) (1990): Medienkommunikation im Alltag. Interpretative Studien zum Medienhandeln von Kindern und Jugendlichen. München.

Charlton, Michael/Borcsa, Maria (1997): Thematische Voreingenommenheit, Involvement und Formen der Identifikation. In: Charlton, Michael/Schneider, Silvia (Hg.): Rezeptionsforschung. Theorien und Untersuchungen zum Umgang mit Massenmedien. Opladen, S. 254-267.

Charlton, Michael et al. (1995): Fernsehwerbung und Kinder. 2: Rezeptionsanalyse und rechtliche Rahmenbedingungen. Opladen.

Charlton, Michael/Klemm, Michael (1998): Fernsehen und Anschlusskommunikation. In: Klingler, Walter/Roters, Gunnar/Zöllner, Oliver (Hg.) (1998): Fernsehforschung in Deutschland. Themen – Akteure – Methoden. 2 Bde. Baden-Baden, S. 709-727.

Charlton, Michael/Neumann-Braun, Klaus (1992): Medienkindheit – Medienjugend. Eine Einführung in die aktuelle kommunikationswissenschaftliche Forschung. München.

Charlton, Michael/Schneider, Silvia (Hg.) (1997): Rezeptionsforschung. Theorien und Untersuchungen zum Umgang mit Massenmedien. Opladen.

Charlton, Michael/Sutter, Tilmann (2007): Lese-Kommunikation. Mediensozialisation in Gesprächen über mehrdeutige Texte. Bielefeld.

Chen, Serena/Chaiken, Shelly (1999): The Heuristic-Systematic Model in Its Broader Context. In: Chaiken, Shelly/Trope, Yaacov (Hg.): Dual-Process Theories in Social Psychology. New York, S. 73-116.

Chew, Fiona/Palmer, Sushma (1994): Interest, the Knowledge Gap, and Television Programming. In: Journal of Broadcasting and Electronic Media 38(3), S. 271-287.

Cho, Hyunyi (2012) (Hg.): Health Communication Message Design.Theory and Practice. Los Angeles/London/New Delhi/Singapore.

Cho, Hyunyi/Boster, Franklin J. (2008): Effects of Gain Versus Loss Frame Antidrug Ads on Adolescents. In: Journal of Communication 58(3), S. 428-446.

Cho, Jaeho/McLeod, Douglas M. (2007): Structural Antecedents to Knowledge and Participation: Extending the Knowledge Gap Concept to Particiaption. In: Journal of Communication 57(2), S. 205-228.

Chory-Assad, Rebecca/Tamborini, Ron (2003): Television Exposure and the Public's Perceptions of Physicians. In: Journal of Broadcasting & Electronic Media 47(2), S. 197-215.

Chung, Jae Eun (2014): Medical Dramas and Viewer Perception of Health: Testing Cultivation Effects. In: Human Communication Research 40(3), S. 333-349.

Cialdini, Robert B. (2010): Die Psychologie des Überzeugens. Ein Lehrbuch für alle, die ihren Mitmenschen und sich selbst auf die Schliche kommen wollen. Bern.

Clarke, Peter (1971): Children's Response to Entertainment: Effects of Co-Orientation on Information Seeking. In: Kline, F. Gerald/Clarke, Peter (Hg.): Mass Communication and Youth. Beverly Hills/London, S. 51-67.

Clarke, Peter/Fredin, Eric S. (1978): Newspaper, Television, and Political Reasoning. In Public Opinion Quarterly 42(2), S. 143-160.

Clarke, Peter/Kline, F. Gerald (1974): Medienwirkungen neu überdacht: Einige Strategien zur Kommunikationsforschung. In: Rundfunk und Fernsehen 22(1), S. 37-52.

Cohen, Jonathan (2001): Defining Identification: A Theoretical Look at the Identification of Audiences with Media Characters. In: Mass Communication & Society 4(3), S. 245-264.

Coleman, Stephen/Blumler, Jay G. (2009): The Internet and Democratic Citizenship: Theory and Practice. Cambridge, UK.

Compton, Josh (2013): Inoculation Theory. In: Dillard, James P./Shen, Lijiang (Hg.): The SAGE Handbook of Persuasion. Developments in Theory and Practice. Thousand Oaks/London/New Delhi, S. 220-236.

Compton, Joshua A./Pfau, Michael (2005): Inocaulation Theory of Resistance to Influence at Maturity: Recent Progress in Theory Development and Applications and Suggestions for Future Research. In: Kalbfleisch, Pamela J. (Hg.): Commu-nication Yearbook 29. Mahwah/London, S. 97-145.

Compton, Joshua A./Pfau, Michael (2009): Spreading Inoculation: Inoculation, Resistance to Influence, and Word-of-Mouth Communication. In: Communication Theory 19(1), S. 9-28.

Comstock, George/Paik, Haejung (1991): Television and the American Child. San Diego.

Conway, Bethany A./Kenski, Kate/Wang, Di (2015): The Rise of Twitter in the Political Campaign: Searching for Intermedia Agenda-Setting Effects in the Presidential Primary. In: Journal of Computer-Mediated Communication 20(4), S. 363-380.

Cornelißen, Waltraud (1998): Fernsehgebrauch und Geschlecht. Köln.

Cornelißen, Waltraud (2002): Der Stellenwert des Fernsehens im Alltag von Frauen und Männern. In: Dorer, Johanna/Geiger, Brigitte (Hg.): Feministische Kommunikations- und Medienwissenschaft. Wiesbaden, S. 267-289.

Corner, John (1991): Meaning, Genre and Context: The Problematics of Public Knowledge in the New Audience Studies. In: Curran, James/Gurevitch, Michael (Hg.): Mass Media and Society. London/New York, S. 267-284.

Couldry, Nick (2011): The Necessary Future of the Audience and How to Research It. In: Nightingale, Virginia (Hg.): The Handbook of Media Audiences. Malden, S. 213-229.

Couldry, Nick/Hepp, Andreas (2016): The Mediated Construction of Reality: Cambridge.

Crano, William D./Prislin, Radmila (2006): Attitudes and Persuasion. In: Annual Review of Psychology 57(1), S. 354-374.

Curran, James/Iyengar, Shanto/Lund, Anker B./Salovaara-Moring, Inka (2009): Media System, Public Knowledge and Democracy: A Comparative Study. In: European Journal of Communication 24(1), S. 5-26.

D'Alessio, Dave/Allen, Mike (2007): The Selective Exposure Hypothesis and Media Choice Processes. In: Preiss, Raymond W./Gayle, Barbara M./Burrell, Nancy/Allen, Mike/Bryant, Jennings (Hg.): Mass Media Effects Research: Advances through Meta-Analysis. Mahwah, S. 103-118.

D'Angelo (2017): Framing: Media Frames. In: Rössler, Patrick et al. (Hg.): The International Encyclopedia of Media Effects. Chichester, West Sussex, UK.

Dahinden, Urs (2006): Framing. Eine integrative Theorie der Massenkommunikation. Konstanz.

Davies, John (2007): Influences on Media Use of Peer Groups. In: Arnett, Jeffrey J. (Hg.): Encyclopedia of Children, Adolescents, and the Media. Thousand Oaks/London/New Delhi, S. 648-650.

Davison, Phillips W. (1983): The Third-Person Effect in Communication. In: Public Opinion Quarterly 47(1), S. 1-15.

Davison, Phillips W. (1996): The Third-Person Effect Revisited. In: International Journal of Public Opinion Research 8(2), S. 113-119.

De Gruyter (Hg.) (2004): Current Developments in Cultivation Research. Special Issue. In: Communications 29(3), S. 273-398.

De Vreese, Claes (2004): The Effects of Frames in Political Television News on Issue Interpretation and Frame Salience. In: Journalism & Mass Communication Quarterly 81(1), S. 36-52.

DeFleur, Melvin L. (1987): The Growth and Decline of Research on the Diffusion of News. In: Communication Research 14(1), S. 109-130.

Della Vigna, Stefano/Gentzkow, Matthew (2010): Persuasion: Empirical Evidence. In: Annual Review of Economics 2(1), S. 643-669.

Delli Carpini, Michael X (2012): Entertainment Media and the Political Engagement of Citizens. In: Semetko, Holli/Scammell, Margaret (Hg.): Handbook Political Communication. Los Angeles u.a., S. 9-21.

Delli Carpini, Michael X./Keeter, Scott (1991): Stability and Change in the U.S. Public's Knowledge of Politics. In: Public Opinion Quarterly 55(4), S. 583-612.

Delli Carpini, Michael X./Williams, Bruce (2001): Let Us Infotain You: Politics in the New Media Age. In: Bennett, Lance W./Entman, Robert M. (Hg.): Mediated Politics. Cambridge, S. 160-181.

Dernbach, Beatrice/Roth, Judith (2007): Literalität des Alltags: Von Scannern, Gehern und Direkteinsteigern. Eine Typologie von Verhaltensmustern beim Zeitungslesen. In: Medien & Kommunikationswissenschaft 55(1), S. 24-42.

Dervin, Brenda (1976): The Everyday Information Needs of the Average Citizen. In: Kochen, Manfred/Donohue, Joseph C. (Hg.): Information for the Community. Chicago, S. 19-38.

Dervin, Brenda (1980): Communication Gaps and Inequities: Moving Toward a Reconceptualization: In: Dervin, Brenda/Voigt, Melvin J. (Hg.): Progress in Communication Sciences 2. Norwood, S. 73-112.

Dervin, Brenda/Foreman-Wernet, Lois (2013): Sense-Making Methodology as an Approach to Understanding and Designing for Campaign Audiences. In: Rice, Ronald E./ Atkin, Charles K. (Hg.): Public Communication Campaigns. Los Angeles/London/ New Delhi/Singapore, S. 147-162.

Dervin, Brenda/Foreman-Wernet, Lois/Lauterbach, Eric (Hg.) (2003): Sense-Making Methodology Reader: Selected Writings of Brenda Dervin. Cresskill.

Dervin, Brenda/Harlock, Sylivia/Atwood, Rita/Garzona, Carol (1980): The Human Side of Information. An Exploration in a Health Communication Context. In: Nimmo, Dan D. (Hg.): Communication Yearbook 4. New Brunswick/London, S. 591-608.

DeSantis, Alan D./Morgan, Susan E. (2003): Sometimes a Cigar [Magazine] is More than Just a Cigar [Magazine]: Pro-Smoking Arguments in Cigar Aficionado, 1992-2000. In: Health Communication 15(4), S. 457-480.

Detweiler, Jerusha B./Bedell, Brian T./Salovey, Peter/Pronin, Emily/Rothman, Alexander J. (1999): Message Framing and Sunscreen Use: Gain-Framed Messages Motivate Beach-Goers. In: Health Psychology 18(2), S. 189-196.

DFG Deutsche Forschungsgemeinschaft (Hg.) (1986): Medienwirkungsforschung in der Bundesrepublik Deutschland. Teil 1: Berichte und Empfehlungen, Teil 2: Dokumentation, Katalog der Studien. Weinheim.

Dickinson, Roger/Harindranath, Ramaswami/Linné, Olga (Hg.) (1998): Approaches to Audiences. A Reader. London et al.

Diem, Peter (1996): Audience Research in Austria: History, Design and Recent Research Findings. In: Communications 21(2), S. 221-233.

Dillard, James P. (2010): Persuasion. In: Berger, Charles R./Roloff, Michael E./Roskos-Ewoldsen, David R. (Hg.): The Handbook of Communication Science. Los Angeles u.a., S. 203-218.

Dillard, James P./Shen, Lijiang (Hg.) (2013): The SAGE Handbook of Persuasion. Developments in Theory and Practice. Thousand Oaks/London/New Delhi.

Dillard, James P./Seo, Kiwon (2013): Affect and Persuasion. In: Dillard, James P./Shen, Lijiang (Hg.): The SAGE Handbook of Persuasion. Developments in Theory and Practice. Thousand Oaks/London/New Delhi, S. 150-166.

DiMaggio, Paul/Hargittai, Eszter/Neuman, W. Russell/Robinson, John P. (2001): Social Implications of the Internet. In: Annual Review of Sociology 27(1), S. 307-336.

Dimmick, John/Chen, Yan/Li, Zhan (2004): Competition Between the Internet and Traditional New Media: The Gratification-Opportunities Niche Dimensions. In: The Journal of Media Economics 17(1), S. 19-33.

Dohle, Marco (2008): Audience. In: Donsbach, Wolfgang (Hg.): The International Encyclopedia of Communication Vol. 1. Malden/Oxford/Carlton, S. 250-254.

Dohle, Marco (2013): Third-Person-Effekt. Baden-Baden.

Doll, Jörg/Hasebrink, Uwe (1989): Zum Einfluss von Einstellungen auf die Auswahl von Fernsehsendungen. In: Groebel, Jo/Winterhoff-Spurk, Peter (Hg.): Empirische Medienpsychologie. München, S. 45-63.

Donnerstag, Joachim (1996): Der engagierte Mediennutzer: das Involvement-Konzept in der Massenkommunikationsforschung. München.

Donohew, Lewis (1990): Public Health Campaigns: Individual Message Strategies and a Model. In: Ray, Eileen B./Donohew, Lewis (Hg.): Communication and Health: Systems and Applications. Hillsdale, N.J., S. 136-152.

Donohew, Lewis/Tipton, Leonard (1973): A Conceptual Model of Information Seeking, Avoiding, and Processing. In: Clarke, Peter (Hg.): New Models for Communication Research. Beverly Hills/London, S. 243-268.

Donsbach, Wolfgang (1989): Selektive Zuwendung zu Medieninhalten. Einflussfaktoren auf die Auswahlentscheidungen der Rezipienten. In: Kaase, Max/Schulz, Winfried (Hg.): Massenkommunikation. Theorien, Methoden, Befunde. Sonderheft der Kölner Zeitschrift für Soziologie und Sozialpsychologie. Opladen, S. 392-403.

Donsbach, Wolfgang (1991): Medienwirkung trotz Selektion. Einflussfaktoren auf die Zuwendung zu Zeitungsinhalten. Köln/Weimar/Wien.

Donsbach, Wolfgang (1992): Die Selektivität der Rezipienten: Faktoren, die die Zuwendung zu Zeitungsinhalten beeinflussen. In: Schulz, Winfried (Hg.): Medienwirkungen. Weinheim, S. 25-70.

Donsbach, Wolfgang (1995): Mit kleinen Schritten voran. Zum Stand der Medienwirkungsforschung zu Beginn der neunziger Jahre. In: Jarren, Otfried (Hg.): Medien und Journalismus 2. Opladen, S. 52-74.

Donsbach, Wolfgang (2009): Cognitive Dissonance Theory – A Roller Coaster Career. In: Hartmann, Tilo (Hg.): Media Choice. A Theoretical and Empirical Overview. New York, S. 128-148.

Donsbach, Wolfgang/Mothes, Cornelia (2017): Selectivity Paradigms and Cognitive Dissonance. In: Rössler, Patrick et al. (Hg.): The International Encyclopedia of Media Effects. Chichester, West Sussex, UK.

Döring, Nicola (2013): Wie Medienpersonen Emotionen und Selbstkonzept der Mediennutzer beeinflussen. Empathie, sozialer Vergleich, parasoziale Beziehung und Identifikation. In: Schweiger, Wolfgang/Fahr, Andreas (Hg.): Handbuch Medienwirkungsforschung. Wiesbaden, S. 295-310.

Dorsch, Petra/Lehnert, F. Helmut (1981): Buchmarktforschung im internationalen Überblick. In: Dorsch, Petra/Teckentrup, Konrad (Hg.): Buch und Lesen: International. Berichte und Analysen zum Buchmarkt und zur Buchmarktforschung. Gütersloh, S. 81-93.

Douglas, Dorothy/Westley, Bruce/Chaffee, Steven H. (1970): An Information Campaign that Changed Community Attitudes. In: Journalism Quarterly 47(3), S. 479-487.

Dröge, Franz/Weissenborn, Rainer/Haft, Henning (1973[2], 1969[1]): Wirkungen der Massenkommunikation. Münster.

Druckman, James N. (2001): On the Limits of Framing Effects: Who Can Frame? In: Journal of Politics 63(4), S. 1041-1066.

Druckman, James N./Nelson, Kjersten R. (2003): Framing and Deliberation: How Citizens' Conversations Limit Elite Influence. In: American Journal of Political Science 47(4), S. 729-745.

Durkin, Sarah/Brennan, Emily/Wakefield, Malanie (2012): Mass media campaigns to promote smoking cessation among adults: an integrative review. In: Tobacco Control, 21, S. 127-138.

Eagly, Alice H./Chaiken, Shelly (Hg.) (1993): The Psychology of Attitudes. Belmont.

Eagly, Alice H./Wood, Wendy/Chaiken, Shelly (1978): Causal Inferences about Communicators and their Effects on Opinion Change. In: Journal of Personality and Social Psychology 36(4), S. 424-435.

Ehlers, Renate (1983): Themenstrukturierung durch Massenmedien. Zum Stand der empirischen Agenda-Setting-Forschung. In: Publizistik 28(2), S. 167-186.

Eichhorn, Wolfgang (1996): Agenda-Setting-Prozesse. Eine theoretische Analyse individueller und gesellschaftlicher Themenstrukturierung. München.

Eidenbenz, Franz (2004): Online zwischen Faszination und Sucht. In: SuchtMagazin 1, S. 3-12.

Eilders, Christiane (1999): Zum Knzept der Selektivität: Auswahlprozesse bei Medien und Publikums. In: Wirth, Werner/Schweiger, Wolfgang (Hg.): Selektion im Internet. Empirische Analysen zu einem Schlüsselkonzept. Wiesbaden, S. 13-41.

Eilders, Christiane/Wirth, Werner (1999): Die Nachrichtenwertforschung auf dem Weg zum Publikum: Eine experimentelle Überprüfung des Einflusses von Nachrichtenfaktoren bei der Rezeption. In: Publizistik 44(1), S. 35-57.

Eisenblätter, Andrea/Hermann, Bernd (2016): Fernsehnutzung der MedienNutzerTypen. Ein Blick in die Lebenswelt der Fernsehzuschauer. In: Media Perspektiven (1), S. 36-62.

Eisenstein, Cornelia (1994): Meinungsbildung in der Mediengesellschaft. Eine Analyse zum Multi-Step Flow of Communication. Opladen.

Elliott, Philip H. (1974): Uses and Gratifications Research: A Critique and a Sociological Approach. In: Blumler, Jay G./Katz, Elihu (Hg.): The Uses of Mass Commu-nications. Current Perspectives on Gratifications Research. Beverly Hills, S. 249-268.

Emmer, Martin/Kuhlmann, Christoph/Vowe, Gerhard/Wolling, Jens (2002): Der 11. September – Informationsverbreitung, Medienwahl, Anschlusskommunikation. In: Media Perspektiven (4), S. 166-177.

Engel, Bernhard (2008): Überlegungen zur Zukunft der Fernsehforschung. Von der Messung des Zuschauerverhaltens zum Investitionscontrolling für das Medium Fernsehen. In: Media Perspektiven (2), S. 84-90.

Engel, Bernhard (2016): Mediennutzung im demografischen Wandel. In: Media Perspektiven (5), S. 270-276.

Engel, Bernhard/Breunig, Christian (2015) Massenkommunikation 2015: Mediennutzung im Intermediavergleich. Ergebnisse der ARD/ZDF-Langzeitstudie. In: Media Perspektiven (7-8), S. 310-322.

Engel, Bernhard/Mai, Lothar (2015): Mediennutzung und Lebenswelten 2015. Ergebnisse der ARD/ZDF-Langzeitstudie. In Media Perspektiven (10), S. 427-441.

Engelmann, Ines/Wendelin, Manuel (2015): Relevanzzuschreibung und Nachrichtenauswahl des Publikums im Internet. Ein faktorieller Survey zum Einfluss von Kommentarhäufigkeiten und Nachrichtenfaktoren. In: Publizistik, 60(2), S. 165-185.

Entman, Robert M. (1993): Framing: Toward Clarification of a Fractured Paradigm. In: Journal of Communication 43(4), S. 51-58.

Erbring, Lutz/Goldenberg, Edie N./Miller, Arthur (1980): Front-Page News and Real World Cues: A New Look at Agenda-Setting by Mass Media. In: American Journal of Political Science 24(1), S. 16-49.

Ettema, James S. (1984): Three Phases in the Creation of Information Inequities: An Empirical Assessment of a Prototype Videotex System. In: Journal of Broadcasting 28(4), S. 383-395.

Ettema, James S./Brown, James W./Luepker, Russell V. (1983): Knowledge Gap Effects in a Health Information Campaign. In: Public Opinion Quarterly 47(4), S. 516-527.

Ettema, James S./Kline, F. Gerald (1977): Deficits, Differences, and Ceilings. Contingent Conditions for Understanding the Knowledge Gap. In: Communication Research 4(2), S. 179-202.

Ettema, James S./Whitney, Charles D. (1994): Audiencemaking: How the Media Create the Audience. London/New Delhi.

Eulau, Heinz (1980): The Columbia Studies of Personal Influence: Social Network Analysis. In: Social Science History 4(2), S. 207-228.

Eunkyung, Jo/Berkowitz, Leonard (1994): A Priming Effect Analysis of Media Influences: An Update. In: Bryant, Jennings/Zillmann, Dolf (Hg.): Media Effects. Advances in Theory and Research. Hillsdale, N.J., S. 43-60.

European Commission (Hrsg.) (2007a): European Cultural Values. Special Eurobarometer 278. Brüssel.

European Commission (2007b): Safer Internet for Children. Qualitative Study in 29 European Countries. Summary Report. Versailles.

Eveland, William P. (2004): The Effect of Political Discussion in Producing Informed Citizens: The Roles of Information, Motivation, and Elaboration. In: Political Communication 21(2), S. 177-193.

Eveland, William P./Dunwoody, Sharon (2002): An Investigation of Elaboration and Selective Scanning as Mediators of Learning from Web Versus Print. In: Journal of Broadcasting and Electronic Media 46(1), S. 34-53.

Eveland, William P./Hively Hutchens, Myiah (2009): Political Discussion Frequency, Network Size, and "Heterogenity" of Discussions as Predictors of Political Knowledge and Participation. In: Journal of Communication 59, S. 2005-224.

Eveland, William P./Scheufele, Dietram A. (2000): Connecting News Media Use with Gaps in Knowledge and Participation. In: Political Communication 17(3), S. 235-237.

Eveland, William P./Thomson, Tiffany (2006): Is It Talking, Thinking or Both? A Lagged Dependent Variable Model of Discussion Effects on Political Knowledge. In: Journal of Communication 56, S. 523-542.

Ex, Carine T./Janssens, Jan M./Korzilius, Hubert P. (2002): Young Females' Images of Motherhood in Relation to Television Viewing. In: Journal of Communication 52(4), S. 955-970.

Eysenck, Hans J. (1990): Biological Dimensions of Personality. In: Pervin, Lawrence A. (Hg.): Handbook of Personality Theory and Research. New York, S. 244-27 6.

Fahr, Andreas/Hofer, Matthias (2013): Psychophysiologische Messmethoden. In: Möhring, Wiebke/Schlütz, Daniela (Hg.): Handbuch standardisierte Erhebungsverfahren in der Kommunikationswissenschaft. Wiesbaden, S. 347-365.

Falkenburg, Patti M./Peter, Jochen (2013): Five Challenges fort he Future of Media-Effects Research. In: Int. Journal of Communication 7, S. 197-215.

Farrelly, M.C./Niederdeppe, J./Yarsevich, J. (2003): Youth tobacco prevention mass media campaigns: past, present, and future directions. In: Tobacco Control 12, S. i35-i47.

Fazio, Russell H./Olson, Michael A. (2003): Implicit Measures in Social Cognition Research: Their Meaning and Use. In: Annual Review of Psychology 54(1), S. 297-327.

Feilitzen, Cecilia von/Linné, Olga (1975): Identifying with Television Characters. In: Journal of Communication 25(4), S. 51-55.

Feshbach, Seymour (1989): Fernsehen und antisoziales Verhalten. Perspektiven für Forschung und Gesellschaft. In: Groebel, Jo/Winterhoff-Spurk, Peter (Hg.): Empirische Medienpsychologie. München, S. 65-75.

Festinger, Leon (1957): A Theory of Cognitive Dissonance. Stanford.

Findahl, Olle/Höijer, Birgitta (1979): Nachrichtensendungen – wie werden sie verstanden? In: Fernsehen und Bildung 13(1-2), S. 7-19.

Finn, Seth (1992): Television „Addiction?" An Evaluation of Four Competing Media-Use Models. In: Journalism Research 69(2), S. 422-435.

Finnegan, John R./Viswanath, Kasisomayajula/Kahn, Emily/Hannan, Peter (1993): Exposure to Sources of Heart Disease Prevention Information: Community Type and Social Group Differences. In: Journalism Quarterly 70(3), S. 569-584.

Fishbein, Martin/Ajzen, Icek (1975): Belief, Attitude, Intention and Behavior. An Introduction to Theory and Research. Reading.

Fiske, John (1987): Television Culture. London/New York.

Försterling, Friedrich (2000): Wahlen aus der Perspektive der Attributionstheorie: Forschungsergebnisse, Versuchspläne und Analyseperspektiven. In: Bohrmann, Hans/Jarren, Otfried/Melischek, Gabriele/Seethaler, Josef (Hg.): Wahlen und Politikvermittlung durch Massenmedien. Wiesbaden, S. 91-104.

Franck, Georg (1998): Ökonomie der Aufmerksamkeit. Ein Entwurf. München/Wien.

Fredin, Eric S./Monnett, Theresa H./Kosicki, Gerald M. (1994): Knowledge Gaps, Social Locators, and Media Schemata: Gaps, Reverse Gaps, and Gaps of Disaffection. In: Journalism Quarterly 71(1), S. 176-190.

Freeman, Linton C. (2004): The Development of Social Network Analysis. A Study in the Sociology of Science. Vancouver.

Frees, Beate/Fisch, Martin (2011): Veränderte Mediennutzung durch Communities? Ergebnisse der ZDF-Studie Community 2010 mit Schwerpunkt Facebook. In: Media Pespektiven (3), S. 154-164.

Frees, Beate/Koch, Wolfgang (2015). Internetnutzung: Frequenz und Vielfalt nehmen in allen Altersgruppen zu. Ergebnisse der ARD/ZDF-Onlinestudie 2015. In: Media Perspektiven (9), S. 366-377.

Fretwurst, Benjamin (2008): Nachrichten im Interesse der Zuschauer. Eine konzeptionelle und empirische Neubestimmung der Nachrichtenwerttheorie. Konstanz.

Fretwurst, Benjamin/Fischer, Siri/Frey, Tobias/Friemel, Thomas/Bonfadelli, Heinz (2015): Nutzung und Bewertung der Schweizer Radio und TV Programme. Zürich.

Freud, Sigmund (1971/1921[1]): Massenpsychologie und Ich-Analyse. Frankfurt a.M./ Hamburg.

Frey-Vor, Gerlinde/Siegert, Gabriele/Stiehler, Hans-Jörg (Hg.) (2008): Medienforschung. Konstanz.

Friedrich, Katja (2013): Wirkungen gewalthaltiger Medienangebote. In: Schweiger, Wolfgang/Fahr, Andreas (Hg.): Handbuch Medienwirkungsforschung. Wiesbaden, S. 401-418.

Friedrichsen, Mike/Vowe, Gerhard (Hg.) (1995): Gewaltdarstellungen in den Medien. Theorien, Fakten und Analysen. Opladen.

Friemel, Thomas N. (2005): Die Netzwerkanalyse in der Publizistikwissenschaft. In: Uwe Serdült (Hg.): Anwendungen Sozialer Netzwerkanalyse: Beiträge zur Tagung vom 14. und 15. Oktober 2004. Zürich, S. 25-36.

Friemel, Thomas N. (2008): Anatomie von Kommunikationsrollen. Methoden zur Identifizierung von Akteursrollen in gerichteten Netzwerken. In: Kölner Zeitschrift für Soziologie und Sozialpsychologie 60(3), S. 473-499.

Friemel, Thomas N. (2009): Mediensport als Gesprächsthema. Sozialpsychologische Betrachtung der interpersonalen Kommunikation über Sportberichterstattung in Massenmedien. In: Schramm, Holger/Marr, Mirko (Hg.): Die Sozialpsychologie des Sports in den Medien. Köln, S. 199-222.

Friemel, Thomas N. (2010): Diffusionsforschung. In: Stegbauer, Christian/Häussling, Roger (Hg.): Handbuch Netzwerkforschung, Wiesbaden, S. 825-833.

Friemel, Thomas N. (2012): Network Dynamics of Television Use in School Classes. In: Social Networks 34(2), S. 346-358.

Friemel, Thomas N. (2013): Sozialpsychologie der Mediennutzung. Motive, Charakteristik und Wirkung interpersonaler Kommunikation über massenmediale Inhalte. Konstanz.

Friemel, Thomas N. (2015): Influence Versus Selection: A Network Perspective on Opinion Leadership. In: International Journal of Communication 9, S. 1002-1022.

Friemel, Thomas N. (2016): The digital divide has grown old: Determinants of a digital divide among seniors. In: New Media & Society 18(2), S. 313-331.

Friemel, Thomas N. (2017): #joizchatfamily: Ko-Orientierung in Social-TV-Chats. In: Udo Göttlich, Luise Heinz und Martin R. Herbers (Hg.): Ko-Orientierung in der Medienrezeption. Wiesbaden, S. 175–193.

Friemel, Thomas N./Bonfadelli, Heinz (2014): Rezeption und Wirkung der Kampagne Slow Down. Take it Easy 2009 bis 2012. In: Klimmt, Christoph et al. (Hrsg.): Verkehrssicherheitskommunikation. Beiträge der empirischen Forschung zur strategischen Unfallprävention. Wiesbaden, S. 135-157.

Friemel, Thomas N./Dötsch, Mareike (2015): Online Reader Comments as Indicator for Perceived Public Opinion. In: Emmer, Martin/Strippel, Christian (Hg.): Kommunikationspolitik für die digitale Gesellschaft. Digital Communication Research.de, S. 151-172.

Friemel, Thomas N./Signer, Sara (2010): Web 2.0 Literacy: Four Aspects of the Second-Level Digital Divide. In: Studies in Communication Sciences 10(2), S. 143-166.

Friese, Malte/Hofmann, Wilhelm/Schmitt, Manfred (2008): When and Why Do Implicit Measures Predict Behaviour? Empirical Evidence for the Moderating Role of Opportunity, Motivation, and Process Reliance. In: European Review of Social Psychology 19(1), S. 285-338.

Friese, Malte/Hofmann, Wilhelm/Wänke, Michaela (2008): When Impulse Take Over: Moderated Predictive Validity of Explicit and Implicit Attitude Measures in Predicting Food Choice and Consumption Behaviour. In: British Journal of Social Psychology 47(3), S. 397-419.

Fritz, Angela (1989): Lesen in der Mediengesellschaft. Standortbeschreibung einer Kulturtechnik. Wien.

Fritz, Angela (1990): Leseforschung in Österreich. In: Stiftung Lesen (Hg.): Lesen im internationalen Vergleich 1. Mainz, S. 102-117.

Früh, Hanna (2013): Grundlagen: Informationsverarbeitung. In: Schweiger, Wolfgang/ Fahr, Andreas (Hg.): Handbuch Medienwirkungsforschung. Wiesbaden, S. 133-151.

Früh, Werner (1978): Leseranspruch und Leserurteil. In: Publizistik 23(4), S. 319-336.

Früh, Werner (1980): Lesen, Verstehen, Urteilen. Untersuchungen über den Zusammenhang von Textgestaltung und Textwirkung. Freiburg i.Br./München.

Früh, Werner (1991): Medienwirkungen: Das dynamisch-transaktionale Modell. Theorie und empirische Forschung. Opladen.

Früh, Werner (1994): Realitätsvermittlung durch Massenmedien: die permanente Transformation der Wirklichkeit. Opladen.

Früh, Werner (2001): Der dynamisch-transaktionale Ansatz. Ein integratives Paradigma für Medienrezeption und Medienwirkungen. In: Rössler, Patrick/Hasebrink, Uwe/ Jäckel, Michael (Hg.): Theoretische Perspektiven der Rezeptionsforschung. München, S. 11-34.

Früh, Werner/Schönbach, Klaus (1982): Der dynamisch-transaktionale Ansatz. Ein neues Paradigma der Medienwirkungen. In: Publizistik 27(1-2), S. 74-88.

Früh, Werner/Schönbach, Klaus (2005): Der dynamisch-transaktionale Ansatz 3. Eine Zwischenbilanz. In: Publizistik 50(1), S. 4-20.

Früh, Werner/Wünsch, Carsten (2009): Empathie und Medienempathie. Ein empirischer Konstrukt- und Methodenvergleich. In: Publizistik 54(2), S. 191-215.

Funkhouser, G. Ray (1973a): Trends in Media Coverage of the Issues of the Sixties. In: Journalism Quarterly 50, S. 533-538.

Funkhouser, G. Ray (1973b): The Issues of the Sixties: An Exploratory Study in the Dynamics of Public Opinion. In: Public Opinion Quarterly 37(1), S. 62-75.

Funkhouser, G. Ray/McCombs, Maxwell E. (1971): The Rise and Fall of News Diffusion. In: Public Opinion Quarterly 35(1), S. 107-113.

Galloway, John J. (1977): The Analysis and Significance of Communication Effects Gaps. In: Communication Research 4(3), S. 363-386.

Gallagher, Kristel M./Updegraff, John A. (2012): Health message framing effects on attitudes, intentions, and behavior: A meta-analytic review. In: Annals of Behavioral Medicine 43, S. 101-116.

Gamson, William A. (1996): Media Discourse as a Framing Resource. In: Cringler, Ann N. (Hg.): The Psychology of Political Communication. Ann Arbor, S. 111-132.

Gamson, William A./Modigliani, Andre (1989): Media Discourse and Public Opinion on Nuclear Power. A Constructivist Approach. In: American Journal of Sociology 95(1), S. 1-37.

Ganguin, Sonja/Sander, Uwe (2005): Medienökologie. In: Mikos, Lothar/Wegener, Claudia (Hg.): Qualitative Medienforschung. Ein Handbuch. Konstanz, S. 130-140.

Garramone, Gina (1984): Audience Motivation Effects: More Evidence. In: Communication Research 11(1), S. 79-96.

Garrett, Kelly R. (2009a): Politically Motivated Reinforcement Seeking: Reframing the Selective Exposure Debate. In: Journal of Communication 59(4), S. 676-699.

Garrett, Kelly R. (2009b): Echo Chamber Online? Politically Motivated Selective Exposure Among Internet News Users. In: Journal of Computer-Mediated Communication 14(2), S. 265-285.

Gattringer, Karin/Klingler, Walter (2016): Wie Deutschland Radio hört. Eergebnisse, Trends und Methodik der ma 2016 II. In: Media Perspektiven (9), S. 460-474.

Gattringer, Karin/Mai, Lothar (2017): ma Audio: Konvergenzwährung für Radio und Onlineaudio. Integration der Audionutzung im Internet in der ma Radio. In: Media Perspektiven (4), S. 228-

Gaziano, Cecilie (1983): The Knowledge Gap: An Analytical Review of Media Effects. In: Communication Research 10(4), S. 447-486.

Gaziano, Cecilie (1997): Forecast 2000: Widening Knowledge Gaps. In: Journalism & Mass Communication Quarterly 74(2), S. 237-264.

Gaziano, Cecilie (2010): Revisiting the Knowledge Gap Hypothesis: A Meta-Analysis of Thirty-Five Years of Research. In: Journalism and Mass Communication Quarterly 87(3/4), S. 615-632.

Gaziano, Cecilie (2017): Knowledge-Gap: History and Development. In: Rössler, Patrick et al. (Hg.): The International Encyclopedia of Media Effects. Chichester, West Sussex.

Gaziano, Cecilie/Gaziano, Emanuel (1996): Theories and Methods in Knowledge Gap Research since 1970. In: Salwen, Michael B./Stacks, Don W. (Hg.): An Integrated Approach to Communication Theory and Research. Mahwah, S. 127-143.

Gehrau, Volker (2002): Eine Skizze der Rezeptionsforschung in Deutschland. In: Rössler, Patrick/Kubisch, Susanne/Gehrau, Volker (Hg.): Empirische Perspektiven der Rezeptionsforschung. München, S. 9-47.

Gehrau, Volker (2014): Die Dyanmik gesellschaftlicher Problemwahrnehmug II. Erkenntnisse aus vier Fallstudien. In: Gehrau, Volker/Väth, Judith/Haake, Gianna (Hg.): Dynamiken der öffentlichen Problemwahrnehmung. Umweltpolitik, Terrorismus, Rechtsextremismus und Konsumklima in der deutschen Öffentlichkeit. Wiesbaden, S. 251-266.

Gehrau, Volker/Goertz, Lutz (2010): Gespräche über Medien unter veränderten medialen Bedingungen. In: Publizistik 55(2), S. 153-172.

Gehrau, Volker/Väth, Judith/Haake, Gianna (2014): Dynamiken der öffentlichen Problemwahrnehmung. Umweltpolitik, Terrorismus, Rechtsextremismus und Konsumklima in der deutschen Öffentlichkeit. Wiesbaden.

Geise, Stephanie (2011): Eyetracking in der Kommunikations- und Medienwissenschaft: Theorie, Methode und kritische Reflexion. In: SCM Studies in Communication - Media, 1(2), S. 149-263.

Genova, Bistravapka K./Greenberg, Bradly S. (1979): Interests in News and the Knowledge Gap. In: Public Opinion Quarterly 43(1), S. 79-91.

Gentzkow, Matthew/Shapiro, Jesse M. (2010): What Drives Media Slant? Evidence from U.S. Daily Newspapers. In: Econometrica 78(1), S. 35-71.

Gerbner, George (1970): Cultural Indicators: The Case of Violence in Television Drama. In: Annals of the American Academy for Political and Social Science 388(1), S. 69-81.

Gerbner, George (2000): Die Kultivierungsperspektive: Medienwirkungen im Zeitalter von Monopolisierung und Globalisierung. In: Schorr, Angela (Hg.): Publikums- und Wirkungsforschung. Ein Reader. Wiesbaden, S. 101-121.

Gerbner, George et al. (1981): Die „angsterregende" Welt des Vielsehers. In: Fernsehen und Bildung 15(1-3), S. 16-42.

Gerbner, George/Gross, Larry (1976): Living with Television: The Violence Profile. In: Journal of Communication 26(2), S. 173-199.

Gerbner, George/Gross, Larry/Morgan, Michael/Signorielli, Nancy (1980a): The „Mainstreaming" of America: Violence Profile No.11. In: Journal of Communication 30(3), S. 10-29.

Gerbner, George/Gross, Larry/Morgan, Michael/Signorielli, Nancy (1980b): Aging with Television. Images on Television Drama and Conceptions of Social Reality. In: Journal of Communication 30(1), S. 37-47.

Gerbner, George/Gross, Larry/Morgan, Michael/Signorielli, Nancy (1982): Charting the Mainstream: Television's Contributions to Political Orientations. In: Journal of Communication 32(2), S. 100-127.

Gerbner, George/Gross, Larry/Morgan, Michael/Signorielli, Nancy (1984): Political Correlates of Television Viewing. In: Public Opinion Quarterly 48(1B), S. 283-300.

Gerbner, George/Gross, Larry/Morgan, Michael/Signorielli, Nancy/Shanahan, James (2002[2]): Growing Up With Television: Cultivation Processes. In: Bryant, Jennings/Zillmann, Dolf (Hg.): Media Effects. Advances in Theory and Research. Mahwah, S. 43-67.

Gerhards, Jürgen (1996): Reder, Schweiger, Anpasser und Missionare: Eine Typologie öffentlicher Kommunikationsbereitschaft und ein Beitrag zur Theorie der Schweigespirale. In: Publizistik 41(1), S. 1-14.

Gleich, Uli/Burst, Michael (1996): Parasoziale Beziehungen von Fernsehzuschauern mit Personen auf dem Bildschirm. In: Medienpsychologie 8(3), S. 182-200.

Glynn, Carroll J./Hayes, Andrew/Shanahan, James (1997): Perceived Support for One's Opinions and Willingness to Speak Out. In: Public Opinion Quarterly 61(3), S. 452-463.

Goertz, Lutz (1995): Wie interaktiv sind Medien? Auf dem Weg zu einer Definition von Interaktivität. In: Rundfunk und Fernsehen 43(4), S. 477-493.

Goertz, Lutz/Schönbach, Klaus (1998): Zwischen Attraktivität und Verständlichkeit. In: Kamps, Klaus/Meckel, Miriam (Hg.): Fernsehnachrichten. Prozesse, Strukturen, Funktionen. Opladen, S. 111-126.

Goffman, Erving (1980): Rahmen-Analyse. Ein Versuch über die Organisation von Alltagserfahrungen. Frankfurt a.M.

Grabe, Maria E./Kamhawi, Rasha/Yefiyan, Narine (2009): Informing Citizens: How People with Different Levels of Education Process Television, Newspaper, and Web News. In: Journal of Broadcasting & Electronic Media 53(1), S. 90-111.

Grabe, Maria E./Lang, Annie/Zhou, Shuhua/Bolls, Paul D. (2000): Cognitive Access to Negatively Arousing News: An Experimental Investigation of the Knowledge Gap. In: Communication Research 27(1), 3-26.

Graber, Doris A. (1984): Processing the News. How People Tame the Information Tide. New York.

Graber, Doris A. (1989): An Information Processing Approach to Public Opinion Analysis. In: Dervin, Brenda (Hg.): Rethinking Communication 2: Paradigm Exemplars. Newbury Park, S. 103-116.

Graber, Doris A. (1994): Why Voters Fail Information Tests: Can the Hurdles Be Overcome? In: Political Communication 11(4), S. 331-346.

Graber, Doris A. (2001): Processing Politics: Learning from Television in the Internet Age. Chicago/London.

Granovetter, Mark S. (1973): The Strength of Weak Ties. In: The American Journal of Sociology 78(6), S. 1360-1380.

Green, Melanie C./Brock, Timothy C. (2000): The role of transportation in the persuasiveness of public narratives. In: Journal of Personality and Social Psychology 79(5), S. 701-721.

Greenberg, Saadia R. (1975): Conversations as Units of Analysis in the Study of Personal Influence. In: Journalism Quarterly 52(1), S. 128-131.

Greenfield, David N. (1999): The Nature of Internet Addiction: Psychological Factors in Compulsive Internet Use. Presentation at the Annual Meeting of the American Psychological Ass. in Boston. Auf: http://www.virtual-addiction.com/articles.htm.

Griffin, Robert J. (1990): Energy in the Eigthies: Education, Communication, and the Knowledge Gap. In: Journalism Quarterly 67(3), S. 554-566.

Griffiths, Mark (2000): Does Internet and Computer "Addiction" Exist? Some Case Study Evidence. In: CyberPsychology 3(2), S. 211-218.

Griffiths, Mark (2008): Addiction and Exposure. In: Donsbach, Wolfgang (Hg.): The International Encyclopedia of Communication. Vol. I. Malden, Mass., S. 34-36.

Grimes, Tom/Bergen, Lori (2008): The Epistemological Argument Against a Causal Relationship Between Media Violence and Sociopathic Behavior Among Psychologically Well Viewers. In: American Behavioral Scientist 51(8), S. 1137-1154.

Grimm, Jürgen (1999): Fernsehgewalt: Zuwendungsattraktivität, Erregungsverläufe, sozialer Effekt. Opladen/Wiesbaden.

Groebel, Jo (1997): Medienpsychologie und Medienzukunft: Stabilität und Veränderung im Kommunikationsverhalten. In: Fünfgeld, Hermann/Mast, Claudia (Hg.): Massenkommunikation. Ergebnisse und Perspektiven. Opladen, S. 319-331.

Groeben, Norbert (1982): Leserpsychologie: Textverständnis – Textverständlichkeit. Münster.

Groeben, Norbert/Hurrelmann, Bettina (Hg.) (2004): Lesesozialisation in der Mediengesellschaft. Ein Forschungsüberblick. Weinheim/München.

Groner, Rudolf/Raess, Simon/Sury, Philipp (2008): Usability: Systematische Gestaltung und Optimierung von Benutzerschnittstellen. In: Batinic, Bernad/Appel, Markus (Hg.): Medienpsychologie. Heidelberg, S. 425-446.

Guggenheim, Lauren/Kwak, Nojin/Campbell, Scott W. (2011): Nontraditional News Negativity: The Relationship of Entertaining Political News Use to Political Cynicism and Mistrust. In: Int. Journal of Public Opinion Research 23(1), S. 287-314.

Gunter, Barrie (1985): Determinants of Television Viewing Preferences. In: Zillmann, Dolf/Bryant, Jennings (Hg.): Selective Exposure to Communication. Hillsdale, N.J., S. 93-112.

Gunther, Albert C./Liebhart, Janice L. (2006): Broad Reach or Biased Source? Decomposing the Hostile Media Effect. In: Journal of Communication 56(3), S. 449-166.

Haas, Alexander (2014): Interpersonale Kommunikation und Medienwirkungen. Beurteilung der Themenrelevanz im Zusammenspiel mit Gesprächen und Mediennutzung. Wiesbaden.

Haas, Alexander/Unkel, Julian (2015): Glaubwürdigkeit und Selektion von Suchergebnissen. Der Einfluss von Platzierung, Reputation, Neutralität und sozialen Empfehlungen bei der Nutzung von Suchmaschinen. In: M&K 63(3), S. 363-382.

Hackforth, Josef (1976): Massenmedien und ihre Wirkungen. Göttingen.

Hagenah, Jörg/Meulemann, Heiner (Hg.) (2006): Sozialer Wandel und Mediennutzung in der Bundesrepublik Deutschland. Münster.

Hagenah, Jörg/Stark, Birgit/Weiber, Erwin (2015): Wandel des Zeitunglesens in Deutschland, Österreich und der Schweiz. Eine zeit- und ländervergleichende Analyse zur Einführung von Gratistageszeitungen. In: M&K 63(2), S. 246-281.

Hahn, André/Jerusalem, Matthias (2001): Internetsucht: Jugendliche gefangen im Netz. In: Raithel, Jürgen (Hg.): Risikoverhaltensweisen Jugendlicher. Formen, Erklärungen und Prävention. Opladen, S. 279-293.

Haider-Markel, Donald P./Joslyn, Mark R. (2008): Beliefs about the Origins of Homosexuality and Support for Gay Rights. An Empirical Test of Attribution Theory. In: Public Opinion Quarterly 72(2), S. 291-310.

Hall, Stuart (1981): Encoding and Decoding in Television Discourse. In: Hall, Stuart et al. (Hg.): Culture, Media, Language. London, S. 128-138.

Hall, Stuart (1999): Kodieren/Dekodieren. In: Bromley, Roger/Göttlich, Udo/Winter, Carsten (Hg.): Cultural Studies. Grundlagentexte zur Einführung. Lüneburg, S. 215-236.

Halloran, James D./Elliott, Philip H./Murdock, Graham (1970): Demonstrations and Communication: A Case Study. Harmondsworth.

Halloran, James D./Elliott, Philip H./Murdock, Graham (1973): Politische Demonstration und gesellschaftliche Kommunikation. In: Aufermann, Jörg/Bohrmann, Hans/Sülzer, Rolf (Hg.): Gesellschaftliche Kommunikation und Information. Frankfurt a.M., S. 633-651.

Handel, Ulrike (2000): Die Fragmentierung des Medienpublikums. Bestandsaufnahme und empirische Untersuchung eines Phänomens der Mediennutzung und seiner Determinanten. Wiesbaden.

Hansen, Glenn J./Kim, Hyunjung (2011): Is the Media Biased Against Me? A Meta-Analysis of the Hostile Media Effect Research. In: Communication Research Reports 28(2), S. 169-179.

Haradikis, Paul (2013): Uses and Gratifications. A Social and Psychological Perspective of Media Use and Effects. In: Valdivia, Angharad N. (Hg.): The International Encyclopedia of Media Studies. Vol. V: Media Effects/Media Psychology. Oxford UK, S. 148-169.

Harari, Tali Te'eni/Lampert, Shlomo I./Lehman-Wilzig, Sam (2007): Information Processing of Advertising among Young People: The Elaboration Likelihood Model as Applied to Youth. In: Journal of Advertisting Research 47(3), S. 326-340.

Harber, Kent D./Cohen, Dov J. (2005): The Emotional Broadcaster Theory of Social Sharing. In: Journal of Language and Social Psychology 24(4), S. 382-400.

Harris, Richard J./Barlett, Christopher P. (2009³): Effects of Sex in the Media. In: Bryant, Jennings/Oliver, Mary B. (Hg.): Media Effects. Advances in Theory and Research. New York/London, S.304-324.

Harrison, Kirsten (1997): Does Interpersonal Attraction to Thin Media Personalities Promote Eating Disorders? In: Journal of Broadcasting & Electronic Media 41(4), S. 478-499.

Harrison, Kirsten (2009): Media and Body. In: Nabi, Robin L./Oliver, Mary Beth (Hg.): The SAGE Handbook of Media Processes and Effects. Los Angeles u.a., S. 393-407.

Harrison, Kirsten/Cantor, Joanne (1997): The Relation Between Media Consumption and Eating Disorders. In: Journal of Communication 47(1), S. 40-67.

Hart, William et al. (2009): Feeling Validated Versus Being Correct: A Meta-Analysis of Selective Exposure to Information. In: Psychological Bulletin 135(4), S. 555-588.

Hartmann, Maren (2013): Domestizierung. Baden-Baden.

Hartmann, Peter/Neuwöhner, Ulrich (1999): Lebensstilforschung und Publikumssegmentierung. Eine Darstellung der MedienNutzerTypologie (MNT). In: Media Perspektiven (10), 1999, S. 531-539.

Hartmann, Tilo (Hg.) (2009): Media Choice. A Theoretical and Empirical Overview. New York/London.

Hartmann, Tilo (2010): Parasoziale Interaktion und Beziehungen. Baden-Baden.

Hartmann, Tilo/Goldhoorn, Charlotte (2011): Horton and Wohl Revisited: Exploring Viewers' Experience of Parasocial Interaction. In: Journal of Communication 61, S. 1104-1121.

Hartung, Anja (2010): Biographischer Ansatz. In: Vollbrecht, Ralf/Wegener, Claudia (Hg.): Handbuch Mediensozialisation. Wiesbaden, S. 92-105.

Hartmann, Tilo/Schramm, Holger/Klimmt, Christoph (2004): Parasoziale Interaktionen und Beziehungen mit Medienfiguren in interaktiven und konvergierenden Medienumgebungen. In: Hasebrink, Uwe/Mikos, Lothar/Prommer, Elisabeth (Hg.) (2004): Mediennutzung in konvergenten Medienumgebungen. München, S. 299-320.

Hasebrink, Uwe (2001): Kultivierte Talkshow-Nutzer? Tägliche Talkshows und die Realitätswahrnehmung Jugendlicher. In: Schneiderbauer, Christian (Hg.): Daily Talkshows unter der Lupe. Wissenschaftliche Beiträge aus Forschung und Praxis. München, S. 153-177.

Hasebrink, Uwe (2002): Publikum, Mediennutzung und Medienwirkung. In: Jarren, Otfried/Weßler, Hartmut (Hg.): Journalismus – Medien – Öffentlichkeit. Eine Einführung. Wiesbaden, S. 323-412.

Hasebrink, Uwe (2003): Nutzungsforschung. In: Bentele, Günter/Brosius, Hans-Bernd/Jarren, Otfried (Hg.): Öffentliche Kommunikation. Handbuch Kommunikations- und Medienwissenschaft. Wiesbaden, S. 101-127.

Hasebrink, Uwe (2008): Das multiple Publikum. Paradoxien im Verhältnis von Journalismus und Mediennutzung. In: Pörksen, Bernhard/Loosen, Wiebke/Scholl, Armin (Hg.): Paradoxien des Journalismus. Theorie – Empirie – Praxis. Wiesbaden, S. 513-53.

Hasebrink, Uwe (2012): Comparing Media Use and Reception. In: Esser, Frank/Hanitzsch, Thomas (Hg.): The Handbook of Comparative Communication Research. New York/London, S. 382-399.

Hasebrink, Uwe (2014): Kultur. In: Wünsch, Carsten/Schramm, Holger/Gehrau, Volker/Bilandzic, Helena (Hg.): Handbuch Medienrezeption. Baden-Baden, S. 395-409.

Hasebrink, Uwe/Mikos, Lothar/Prommer, Elisabeth (Hg.) (2004): Mediennutzung in konvergenten Medienumgebungen. München.

Hasebrink, Uwe/Popp, Jutta (2006): Media Repertoires as a Result of Selective Media Use. A Conceptual Approach to the Analysis of Patterns of Exposure. In: Communications 31(2), S. 369-387.

Hasebrink, Uwe/Schmidt, Jan-Hinrik (2013): Medienübergreifende Informationsrepertoires. In: Media Perspektiven (1), S. 2-12.

Hastall, Matthias R. (2009): Informational Utility as Determinant of Media Choices. In: Hartmann, Tilo (Hg.): Media Choice. A Theoretical and Empirical Overview. New York/London, S. 149-166.

Hastall, Matthias R. (2011): Kommunikation von Gesundheitsrisiken in den Massenmedien. Der Einfluss von Informations- und Rezipientenmerkmalen auf die Botschaftszuwendung und -vermeidung. Baden-Baden.

Hastall, Matthias/Sukalla, Freya (2013). Multiples Framing in der Gesundheitskommunikation: Annahmen und Befunde. In. Rossmann, Constanze/Hastall, Matthias (Hg.): Medien und Gesundheitskommunikation. Befunde, Entwicklungen, Herausforderungen. Baden-Baden, S. 201-218).

Hawkins, Robert P./Pingree, Suzanne (1982): Television's Influence on Social Reality. In: Pearl, David/Bouthilet, Lorraine/Lazar, Joyce (Hg.): Television and Behavior: Ten Years of Scientific Progress and Implications for the 80s. Rockville, S. 224-247.

Hawkins, Robert P./Pingree, Suzanne, Adler, Ilya (1987): Searching for Cognitive Processes in the Cultivation Effect. Adult and Adolescent Samples in the United States and Australia. In: Human Communication Research 13(4), S. 553-557.

Hawkins, Robert P./Pingree, Suzanne (1990): Divergent Psychological Processes in Constructing Social Reality from Mass Media Content. In: Signorielli, Nancy/Morgan, Michael (Hg.): Cultivation Analysis. New Directions in Media Effects Research. Newbury Park/London/New Delhi, S. 35-50.

Hedinsson, Elias/Windahl, Sven (1984): Cultivation analysis: A Swedish illustration. In: Melischek, Gabriele/Rosengren, Karl E./Stappers, James (Hg.): Cultural Indicators. An International Symposium. Wien, S. 389-406.

Hefner, Dorothée (2012): Alltagsgespräche über Nachrichten. Medienrezeption, politische Expertise und die wissensbildende Qualität von Anschlusskommunikation. Baden-Baden.

Heider, Fritz (1946): Attitudes and Cognitive Organization. In: Journal of Psychology 21(2), S. 107-112.

Heider, Fritz (1958): The Psychology of Interpersonal Relations. New York.

Heijnk, Stefan (1997): Textoptimierung für Printmedien. Theorie und Praxis journalistischer Textproduktion. Opladen.

Henning, Bernd/Vorderer, Peter (2001): Psychological Escapism: Predicting the Amount of Television Viewing by Need for Cognition. In: Journal of Communication 51(1), S. 100-120.

Hepp, Andreas (2005): Kommunikative Aneignung. In: Mikos, Lothar/Wegener, Claudia (Hg.): Qualitative Medienforschung. Ein Handbuch. Konstanz, S. 67-79.

Hepp, Andreas (2010³): Cultural Studies und Medienanalyse. Eine Einführung. Opladen.

Hepp, Andreas (2013²): Medienkultur. Die Kultur mediatisierter Welten. Wiesbaden.

Herzog, Herta (1940): Professor Quiz: A Gratification Study. In: Lazarsfeld, Paul F. (Hg.): Radio and the Printed Page. New York, S. 64-93.

Hess, Eva-Maria (2009): Neue Wege in der Leserschaftsforschung. In: Koschnick, Wolfgang J. (Hg.): FOCUS-Jahrbuch 2009. Schwerpunkt: Die Zukunft der Printmedien. München, S. 357-366.

Hindman, Douglas Blanks (2012): Knowledge Gaps, Belief Gaps, and Public Opinion about Health Care Reform. In: Journalism & Mass Communication Quarterly 89(4), S. 585-605.

Hirsch, Paul M. (1980): The „Scary World" of the Nonviewer and Other Anomalies. A Reanalysis of Gerbner et al.'s Findings on the Cultivation Hypothesis. In: Communication Research 7(4), S. 403-456.

Hirsch, Paul M. (1981): On Not Learning from One's Own Mistakes. A Reanalysis of Gerbner et al.'s Findings on the Cultivation Hypothesis. In: Communication Research 8(1), S. 3-37.

Höflich, Joachim R. (2005): Medien und interpersonale Kommunikation. In: Jäckel, Michael (Hg.): Mediensoziologie. Wiesbaden, S. 69-90.

Hoffner, Cynthia (1996): Children's Wishful Identification and Parasocial Interaction with Favorite Television Characters. In: Journal of Broadcasting & Electronic Media 40(3), S. 389-402.

Hofsümmer, Karl-Heinz/Engel, Bernhard (2013): Das AGF-Fernsehforschungssystem in Deutschland. Aktueller Stand und zukünftige Herausforderungen. In: Media Perspektiven (5), S. 258-272.

Holbach, Thomas/Mauerer, Marcus (2014): Agenda-Setting-Effekte zwischen Medienberichterstattung und Online-Informationsverhalten am Beispiel der EHEC-Epidemie. In: Publizistik 59(1), S. 65-81.

Holbert, Lance R./Kwak, Nojin/Shah, Dhavan V. (2003): Environmental Concern, Patterns of Television Viewing, and Pro-environmental behaviors: Integrating Models of Media Consumption and Effects. In: Journal of Broadcasting & Electronic Media 47(2), S. 177-196.

Holbert, Lance R./Tchernev, John M. (2013): Media Influence as Persuasion. In: Dillard, James P./Shen, Lijiang (Hg.): The SAGE Handbook of Persuasion. Developments in Theory and Practice. Thousand Oaks/London/New Delhi, S. 36-52.

Holbrook, Thomas M. (2002): Presidential Campaigns and the Knowledge Gap. In: Political Communication 19(4), S. 437-454.

Holland, Rob W./Verplanken, Bas/van Knippenberg, Ad 2003): From Repetition to Conviction: Attitude Accessibility as a Determinant of Attitude Certainty. In: Journal of Experimental Social Psychology 39(6), S. 594-601.

Hollander, Barry (1997): Television News Exposure and Foreign Affairs Knowledge. A Six Nation Analysis. In: Gazette 59(2), S. S. 151-161.

Hollander, Barry (2014): The Role of Media Use in the Recall Versus Recognition of Political Knwoledge. In: Journal of Boradcasting & Electronic Medie, 58(1), S. 97-113.

Holly, Werner/Püschel, Ulrich (Hg.) (1993): Medienrezeption als Aneignung. Methoden und Perspektiven qualitativer Medienforschung. Opladen.

Holsanova, Jana/Holmqvist, Kenneth/Rahm, Henrik (2008): Entry Points and Reading Path on Newspaper Spreads: Comparing a Semiotic Analysis with Eye-Tracking Measurements. In: Visual Communication 5(1), S. 65-93.

Holst, Isabella-Afra (2000): Realitätswahrnehmung in politischen Konflikten. Grundlagen einer Theorie der Wissenskluft. Konstanz.

Holtz-Bacha, Christina (1990a): Videomalaise Revisited: Media Exposure and Political Alienation in West Germany. In: European Journal of Communication 5(1), S. 73-85.

Holtz-Bacha, Christina (1990b): Der kleine Unterschied im Medienverhalten und seine Folgen für die Kommunikationsforschung. In: Publizistik 35(2), S. 497-503.

Holtz-Bacha, Christina (1994): Entfremdung von der Politik durch „Fernseh-Politik“? – Zur Hypothese von der Videomalaise. In: Jarren, Otfried (Hg.): Politische Kommunikation in Hörfunk und Fernsehen. Opladen, S. 123-133.

Holtz-Bacha, Christina (Hg.) (2008): Stereotype? Frauen und Männer in der Werbung. Wiesbaden.

Holtz-Bacha, Christina/Norris, Pippa (2001): „To Entertain, Inform and Educate“: Still the Role of Public Television. In: Political Communication 18(2), S. 123-140.

Horstmann, Reinhold (1991): Medieneinflüsse auf politisches Wissen. Zur Tragfähigkeit der Wissenskluft-Hypothese. Wiesbaden.

Horton, Donald/Wohl, Richard (1956): Mass Communication and Para-Social Interaction: Observations on Intimacy at a Distance. In: Psychiatry 19(3), S. 215-229.

Hovland, Carl I./Janis, Irving L./Kelley, Harold H. (1953): Communication and Persuasion. Psychological Studies of Opinion Change. New Haven/London.

Hovland, Carl I./Weiss, Walter (1951): The Influence of Source Credibility on Communication Effectiveness. In: Public Opinion Quarterly 15(4), S. 635-650.

Huang, Huiping (2005): A Cross-Cultural Test of the Spiral of Silence. In: International Journal of Public Opinion Research 17(3), S. 324-345.

Huck, Inga/Brosius, Hans-Bernd (2007): Der Third-Person-Effekt – Über den vermuteten Einfluss der Massenmedien. In: Publizistik 52(3), S. 355-374.

Huff, Markus (2008): Aufmerksamkeitsprozesse beim Fernsehen. In: Krämer, Nicole C./Schwan, Stephan/Unz, Dagmar/Suckfüll, Monika (Hg.): Medienpsychologie. Schlüsselbegriffe und Konzepte. Stuttgart, S. 70-74.

Hugger, Kai-Uwe (2008): Medienkompetenz. In: Sander, Uwe/von Gross, Friederike/Hugger, Kai-Uwe (Hg.): Handbuch Medienpädagogik. Wiesbaden, S. 93-99.

Hurrelmann, Bettina (1989): Fernsehen in der Familie. Auswirkung der Programmerweiterung auf den Mediengebrauch. München.

Hüsser, Andreas Philippe (2016): Psychologische Modelle der Werbewirkung. In: Siegert, Gabriele/Wirth, Werner/Weber, Patrick/Lischka, Juliane A. (Hg.): Handbuch Werbeforschung. Wiesbaden, S. 243-277.

Hwang, Yoori/Jeong, Se-Hoon (2009): Revisiting the Knowledge Gap Hypothesis: A Meta-Analysis of Thirty-Five Years of Research. In: Journalism & Mass Communication Quarterly 86(2), S. 513-532.

IFES - Institut für empirische Sozialforschung (IFES): Kultur-Monitoring, Bevölkerungsbefragung. Studienbericht 2007. Wien.

Isotalus, Pekka (1995): Friendship through Screen. Review of Parasocial Relationship. In: Nordicom Review (1), S. 59-64.

Iyengar, Shanto (1988): New Directions of Agenda-Setting Research. In: Anderson, James A. (Hg): Communication Yearbook 11. Newbury Park/London/New-Delhi, S. 595-602.

Iyengar, Shanto (1991): Is Anyone Responsible? How Television Frames Political Issues. Chicago.

Iyengar, Shanto/Hahn, Kyu S./Bonfadelli, Heinz/Marr, Mirko (2009): "Dark Areas of Ignorance" Revisited. Comparing International Affairs Knowledge in Switzerland and the United States. In: Communication Research 36(3), S. 341-358.

Iyengar, Shanto/Kinder, Donald R. (1987): News that Matters. Chicago.

Iyengar, Shanto/Simon, Adam (1993): News Coverage of the Golf Crisis and Public Opinion: A Study of Agenda-Setting, Priming and Framing. In: Communication Research 20(3), S. 365-383.

Jäckel, Michael (1992): Mediennutzung als Niedrigkostensituation. Anmerkungen zum Nutzen- und Belohnungsansatz. In: Medienpsychologie 4(4), S. 246-266.

Jäckel, Michael (1999): Inklusion und Exklusion durch Mediennutzung? In: Honegger, Claudia/Hradil, Stefan/Traxler, Franz (Hg.): Grenzenlose Gesellschaft? Opladen, S. 692-706.

Jäckel, Michael (2011[5]): Medienwirkungen. Ein Studienbuch zur Einführung. Wiesbaden.

Jäckel, Michael (2010): Was unterscheidet Mediengenerationen? Theoretische und methodische Herausforderungen der Medienentwicklung. In: Media Perspektiven (5), S. 247-257.

Jäckel, Michael (2012): Medienwirkungen kompakt. Einführung in ein dynamisches Forschungsfeld. Wiesbaden.

Jäckel, Michael (2013): Soziologische Grundlagen. In: Schweiger, Wolfgang/Fahr, Andreas (Hg.): Handbuch Medienwirkungsforschung. Wiesbaden, S. 67-87.

Jäckel, Michael/Peter, Jochen (1997): Cultural Studies aus kommunikationswissenschaftlicher Perspektive. In: Rundfunk und Fernsehen 45(1), S. 46-68.

Jandura, Olaf/Fahr, Andreas/Brosius, Hans-Bernd (2013) (Hg.): Theorieanpassungen in der digitalen Medienwelt. Baden-Baden.

Jandura, Olaf/Karnowski, Veronika (2015): Digital Natives vs. Digital Immigrants – fruchtbares empirisches Konzept für die Kommunikationswissenschaft oder populärwissenschaftliche Fiktion? In: Publizistik 60(1), S. 63-79.

Janetzko, Dietmar (2008): Psychologische Beiträge zum Verhältnis von Medien und Politik. In: Batinic, Bernad/Appel, Markus (Hg.) (2008): Medienpsychologie. Heidelberg, S. 293-312.

Janis, Irving L./Hovland, Carl I. (1959): An Overview of Persuasibility Research. In: Janis, Irving L./Hovland, Carl I. (Hg.): Personality and Persuasibility. New Haven/London, S. 1-26.

Jensen, Klaus B./Rosengren, Karl E. (1990): Five Traditions in Search of the Audience. In: European Journal of Communication 5(2-3), S. 207-238.

Jenssen, Anders Todal (2012): Widening or Closing the Knowledge Gap? The Role of TV and Newspapers in Changing Distribution of Political Knowledge. In: Nordicom Review, 33, S. 19-36.

Jeong, Se-Hoon (2007): Effects of News about Genetics and Obesity on Controllability Attribution and Helping Behavior. In: Health Communication 22(3), S. 221-228.

Jeong, Se-Hoon/Cho, Hyunyi/Hwang, Yoori (2012): Media Literacy Interventions: A Meta-Analytic Review. In: Journal of Communication, 62(3), S. 454-472.

Johnson, J. Davis/Case, Donald O. (2012): Health Information Seeking. New York u.a.

Jonas, Klaus/Schmid Mast, Marianne (2008): Stereotyp und Vorurteil. In: Straub, Jürgen/Weidemann, Arne/Weidemann, Doris (Hg.): Handbuch interkulturelle Kommunikation und Kompetenz. Stuttgart/Weimar, S. 69-76.

Jonas, Klaus/Stroebe, Wolfgang/Hewstone, Miles (2014[6]): Sozialpsychologie. Eine Einführung. Berlin/Heidelberg.

Jones, Edward E./Harris, Victor A. (1967): The Attribution of Attitudes. In: Journal of Experimental Social Psychology 3(1), S. 1-24.
Jones, Lee W./Sinclair, Robert C./Courneya, Kerry S. (2003): The Effects of Source Credibility and Message Framing on Exercise Intentions, Behaviors, and Attitudes: An Integration of the Elaboration Likelihood Model and Prospect Theory. In: Journal of Applied Social Psychology 33(1), S. 179-196.
Journalism Quarterly (1993): Themenheft „Two Decades of Agenda-Setting Research". In: Journalism Quarterly 69(4), S. 813-920.
Just, Marion R./Cringler, Ann N./Neuman, W. Russell (1996): Cognitive and Affective Dimensions of Political Conceptualization. In: Cringler, Ann N. (Hg.): The Psychology of Political Communication. Ann Arbor, S. 133-147.
Kaesler, Dirk/Vogt, Ludgera (2000) (Hg.): Hauptwerke der Soziologie. Stuttgart.
Kahlor, LeeAnn/Dunwoody, Sharon/Griffin, Robert J./Neuwirth, Kurt (2006): Seeking and Processing Information about Impersonal Risk. In: Science Communication 28(2), S. 163-194.
Kahneman, Daniel/Tversky, Amos (1984): Choices, Values, and Frames. In: American Psychologist 39(4), S. 341-350.
Kamps, Klaus/Meckel, Miriam (Hg.) (1998): Fernsehnachrichten. Prozesse, Strukturen, Funktionen. Opladen.
Karnowski, Veronika (2011): Diffusionstheorien. Baden-Baden.
Karnowski, Veronika (2013): Diffusionstheorie. In: Schweiger, Wolfgang/Fahr, Andreas (Hg.): Handbuch Medienwirkungsforschung. Wiesbaden, S. 513-528.
Kasari, Heikki J. (1993): Radio Audience Measurement in Europe. In: ORF Medienreport 395, S. 41-63.
Katz, Elihu (1957): The Two-Step Flow of Communication: An Up-To-Date Report on a Hypothesis. In: Public Opinion Quarterly 21(1), S. 61-78.
Katz, Elihu (1968): On Reopening the Question of Selectivity in Exposure to Mass Communication. In: Abelson, Robert P. et al. (Hg.): Theories of Cognitive Consistency. Chicago, S. 788-796.
Katz, Elihu/Blumler, Jay G./Gurevitch, Michael (1974): Utilization of Mass Communication by the Individual. In: Blumler, Jay G./Katz, Elihu (Hg.): The Uses of Mass Communication: Current Perspectives on Gratifications Research. Beverly Hills, S. 19-32.
Katz, Elihu/Foulkes, David (1962): On the Use of the Mass Media as „Escape": Clarification of a Concept. In: Public Opinion Quarterly 26(3), S. 377-388.
Katz, Elihu/Gurevitch, Michael/Haas, Hadassah (1973): On the Use of the Mass Media for Important Things. In: American Sociological Research 38(2), S. 164-181.
Katz, Elihu/Haas, Hadassah (1995): Kultur und Kommunikation im heutigen Israel: eine Wiederholungsstudie nach 20 Jahren. In: Franzmann, Bodo/Fröhlich, Werner D./Hoffmann, Hilmar (Hg.): Auf den Schultern von Gutenberg. Medienökologische Perspektiven der Fernsehgesellschaft. Berlin/München, S. 195-201.
Katz, Elihu/Lazarsfeld, Paul F. (1955): Personal Influence. Glencoe.
Katz, Elihu/Lazarsfeld, Paul F. (1962): Persönlicher Einfluss und Meinungsbildung. München.
Katzman, Natan (1974): The Impact of Communication Technology: Promises and Prospects. In: Journal of Communication 24(4), S. 47-58.
Kaye, Barbara K./Johnson, Thomas J. (2002): Online and in the Know: Uses and Gratifications of the Web for Political Information. In: Journal of Broadcasting & Electronic Media 46(1), S. 54-71.

Kelley, Harold H./Michela, John L. (1980): Attribution Theory and Research. In: Annual Review of Psychology 31(1), S. 457-501.

Keppler, Angela (1994): Tischgespräche. Über Formen kommunikativer Vergemeinschaftung am Beispiel der Konversation in Familien. Frankfurt a.M.

Kepplinger, Hans M. (1982): Die Grenzen des Wirkungsbegriffes. In: Publizistik 27(1-2), S. 98-113.

Kepplinger, Hans M. (1987): Darstellungseffekte. Experimentelle Untersuchungen zur Wirkung von Pressefotos und Fernsehfilmen. Freiburg/München.

Kepplinger, Hans M./Geiss, Stefan/Siebert, Sandra (2012): Framing Scandals: Cognitive and Emotional Media Effects. In: Journal of Communication, 62(4), S. 659-681.

Kepplinger, Hans M./Gotto, Klaus/Brosius, Hans-Bernd/Haak, Dietmar (1989): Der Einfluss der Fernsehnachrichten auf die politische Meinungsbildung. Freiburg/München.

Kepplinger, Hans M./Martin, Verena (1986): Die Funktionen der Massenmedien in der Alltagskommunikation. In: Publizistik 31(1-2), S. 118-128.

Kepplinger, Hans M./Roth, Herbert (1978): Kommunikation in der Ölkrise des Winters 1973/74. Ein Paradigma für Wirkungsstudien. In: Publizistik 23(4), S. 337-356.

Kiefer, Marie-Luise (1977): Rundfunkjournalisten als Wahlhelfer? Zur Diskussion über die Wahlniederlage von CDU/CSU und ihre möglichen Ursachen. In: Media Perspektiven (1), S. 1-10.

Kiefer, Marie-Luise (1983): Zielgruppen: Wer, Wie, Wo? In: Media Perspektiven (9), S. 601-609.

Kiefer, Marie-Luise (1998): Ein Unikat in der Rezeptionsforschung: Langzeitstudie Massenkommunikation zur Mediennutzung und Medienbewertung. In: Klingler, Walter/ Roters, Gunnar/Zöllner, Oliver (Hg.): Fernsehforschung in Deutschland. Themen – Akteure – Methoden. 2 Bde. Baden-Baden, S. 17-29.

Kim, Junghyun/Haridakis, Paul M. (2009): The Role of Internet User Characteristics and Motives in Explaining Three Dimensions of Internet Addiction. In: Journal of Computer-Mediated Communication 14, S. 988-1015.

Kim, Min-Sun/Hunter, John E. (1993): Attitude-Behavior Relations: A Meta-Analysis of Attitudinal Relevance and Topic. In: Journal of Communication 43(1), S. 101-142.

Kimball, Penn (1959): People without Papers. In: Public Opinion Quarterly 23, S. 389-398.

Klapper, Joseph (1960): The Effects of Mass Communication. New York/Glencoe.

Klaus, Elisabeth (1997): Konstruktion der Zuschauerschaft: vom Publikum in der Einzahl zu den Publika in der Mehrzahl. In: Rundfunk und Fernsehen 45(4), S. 456-471.

Klaus, Elisabeth (1998): Kommunikationswissenschaftliche Geschlechterforschung. Opladen.

Kleinen-von Königsslöw, Katharina/Förster, Kati (Hg.) (2014): Medienkonvergenz und Medienkomplementarität aus Rezeptions- und Wirkungsperspektive. Baden-Baden.

Klemm, Michael (2000): Zuschauerkommunikation. Formen und Funktionen der alltäglichen kommunikativen Fernsehaneignung. Frankfurt a.M.

Klimmt, Christoph (2011): Das Elaboration-Likelihood-Modell. Baden-Baden.

Klingler, Walter/Müller, Dieter K. (2000): MA 2000 Radio: Erstmals mit Telefoninterviews erhoben. In: Media Perspektiven (9), S. 414-433.

Klingler, Walter/Roters, Gunnar/Zöllner, Oliver (Hg.) (1998): Fernsehforschung in Deutschland. Themen – Akteure – Methoden. 2 Bde. Baden-Baden.

Klingler, Walter/Turecek, Irina (2016): Medienzeitbudgets und Tagesablaufverhalten. Ergebisse auf Basis der ARD/ZDF-Studie Massenkommunikation. In: Media Perspektiven (2), S.98-107.

Knobloch, Silvia/van Nguyen-Blaas, Lan/Hastall, Matthias R. (2004): Mitfühlen oder Mitspielen. Wahrnehmung von Medienfiguren in Trickfilm und PC-Spiel bei Grundschulkindern. In: Hasebrink, Uwe/Mikos, Lothar/Prommer, Elisabeth (Hg.) (2004): Mediennutzung in konvergenten Medienumgebungen. München, S. 321-346.

Knobloch-Westerwick, Silvia (2007): Kognitive Dissonanz „Revisited". Selektive Zuwendung zu einstellungskonsistenten und -inkonsistenten politischen Informationen. In: Publizistik 52(1), S. 51-62.

Knobloch-Westerwick, Silvia/Hastall, Matthias R. (2006): Social Comparison with News Personae: Selective Exposure to News Portrayals of Same-Sex and Same-Age Characters. In: Communication Research 33(4), S. 262-284.

Knobloch-Westerwick, Silvia/Hastall, Matthias R. (2010): Please Your Self: Social Identity Effects on Selective Exposure to News about In- and Out-Groups. In: Journal of Communication 60(3), S. 515-535.

Knobloch-Westerwick, Silvia/Hastall, Matthias R./Grimmer, Daniela/Brück, Julia (2005): "Informational Utility". Der Einfluss der Selbstwirksamkeit auf die selektive Zuwendung zu Nachrichten. In: Publizistik 50(4), S. 462-474.

Knobloch-Westerwick, Silvia/Mothes, Cornelia/Johnson, Benjamin K./Westerwick, Axel /Donsbach, Wolfgang (2015): Political Online Information Searching in Germany and the United States: Confirmation Bias, Source Credibility, and Attitude Impacts. In: Journal of Communication, 65(3), S. 489-511.

Koch, Thomas (2010): Macht der Gewohnheit? Der Einfluss der Habitualisierung auf die Fernsehnutzung. Wiesbaden.

Koch, Thomas/Frees, Beate (2016): Dynamische Entwicklung bei mobilder Internetnutzung swie Audios und Videos. Ergebnisse der ARD/ZDF-Onlinestudie 2016. In: Media Perspektiven, Heft 9, S. 418-437.

Kochhan, Christoph/Schengbier, Kristiane (2007): Bücher und Lesen im Kontext unterschiedlicher Lebenswelten. In: Media Perspektiven (12), S. 622-633.

Kohli, Martin (1977): Fernsehen und Alltagswelt. Ein Modell eines Rezeptionsprozesses. In: Rundfunk und Fernsehen 25(1-2), S. 70-85.

Kolo, Castulus (2010): Online-Medien und Wandel: Konvergenz, Diffusion, Substitution. In: Schweiger, Wolfgang/Beck, Klaus (Hg.): Handbuch Online-Kommunikation. Wiesbaden, S. 283-307.

Koning, Ruben/Renckstorf, Karsten/Wester, Fred (2001): Patterns in Television News Use. In: Communications 26(4), S 421-442.

Kosicki, Gerald M. (1993): Problems and Opportunities in Agenda-Setting Research. In: Journal of Communication 43(2), S. 92-119.

Kosicki, Gerald M./Becker, Lee/Fredin, Eric S. (1994): Buses and Ballots: the Role of Media Images in a Local Election. In: Journalism Quarterly 71(1), S. 76-89.

Krämer, Benjamin (2015): Fallbeispieleffekte. Baden-Baden.

Krämer, Nicole C./Schwan, Stephan/Unz, Dagmar/Suckfüll, Monika ($2008^1/2016^2$) (Hg.): Medienpsychologie. Schlüsselbegriffe und Konzepte. Stuttgart.

Krause, Birgit/Fretwurst, Benjamin (2007): Kurzfristige Agenda-Setting-Effekte von Fernsehnachrichten. Eine Zeitreihenanalyse am Beispiel Ausländerfeindlichekeit und Rechtsradikalismus. In: Krause, Birgit/Fretwurst, Benjamin/Vogelgesang, Jens (Hg.): Fortschritte der politischen Kommunikationsforschung. Festschrift für Lutz Erbring. Wiesbaden, S. 171-196.

Krause, Birgit/Gehrau, Volker (2007): Das Paradox der Medienwirkung auf Nichtnutzer. Eine Zeitreihenanalyse auf Tagesbasis zu den kurzfristigen Agenda-Setting-Effekten von Fernsehnachrichten. In: Publizistik 52(2), S. 171-209.

Krcmar, Marina (2017): Uses and Gratifications: Basic Concepts. In: Rössler, Patrick et al. (Hg.): The International Encyclopedia of Media Effects. Chichester, West Sussex, UK.

Krcmar, Marina/Kean, Linda G. (2005): Uses and Gratifications of Media Violence: Personality Correlates of Viewing and Liking Violent Genres. In: Media Psychology 7(4), S. 399-420.

Krosnick, Jon A. (1988): The Role of Attitude Importance in Social Evaluation: A Study of Policy Preferences, Presidential Candidate Evaluations, and Voting Behavior. In: Journal of Personality and Social Psychology 55(2), S. 196-210.

Krosnick, Jon A. (1990): Americans' Perception of Presidential Candidates: A Test of the Projection Hypothesis. In: Journal of Social Issues 46(2), S. 159-182.

Krosnick, Jon A./Judd, Charles M./Wittenbrink, Bernd (2005): The Measurement of Attitudes. In: Albarracin, Dolores/Johnson, Blair T./Zanna, Mark P. (Hg.): The Handbook of Attitudes. Mahwah, S. 21-76.

Krotz, Friedrich (1991): Lebensstile, Lebenswelten und Medien: Zur Theorie und Empirie individuenbezogener Forschungsansätze des Mediengebrauchs. In: Rundfunk und Fernsehen 39(3), S. 317-342.

Krotz, Friedrich (1992): Kommunikation als Teilhabe. Der „Cultural Studies Approach". In: Rundfunk und Fernsehen 40(3), S. 412-431.

Krotz, Friedrich (1996a): Der Beitrag des symbolischen Interaktionismus für die Fernsehnutzungs- und Rezeptionsforschung. In: Hasebrink, Uwe/Krotz, Friedrich (Hg.): Die Zuschauer als Fernsehregisseure. Baden-Baden/Hamburg, S. 52-72.

Krotz, Friedrich (1996b): Parasoziale Interaktion und Identität im elektronisch mediatisierten Kommunikationsraum. In: Vorderer, Peter (Hg.): Fernsehen als „Beziehungskiste". Parasoziale Beziehungen und Interaktionen mit TV-Personen. Opladen, S. 73-90.

Krotz, Friedrich (2001): Die Mediatisierung kommunikativen Handelns. Der Wandel von Alltag und sozialen Beziehungen, Kultur und Gesellschaft durch Medien. Wiesbaden.

Krotz, Friedrich/Hasebrink, Uwe (1998): The Analysis of People-Meter Data: Individual Patterns of Viewing Behavior and Viewers' Cultural Background. In: Communications 23(2), S. 151-174.

Krotz, Friedrich/Despotović, Cathrin/Kruse, Merle-Marie (Hg.) (2017): Mediatisierung als Metaprozess: Transformationen, Formen der Entwicklung und die Generierung von Neuem. Wiesbaden.

Kubey, Robert W. (1996a): Television Dependence, Diagnosis and Prevention. In: MacBeth, Tannis (Hg.): Tuning In to Young Viewers. Social Science Perspectives on Television. Thousand Oaks/London/New Delhi, S. 221-260.

Kubey, Robert W. (1996b): Experience Sampling Method. Applications to Communication Resaerch Questions. In: Journal of Communication 46(2), S. 99-120.

Kubey, Robert W./Csikszentmihalyi, Mihaly (1990): Television and the Quality of Life. Hillsdale, N.J.

Kubicek, Herbert/Welling, Stefan (2000): Vor einer digitalen Spaltung in Deutschland? Annäherung an ein verdecktes Problem von wirtschafts- und gesellschaftspolitischer Brisanz. In: Medien & Kommunikation 48(4), S. 497-517.
Kuhlmann, Christoph/Gehrau, Volker (2011): Auf der Flucht vor dem Tod? Eskapistische Mediennutzung und narkotische Dysfunktion. In: Publizistik 56(3), S. 305-326.
Kuklinski, James H./Luskin, Robert C./Bolland, John (1991): Where Is the Schema? Going Beyond the „S" Word in Political Psychology. In: American Political Science Review 85(4), S. 1341-1356.
Kümpel, Anna Sophie/Karnowski, Veronika/Keyling, Till (2015): News Sharing in Social Media. A Review of Current Research on News Sharing Users, Content, and Networks. In: Social Media + Society 1(2).
Kunczik, Michael/Zipfel, Astrid (2005²): Publizistik. Köln
Kunczik, Michael/Zipfel, Astrid (2006): Gewalt und Medien. Ein Studienhandbuch. Köln/Weimar/Wien.
Kunczik, Michael/Zipfel, Astrid (2007): Gewaltdarstellungen. In: Schenk, Michael (Hg.) (2007³): Medienwirkungsforschung. Tübingen, S. 215-244.
Kunkel, Dale (1992): Children's Television Advertising in the Multichannel Environment. In: Journal of Communication 42(3), S. 134-152.
Kwak, Nojin (1999): Revisiting the Knowledge Gap Hypothesis. Education, Motivation, and Media Use. In: Communication Research 26(4), S. 385-413.
Lang, Annie (2009³): Limited Capacity Model of Motivated Mediated Message Processing. In: Nabi, Robin L./Oliver Mary Beth (Hg.): The SAGE Handbook of Media Processes and Effects. Los Angeles u.a., S. 193-204.
Lang, Gladys E./Lang, Kurt (1968): Politics and Television. Chicago.
Lang, Gladys E./Lang, Kurt (1973): McArthur Day in Chicago: Die Einseitigkeit des Fernsehens und ihre Wirkungen. In: Aufermann, Jörg/Bohrmann, Hans/Sülzer, Rolf (Hg.): Gesellschaftliche Kommunikation und Information. Frankfurt a.M., S. 498-525.
Lang, Gladys E./Lang, Kurt (1981): Watergate. An Exploration of the Agenda-Building Process. In: Wilhoit, G. Cleveland/Bock, Harold de (Hg.): Mass Communication Review Yearbook 2. Beverly Hills/London, S. 447-468.
Langenbucher, Wolfgang R. (Hg.) (2008): Paul Felix Lazarsfeld – Leben und Werk. Wien.
LaPierre, Richard T. (1934): Attitudes vs. Actions. In: Social Forces 13(2), S. 230-237.
Lasorsa, Dominic C. (1991): Political Outspokenness: Factors Working Against the Spiral of Silence. In: Journalism Quarterly 68(1-2), S. 131-140.
Lasorsa, Dominic C. (2007): Agenda Setting. In: Kaid, Lynda L./Holtz-Bacha, Christina (Hg.): Encyclopedia of Political Communication. Los Angeles et al., S. 12-19.
Lasswell, Harold D. (1927): Propaganda Technique in the World War. London.
Lazarsfeld, Paul F./Berelson, Bernard/Gaudet, Hazel (1968³/1944¹): The People's Choice. New York/London.
Lazarsfeld, Paul F./Berelson, Bernard/Gaudet, Hazel (1969): Wahlen und Wähler. Soziologie des Wahlverhaltens. Neuwied.
Lazarsfeld, Paul F./Merton, Robert K. (1954): Friendship as a Social Process: A Substantive and Methodological Analysis. In: Berger, Morroe (Hg.): Freedom and Control in Modern Society. New York, S. 18-66.
Le Bon, Gustave (1895): Psychologie des foules. *(dt. Psychologie der Massen. Stuttgart 1911¹, 1982¹⁵).*
Lee, Angela Y. (2001): The Mere Exposure Effect: An Uncertainty Reduction Explanation Revisited. In: Personality and Social Psychology Bulletin 27(10), S. 1255-1266.

Lee, Eun-Ju (2012): That's Not the Way It Is: How User-Generated Comments on the News Affect Perceived Media Bias. In: J Comput-Mediat Comm 18(1), S. 32-45.
Leißner, Laura/Stehr, Paula/Rössler, Patrick/Döringer, Esther/Morsbach, Melissa/ Simon, Linda (2014): Parasoziale Meinungsführerschaft. Beeinflussung durch Medienpersonen im Rahmen parasozialer Beziehungen: Theoretische Konzeption und erste empirische Befunde. In: Publizistik, 59(3), 247-267.
Lenz, Thomas/Zillien, Nicole (2005): Medien und soziale Ungleichheit. In: Jäckel, Michael (Hg.): Mediensoziologie. Grundfragen und Forschungsfelder. Wiesbaden, S. 237-254.
Leonarz, Martina (2006): Gentechnik im Fernsehen. Eine Framing-Analyse. Konstanz.
Levine, Michael P./Harrison, Kristen (2009[3]): Effects of Media on Eating Disorders. In: Bryant, Jennings/Oliver, Mary Beth (Hg.): Media Effects, Advances in Theory and Research. New York/London, S. 490-516.
Lev-On, Azi (2017): Uses and Gratifications: Evidence for Various Media. In: Rössler, Patrick et al. (Hg.): The International Encyclopedia of Media Effects. Chichester, West Sussex, UK.
Levy, Mark R./Windahl, Sven (1984): Audience Activity and Gratifications. A Conceptual Clarification and Exploration. In: Communication Research 11(1), S. 51-78.
Liebert, Robert M. (1978): The Early Window. Effects of TV on Children and Youth. New York.
Liebes, Tamar/Katz, Elihu (1986): Patterns of Involvement in Television Fiction: A Comparative Analysis. In: European Journal Communication 1(2), S. 151-171.
Liebes, Tamar/Katz, Elihu (1990): The Export of Meaning. Oxford.
Lievrouw, Leah A./Livingstone, Sonja (Hg.) (2002): Handbook of New Media. London/ Thousand Oaks/New Delhi.
Lin, Carolyn A. (2009[3]): Effects of the Internet. In: Bryant, Jennings/Oliver, Mary B. (Hg.): Media Effects. Advances in Theory and Research. New York/London, S. 567-591.
Lin, Nan (1973): The Study of Human Communication. Indiana/New York.
Lindlof, Thomas R. (1988): Media Audiences as Interpretative Communities. In: Anderson, James A. (Hg.): Communication Yearbook 11. Newbury Park/London/New-Delhi, S. 81-107.
Lindlof, Thomas R. (1991): The Qualitative Study of Media Audiences. In: Journal of Broadcasting and Electronic Media 35(1), S. 23-42.
Lindlof, Thomas R. (Hg.) (1987): Natural Audiences: Qualitative Research of Media Uses and Effects. Norwood.
Lindner-Braun, Christa (2006): Mediennutzung. Methodologische, methodische und theoretische Grundlagen. Münster.
Lindner-Braun, Christa (Hg.) (1998): Radioforschung. Konzepte, Instrumente und Ergebnisse aus der Praxis. Opladen.
Lischer, Suzanne (2013): Fernsehen als Service public. Eine Analyse der Qualität der SRG-Fernsehprogramme. Wiesbaden.
Liu, Wenlin/Sidhu, Anupreet/Beacom, Amanda M./Valente, Thomas W. (2017): Social Network Theory. In: Rössler, Patrick et al. (Hg.): The International Encyclopedia of Media Effects. Chichester, West Sussex, UK.
Liu, Yung-I/Eveland, William P. (2005): Education, Need for Cognition, and Campaign Interest as Moderators of News Effects on Political Knowledge: An Analysis of the Knowledge Gap. In: Journalism & Mass Communication Quarterly 82(4), S. 910-929.
Livingstone, Sonja (1990): Making Sense of Television. Oxford et al.

Livingstone, Sonja/Haddon, Leslie (Hg.) (2011): Kids Online. Opportunities and risks for children. University of Bristol.

Loader, Brian D./Mercea, Dan (Hg.) (2012): Social Media and Democracy. Innovations in participatory politics. London/New York.

Longchamp, Claude (2000): Themenhierarchisierung und Klimaerzeugung: Überlegungen zur Bedeutung des „agenda-setting"-Ansatzes für die Analyse und Gestaltung von politischen Kampagnen am Beispiel der Schweizerischen Nationalratswahlen 1983-1995. In: Bohrmann, Hans/Jarren, Otfried/Melischek, Gabriele/Seethaler, Josef (Hg.): Wahlen und Politikvermittlung durch Massenmedien. Wiesbaden, S. 191-211.

Lowery, Shearon/DeFleur, Melvin L. (1995[3]): Milestones in Mass Communication Research: Media Effects. White Plains.

Luger, Kurt (1985): Medien im Jugendalltag. Wie gehen die Jugendlichen mit den Medien um – was machen die Medien mit den Jugendlichen? Wien.

Luhmann, Niklas (1996[2]): Die Realität der Massenmedien. Opladen.

Lull, James (1980a): Family Communication Patterns and The Social Uses of Television. In: Communication Research 7(3), S. 319-334.

Lull, James (1980b): The Social Uses of Television. In: Human Communication Research 6(3), S. 197-209.

Lundby, Knut (Hg.) (2009): Mediatization. Concept, Changes, Consequences. New York.

Lüscher, Kurt/Wehrspaun, Michael (1985): Medienökologie: Der Anteil der Medien an unserer Gestaltung der Lebenswelten. In: Zeitschrift für Sozialisation und Erziehung 5(2), S. 187-204.

Lutz, Benedikt/Wodak, Ruth (1987): Information für Informierte. Linguistische Studien zu Verständlichkeit und Verstehen von Hörfunknachrichten. Wien.

Maccoby, Nathan (1987): Die „neue" wissenschaftliche Rhetorik. In: Burkart, Roland (Hg.): Wirkungen der Massenkommunikation. Wien, S. 8-15.

Maher, Michael T. (2001): Framing: An Emergingh Paradigm or a Phase of Agenda-Setting? In: Reese, Stephen D./Gandy, Ocar H./Grant, August E. (Hg.): Framing Public Life. Perspectives on Media and Our Understanding of the Social World. Mahwah, S. 83-94.

Mahle, Walter A. (Hg.) (1985): Fortschritte der Medienwirkungsforschung? AKM-Studien 26. Berlin.

Maier, Jürgen (2007): Politische Kommunikation. In: Six, Ulrike/Gleich, Uli/Gimmler, Roland (Hg.): Kommunikationspsychologie – Medienpsychologie. Lehrbuch. Weinheim/Basel, S. 388-404.

Maier, Jürgen (2009): Was die Bürger über Politik (nicht) wissen – und was die Massenmedien damit zu tun haben – ein Forschungsüberblick. In: Marcinkowski, Frank/Pfetsch, Barbara (Hg.): Politik in der Mediendemokratie. Wiesbaden, S. 393-414.

Maier-Rabler, Ursula/Sutterlüti, Erich (1997): Hypertextualität als neues Informationsprinzip. In: Renger, Rudi/Siegert, Gabriele (Hg.): Kommunikationswelten. Innsbruck/Wien, S. 243-265.

Maio, Gregory R./Olson, James M. (2000): Why We Evaluate. Functions of Attitudes. Mahwah.

Mahling, Marina (2016): Lesepraxis von Kinder und Jugendlichen. Die Bedeutung von Familie, Schule und Peers für die Beschaffung und Nutzung von Lesestoffen. Berlin.

Maletzke, Gerhard (1963): Psychologie der Massenkommunikation. Hamburg.

Maletzke, Gerhard (1976): Ziele und Wirkungen der Massenkommunikation. Grundlagen und Probleme einer zielorientierten Mediennutzung. Hamburg.

Mander, Jerry (1978): Four Arguments for the Elimination of Television. New York; dt.: Schafft das Fernsehen ab! Reinbek 1979.

Mangold, Roland/Vorderer, Peter/Bente, Gary (Hg.) (2004): Lehrbuch der Medienpsychologie. Göttingen.

Mares, Marie-Loise/Cantor, Joanne (1992): Elderly Viewers' Responses to Televised Portrayals of Old Age: Empathy and Mood Management Versus Social Comparison. In: Communication Research 19(4), S. 459-478.

Marr, Mirko (2002): Das Ende der Gemeinsamkeiten? Folgen der Internetnutzung für den medialen Thematisierungsprozess. In: Medien & Kommunikationswissenschaft, 50(4), S. 510-532.

Marr, Mirko (2005): Internetzugang und politische Informiertheit. Zur digitalen Spaltung der Gesellschaft. Konstanz.

Marr, Mirko/Stiehler, Hans-Jörg (1995): Zwei Fehler sind gemacht worden, und deshalb sind wir nicht mehr im Wettbewerb. Erklärungsmuster der Medien und des Publi-kums in der Kommentierung des Scheiterns der deutschen Nationalmannschaft bei der Fußball-Weltmeisterschaft. In: Rundfunk und Fernsehen 43(3), S. 330-349.

Marr, Mirko/Zillien, Nicole (2010): Digitale Spaltung. In: Schweiger, Wolfgang/Beck, Klaus (Hg.): Handbuch Onlinekommunikation. Wiesbaden, S. 257-282.

Märschel, Sarina (2007): Welchen Hunger stillen Medien? Funktionen von Medien im Leben von Frauen mit Essstörungen. In: Pfaff-Rüdiger, Senta/Meyen, Michael (Hg.): Alltag, Lebenswelt und Medien. Berlin, S. 125-150.

Maslow, Abraham H. (1954): Motivation and Personality. New York.

Mastro, Dana (2009): Effects of Racial and Ethnic Stereotyping. In: Bryant, Jennings/Oliver, Mary B. (Hg.): Media Effects. Advances in Theory and Research. New York/London, S. 325-341.

Mathes, Rainer (1995): Konzepte zur Nutzung und Bewertung von Tageszeitungen. In: Böhme-Dürr, Karin/Graf, Gerhard (Hg.): Auf der Suche nach dem Publikum. Medienforschung für die Praxis. Konstanz, S. 69-87.

Mathes, Rainer/Pfetsch, Barbara (1991): The Role of the Alternative Press in the Agenda-Building Process: Spill Over Effects and Media Opinion Leadership. In: European Journal of Communication 6(1), S. 33-62.

Matheson, Kimberly/Dursun, Sanela (2001): Social Identity Precursors to the Hostile Media Phenomenon: Partisan Perceptions of Coverage of the Bosnian Conflict. In: Group Processes & Intergroup Relations 4(2), S. 116-125.

Matthes, Jörg (2006): The Need for Orientation towards New Media: Revising and Validating a Classic Concept. In: International Journal of Public Opinion Research 18(4), S. 422-444.

Matthes, Jörg (2007): Framing-Effekte. Zum Einfluss der Politikberichterstattung auf die Einstellung der Rezipienten. München.

Matthes, Jörg (2014a): Framing. Baden-Baden.

Matthes, Jörg (2014b): Kognition. In: Wünsch, Carsten/Schramm, Holger/Gehrau, Volker/Bilandzic, Helena (Hg.): Handbuch Medienrezeption. Baden-Baden, S. 13-27.

Matthes, Jörg/Schemer, Christian/Wirth, Werner (2007): More than Meets the Eye. Investigating the Hidden Impact of Brand Placements in Television Magazines. In: International Journal of Advertising 26(4), S. 477-503.

Matthes, Jörg/Wirth, Werner/Daschmann, Gregor/Fahr, Andreas (Hg.) (2008): Die Brücke zwischen Theorie und Empirie. Operationalisierung, Messung und Validierung in der Kommunikationswissenschaft. Köln.

Maurer, Marcus (2010): Agenda-Setting. Baden-Baden.
Maurer, Marcus (2013): Grundlagen: Designs und Forschungslogik in der Medienwirkungsforschung. In: Schweiger, Wolfgang/Fahr, Andreas (Hg.): Handbuch Medienwirkungsforschung. Wiesbaden, S. 549-564.
Mayer, Nicole D./Tormala, Zakary L. (2010): "Think" vs. "Feel" Framing Effects in Persuasion. In: Personality and Social Psychology Bulletin 36(4), S. 443-454.
McClure, Robert D./Patterson, Thomas E. (1976): Setting the Political Agenda: Print vs. Network News. In: Journal of Communication 26(2), S. 23-28.
McCombs, Maxwell E. (1977): Newspapers vs. Television: Mass Communication Effects over Time. In: Shaw, Donald L./McCombs, Maxwell E. (Hg.): The Emergence of American Political Issues. The Agenda-Setting Function of the Press. St. Paul, S. 89-105.
McCombs, Maxwell E. (1997): New Frontiers in Agenda Setting: Agendas of Attributes and Frames. In: Mass Communication Review 24(1-2), S. 32-52.
McCombs, Maxwell E. (2000): Agenda-Setting: Zusammenhänge zwischen Massenmedien und Weltbildern. In: Schorr, Angela (Hg.): Publikums- und Wirkungsfor-schung. Ein Reader. Wiesbaden, S. 123-136.
McCombs, Maxwell/Lee, Jae Kook (2013): Mapping the Psychology of Agenda Setting. In: Valdivia, Angharad N. (Hg.): The International Encyclopedia of Media Studies. Vol. V: Media Effects/Media Psychology. Oxford UK, S. 41-62.
McCombs, Maxwell E./Llamas, Juan P./Lopez-Escobar, Esteban/Rey, Federico (1997): Candidate Images in Spanish Elections: Second-Level Agenda-Setting Effects. In: Journalism & Mass Communication Quarterly 74(4), S. 703-717.
McCombs, Maxwell E./Poindexter, Paula M. (1983): The Duty to Keep Keep Informed: News Exposure and Civic Obligation. In: Journal of Communication 33(1), S. 88-96.
McCombs, Maxwell E./Reynolds, Amy (2009[3]): How the News Shapes our Civic Agenda. In: Bryant, Jennings/Oliver, Mary B. (Hg.): Media Effects. Advances in Theory and Research. New York/London, S. 1-16.
McCombs, Maxwell E./Shaw, Donald L. (1972): The Agenda-Setting Function of Mass Media. In: Public Opinion Quarterly 36(2), S. 176-187.
McCombs, Maxwell E./Shaw, Donald L. (1993): The Evolution of Agenda-Setting Research: Twenty-Five Years in the Place of Ideas. In: Journal of Communication, 43(2), S. 58-67.
McDonald, Daniel G. (1983): Investigating Assumptions of Media Dependency Research. In: Communication Research 10(4), S. 509-528.
McGuigan, Lee/Manzerolle, Vincent (Hg.)(2014): The Audience Commodity in a Digital Aga. Revisiting a Critical Theory of Commercial Media. New York u.a.
McGuire, William (1964): Inducing Resistance to Persuasion. In: Berkowitz, Leonard (Hg.): Advances in Experimental and Social Psychology 1. New York/London, S. 191-229.
McGuire, William (1986): The Myth of Massive Media Impact. Savagings and Salvagings. In: Comstock, George: Public Communication and Behavior 1. New York, 173-257.
McIlwraith, Robert D. (1998): "I'am Addicted to Television": The Personality, Imagination, and TV Watching Patterns of Self-Identified TV Addicts. In: Journal of Broadcasting & Electronic Media 42(3), S. 371-386.
McIlwraith, Robert D./Smith Jacobvitz, Robin/Kubey, Robert W./Alexander, Alison (1991): Television Addiction. Theories and Data behind the Ubiquitous Metaphor. In: American Behavioral Scientist 35(2), S. 104-121.

McLeod, Jack M./Becker, Lee B. (1981): The Uses and Gratifications Approach. In: Nimmo, Dan D./Sanders, Keith R. (Hg.): Handbook of Political Communication. Beverly Hills/London, S. 67-99.

McLeod, Jack M./Becker, Lee B./Byrnes, James E. (1974): Another Look at the Agenda-Setting Function of the Press. In: Communication Research 1(2), S. 131-166.

McLeod, Jack M./Bybee, Carl/Durall, Jean A. (1979): Equivalence of Informed Political Partizipation. The 1976 Presidential Debates as a Source of Influence. In: Communication Research 6(4), S. 463-487.

McLeod, Jack M./Chaffee, Steven H. (1973): Interpersonal Approaches to Communication Research. In: American Behavioural Scientist 16(4), S. 469-499.

McLeod, Douglas M./Kosicki, Gerald M./McLeod, Jack M. (2002[2]): Resurveying the Boundaries of Political Communication Effects. In: Bryant, Jennings/Zillmann, Dolf (Hg.): Media Effects. Advances in Theory and Research. Mahwah, S. 215-267.

McLeod, Jack M./Kosicki, Gerald M./Pan, Zhongdang (1991): On Understanding and Misunderstanding Media Effects. In: Curran, James/Gurevitch, Michael (Hg.): Mass Media and Society. London/New York, S. 235-266.

McLeod, Jack M./McDonald, Daniel G. (1985): Beyond Simple Exposure. Media Orientations and their Impact on Political Processes. In: Communication Research 12(1), S. 3-33.

McLeod, Jack M./Reeves, Byron (1980): On the Nature of Mass Media Effects. In: Withey, Stephen B./Abeles, Ronald P. (Hg.): Beyond Violence and Children. Hillsdale, N.J., S. 17-54.

McPherson, Miller/Smith-Lovin, Lynn/Brashears, Matthew (2006): Social Isolation in America: Changes in Core Discussion Networks over Two Decades. In: American Sociological Review 71(3), S. 353-375.

McPherson, Miller/Smith-Lovin, Lynn/Cook, James M. (2001): Birds of a Feather: Homophily in Social Networks. In: Annual Review of Sociology 27(1), S. 415-444.

McQuail, Denis (1984): With the Benefit of Hinsight: Reflections on Uses and Gratifications Research. In: Critical Studies in Mass Communication 1(2), S. 177-193.

McQuail, Denis (1997): Audience Analysis. Thousand Oaks/London/New Delhi.

McQuail, Denis (2000): Medienwirkungen als Thema der kommunikationswissenschaftlichen Forschung: Versuch einer Evaluation unter besonderer Berücksichtigung der Variable Zeit. In: Schorr, Angela (Hg.): Publikums- und Wirkungsforschung. Ein Reader. Wiesbaden, S. 31-43.

McQuail, Denis (2010[6]): McQuail's Mass Communication Theory. Los Angeles/London/New Delhi/Singapore/Washington DC.

Meadowcroft, Jeanne/Zillmann, Dolf (1987): Women's Comedy Preferences During the Menstrual Cycle. In: Communication Research 14(2), S. 204-218.

Mediapulse (2015): Jahresbericht, Rapport annuel, Rapporto annuale. 1: Allgemeine Daten, Données générales, Dati generali. Bern.

Medienpädagogischer Forschungsverbund Südwest (2005): JIM 2005.Jugend, Information, (Multi-)Media). Stuttgart.

Mehling, Gabriele (2001): Fernsehen ist kein „Problem". Zu den handlungstheoretischen Vorstellungen des Uses-and-Gratifications Approach. In: Rössler, Patrick/Hasebrink, Uwe/Jäckel, Michael (Hg.): Theoretische Perspektiven der Rezeptionsforschung. München, S. 97-119.

Melischek, Gabriele/Rosengren, Karl E./Stappers, James (Hg.) (1984): Cultural Indicators. An International Symposium. Wien.

Melischek, Gabriele/Seethaler, Josef (2003): Erfolg und Misserfolg als Dimension der Politikvermittlung. Ein attributionstheoretisches Modell. In: Donsbach, Wolfgang/ Jandura, Olaf (Hg.): Chancen und Gefahren der Mediendemokratie. Konstanz, S. 161-173.

Meltzer, Christine E. (2017): Medienwirkung trotz Erfahrung. Der Einfluss von direkter und medial vermittelter Erfahrung eines Ereignisses. Wiesbaden: VS.

Mende, Annette/Gerhards, Maria (2009): Offliner: Ab 60-jährige Frauen bilden die Kerngruppe. Ergebnisse der ARD/ZDF-Onlinestudie 2009. In: Media Perspektiven (7), S. 365-376.

Merten, Klaus (1982): Wirkungen der Massenkommunikation. Ein theoretisch-methodischer Problemaufriss. In: Publizistik 27(1-2), S. 26-48.

Merten, Klaus (1983): Wirkungen der Medien im Wahlkampf. Fakten oder Artefakte? In: Schulz, Winfried/Schönbach, Klaus (Hg.): Massenmedien und Wahlen. München, S. 424-441.

Merten, Klaus (1984): Vom Nutzen des „Uses and Gratifications Approach". Anmerkungen zu Palmgreen. In: Rundfunk und Fernsehen 32(1), S. 66-72.

Merten, Klaus (1985a): Re-Rekonstruktion von Wirklichkeit durch Zuschauer von Fernsehnachrichten. In: Media Perspektiven (10), S. 753-763.

Merten, Klaus (1985b): Some Silence in the Spiral of Silence. In: Sanders, Keith R./Kaid, Lynda L./Nimmo, Dan D. (Hg.): Political Communication Yearbook 1. Carbondale/ Edwardsville, S. 31-42.

Merten, Klaus (1991): Artefakte der Medienwirkungsforschung: Kritik klassischer Annahmen. In: Publizistik 36(1), S. 36-55.

Merten, Klaus (1994): Wirkungen der Medien. In: Merten, Klaus/Schmidt, Siegfried J./ Weischenberg, Siegfried (Hg.): Die Wirklichkeit der Medien. Eine Einführung in die Kommunikationswissenschaft. Opladen, S. 291-328.

Merten, Klaus (1999): Gewalt durch Gewalt im Fernsehen? Opladen.

Merton, Robert K. (1949): Patterns of Influence. In: Lazarsfeld, Paul F./Stanton, Frank N. (Hg.): Communication Research 1948-49. New York.

Merton, Robert K./Fiske, Marjorie/Curtis, Alberta (1946): Mass Persuasion – the Social Psychology of a War Bond Drive. New York.

Messaris, Paul (1983): Family Conversations about Television. In: Journal of Family Issues 4(2), S. 293-308.

Metzger, Miriam J. (2009): The Study of Media Effects in the Area of Internet Communication. In: Nabi, Robin L./Oliver, Mary B. (Hg.): The Sage Handbook of Media Processes and Effects. Thousand Oaks et al., S. 561-576.

Metzger, Miriam J./Flanagin, Andrew J./Eyal, Keren/Lemus, Daisy R./McCann, Robert M. (2003): Credibility for the 21st Century: Integrating Perspectives on Source, Message, and Media Credibility in the Contemporary Media Environment. In: Kalbfleisch, Pamela J. (Hg.): Communication Yearbook 27. Mahwah, S. 293-335.

Meyen, Michael (2004): Mediennutzung. Mediaforschung – Medienfunktionen – Nutzungsmuster. Konstanz.

Meyen, Michael (2007): Medienwissen und Medienmenüs als kulturelles Kapital und als Distinktionsmerkmale. In: Medien & Kommunikationswissenschaft 55, S. 333-354.

Meyer, Wulf-Uwe/Försterling, Friedrich (2002): Die Attributionstheorie. In: Frey, Dieter/ Irle, Martin (Hg.): Theorien der Sozialpsychologie 1: Kognitive Theorien. Bern et al., S.175-214.

Meyrowitz, Joshua (2009): Medium Theory: An Alternative to the Dominant Paradigm of Media Effects. In: Nabi, Robin L./Oliver, Mary B. (Hg.): The Sage Handbook of Media Processes and Effects. Thousand Oaks et al., S. 517-530.

Mikos, Lothar (2005): Alltag und Mediatisierung. In: Mikos, Lothar/Wegener, Claudia (Hg.): Qualitative Medienforschung. Ein Handbuch. Konstanz, S. 80-94.

Mikos, Lothar/Wegener, Claudia (Hg.) (2005): Qualitative Medienforschung. Ein Handbuch. Konstanz.

Miller, Mark M./Reese, Stephen D. (1982): Media Dependency as Interaction. Effects of Exposure and Reliance on Political Activity and Efficacy. In: Communication Research 9(2), S. 227-248.

Miller, Randy/Wanta, Wayne (1996): Race as a Variable in Agenda Setting. In: Journalism and Mass Communication Quarterly 73(4), S. 913-925.

Miller, Toby (2009): Media Effects and Cultural Studies. In: Nabi, Robin L./Oliver, Mary B. (Hg.): The Sage Handbook of Media Processes and Effects. Thousand Oaks et al., S. 131-143.

Miyo, Yuko (1983): Knowledge Gap Hypothesis and Media Dependency: Is Television a Knowledge Leveler? In: Bostrom, Robert M. (Hg.): Communication Yearbook 7. Beverly Hills/London, S. 626-650.

Mögerle, Ursina (2009): Substitution oder Komplementarität? Die Nutzung von Online- und Print-Zeitungen im Wandel. Konstanz.

Monge, Peter R./Contractor, Noshir S. (2003): Theories of Communication Networks. Oxford et al.

Mongeau, Paul A. (2013): Fear Appeals. In: Dillard, James P./Shen, Lijiang (Hg.): The SAGE Handbook of Persuasion. Developments in Theory and Practice. Thousand Oaks/London/New Delhi, S. 184-199.

Moore, David W. (1987): Political Campaigns and the Knowledge Gap Hypothesis. In: Public Opinion Quarterly 51(2), S. 186-200.

Morgan, Michael (2009): Cultivation Analysis and Media Effects. In: Nabi, Robin L./Oliver, Mary B. (Hg.): The Sage Handbook of Media Processes and Effects. Thousand Oaks et al., S. 69-82.

Morgan, Michael (Hg.) (2002): Against the Mainstream. The Selected Works of George Gerbner. New York et al.

Morgan, Michael/Shanahan, James (1991): Do VCRs Change the TV Picture? VCRs and the Cultivation Process. In: American Behavioral Scientist 35(2), S. 122-135.

Morgan, Michael/Shanahan, James (1997): Two Decades of Cultivation Research: An Appraisal and Meta-Analysis. In: Roloff, Michael E. (Hg.): Communication Yearbook 20. Thousand Oaks/London/New Delhi, S. 1-45.

Morgan, Michael/Shanahan, James/Signorielli, Nancy (2009[3]): Growing Up With Television. Cultivation Processes. In: Bryant, Jennings/Oliver, Mary B. (Hg.): Media Effects. Advances in Theory and Research. New York/London, S. 34-49.

Morgan, Michael/Shanahan, James/Signorielli, Nancy (2014): Cultivation Theory in the Twenty-First Century. In: Fortner, Robert S./Fackler, Mark P. (Hg.): The Handbook of Media and Mass Communication Theory. Malden, MA, S. 480-497.

Moriarty, Cortney M./Harrison, Kirsten (2008): Television Exposure and Disordered Eating Among Children: A Longitudinal Panel Study. In: Journal of Communication 58(2), S. 361-381.

Morley, David (1992): Television, Audiences & Cultural Studies. London.

Morris, Merrill/Ogan, Christine (1996): The Internet as Mass Medium. In: Journal of Communication 46(1), S. 39-50.

Moy, Patricia/Xenos, Michael A./Hess, Verena K. (2005): Communication and Citizenship: Mapping the Political Effects of Infotainment. In: Mass Communication & Society 8(2), S. 111-131.

Moy, Patricia/Xenos, Michael A./Hussain, Muzammil M. (2013): News and Political Entertainment Effects on Democratic Citizenship. In: Valdivia, Angharad (Hg.): The International Encyclopedia of Media Studies. Vol. V: Media Effects/Media Psychology. Oxford UK, S. 463-483.

Müller, Dieter K. (1997): Das AG.MA-Partnerschaftsmodell wird neu definiert. In: Media Perspektiven (6), S. 320-329.

Müller, Dieter K. (1998): Radiometer als optimales Instrument der Hörerforschung. In: Media Perspektiven (2), S. 70-75.

Müller, Peter (1970): Die soziale Gruppe im Prozess der Massenkommunikation. Stuttgart.

Mundorf, Norbert/Drew, Dan/Zillmann, Dolf/Weaver, James (1990): Effects of Disturbing News on Recall of Subsequently Presented News. In: Communication Research 17(5), S. 601-615.

Mundorf, Norbert/Laird, Kenneth R. (2002[2]): Social and Psychological Effects of Information Technologies and other Interactive Media. In: Bryant, Jennings/Zillmann, Dolf (Hg.): Media Effects. Advances in Theory and Research. Mahwah, S. 583-602.

Murray, John P. (2008): Media Violence: The Effects are both Real and Strong. In: American Behavioral Scientist 51(8), S. 1212-1230.

Murray, John P. et al. (2006): Children's Brain Activations While Viewing Televised Violence Revealed by fMRI. In: Media Psychology 8(1), S. 25-37.

Muth, Ludwig (Hg.) (1993): Der befragte Leser. Buch und Demoskopie. München et al.

Myrtek, Michael/Scharff, Christian/Brügner, Georg (1997): Psychophysiologische Untersuchungen zum Fernsehverhalten bei 11- und 15jährigen Schülern unter besonderer Berücksichtigung der emotionalen Reaktionen. In: Charlton, Michael/Schneider, Silvia (Hg.): Rezeptionsforschung. Theorien und Untersuchungen zum Umgang mit Massenmedien. Opladen, S. 122-146.

Naab, Teresa K. (2013): Gewohnheiten und Rituale bei der Fernsehnutzung.Theoretische Konzeption und methodische Perspektiven. Baden-Baden.

Nabi, Robin L. (2003): 'Feeling' Resistance: Exploring the Role of Emotionally Evocative Visuals in Inducing Inoculation. In: Media Psychology 5(2), S. 199-223.

Nabi, Robin L. (2009): Emotion and Media Effects. In: Nabi, Robin L./Oliver, Mary B. (Hg.): The Sage Handbook of Media Processes and Effects. Thousand Oaks et al., S. 205-222.

Nabi, Robin L./Oliver, Mary B. (Hg.) (2009): The Sage Handbook of Media Processes and Effects. Thousand Oaks/London/New Delhi.

Nabi, Robin L./Prestin, Abby (2017): Social Learning Theory and Social Cognition Theory. In: Rössler, Patrick et al. (Hg.): The International Encyclopedia of Media Effects. Chichester, West Sussex, UK.

Napoli, Philip M. (2012): Audience Evolution and the Future of Audience Research. In: International Journal on Media Management 14, S. 79-97.

Nelson, Thomas E./Clawson, Rosalee A./Oxley, Zoe M. (1997): Media Framing of a Civil Liberties Conflict and its Effect on Tolerance. In: American Political Science Review 91(3), S. 567-583.

Nelson, Tomas E./Oxley, Zoe M./Clawson, Rosalee A. (1997): Toward a Psychology of Framing Effects. In: Political Behavior 19(3), S. 221-246.

Neuberger, Christoph (2007): Interaktivität, Interaktion, Internet. In: Publizistik 52(1), S. 33-50.

Neuberger, Christoph (2014): Konflikt, Konkurrenz und Kooperation. Interakationsmodi in einer Theorie der dynamischen Netzwerköffentlichkeit. In: Medien & Kommunikationswissenschaft 62(4), S. 567-587.

Neuendorf, Kimberly A./Jeffres, Leo W. (2017): Media Effects: Accounts, Nature, and Histoty of. Rössler, Patrick/Hoffner, Cynthia A,/van Zoonen, Liesbet (Hg.) (2017): International Encyclopedia of Media Effects. Chichester, UK.

Neuman, W. Russell (1976): Patterns of Recall among Television News Viewers. In: Public Opinion Quarterly 40(1), S. 115-123.

Neuman, W. Russell (1990): The Threshold of Public Attention. In: Public Opinion Quarterly 54(2), S. 159-176.

Neuman, W. Russell/Guggenheim, Lauren (2011): The Evolution of Media Effects Theory: A Six-Stage Model of Cumulative Research. In: Communication Theory 21(2), S. 169-196.

Neumann-Braun, Klaus (2005): Strukturanalytische Rezeptionsforschung. In: Mikos, Lothar/Wegener Claudia (Hg.): Qualitative Medienforschung. Konstanz, S. 58-66.

Neumann-Braun, Klaus/Müller-Doohm, Stefan (2000): Medien- und Kommunikationssoziologie. Eine Einführung in zentrale Begriffe und Theorien. Weinheim/München.

Neuwöhner, Ulrich (2008): Perspektiven des Radios im digitalen Zeitalter. Eine Analyse anhand von Daten aus der angwandten Hörerforschung. In: Media Perspektiven (5), S. 247-254.

Newcomb, Horace (1978): Assessing the Violence Profile of Gerbner and Gross: A Humanistic Critique and Suggestions. In: Communication Research 5(3), S. 264-282.

Newcomb, Theodore M. (1953): An Approach to the Study of Communicative Acts. In: Psychological Review 60(6), S. 393-404.

Newcomb, Theodore M. (1959): Individual Systems of Orientation. In: Koch, Sigmund (Hg.): Psychology: A Study of a Science 3: Formulations of the Person and the Social Context. New York/Toronto/London, S. 384-422.

Newton, Kenneth (1999): Mass Media Effects: Mobilization or Media Malaise? In: British Journal of Political science 29(4), S. 577-599.

Newton, Kenneth (2006): May the weak force be with you: The power of the mass media in modern Politics. In: European Journal of Political Research 45, 209-234.

Niederdeppe, Jeff/Franklin Fowler, Erika/Goldstein, Kenneth/Pribble, Kenneth (2010): Does Local Television News Coverage Cultivate Fatalistic Beliefs about Cancer Prevention? In: Journal of Communiation 60(2), S. 230-253.

Nigthingale, Virginia (Hg.) (2011): The Handbook of Media Audiences. Malden, MA.

Nir, Lilach (2012): Public Space: How Shared News Landscapes Close Gaps in Political Engagement. In: Journal of Broadcasting & Electronic Media, 56(4), S. 578-596.

Noelle-Neumann, Elisabeth (1973): Return to the Concept of Powerful Mass Media. In: Studies of Broadcasting 9(1), S. 67-112.

Noelle-Neumann, Elisabeth (1982): Die Schweigespirale. Öffentliche Meinung – unsere soziale Haut. Frankfurt a.M./Wien/Berlin.

Noelle-Neumann, Elisabeth (1983): Persönlichkeitsstärke. Ein neuer Maßstab zur Bestimmung von Zielgruppenpotentialen. Untersuchung des Instituts für Demoskopie für den Spiegel-Verlag, Hamburg.

Noelle-Neumann, Elisabeth (1990): The People's Choice – Revisited. In: Langenbucher, Wolfgang R. (Hg.): Paul F. Lazarsfeld. Die Wiener Tradition der empirischen Sozial- und Kommunikationsforschung. München, S. 147-155.

Noelle-Neumann, Elisabeth/Schulz, Winfried/Wilke, Jürgen (Hg.) (1994): Fischer Lexikon Publizistik Massenkommunikation. Frankfurt a.M. et al.

Noetzel, Dieter (1978): Über einige Bedingungen des Erwerbs politisch-ideologischer Deutungsmuster. Kritische Anmerkungen zur Theorie der Schweigespirale. In: Oberndörfer, Dieter (Hg.): Wählerverhalten in der BRD. Frankfurt a.M., S. 215-263.

Noll, Michael (Hg.) (2003): Crisis Communication. Lessons from September 11. Oxford.

Norris, Pippa (2001): Digital Divide: Civic Engagement, Information Poverty, and the Internet Worldwide. Cambridge.

O'Keefe, Daniel J. (2002): Persuasion: Theory and Research. Thousand Oaks.

O'Keefe, Daniel J. (2012): From Psychological Theory to Message Design: Lessons from the Story of Gain-Framed and Loss-Framed Persuasice Messages. In: Cho, Hyunyi (Hg.): Health Communication Message Design. Theory and Practice. Los Angeles/London/New York/New Delhi, S. 3-20.

O'Keefe, Daniel J. (2013): The Elaboration Likelihood Model. In: Dillard, James P./Shen, Lijiang (Hg.): The SAGE Handbook of Persuasion. Developments in Theory and Practice. Thousand Oaks/London/New Delhi, S. 137-149.

O'Keefe, Daniel J./Jensen, Jakob D. (2006). The Advantages of Compliance or the Disadvantages of Noncompliance? A Meta-Analytic Review of the Relative Persuasive Effectiveness of Gain-Framed and Loss-Framed Messages. In: Beck, Christina S. (Hg.): Communication Yearbook 30. Thousand Oaks/London/New Delh, S. 1-43.

O'Keefe, Daniel J./Jensen, Jakob D. (2009): The Relative Persuasiveness of Gain-Framed and Loss-Framed Messages for Encouraging Disease Detection Behaviors: A Meta-Analytic Review. In: Journal of Communication 59(2), S. 296-316.

O'Keefe, Garrett (1980): Political Malaise and Reliance on Media. In: Journalism Quarterly 57(1), S. 122-128.

Olien, Clarice N./Donohue, George A./Tichenor, Phillip J. (1983): Structure, Communication and Social Power: Evolution of the Knowledge Gap Hypothesis. In: Wartella, Ellen/Windahl, Sven/Whitney, Charles D. (Hg.): Mass Communication Review Yearbook 4. Beverly Hills/London S. 455-461.

Osgood, Charles/Tannenbaum, Percy H. (1955): The Principle of Congruity in the Prediction of Attitude Change. In: Psychological Review 62(1), S. 42-55.

Ottler, Simon (1998): Zapping. Zum selektiven Umgang mit Fernsehwerbung und dessen Bedeutung für die Vermarktung von Fernsehwerbungszeit. München.

Palmgreen, Philip (1984): Der „Uses and Gratifications Approach". Theoretische Perspektiven und praktische Relevanz. In: Rundfunk und Fernsehen 32(1), S. 51-62.

Palmgreen, Philip/Clarke, Peter (1977): Agenda-Setting with Local and National Issues. In: Communication Research 4(4), S. 435-452.

Palmgreen, Philip/Rayburn, Jay D. (1982): Gratification Sought and Media Exposure: An Expectancy Value Model. In: Communication Research 9(4), S. 561-580.

Pan, Zhongdang/Kosicki, Gerald M. (1993): Framing Analysis: An Approach to News Discourse. In: Political Communication 10(1), S. 55-75.

Pan, Zhongdang/McLeod, Jack M. (1991): Multilevel Analysis in Mass Communication Research. In: Communication Research 18(2), S. 140-173.

Papacharissi, Zizi/Rubin, Alan M. (2000): Predictors of Internet Use. In: Journal of Broadcasting and Electronic Media 44(2), S. 175-196.

Partheymüller, Julia/Schäfer, Anne (2013): Das Informationsverhalten der Bürger im Bundestagswahlkampf 2013. In: Media Perspektiven (12), S. 574-588.

Paul, Bryant/Salwen, Michael B./Dupagne, Michel (2000): The Third-Person Effect: A Meta-Analysis of the Perceptual Hypothesis. In: Mass Communication and Society 3(1), S. 57-85.

Paus-Haase, Ingrid/Hasebrink, Uwe/Mattusch, Uwe/Keuneke, Susanne/Krotz, Friedrich (1999): Talkshows im Alltag von Jugendlichen. Opladen.

Paus-Hasebrink, Ingrid (2007): Heroes, Identity and para-social Interaction. In: Arnett, Jeffrey J. (Hg.): Encyclopedia of Children, Adolescents, and the Media. Thousand Oaks/London/New Delhi, S. 357-377.

Peiser, Wolfram (1999): Die Verbreitung von Medien in der Gesellschaft. Langfristiger Wandel durch Kohortensukzession. In: Rundfunk und Fernsehen 47(4), S. 485-498.

Peiser, Wolfram (2003): Gesellschaftswandel – Generationen – Medienwandel. Generationen als Träger von Veränderungen in Gesellschaft und Medien. In: Behmer, Markus/Krotz, Friedrich/Stöber, Rudolf/Winter, Karsten (Hg.): Medienentwicklung und gesellschaftlicher Wandel. Beiträge zu einer theoretischen und empirischen Herausforderung. Wiesbaden, S. 197-207.

Peiser, Wolfram/Peter, Jochen (2000): Third-Person Perception of Television-Viewing Behavior. In: Journal of Communication 50(1), S. 25-45.

Perloff, Richard M. (1993): Third-Person Effect Research 1983-1992: A Review and Synthesis. In: International Journal of Public Opinion Research 5(2), S. 167-184.

Perloff, Richard M. (2008): The Dynamics of Persuasion: Communication and Attitudes in the 21st Century. Mahwah/London.

Perloff, Richard M. (2009[3]): Mass Media, Social Perception, and the Third-Person Effect. In: Bryant, Jennings/Oliver, Mary Beth (Hg.): Media Effects. Advances in Theory and Research. New York/London, S. 252-268.

Perloff, Richard M. (2015): Mass Communication Research at the Crossroads: Definitional Issues and Theoretical Directions for Mass and Political Communication Scholarship in an Age of Online Media. In: Mass Communication and Society, 18, S. 531-556.

Perse, Elizabeth M. (2001): Media Effects and Society. Mahwah/London.

Perse, Elizabeth M./Courtright, John A. (1993): Normative Images of Communication Media. Mass and Interpersonal Channels in the New Media Environment. In: Human Communication Research 19(4), S. 485-503.

Perse, Elizabeth M./Rubin, Alan M. (1990): Chronic loneliness and television use. In: Journal of Broadcasting & Electronic Media 34(1), S. 37-53.

Peter, Jochen (2002): Medien-Priming – Grundlagen, Befunde und Forschungstendenzen. In: Publizistik 47(1), S. 21-44.

Peter, Jochen (2003): Country Characteristics as Contingent Conditions of Agenda Setting: The Moderating Influence of Polarized Elite Opinion. In: Communication Research 30(6), S. 683-712.

Peter, Jochen/de Vreese, Claes (2003): Agenda-Rich, Agenda Poor: A Cross-National Comparative Investigation of Nominal and Thematic Agenda Diversity. In: International Journal of Public Opinion Research 15(1), S. 44-64.

Peters, Hans P. (1994): Wissenschaftliche Experten in der öffentlichen Kommunikation über Technik, Umwelt und Risiken. In: Kölner Zeitschrift für Soziologie und Sozialpsychologie 34(Special Issue), S. 162-190.

Petersen, Kay-Uwe/Thomasius, Rainer (2010): Beratungs- und Behandlungsangebote zum pathologischen Internetgebrauch in Deutschland. Lengerich u.a.

Petersen, Lars-Eric/Doll, Jörg/Jürgensen, Silke (1997): Systematische und heuristische Informationsverarbeitung beim Betrachten einer Infotainmentsendung. In: Medienpsychologie 9(1), S. 24-40.

Petty, Richard E./Briñol, Pablo/Priester, Joseph R. (2009³): Mass Media Attitude Change: Implications of the Elaboration Likelihood Model of Persuasion. In: Bryant, Jennings/Olivery, Mary Beth (Hg.): Media Effects. Advances in Theory and Research. Mahwah, S. 125-164.

Petty, Richard E./Cacioppo, John T. (1981): Attitudes and Persuasion. Classic and Contemporary Approaches. Dubuque.

Petty, Richard E./Cacioppo, John T. (1986): Communication and Persuasion. Central and Peripheral Routes to Attitude Change. New York.

Petty, Richard E./Ostrom, Thomas/Brock, Timothy (Hg.) (1981): Cognitive Responses in Persuasion. Hillsdale, N.J.

Petty, Richard E./Tormala, Zakary/Briñol, Pablo/Jarvis, W. Blair (2006): Implicit Ambivalence From Attitude Change: An Exploration of the PAST Model. In: Journal of Personality and Social Psychology 90(1), S. 21-41.

Petty, Richard E./Wegener, Duane/Fabrigar, Leandre (1997): Attitude and Attitude Change. In: Annual Review of Psychology 48(1), S. 609-647.

Pfaff-Rüdiger, Senta/Meyen, Michael (2013): Soziales Kapital und praktischer Sinn. Wie das Internet die Sicht auf den Uses-and-Gratifications-Ansatz verändert. In: Jandura, Olaf/Fahr, Andreas/Brosius, Hans-Bernd (Hg.): Theorieanpassungen in der digitalen Medienwelt. Baden-Baden, S. 71-83.

Pfau, Michael et al. (2003): Attitude Accessibility as an Alternative Explanation for How Inoculation Confers Resistance. In Communication Monographs 70(1), S. 39-51.

Pfau, Michael et al. (2005): Inoculation and Mental Processing: The Instrumental Role of Associative Networks in the Process of Resistance to Counterattitudinal Influence. In: Communication Monographs 72(4), S. 414-441.

Pfau, Michael et al. (2009): Nuances about the Role and Impact of Affect in Inoculation. In: Communication Monographs 76(1), S. 73-98.

Pfau, Michael/Kenski, Henry C./Nitz, Michael/Sorenson, John (1990): Efficacy of Inoculation Strategies in Promoting Resistance to Political Attack Messages: Application to Direct Mail. In: Communication Monographs 57(1), S. 25-43.

Pfetsch, Barbara/Dahlke, Kerstin (1996): Politische Öffentlichkeitsarbeit zwischen Zustimmungsmanagement und Politikvermittlung. In: Jarren, Otfried/Schatz, Heribert/Weßler, Hartmut (Hg.): Medien und politischer Prozess. Politische Öffentlichkeit und massenmediale Politikvermittlung im Wandel. Opladen, S. 137-154.

Pingree, Raymond J./Stoycheff, Elizabeth (2013): Differentiating Cueing from Reasoning in Agenda-Setting-Effects. In: Journal of Communication 63, S. 852-872.

Pingree, Susanne/Hawkins, Robert P. (1982): What Children Do with Television: Implications for Communication Research. In: Dervin, Brenda/Voigt, Melvin J. (Hg.): Progress in Communication Sciences 3. Norwood, S. 225-244.

Pinkleton, Bruce E./Weintraub Austin, Erica (2014): Young People's Attitudes and Decisioin Making Concerning Tobacco and Tobacco-Use-Prevention Advertising. In: Esrock, Stuart L./Walker, Kandi L./Hart, Joy L. (Hg.): Talking Tobacco. New York u.a., S. 157-171.

Poindexter, Paula M./McCombs, Maxwell E. (2001): Revisiting the Civic Duty to Keep Keep Informed. In the New Media Environment. In: Journalism & Mass Communication Quarterly 78(1), S. 113-126.

Postman, Neil (1985): Amusing Ourselves to Death. Public Discourse in the Age of Television. New York; dt.: Wir amüsieren uns zu Tode. Urteilsbildung im Zeitalter der Unterhaltungsindustrie. Frankfurt a.M.

Porten-Cheé, Pablo/Eilders, Christiane (2015): Spiral of Silence online: How online communication affects opinion climate perception and opinion expression regarding the climate change debate. In : Studies in Communication Sciences, 15, 143-150.

Potthoff, Matthias (Hg.) (2016): Schlüsselwerke der Medienwirkungsforschung. Wiesbaden.

Potter, W. James (1988): Perceived Reality in Television Effects Research. In: Journal of Broadcasting & Electronic Media 32(1), S. 23-41.

Potter, W. James (1991): Examining Cultivation from a Psychological Perspective. Component Subprocesses. In: Communication Research 18(1), S. 77-102.

Potter, W. James (1993): Cultivation Theory and Research. A Conceptual Critique. In: Human Communication Research 19(4), S. 564-601.

Potter, W. James (2009[3]): Conceptualizing the Audience. In: Nabi, Robin L./Oliver, Mary B. (Hg.): The Sage Handbook of Media Processes and Effects. Thousand Oaks et al., S. 19-34.

Potter, W. James (2012): Media Effects. Thousand Oaks/London/New Delhi.

Potter, James W. (2014): Patterns in the Use of Theory in Media Effects Research. In: Fortner, Robert S./Fackler, Mark P. (Hg.): The Handbook of Media and Mass Communication Theory. Malden, MA, S. 98-114.

Preiss, Raymond W./Gayle, Barbara M./Burrell, Nancy/Allen, Mike/Bryant, Jennings (Hg.) (2007): Mass Media Effects Research: Advances through Meta-Analysis. Mahwah.

Press, Andrea (1990): Class, Gender and the Female Viewer: Women's Responses to Dynasty. In: Brown, Mary E. (Hg.): Television and Women's Culture. London, S. 158-182.

Price, Vincent/Tewksbury, David (1998): News Values and Public Opinion: A Theoretical Account of Media Priming and Framing. In: Barnett, George A./Boster, Franklin J. (Hg.): Progress in Communication Sciences: Advances in Persuasion 13. Greenwich/ London, S. 173-212.

Price, Vincent/Tewksbury, David/Powers, Elizabeth (1997): Switching Trains of Thought. The Impact of News Frames on Readers' Cognitive Responses. In: Communication Research 24(5), S. 481-506.

Price, Vincent/Zaller, John (1993): Who Gets the News? Alternatives Measures of News Reception and their Implications for Research. In: Public Opinion Quarterly 57(1), S. 133-164.

Priest, Susanna/Bonfadelli, Heinz/Rusanen, Maria (2003): The „Trust Gap" Hypothesis: Predicting Support for Biotechnology across National Cultures as a Function of Trust in Actors. In: Risk Analysis 23(4), S. 751-765.

Prior, Markus (2003): Any Good News in Soft News? The Impact of Soft News Preferences on Political Knowledge. In: Political Communication 20(2), S. 149-171.

Prior, Markus (2005): News vs. Entertainment: How Increasing Media Choice Widens Gaps in Political Knowledge and Turnout. In: American Journal of Political Science 49(3), S. 577-592.

Prokop, Dieter (1981): Medien-Wirkungen. Frankfurt a.M.

Prokop, Dieter (Hg.) (1985): Medienforschung. 2: Wünsche, Zielgruppen, Wirkungen. Frankfurt a.M.

Prommer, Elisabeth (2014): Lebensphasen. In: Wünsch, Carsten/Schramm, Holger/Gehrau, Volker/Bilandzic, Helena (Hg.) (2014): Handbuch Medienrezeption. Baden-Baden, S. 323-336.

Protess, David L./McCombs, Maxwell E. (Hg.) (1991): Agenda Setting. Reading on Media, Public Opinion, and Policymaking. Hillsdale, N.J.

Publizistik (1982): Themenheft „Medienwirkungsforschung". In: Publizistik 27(1-2).

Quan-Haase, Anabel/Young, Alyson L. (2010): Uses and Gratifications of Social Media: A Comparison of Facebook and Instant Messaging. In: Bulletin of Science, Technology & Society, 30(5), S. 350-361.

Quan-Haase, Anabel/Young, Alyson L. (2014): The Uses and Gratifications (U&G) Approach as a Lens for Studying Social Media Practice. In: Fortner, Robert S./Fackler, Mark P. (Hg.): The Handbook of Media and Mass Communication Theory. Malden, MA, S. 269-286.

Radway, Janice (1984): Reading the Romance: Woman, Patriarchy and Popular Literature. Chapel Hill.

Radway, Janice (1985): Interpretative Communities and Variable Literacies. The Functions of Romance Reading. In: Gurevitch, Michael/Levy, Mark R. (Hg.): Mass Communication Review Yearbook 5. Beverly Hills, S. 337-361.

Raney, Arthur A. (2006): Why We Watch and Enjoy Mediated Sports. In: Raney, Arthur A./Bryant, Jennings (Hg.): Handbook of Sports and Media. Mahwah, S. 313-329.

Rayburn, Jay D. II. (1996): Uses and Gratifications. In: Salwen, Michael B./Stacks, Don W. (Hg.): An Integrated Approach to Communication Theory and Research. Mahwah, S. 145-163.

Reese, Stephen D./Gandy, Ocar H./Grant, August E. (Hg.) (2001): Framing Public Life. Perspectives on Media and Our Understanding of the Social World. Mahwah.

Reeves, Byron/Nass, Clifford (1996): The Media Equation. How People Treat Television, and New Media Like Real People and Places. Stanford/Cambridge.

Reid, Scott A. (2012): A Self-Categorization Explanation for the Hostile Media Effect. In: Journal of Communication 62(3), S. 381-399.

Reimer, Myriam (2008): Eskapismus-Konzept. In: Sander, Uwe/von Gross, Friederike/Hugger,Kai-Uwe (Hg.): Handbuch Medienpädagogik. Wiesbaden, S. 297-300.

Renckstorf, Karsten (1970): Zur Hypothese des „two-step-flow" der Massenkommunikation. In: Rundfunk und Fernsehen 18(3-4), S. 314-333. Auch in: Burkart, Roland (Hg.) (1987): Wirkungen der Massenkommunikation. Wien, S. 40-56.

Renckstorf, Karsten (1989): Mediennutzung als soziales Handeln. Zur Entwicklung einer handlungstheoretischen Perspektive in der empirischen (Massen-)Kommunikationsforschung. In: Kaase, Max/Schulz, Winfried (Hg.): Massenkommunikation. Theorien, Methoden, Befunde. Sonderheft der KZfSS. Opladen, S. 314-336.

Reuband, Karl-Heinz (2010): How People Learned About the September 11 Terrorist Attack and How It Affected Them. A Study in News Diffusion and Psychosocial Reactions in Germany. In: Beckers, Tilo/Birkelbach, Klaus/Hagenah, Jörg/Rosar, Ulrich (Hg.): Komparative empirische Sozialforschung. Wiesbaden, S. 437-466.

Rice, Ronald E. (2009): Diffusion of Innovations. Theoretical Extensions. In: Nabi, Robin L./Oliver, Mary B. (Hg.): The Sage Handbook of Media Processes and Effects. Thousand Oaks et al., S. 489-503.

Rice, Ronald E./Atkin, Charles K. (Hg.) (2013[4]): Public Communication Campaigns. Thousand Oaks/London/New Delhi.

Rice, Ronald E./Williams, Frederick (1984): Theories Old and New: The Study of New Media. In: Rice, Ronald E. (Hg.): The New Media. Communication, Research, and Technology. Beverly Hills/London/New Delhi, S. 55-80.

Richards, William D./Barnett, George A. (Hg.) (1993): Progress in Communication Sciences 12. Norwood.

Riesman, David (1950): The Lonly Crowd. *(dt. Die einsame Masse. Hamburg 1960).*

Roberts, Donald F./Bachen, Chris (1981): Mass Communication Effects. In: Annual Review of Psychology 32(1), S. 307-356.

Robertson, Thomas S./Rossiter, John R. (1974). Children and Commercial Persuasion: An Attribution Theory Analysis. Journal of Consumer Research 1(1), S. 13-20.

Robinson, John P./Levy, Mark R. (1986): The Main Source: Learning from Television News. Beverly Hills, CA:

Robinson, John P./Levy, Mark R. (1996): News Media Use and the Informed Public: A 1990s Update. In: Journal of Communication 46(2), S. 129-135.

Robinson, Laura et al. (2015): Digital inequalities and why they matter. In: Information, Communication & Society 18(5), S. 569-582.

Robinson, Michael J. (1975): American Political Legitimacy in an Era of Electronic Journalism: Reflections on the Evening News. In: Cater, Douglass/Adler, Richard (Hg.): Television as a Social Force: New Approaches to TV Criticism. New York, S. 97-139.

Roessing, Thomas (2011): Schweigespirale. Baden-Baden.

Roethlisberger, Fritz J./Dickson, William J. (1939). Management and the Worker. Cambridge, MA.

Rogers, Everett M. (1971): Communication of Innovations. New York/London.

Rogers, Everett M. (2000): Reflections on News Event Diffusion Research. In: Journalism & Mass Communication Quarterly 77(3), S. 561-576.

Rogers, Everett M. (2002[2]): Intermedia Processes and Powerful Media Effects. In: Bryant, Jennings/Zillmann, Dolf (Hg.): Media Effects. Advances in Theory and Research. Mahwah, S. 199-214.

Rogers, Everett M. (2003[5], 1. Aufl. 1962): Diffusion of Innovations. New York/London.

Rogers, Everett M./Adhikarya, Ronny (1979): Diffusion of Innovations. An Up-to-Date Report. In: Nimmo, Dan D. (Hg.): Communication Yearbook 3. New Brunswick, S. 67-81.

Rogers, Everett M./Bhowmik, Dilip K. (1971): Homophily – Heterophily: Relational Concepts for Communication Research. In: Public Opinion Quarterly 34(4), S. 523-538.

Rogers, Everett M./Dearing, James (1988): Agenda-Setting Research. Where Has It Been, Where Is It Going? In: Anderson, James A. (Hg.): Communication Yearbook 11. Newbury Park/London/New-Delhi, S. 555-594.

Rogers, Everett M./Dearing, James/Chang, Soonbum (1991): AIDS in the 1980s. The Agenda-Setting Process for a Public Issue. In: Journalism Monographs 126, S. 1-47.

Rogers, Everett M./Kincaid, Lawrence D. (1981): Communication Networks: Toward a New Paradigm of Research. New York.

Rogers, Everett M./Shoemaker, Floyd F. (1971): Communication of Innovations. A Cross-Cultural Approach. New York.

Rogers, Everett M./Singhal, Arvind (1996): Diffusion of Innovations. In: Salwen, Michael B./Stacks, Don W. (Hg.): An Integrated Approach to Communication Theory. Mahwah, S. 409-420.

Rogge, Jan-Uwe (1990): Kinder können fernsehen. Reinbek.

Rogge, Jan-Uwe (1993): „Unsere Tochter ist fernsehsüchtig". Ein Fall der kommunikationspädagogischen Familienberatung. In: Medien + Erziehung 37(1), S. 28-31.

Ronge, Volker (1984): Massenmedienkonsum und seine Erforschung – eine Polemik gegen „Uses and Gratifications". In: Rundfunk und Fernsehen 32(1), S. 73-82.

Rosenberg, Milton J./Hovland, Janis C. (1960): Cognitive, Affective and Behavioral Components of Attitudes. In: Hovland, Janis C./Rosenberg, Milton J. (Hg.): Attitude Organization and Change: An Analysis of Consistency Among Attitude Components. New Haven, S. 1-14.

Rosengren, Karl E. (1973): News Diffusion: An Overview. In: Journalism Quarterly 50(1), S. 83-91.

Rosengren, Karl E. (1974): Uses and Gratifications. A Paradigm Outlined. In: Blumler, Jay G./Katz, Elihu (Hg.): The Uses of Mass Communications. Current Perspectives on Gratifications Research. Beverly Hills, S. 269-286.

Rosengren, Karl E. (1996): Inhaltliche Theorien und formale Modelle in der Forschung über individuelle Mediennutzung. In: Hasebrink, Uwe/Krotz, Friedrich (Hg.): Die Zuschauer als Fernsehregisseure? Baden-Baden/Hamburg, S. 13-36.

Rosengren, Karl E. (Hg.) (1987): A Special Issue on News Diffusion. In: European Journal of Communication 2(2), S. 135-142.

Rosengren, Karl E./Wenner, Lawrence A./Palmgreen, Philip (Hg.) (1985): Media Gratifications Research. Current Perspectives. Beverly Hills et al.

Rosengren, Karl E./Windahl, Sven (1973): Mass Media Use. Causes and Effects. Lund.

Röser, Jutta (1997): Probleme der Mediengewaltforschung: Medienaneignung und gesellschaftlicher Kontext oder: Wie die Geschlechterperspektive die Gewaltforschung theoretisch inspirieren könnte. In: Rundfunk und Fernsehen 45(4), S. 437-456.

Röser, Jutta (Hg.) (2007): MedienAlltag. Domestizierungsprozesse alter und neuer Medien. Wiesbaden.

Röser, Jutta/Großmann, Nina (2008): Alltag mit Internet und Fernsehen Fallstudien zum Medienhandeln junger Paare. In: Thomas, Tanja (Hg.): Medienkultur als soziales Handeln. Wiesbaden, S. 91-104.

Röser, Jutta/Thomas, Tanja/Peil, Corinna (Hg.) (2010): Alltag in den Medien – Medien im Alltag. Wiesbaden.

Roskos-Ewoldsen, Beverly/Roskos-Ewoldsen, David/Yang, Moonhee/Lee, Mina (2007): Comprehension of the Media. In: Roskos-Ewoldsen, David R./Monahan, Jennifer L. (Hg.): Communication and Social Cognition. Theories and Methods. Mahwah/London, S. 319-348.

Roskos-Ewoldsen, David R./Roskos-Ewoldsen, Beverly/Dillman Carpentier, Francesca (2009³): Media Priming. An Updeted Synthesis. In: Bryant, Jennings/Oliver, Mary B. (Hg.): Media Effects. Advances in Theory and Research. New York/London, S. 74-93.

Rössler, Patrick (1997): Agenda-Setting. Theoretische Annahmen und empirische Evidenzen einer Medienwirkungshypothese. Opladen.

Rössler, Patrick (2007): Wirkungsmodelle: die digitale Herausforderung revisited. Forschungsstand zu Wirkungen von Online-Kommunikation – ein rückblickender Essay. In: Kimpeler, Simone/Mangold, Michael/Schweiger, Wolfgang (Hg.): Die digitale Herausforderung. Zehn Jahre Forschung zur computervermittelten Kommunikation. Wiesbaden, S. 91-103.

Rössler, Patrick/Brosius, Hans-Bernd (2001): Prägen Daily Talks die Vorstellungen Jugendlicher von der Wirklichkeit. In: Schneiderbauer, Christian (Hg.): Daily Talkshows unter der Lupe. München, S. 119-151.

Rössler, Patrick/Hasebrink, Uwe/Jäckel, Michael (Hg.) (2001): Theoretische Perspektiven der Rezeptionsforschung. München.

Rössler, Patrick/Hoffner, Cynthia A,/van Zoonen, Liesbet (Hg.) (2017): International Encyclopedia of Media Effects. Chichester, UK.

Rössler, Patrick/Kubisch, Susanne/Gehrau, Volker (Hg.) (2002): Empirische Perspektiven der Rezeptionsforschung. München.

Rössler, Patrick/Schulz, Anne/Mewes, Mareike (2013): Kumulation, Konsonanz und Netzwerkeffekte. Noelle-Neumanns Theorie der Öffentlichen Meinung unter Online-Bedingungen: Ansätze zu einer theoretischen Rejustierung der ‚Schweigespirale' im Lichte des ‚Social Web'. In: Jandudra, Olaf/Fahr, Andreas/Brosius, Hans-Bernd (Hg.): Theorieanpassungen in der digitalen Medienwelt. Baden-Baden, S. 85-104.

Rössler, Patrick/Wirth, Werner (Hg.) (1999): Glaubwürdigkeit im Internet. Fragestellungen, Modelle, empirische Befunde. München.

Rosser, Connie/Flora, June A./Chaffee, Steven H./Farquar, John W. (1990): Using Research to Predict Learning from a PR Campaign. In: Public Relations Review 16(2), S. 61-77.

Rossmann, Constanze (2002): Die heile Welt des Fernsehens. Eine Studie zur Kultivierung durch Krankenhausserien. München.

Rossmann, Constanze (2011): Theory of Reasoned Action – Theory of Planned Behavior. Baden-Baden.

Rossmann, Constanze (2013): Kultivierungsforschung: Idee, Entwicklung und Integration. In: Schweiger, Wolfgang/Fahr, Andreas (Hg.): Handbuch Medienwirkungsforschung. Wiesbaden, S. 207-223.

Rossmann, Constanze/Brosius, Hans-Bernd (2004): The Problem of Causality in Cultivation Research. In: Communications 29(3), S. 379-397.

Rossmann, Constanze/Brosius, Hans-Bernd (2005): Vom hässlichen Entlein zum schönen Schwan? Von der Darstellung und Wirkung von Schönheitsoperationen im Fernsehen. In: Medien & Kommunikationswissenschaft, 53(4), S. 507-532.

Roters, Gunnar/Turecek, Oliver/Klingler, Walter (2003): Digitale Spaltung. Informationsgesellschaft im neuen Jahrtausend – Trends und Entwicklungen. Baden-Baden.

Rothman, Alexander J./Bartels, Roger D./Wlaschin, Jhon/Salovey, Peter (2006): The Strategic Use of Gain- and Loss-Framed Messages to Promote Healthy Behavior: How Theory Can Inform Practice. In: Journal of Coommunication 56, S. S202-S220.

Rothman, Alexander J./Salovey, Peter (1997): Shaping Perceptions to Motivate Healthy Behavior: The Role of Message Framing. In: Psychological Bulletin 121(1), S. 3-19.

Röttger, Ulrike (Hg.) (2009[4]): PR-Kampagnen: Über die Inszenierung von Öffentlichkeit. Wiesbaden.

Rubin, Alan M. (1981): An Examination of Television Viewing Motivations. In: Communication Research 8(2), S. 141-165.

Rubin, Alan M. (1984): Ritualized and Instrumental Television Viewing. In: Journal of Communication 34(3), S. 67-77.

Rubin, Alan M. (2000): Die Uses-and-Gratifications-Perspektive der Medienwirkung. In: Schorr, Angela (Hg.): Publikums- und Wirkungsforschung. Ein Reader. Wiesbaden, S. 137-152.

Rubin, Alan M. (2009a[3]): Uses-and-Gratifications Perspective on Media Effects. In: Bryant, Jennings/Oliver, Mary B. (Hg.): Media Effects. Advances in Theory and Research. New York/London, S. 165-184.

Rubin, Alan M. (2009b): Uses and Gratifications. An Evolving Perspective of Media Effects. In: Nabi, Robin L./Oliver, Mary B. (Hg.): The Sage Handbook of Media Processes and Effects. Thousand Oaks et al., S. 147-159.

Rubin, Alan M./Perse, Elizabeth M./Powell, Robert A. (1985): Loneliness, Parasocial Interaction, and Local Television News Viewing. In: Human Communication Research 12(2), S. 155-180.

Rubin, Allan M./Perse, Elizabeth M./Taylor, Donald S. (1988): A Methodological Examination of Cultivation. In: Communication Research 15(2), S. 107-134.

Rucinski, Diane (2004): Community Boundedness, Personal Relevance, and the Knowledge Gap. In: Communication Research 31(4), S. 472-495.

Ruddigkeit, Alice (2010): Der umgekehrte Werther-Effekt. Eine quasi-experimentelle Untersuchung von Suizidberichterstattung und deutscher Suizidrate. In: Publizistik 55(3), S. 253-273.

Ruddock, Andy (2001): Understanding Audiences. Theory and Method. London/Thousand Oaks/New Delhi.

Ruggiero, Thomas E. (2000): Uses and gratifications theory in the 21st century. In: Mass Communication and Society 3(1), S. 3-37.

Ruhrmann, Georg (1989): Rezipient und Nachricht. Struktur und Prozess der Nachrichtenrekonstruktion. Opladen.

Ruhrmann, Georg/Woelke, Jens (1998): Rezeption von Fernsehnachrichten im Wandel. Desiderate und Perspektiven der Forschung. In: Kamps, Klaus/Meckel, Miriam (Hg.): Fernsehnachrichten. Prozesse, Strukturen, Funktionen. Opladen, S. 103-134.

Rumelhart, David E. (1980): Schemata. The Building Blocks of Cognition. In: Spiro, Rand J./Bruce, Bertram C./Brewer, William F. (Hg.): Theoretical Issues in Reading Comprehension. Hillsdale, N.J., S. 33-58.

Rußmann, Uta (2007): Agenda Setting und Internet. Themensetzung im Spannungsfeld von Onlinemedien und sozialen Netzwerken. München.

Salmon, Charles T./Glynn, Caroll J. (1996): Spiral of Silence: Communication and Public Opinion as Social Control. In: Salwen, Michael B./Stacks, Don W. (Hg.): An Integrated Approach to Communication Theory and Research. Mahwah, S. 165-180.

Salomon, Gavriel (1983): Television Watching and Mental Effort: A Social Psychological View. In: Bryant, Jennings/Anderson, Daniel R. (Hg.): Children's Understanding of Television. New York/London, S. 181-198.

Salovey, Peter/Schneider, Tamera R./Apanovitch, Anne M. (2002): Message Framing in the Prevention and Early Detection of Illness. In: Dillard, James P./Pfau, Michael (Hg.): The Persuasion Handbook. Developments in Theory and Practice. Thousand Oaks/London/New Delhi, S. 391-406.

Salovey, Peter/Williams-Piehota, Pamela (2004): Field Experiments in Social Psychology. Message Framing and the Promotion of Health Protective Behaviors. In: American Behavioral Scientist 47(5), S. 488-505.

Sander, Ekkehard/Lange, Andreas (2005): Der medienbiographische Ansatz. In: Mikos, Lothar/Wegner, Claudia (Hg.): Qualitative Medienforschung. Ein Handbuch. Konstanz, S. 115-129.

Savolainen, Reijo (2005): Everyday Life Information Seeking. In: Fisher, Karen E./Erdelez, Sanda/McKenie, Lynne (Hg.): Theories of Information Behavior. Medford, S. 143-148.

Saxer, Ulrich (1978): Medienverhalten und Wissensstand – zur Hypothese der wachsenden Wissenskluft. In: Buch und Lesen. Bertelsmann Texte 7. Gütersloh, S. 35-70.

Saxer, Ulrich (1986): Die Publikumsforschung unter gewandelten Bedingungen. In: Fleck, Florian H. (Hg.): Zukunftsaspekte des Rundfunks. Kommunikationspolitische und ökonomische Beiträge. Stuttgart/Berlin, S. 107-121.

Saxer, Ulrich (1992): „Bericht aus dem Bundeshaus". Eine Befragung von Bundeshausjournalisten und Parlamentariern in der Schweiz. Zürich.

Saxer, Ulrich/Bonfadelli, Heinz/Hättenschwiler, Walter (1980): Die Massenmedien im Leben der Kinder und Jugendlichen. Eine Studie zur Mediensozialisation im Spannungsfeld von Familie, Schule und Kameraden. Zug.

Saxer, Ulrich (Hg.) (1985): Gleichheit oder Ungleichheit durch Massenmedien. München.

Schaap, Gabi/Renckstorf, Karsten/Wester, Fred (1998): Three Decades of Television News Research: An Actional Theoretical Inventory of Issues and Problems. In: Communications 23(3), S. 351-382.

Schachter, Stanley/Singer, Jerome L. (1962): Cognitive, Social, and Physiological Determinants of Emotional State. In: Psychological Review 69(5), S. 379-399.

Schäffer, Burkhard (2007): Medien. In: Ecarius, Jutta (Hg.): Handbuch Familie. Wiesbaden, S. 456-479.

Schemer, Christian (2009): Politische Kampagnen für Herz und Verstand. Affektive und kognitive Einflüsse der Massenmedien auf politische Einstellungen. Baden-Baden.

Schemer, Christian (2013): Priming, Framing, Stereotype. In: Schweiger, Wolfgang/Fahr, Andreas (Hg.): Handbuch Medienwirkungsforschung. Wiesbaden, S. 153-169.

Schemer, Christian/Wirth, Werner/Matthes, Jörg (2008): Out of the Lab into the Field - Zur Operationalisierung und Validierung von Informationsverarbeitungsprozessen in kommunikationswissenschaftlichen Befragungsstudien. In: Jörg Matthes/Wirth, Werner/Daschmann, Gregor/Fahr, Andreas (Hg.): Die Brücke zwischen Theorie und Empirie. Operationalisierung, Messung und Validierung in der Kommunika-tionswissenschaft. Köln, S. 28-47.

Schenk, Michael (1984): Soziale Netzwerke und Kommunikation. Tübingen.

Schenk, Michael (1987[1]/2007[3]): Medienwirkungsforschung. Tübingen.

Schenk, Michael (1989): Massenkommunikation und interpersonale Kommunikation. In: Kaase, Max/Schulz, Winfried (Hg.): Massenkommunikation. Theorien, Methoden, Befunde. Opladen, S. 406-417.

Schenk, Michael (1997): Massenkommunikation und ihre Wirkungen. In: Fünfgeld, Hermann/Mast, Claudia (Hg.): Massenkommunikation. Ergebnisse und Perspektiven. Opladen, S. 155-168.

Schenk, Michael (1998): Forschungsschwerpunkt Medienwirkungen: Ein Überblick. In: Klingler, Walter/Roters, Gunnar/Zöllner, Oliver (Hg.): Fernsehforschung in Deutschland. Themen – Akteure – Methoden. 2 Bde. Baden-Baden, S. 527-543.

Schenk, Michael/Dahm, Hermann/Sonje, Deziderio (1997): Die Bedeutung sozialer Netzwerke bei der Diffusion neuer Kommunikationstechniken. In: Kölner Zeitschrift für Soziologie und Sozialpsychologie 49(1), S. 35-52.

Schenk, Michael/Donnerstag, Joachim/Höflich, Joachim R. (1990): Wirkungen der Werbekommunikation. Köln.

Schenk, Michael/Rössler, Patrick (1997): The Rediscovery of Opinion Leaders. An Application of the Personality Strength Scale. In: Communications 22(1), S. 5-30.

Scherer, Helmut (2013): Mediennutzung und soziale Distinktion. In: Wiedemann, Thomas/Meyen, Michael (Hg.): Pierre Bourdieu und die Kommunikationswissenschaft. Internationale Perspektiven. Köln, S. 100-122.

Scherer, Helmut/Brosius, Hans-Bernd (Hg.) (1997): Zielgruppen, Publikumssegmente, Nutzergruppen. Beiträge aus der Rezeptionsforschung. München.

Scherer, Helmut/Schlütz, Daniela (2004): Das neue Medien-Menü: Fernsehen und www als funktionale Alternativen. In: Publizistik 49(1), S. 6-24.

Scheufele, Bertram (2000): Agenda-Setting, Priming, and Framing Revisited: Another Look at Cognitive Effects of Political Communication. In: Mass Communication & Society 3(2-3), S. 297-316.

Scheufele, Bertram (2003): Frames – Framing – Framing-Effekte. Theoretische und methodische Grundlegung des Framing-Ansatzes sowie empirische Befunde zur Nachrichtenproduktion. Wiesbaden.

Scheufele, Bertram (2008): Das Erklärungsdilemma der Medienwirkungsforschung. Eine Logik zur theoretischen und methodischen Modellierung auf die Meso- und Makro-Ebene. In: Publizistik 53(3), S. 339-361.

Scheufele, Bertram (2010): Verknüpfen und urteilen. Ein Experiment zur Wirkung medialer Value-Frames. In: Medien&Kommunikationswissenschaft 58(1), S. 26-45.

Scheufele, Bertram T./Scheufele, Dietram A. (2013): Framing and Priming Effects. Exploring Challenges Connected to Cross-Level Approaches in Media Effects Research. In: Valdivia, Angharad N. (Hg.): The International Encyclopedia of Media Studies. Vol. V: Media Effects/Media Psychology. Oxford UK, S. 89-107.

Scheufele, Dietram A. (1999): Framing as a Theory of Media Effects. In: Journal of Communication 49(1), S. 103-122.

Scheufele, Dietram (2016): Priming. Baden-Baden.

Scheufele, Dietram A./Moy, Patricia (2000): Twenty-Five Years of the Spiral of Silence: A Conceptual Review and Empirical Outlook. In: Int. Journal of Public Opinion Research 12(1), S. 3-28.

Schmitt, Josephine B. (2014): Onlinenachrichten und politisches Wissen bei Jugendlichen. In: Media Perspektiven (1), S. 33-46.

Schmitt, Kathleen M./Gunther, Albert C./Liebhart, Janice L. (2004): Why Partisans See Mass Media as Biased. In: Communication Research 31(6), S. 623-641.

Schmitt-Beck, Rüdiger (2000): Politische Kommunikation und Wählerverhalten. Ein internationaler Vergleich. Wiesbaden.

Schmitt-Beck, Rüdiger (2012): Comparing Effects of Political Communication. In: Esser, Frank/Hanitzsch, Thomas (Hg.): The Handbook of Comparative Communication Research. New York/London, S. 400-411.

Schnauber, Anna (2017): Medienselektion im Alltag. Die Rolle von Gewohnheiten im Selektionsprozess. Wiesbaden: Springer VS.

Schnell, Kevin/Friemel, Thomas N. (2005): Überschätzte Meinungsmacher. Auf der Suche nach Opinion Leaders. In: Media Trend Journal 20(1-2), S. 56-58.

Schnorf, Sebastian (2008): Diffusion in sozialen Netzwerken der Mobilkommunikation. Konstanz.

Schönbach, Klaus (1981): Agenda-Setting im Europawahlkampf 1979: Die Funktion von Presse und TV. In: Media Perspektiven (7), S. 537-547.

Schönbach, Klaus (1983a): Der „Agenda-Setting" Approach: theoretische Perspektiven und praktische Relevanz. In: Hans-Bredow-Institut (Hg.): Medienwissenschaftliches Symposium 1983. Hamburg, S. 88-97.

Schönbach, Klaus (1983b): Werden Wahlen im Fernsehen entschieden? Einige Überlegungen zur politischen Wirksamkeit von Presse und Fernsehen. In: Media Perspektiven (7), S. 462-468.

Schönbach, Klaus (1998): Politische Kommunikation – Publizistik- und kommunikationswissenschaftliche Perspektiven. In: Jarren, Otfried/Sarcinelli, Ulrich/Saxer, Ulrich (Hg.): Politische Kommunikation in der demokratischen Gesellschaft. Ein Handbuch mit Lexikonteil. Opladen, S. 114-137.

Schönbach, Klaus (2009): Verkaufen, Flirten, Führen. Persuasive Kommunikation – ein Überblick. Wiesbaden.

Schönbach, Klaus/Früh, Werner (1984): Der dynamisch-transaktionale Ansatz 2: Konsequenzen. In: Rundfunk und Fernsehen 32(3), S. 314-329.

Schorb, Bernd (2003): Medienpädagogik. In: Bentele, Günter/Brosius, Hans-Bernd/Jarren, Otfried (Hg.): Öffentliche Kommunikation. Handbuch Kommunikations- und Medienwissenschaft. Wiesbaden, S. 301-312.

Schorr, Angela (Hg.) (2000): Publikums- und Wirkungsforschung. Ein Reader. Wiesbaden.

Schramm, Holger (2005): Mood Management durch Musik. Die alltägliche Nutzung von Musik zur Regulierung von Stimmungen. Köln.

Schramm, Holger (2006): Parasoziale Interaktionen und Beziehungen. Konzept – Begriffe – Modellierung – Messung – Befunde. In: Frizzoni, Brigitte/Tomkowiak, Ingrid (Hg.): Unterhaltung. Konzepte – Formen – Wirkungen. Zürich, S. 247-269.

Schramm, Holger (2008): Parasoziale Interaktion (PSI). In: Krämer, Nicole C./Schwan, Stephan/Unz, Dagmar/Suckfüll, Monika (Hg.): Medienpsychologie. Schlüsselbegriffe und Konzepte. Stuttgart, S. 253-256.

Schramm, Holger/Wirth, Werner (2006): Hedonismus als zentrales Motiv zur Stimmungsregulierung durch Medien? Eine Reflexion der Mood-Management-Theorie Zillmanns. In: Wirth, Werner/Schramm, Holger/Gehrau, Volker (Hg.): Unterhaltung durch Medien. Theorie und Messung. Köln, S. 59-79.

Schramm, Wilbur L. (Hg.) (1964): Grundfragen der Kommunikationsforschung. München.

Schramm, Wilbur L./Lyle, Jack/Parker, Edwin B. (1961): Television in the Lives of Our Children. Stanford.

Schrape, Jan-Felix (2010): Neue Demokratie im Netz? Eine Kritik an den Visionen der Informationsgesellschaft. Bielefeld.

Schreier, Margrit (2008): Perceived Reality. In: Krämer, Nicole C./Schwan, Stephan/Unz, Dagmar/Suckfüll, Monika (Hg.): Medienpsychologie. Schlüsselbegriffe und Konzepte. Stuttgart, S. 112-117.

Schrøder, Christian (2013): Audiences as Citicens. Insights from Three Decades of Reception Research. In: Valdivia, Angharad (Hg.): The International Encyclopedia of Media Studies. Vol. IV: Audience and Interpretation. Oxford UK, S. 510-534.

Schrøder, K. (1987): Convergence of Antagonistic Traditions? The Case of Audience Research. In: European Journal of Communication 2(1), S. 7-31.

Schudson, Michael (1999): The Good Citizen: A History of American Civic Life. Cambridge.

Schulz, Anne/Roessler, Patrick (2012): The Spiral of Silence and the Internet: Selection of Online Content and the Perception of the Public Opinion Climate in Computer-Mediated Communication Environments. In: International Journal of Public Opinion Research 24(3), S. 346-367.

Schulz, Winfried (1982): Ausblick am Ende des Holzweges. Eine Übersicht über die Ansätze der neuen Wirkungsforschung. In: Publizistik 27(1-2), S. 49-73.

Schulz, Winfried (1984): „Agenda Setting" und andere Erklärungen. Zur Theorie der Medienwirkung. In: Rundfunk und Fernsehen 32(2), S. 206-213.

Schulz, Winfried (1993): Mangel an Makrotheorien der Medienwirkungen? Ein Diskussionsbeitrag. In: Bentele, Günter/Rühl, Manfred (Hg.): Theorien öffentlicher Kommunikation. München, S. 241-245.

Schulz, Winfried (1997): Vielseher im dualen Rundfunksystem. Sekundäranalyse zur Langzeitstudie Massenkommunikation. In: Media Perspektiven (2), S. 92-102.

Schulz, Winfried (2000): Medienexpansion und politische Kompetenz: Machen Medien mündiger? In: Schorr, Angela (Hg.): Publikums- und Wirkungsforschung. Ein Reader. Wiesbaden, S. 227-245.

Schulz, Winfried (2008[2]): Politische Kommunikation. Theoretische Ansätze und Ergebnisse empirischer Forschung. Wiesbaden.

Schulz, Winfried (Hg.) (1992): Medienwirkungen. Einflüsse von Presse, Radio und Fernsehen auf Individuum und Gesellschaft. Forschungsbericht der DFG Deutsche Forschungsgemeinschaft. Weinheim.

Schulze, Gerhard (1993): Die Erlebnisgesellschaft. Kultursoziologie der Gegenwart. Frankfurt/New York.

Schwan, Stephan (2014): Verstehen. In: Wünsch, Carsten/Schramm, Holger/Gehrau, Volker/Bilandzic, Helena (Hg.): Handbuch Medienrezeption. Baden-Baden, S. 191-206.

Schwan, Stephan/Buder, Jürgen (2007): Informationsaufnahme und -verarbeitung. In: Six, Ulrike/Gleich, Uli/Gimmler, Roland (Hg.) (2007): Kommunikationspsychologie – Medienpsychologie. Lehrbuch. Weinheim/Basel, S. 51-69.

Schweer, Martin K./Schicha, Christian/Nieland, Uwe (Hg.) (2002): Das Private in der Öffentlichen Kommunikation. Big Brother und die Folgen. Köln.

Schweiger, Wolfgang (1996): Gebrauchstexte im Hypertext- und Papierformat. Ein Vergleich der Nutzerfreundlichkeit. In: Publizistik 41(3), S. 327-345.

Schweiger, Wolfgang (1999): Medienglaubwürdigkeit – Nutzungserfahrung oder Medienimage? In: Rössler, Patrick/Wirth, Werner (Hg.): Glaubwürdigkeit im Internet. Fragestellungen, Modelle, empirische Befunde. München, S. 89-110.

Schweiger, Wolfgang (2007): Theorien der Mediennutzung. Eine Einführung. Wiesbaden.

Schweiger, Wolfgang (2010): Informationsnutzung online: Informationssuche, Selektion, Rezeption und Usability von Online-Medien. In: Schweiger, Wolfgang/Beck, Klaus (Hg.): Handbuch Online-Kommunikation. Wiesbaden, S. 184-210.

Schweiger, Wolfgang (2013): Grundlagen: Was sind Medienwirkungen? – Überblick und Systematik. In: Schweiger, Wolfgang/Fahr, Andreas (Hg.): Handbuch Medienwirkungsforschung. Wiesbaden, S. 15-37.

Schweiger, Wolfgang/Fahr, Andreas (Hg.) (2013): Handbuch Medienwirkungsforschung. Wiesbaden.

Sears, David O./Freedman, Jonathan L. (1971): Selective Exposure to Information: A Critical Review (Rev. Ed.). In: Schramm, Wilbur L./Roberts, Donald F. (Hg.) (1971[2]): The Process and Effects of Mass Communication. Urbana, S. 209-234.

Segrin, Chris/Nabi, Robin L. (2002): Does Television Viewing Cultivate Unrealistic Expectations about Marriage? In: Journal of Communication 52(2), S. 247-263.

Seibold, David R./Spitzberg, Brian H. (1982): Attribution Theory and Research: Review and Implications for Communication. In: Dervin, Brenda/Voigt, Melvin J. (Hg.): Progress in Communication Sciences 3. Norwood, S. 85-125.

Self, Charles C. (1996): Credibility. In: Salwen, Michael B./Stacks, Don W. (Hg.): An Integrated Approach to Communication Theory and Research. Mahwah, S. 421-441.

SF Schweizer Fernsehen (2008): Das Publikum gibt SF erneut höhere Noten. Zürich.

SFB (Hg.) (1991): Die Quote: der heimliche Machthaber. Reichweitenforschung bei Hörfunk und Fernsehen und ihre Bedeutung für das Programm. SFB-Werkstattheft 20. Berlin.

Shah, Dhavan V./McLeod, Douglas M./Gotlieb, Melissa R./Nam-Jin, Lee (2009): Framing and Agenda-Setting. In: Nabi, Robin L./Oliver, Mary B. (Hg.): The Sage Handbook of Media Processes and Effects. Thousand Oaks et al., S. 83-98.

Shanahan, James/Morgan, Michael (1999): Television and its Viewers: Cultivation Theory and Research. Cambridge.

Shanahan, James/Morgan, Michael/Stenbjerre, Mads (1997): Green or Brown? Television's Cultivation of Environmental Concern. In: Journal of Broadcasting & Electronic Media 41(3), S. 305-323.

Shannon, Claude E. (1948): A Mathematical Theory of Communication. In: The Bell System Technical Journal 27(3-4), S. 379-423, 623-656.

Shannon, Claude E./Weaver, Warren (1949): The Mathematical Theory of Communication. Urbana.

Shaw, Donald L. (1977): The Agenda-Setting Function Hypothesis Reconsidered: Interpersonal Factors. In: Gazette 23(4), S. 230-240.

Shaw, Donald L./McCombs, Maxwell E. (Hg.) (1977): The Emergence of American Political Issues: The Agenda Setting-Function of the Press. St. Paul.

Sheeran, Paschal (2002): Intention-Behavior Relations: A Conceptual and Empirical Review. In: European Review of Social Psychology 12(1), S. 1-36.

Shen, Fuyuan/Dillard, James P. (2009): Message Frames Interact with Motivational Systems to Determine Depth of Message Processing. In: Health Communication 24(1), S. 1-11.

Shen, Fuyuan/Edwards, Heidi H. (2005): Economic Individualism, Humanitarianism, and Welfare Reform: A Value-Based Account of Framing Effects. In: Journal of Communication 55(4), S. 795-809.

Shen, Lijiang/Palmer, Jason/Mercer Koller, Laura Min/Comer, Sarah (2015): A Social Comparison Explanation for the Third-Person Perception. In: Communication Research, 42(2), S. 260-280.

Shingi, Prakah/Mody, Bella (1976): The Communication Effects Gap: A Field Experiment on Television and Agricultural Ignorance in India. In: Communication Research 3(2), S. 171-190.

Shrum, Larry J. (1995): Assessing the Social Influence of Television: A Social Cognitive Perspective on Cultivation Effects. In: Communication Research 22(4), S. 402-429.

Shrum, Larry J. (1997): The Role of Source Confusion in Cultivation Effects May Depend on Processing Strategy: A Comment on Mares. In: Human Communication Research 24(2), S. 349-358.

Shrum, Larry J. (2004): The Cognitive Processes Underlying Cultivation Effects Are a Function of Whether the Judgements are On-Line or Memory-Based. In: Communications 29(3), S. 327-344.

Shrum, Larry J. (2007): Social Cognition and Cultivation. In: Roskos-Ewoldsen, David R./Monahan, Jennifer L. (Hg.): Communication and Social Cognition. Theories and Methods. Mahwah/London, S. 245-272.

Shrum, Larry J. (2009): Media Consumption and Perceptions of Social Reality. In: Bryant, Jennings/Oliver, Mary B. (Hg.): Media Effects. Advances in Theory and Research. New York/London, S. 50-73.

Shrum, Larry J. (2017): Cultivation Theory: Effects and Underlying Processes. In: Rössler, Patrick et al. (Hg.): The International Encyclopedia of Media Effects. Chichester, West Sussex, UK.

Shrum, Larry J./Liu, Min/Nespoli, Mark/Lowrey, Tina M. (2013): Persuasion in the Marketplace: How Theories of Persuasion Apply to Marketing and Advertising. In: Dillard, James P./Shen, Lijiang (Hg.): The SAGE Handbook of Persuasion. Developments in Theory and Practice. Thousand Oaks/London/New Delhi, S. 314-330.

Siegert, Gabriele (1993): Marktmacht Medienforschung. Die Bedeutung der empirischen Medien- und Publikumsforschung im Medienwettbewerbssystem. München.

Siegert, Gabriele (1997): Die heimliche Hauptsache. Systemtheoretische und mikroökonomische Bedeutungsdimensionen der Medien- und Publikumsforschung. In: Renger, Rudi/Siegert, Gabriele (Hg.): Kommunikationswelten. Innsbruck/Wien, S. 159-180.

Siegert, Gabriele/Brecheis, Dieter (2017): Werbung in der Medien- und Informationsgesellschaft. Eine kommunikationswissenschaftliche Einführung. Wiesbaden.

Siegert, Gabriele/Wirth, Werner/Weber, Patrick/Lischka, Juliane A. (Hg.) (2016): Handbuch Werbeforschung. Wiesbaden.

Signorielli, Nancy (1989): Television and Conceptions about Sex Roles: Maintaining Conventionality and the Status Quo. In: Sex Roles 21(5-6), S. 341-360.

Signorielli, Nancy (2013): Gender-Role Socialization in the Twenty-First Century. In: Valdivia, Angharad N. (Hg.): The International Encyclopedia of Media Studies. Vol. V: Media Effects/Media Psychology. Oxford UK, S. 249-271.

Signorielli, Nancy/Bacue, Aron (1999): Recognition and Respect: A Content Analysis of Prime-Time Television Characters Acrpss Three Decades. In: Sex Roles 40(7-8), S. 527-544.

Signorielli, Nancy/Morgan, Michael (1996): Cultivation Analysis: Research and Practice. In: Salwen, Michael B./Stacks, Don W. (Hg.): An Integrated Approach to Communication Theory and Research. Mahwah, S. 111-126.

Signorielli, Nancy/Morgan, Michael (Hg.) (1990): Cultivation Analysis. New Directions in Media Effects Research. Newbury Park/London/New Delhi.

Singer, Jerome L. (1980): The Power and Limitations of Television: A Cognitive-Affective Analysis. In: Tannenbaum, Percy H. (Hg.): The Entertainment Functions of Television. Hillsdale, N.J., S. 31-65.

Singer, Jerome L./Singer, Dorothy G. (1988): Wider die Verkümmerung der Phantasie. Fernsehen, Lesen und die Entwicklung der Vorstellungskraft. In: Fröhlich, Werner/Zitzlsperger, Rolf/Franzmann, Bodo (Hg.): Die verstellte Welt. Beiträge zur Medienökologie. Frankfurt a.M., S. 98-114.

Six, Ulrike/Gimmler, Roland (2007): Kommunikationskompetenz, Medienkompetenz und Medienpädagogik. In: Six, Ulrike/Gleich, Uli/Gimmler, Roland (Hg.): Kommunikationspsychologie – Medienpsychologie. Lehrbuch. Weinheim/Basel, S. 271-296.

Six, Ulrike/Gleich, Uli/Gimmler, Roland (Hg.) (2007): Kommunikationspsychologie – Medienpsychologie. Lehrbuch. Weinheim/Basel.

Slater, Michael D. (2004): Operationalizing and Analyzing Exposure: The Foundation of Media Effects Research. In: Journalism & Mass Communication Quarterly 81(1), S. 168-183.

Slater, Michael D. (2007): Reinforcing Spirals: The Mutual Influence of Media Selectivity and Media Effects and their Impact on Individual Behavior and Social Identity. In: Communication Theory 17(3), S. 281-303.

Slater, Michael D./Hayer, Andrew F./Reineke, Jason B./Long, Marilee/Bettinghaus, Erwin P. (2009): Newspaper Coverage of Cancer Prevention: Multilevel Evidence for Knowledge-Gap Effects. In: Journal of Communication 59(3), S. 514-533.

Slothuus, Rune (2008): More than Weighting Cognitive Importance: A Dual Process Model of Issue Framing Effects. In: Political Psychology 29(1): S. 1-28.

Smith, Robin (1986): Television Addiction. In: Bryant, Jennings/Anderson, Daniel R. (Hg.): Perspectives on Media Effects. Hillsdale, N.J., S. 109-128.

Sommer, Denise (2010): Nachrichten im Gespräch. Wesen und Wirkung von Anschlusskommunikation über Fernsehnachrichten. Baden-Baden.

Sotirovic, Mira/McLeod, Jack M. (2004): Knowledge as Understanding: The Information Processing Approach to Political Learning. In: Kaid, Lynda L.(Hg.): Handbook of Political Communication Research. Mahwah/London, S. 357-394.

Spanier, Julia (2000): Werbewirkungsforschung und Mediaentscheidung. Förderung des Informationstransfers zwischen Wissenschaft und Praxis. München.

Sparks, Glenn G. (2002): Media Effects Research. A Basic Overview. Belmont.

Staab, Joachim F. (1992): Ausstrahlungseffekte von Beiträgen in Fernsehnachrichten. Zur Ursachenattribution bei der Rezeption politischer Medien-inhalte. In: Rundfunk und Fernsehen 40(4), S. 544-556.

Stark, Birgit/Rußmann, Uta (2009): Soziale Ungleichheit im Internetzeitalter – Entwicklungstendenzen der Internetnutzung von 1999-2007. In: Stark, Birgit/Magin, Mela-nie (Hg.): Die österreichische Medienlandschaft im Umbruch. Wien, S. 191-215.

Stegbauer, Christian (2005): Medien und soziale Netzwerke. In: Jäckel, Michael (Hg.): Mediensoziologie. Wiesbaden, S. 319-334.

Stegbauer, Christian (2009): Wikipedia. Das Rätsel der Kooperation. Wiesbaden.

Steglich, Christian/Snijders, Tom A./Pearson, Michael (2010): Dynamic Networks and Behavior: Separating Selection from Influence. In: Sociological Methodology 40(1), S. 329-393.

Steglich, Christian/Snijders, Tom A./West, Patrick (2006): Applying SIENA. An Illustrative Analysis of the Coevolution of Adolescents' Friendship Networks, Taste in Music, and Alcohol Consumption. In: Methodology 2(1), S. 48-56.

Stewart, David W./Pavlou, Paulos/Ward, Scott (2002[2]): Media Influences on Marketing Communication. In: Bryant, Jennings/Zillmann, Dolf (Hg.): Media Effects. Advances in Theory and Research. Mahwah, S. 353-396.

Stiehler, Hans-Jörg/Marr, Mirko (1994): „Totgesagte leben länger". Erklärungsmuster der Medien und des Publikums zum Abschneiden der PDS bei den Kommunal- und Europawahlen in Leipzip 1994. In: Holtz-Bacha, Christina/Kaid, Lynda L. (Hg.): Wahlen und Wahlkampf in den Medien. Untersuchungen aus dem Wahljahr 1994. Opladen, S. 119-149.

Stiftung Lesen (Hg.) (1990): Lesen im internationalen Vergleich 1. Bundesrepublik Deutschland, Deutsche Demokratische Republik, Schweiz, Österreich, Großbritannien, Frankreich, USA. Mainz.

Stiftung Lesen (Hg.) (1994): Lesen im internationalen Vergleich 2: Dänemark, Finnland, Israel, Japan, Kanada, Niederlande, Russland, Schweden, Spanien, USA. Mainz.

Stiftung Lesen (Hg.) (2001): Leseverhalten in Deutschland im neuen Jahrtausend. Eine Studie der Stiftung Lesen. Mainz/Hamburg.

Stiftung Lesen (Hg.) (2008): Lesen in Deutschland 2008. Mainz.

Stipp, Horst (1994): Welche Folgen hat die digitale Revolution für die Fernsehnutzung? In: Media Perspektiven (8), S. 392-400.

Stipp, Horst (1998): Wird der Computer die traditionellen Medien ersetzen? In: Media Perspektiven (2), S. 76-82.

Stipp, Horst (2009): Verdrängt Online-Sehen die Fernsehnutzung? Zehn aktuelle Medientrends in den USA. In: Media Perspektiven (5), S. 226-232.

Stroud, Natalie J. (2010): Polarization and Partisan Selective Exposure. In: Journal of Communication 60(3), S. 556-576.

Strömbäck, Jesper/Shehata, Adam (2010): Media malaise or a virtuous circle? Exploring the causal relationships between news media exposure, political news attention and political interest. In: European Journal of Political Research 49, S. 575-597.

Sturm, Hertha (1981): Die Vielseher im Sozialisationsprozess. Rezipientenorientierter Ansatz der formalen medienspezifischen Angebotsweisen. In: Fernsehen und Bildung 15(1-3), S. 137-148.

Sturm, Hertha (1982): Der rezipienten-orientierte Ansatz in der Medienforschung. In: Publizistik 27(1-2), S. 89-98.

Sturm, Hertha (1984): Wahrnehmung und Fernsehen: die fehlende Halbsekunde. In: Media Perspektiven Heft1, S. 58-65.

Sturm, Hertha (2000): Der gestreßte Zuschauer. Folgerungen für eine rezipientenorientierte Dramaturgie. Stuttgart.

Sun, Ye/Pan, Zhongdang/Shen, Lijiang (2008): Understanding the Third-Person Perception: Evidence From a Meta-Analysis. In: Journal of Communication 58(2), S. 280-300.

Suoninen, Annikka (2001): The Role of Media in Peer Group Relations. In: Livingstone, Sonia/Bovill, Moira (Hg.): Children and Their Changing Media Environment. A European Comparative Study. Mahwah/London, S. 201-219.

Sutter, Tilmann (2002): Anschlusskommunikation und die kommunikative Verarbeitung von Medienangeboten. In: Groeben, Norbert/Hurrelmann, Bettina (Hg.): Lesekompetenz. Bedingungen, Dimensionen, Funktionen. Weinheim/München, S. 80-105.

Svendsen, Eric N. (1998): Audience Research within the European Scene. In: Communications 23(2), S. 211-218.

Swanson, David L. (Hg.) (1979): The Uses and Gratifications Approach to Mass Communications Research. Communication Research (Special Issue) 6(1), S. 3-112.

Takeshita, Toshio (2006): Current Critical Problems in Agenda-Setting Research. In: International Journal of Public Opinion Research 18(3), S. 275-296.

Tal-Or, Nurit/Papirman, Yael (2007): The Fundamental Attribution Error in Attributing Fictional Figures' Characteristics to the Actors. In: Media Psychology 9(2), S. 331-345.

Tal-Or, Nurit/Tsfati, Yariv/Gunther, Albert C. (2009): The Influence of Presumed Media Influence. Origins and Implications of the Third-Person Perception. In: Nabi, Robin L./Oliver, Mary B. (Hg.): The Sage Handbook of Media Processes and Effects. Thousand Oaks et al., S. 99-112.

Taneja, Harsh/Webster, James (2016): How Do Global Audiences Take Shape? The Role of Institutions and Culture Patterns of Wen Use. In: Journal of Communication, 66(1), S. 161-182.

Tannenbaum, Percy H. (1963): Communication of Science Information. In: Science 140 (3567), S. 579-583.

Tannenbaum, Percy H. (Hg.) (1980): The Entertainment Functions of Television. Hillsdale, N.J.

Tannenbaum, Percy H./Zillmann, Dolf (1975): Emotional Arousal and the Facilitation of Aggression through Communication. In: Berkowitz, Leonard (Hg.): Advances in Experimental and Social Psychology 8. New York, S. 149-192.

Tapper, John (1995): The Ecology of Cultivation: A Conceptual Model for Cultivation Research. In: Communication Theory 5(1), S. 36-57.

Tewksbury, David/Scheufele, Dietram A. (2009[3]): News Framing Theory and Research. In: Bryant, Jennings/Oliver, Mary B. (Hg.): Media Effects. Advances in Theory and Research. New York/London, S. 17-33.

Thallmair, Alexandra/Rössler, Patrick (2001): Parasoziale Interaktion bei der Rezeption von Daily Talkshows. Eine Befragung von älteren Talk-Zuschauern. In: Schneiderbauer, Christian (Hg.): Daily Talkshows unter der Lupe. Wissenschaftliche Beiträge aus Forschung und Praxis. München, S. 179-207.

Thayer, Lee O. (1963): On the Theory Building in Communication. Some Conceptual Problems. In: Journal of Communication 13(4), S. 217-235.

Thierer, Adam/Eskelsen, Grant (2008): Media Metrics. The True State of the Modern Media Marketplace. Washington.

Tibus, Maike (2008): Amount of Invested Mental Effort AIME. In: Krämer, Nicole C./Schwan, Stephan/Unz, Dagmar/Suckfüll, Monika (2008) (Hg.): Medienpsychologie. Schlüsselbegriffe und Konzepte. Stuttgart, S. 96-101.

Tichenor, Phillip J./Donohue, George A./Olien, Clarice N.(1970): Mass Media Flow and Differential Growth in Knowledge. In: Public Opinion Quarterly 34(2), S. 159-170.

Tichenor, Phillip J./Donohue, George A./Olien, Clarice N. (1980): Community Conflict and the Press. Beverly Hills/London.

Tichenor, Phillip J./Rodenkirchen, Jane M./Olien, Clarice N./Donohue, George A. (1973): Community Issues, Conflict, and Public Affairs Knowledge. In: Clarke, Peter (Hg.): New Models for Communication Research. Beverly Hills/London, S. 45-79.

Tiele, Annekaryn/Scherer, Helmut (2004): Die Agenda – ein Konstrukt der Rezipienten? In: Publizistik 49(4), S. 439-453.

Tönnies, Ferdinand (1887): Gemeinschaft und Gesellschaft. Abhandlung des Communismus und des Socialismus als empirische Culturformen. Leipzig, Fues's.

Travers, Jeffrey/Milgram, Stanley (1969): An Experimental Study of the Small World Problem. In: Sociometry 32(4), S. 425-443.

Trepte, Sabine (2008): Medienkompetenz. In: Krämer, Nicole C./Schwan, Stephan/Unz, Dagmar/Suckfüll, Monika (Hg.): Medienpsychologie. Schlüsselbegriffe und Konzepte. Stuttgart, S. 102-107.

Trepte, Sabine/Reinecke, Leonard (2013): Medienpsychologie. Stuttgart.

Tsfati, Yarif/Cohen, Jonathan (2013): Perceptions of Media and Media Effects. The Third-Person Effect, Trust in Media, and Hostile Media Perception. In: Valdivia, Angharad N. (Hg.): The International Encyclopedia of Media Studies. Vol. V: Media Effects/Media Psychology. Oxford UK, S. 128-146.

Tsfati, Yarif/Stroud, Natalie Jomini/Chotiner, Adi (2014): Exposure to Ideological News and Perceived Opinion Climate: Testing the Media Effects Component of Spiral-of-Silence in a Fragmented Media Landscape. In: The International Journal of Press/Politics 19(1), S. 3-23.

Tuchman, Gaye (1978): Making News: A Study in the Construction of Reality. New York.

Tversky, Amos/Kahneman, Daniel (1981). The Framing of Decisions and the Psychology of Choice. In: Science 211 (4481): S. 453-458.

Unz, Dagmar C. (2011): Effects of presentation and editing on emotional responses of viewers. In: Döveling, Katrin/von Scheve, Christian/Konijn, Elly A. (Hg.): The Routledge Handbook of Emotions and Mass Media. London/New York, S. 294-309.
Unz, Dagmar C./Schwab, Frank (2004): Nachrichten. In: Mangold, Roland/Vorderer, Peter/Bente, Gary (Hg.): Lehrbuch der Medienpsychologie. Göttingen, S. 493-525.
Valente, Thomas W. (1995): Network Models of the Diffusion of Innovations. Creskill.
Valkenburg, Patti M./Peter, Jochen (2013): Five Challenges for the Future of Media-Effects Research. In: International Journal of Communication, 7, S. 197-215.
Vallone, Robert P./Ross, Lee/Lepper, Mark R. (1985): The Hostile Media Phenomenon: Biased Perception and Perceptions of Media Bias in Coverage of the Beirut Massacre. In: Journal of Personality and Social Psychology 49(3), S. 577-585.
Van den Bulck, Jan (2013): Cultivation Theory. Television Fiction as a Vector of Socialization. In: Valdivia, Angharad N. (Hg.): The International Encyclopedia of Media Studies. Vol. V: Media Effects/Media Psychology. Oxford UK, S. 63-88.
van der Rijt, Gerrit A. J. (1998): Determinants of the Consumption of Health Information in the Media. In: Communications 23(3), S. 255-269.
van Dijk, Jan (2009): One Europe, Digitally Divided. In: Chadwick, Andrew/Howard, Philip N. (Hg.): Routledge Handbook of Internet Politics. London, S. 288-304.
van Dijk, Jan (2013): Digitale Spaltung und digitale Kompetenzen. In: Schüller-Zwierlein, André/Zillien, Nicole (Hg.): Informationsgerchtigkeit. Theorie und Praxis der gesellschaftlichen Informationsversorgung. Berlin, S. 108-133.
van Dijk, Jan (2017): Digital Divide: Impact of Access. In: Rössler, Patrick et al. (Hg.): The International Encyclopedia of Media Effects. Chichester, West Sussex, UK.
van Doersen, Alexander/van Dijk, Jan (2014): The digital divide shifts to differences in usage. In: New Media & Society, 16(3), S. 507-526.
van Eimeren, Birgit/Ridder, Christa-Maria (2011): Trends in der Nutzung und Bewertung der Medien 1970 bis 2010. In: Media Perspektiven (1), S. 2-15.
Van Gorp, Baldwin (2007) The Constructionist Approach to Framing: Bringing Culture Back In. In: Journal of Communication, 57(1), S. 60-78.
Viswanath, Kasisomayajula/Finnegan, John R. (1996): The Knowledge Gap Hypothesis: Twenty-Five Years Later. In: Burleson, Brant/Kunkel, Adrianne (Hg.): Communication Yearbook 19. Thousand Oaks/London/New Delhi, S. 187-227.
Viswanath, Kasisomayajula/Finnegan, John R./Hertog, James/Pirie, Phyllis/Murray, David M. (1994): Community Type and the Diffusion of Campaign Information. In: Gazette 54(1), S. 39-59.
Viswanath, Kasisomayajula/Kahn, Emily/Finnegan, John R./Hertog, James/Potter, John D. (1993): Motivation and the Knowledge Gap. Effects of a Campaign to Reduce Diet-Related Cancer Risk. In: Communication Research 20(4), S. 546-563.
Vitouch, Peter (1981): Vielseher und Attribution. In: Fernsehen und Bildung 15(1-3), S. 160-167.
Vitouch, Peter (1993): Fernsehen und Angstbewältigung: zur Typologie des Zuschauerverhaltens. Opladen.
Vliegenthart, Rens/van Zoonen, Elisabeth (2011). Power to the frame: Bringing Sociology back to frame analysis. In: European Journal of Communication, 26(2), S. 101-115.
Vocke, Eva (2002): "Wir reden immer über die spannenden Storys meiner Lieblingssoap, über alles was so passiert ist" – Folgekommunikation und interaktive Funktion von Soaps. In: Götz, Maya (Hg.): Alles Seifenblasen? Die Bedeutung von Daily Soaps im Alltag von Kindern und Jugendlichen. München, S. 89-97.

Vogelgesang, Waldemar (1994): Jugend- und Medienkulturen. Ein Beitrag zur Ethnographie medienvermittelter Jugendwelten. In: Kölner Zeitschrift für Soziologie und Sozialpsychologie 46(3), S. 464-491.

Vogelgesang, Waldemar (1996): Jugendmedien und Jugendszenen. In: Rundfunk und Fernsehen 44(3), S. 346-364.

Vollbrecht, Ralf (2010): Der sozialökologische Ansatz der Mediensozialisation. In: Hoffmann, Dagmar/Mikos, Lothar (Hg.): Mediensozialisationstheorien. Modelle und Ansätze in der Diskussion. Wiesbaden, S. 93-108.

Vonbun, Ramona/Schönbach, Klaus (2014): Wer ist politisch aktiv im Social Web? Eine Studie zur politischen Online-Kommunikation in Österreich. In: Publizistik, 59(2), S. 199-212.

von Pape, Thilo (2008): Aneignung neuer Kommunikationstechnologien in sozialen Netzwerken. Eine Langzeitanalyse am Beispiel des Mobiltelefons in deutschen Schulklassen. Wiesbaden.

Vorderer, Peter (1995): Medienpsychologische Thesen über die Motivation zur Nutzung neuer Medien. In: Rundfunk und Fernsehen 43(4), S. 494-505.

Vorderer, Peter (1996): Rezeptionsmotivation: Warum nutzen Rezipienten mediale Unterhaltungsangebote? In: Publizistik 41(3), S. 310-326.

Vorderer, Peter (1998): Unterhaltung durch Fernsehen: Welche Rolle spielen parasoziale Beziehungen zwischen Zuschauern und Fernsehakteuren? In: Klingler, Walter/Roters, Gunnar/Zöllner, Oliver (Hg.): Fernsehforschung in Deutschland. Themen – Akteure – Methoden. 2 Bde. Baden-Baden, S. 689-707.

Vorderer, Peter (2001): Was wissen wir über Unterhaltung? In: Schmidt, Siegfried/Westerbarkey, Joachim/Zurstiege, Guido (Hg.): Effektive Kommunikation: Unterhaltung und Werbung. Münster, S. 111-131.

Vorderer, Peter (2004): Unterhaltung. In: Mangold, Roland/Vorderer, Peter/Bente, Gary (Hg.): Lehrbuch der Medienpsychologie. Göttingen, S. 543-564.

Voderer, Peter (2015): Der mediatisierte Lebenswandel. Permanently online, permanently connected. In: Publizistik 60(3), S. 259-276.

Vorderer, Peter/Hartmann, Tilo (2009[3]): Entertainment and Enjoyment as Media Effects. In: Bryant, Jennings/Oliver, Mary B. (Hg.): Media Effects. Advances in Theory and Research. New York/London, S. 532-550.

Vorderer, Peter/Knobloch, Silvia/Schramm, Holger (2001): Does Entertainment Suffer from Interactivity? The Impact of Watching an Interactive TV Movie on Viewers' Experience of Entertainment. In: Media Psychology 3(4), S. 343-363.

Wanta, Wayne (1997): The Public and the National Agenda: How People Learn about Important Issues. Mahwah.

Wanta, Wayne/Alkazemi, Mariam F. (2017): Agenda-Setting Research: History and Research Tradition. In: Rössler, Patrick et al. (Hg.): The International Encyclopedia of Media Effects. Chichester, West Sussex, UK.

Wanta, Wayne/Elliott, William R. (1995): Did the "Magic" Work? Knowledge of HIV/AIDS and the Knowledge Gap Hypothesis. In: Journalism and Mass Communication Quarterly 72(2), S. 312-321.

Wanta, Wayne/Ghanem, Salma (2007): Effects of Agenda-Setting. In: Preiss, Raymond W./Gayle, Barbara M./Burrell, Nancy/Allen, Mike/Bryant, Jennings (Hg): Mass Media Effects Research. Advances through Meta-Analysis. Mahwah, S. 37-51.

Wanta, Wayne/Hu, Yu-Wei (1994): The Effects of Credibility, Reliance, and Exposure on Media Agenda-Setting. In: Journalism Quarterly 71(1), S. 90-98.

Wartella, Ellen/Reeves, Byron (1985): Historical Trends in Research on Children and Media: 1900-1960. In: Journal of Communication 35(2), S. 118-133.

Wasserman, Stanley/Faust, Katherine (1994): Social Network Analysis: Methods and Applications. Cambridge.

Weaver, David H./Zhu, Jian-Hua/Willnat, Lars (1992): The Bridging Function of Interpersonal Communication in Agenda-Setting. In: Journalism Quarterly 69(4), S. 856-867.

Weber, Mathias (2015): Der soziale Rezipient. Medienrezeption als gemeinschaftliche Identitätsarbeit in Freundeskreisen Jugendlicher. Wiesbaden.

Weber, Patrick/Fahr, Andreas (2013): Werbekommunikation. Werbewirkungsforschung als angewandte Persuasionsforschung. In: Schweiger, Wolfgang/Fahr, Andreas (Hg.): Handbuch Medienwirkungsforschung. Wiesbaden, S. 333-352.

Weber, René/Ritterfeld, Ute/Mathiak, Klaus (2006): Does Playing Violent Video Games Induce Aggression? Empirical Evidence of a Functional Magnetic Resonance Imaging Study. In: Media Psychology 8(1), S. 39-60.

Webster, James G. (1989): Television Audience Behavior: Patterns of Exposure in the New Media Environment. In: Salvaggio, Jerry L./Bryant, Jennings (Hg.): Media Use in the Information Age. Hillsdale, N.J., S. 197-216.

Webster, James G. (1998): The Audience. In: Journal of Broadcasting & Electronic Media 42(2), S. 190-207.

Webster, James G./Wakshlag, Jacob (1985): Measuring Exposure to Television. In: Zillmann, Dolf/Bryant, Jennings (Hg.): Selective Exposure to Communication. Hillsdale, N.J., S. 35-62.

Weenig, Mieneke/Midden, Cees (1997): Mass-Media Information Campaigns and Knowledge Gap Effects. In: Journal of Applied Social Psychology 27(11), S. 945-958.

Weibull, Lennart/Lindahl, Rutger/Rosengren, Karl E. (1987): News Diffusion in Sweden: The Role of the Media. In: European Journal of Communications 2(2), S. 143-170.

Weimann, Gabriel (1982): On the Importance of Marginality: One More Step in the Two-Step Flow of Communication. In: American Sociological Review 47(6), S. 764-773.

Weimann, Gabriel (1991): The Influentials: Back to the Concept of Opinion Leaders? In: Journalism Quarterly 55(2), S. 267-279.

Weimann, Gabriel (1992): Persönlichkeitsstärke: Rückkehr zum Meinungsführer-Konzept? In: Wilke, Jürgen (Hg.): Öffentliche Meinung. Theorie, Methoden, Befunde. Freiburg/München, S. 87-102.

Weimann, Gabriel (2000): Communicating Unreality. Modern Media and the Reconstruction of Reality. Thousand Oaks/London/New Delhi.

Weimann, Gabriel (2017): Multistep Flow of Communication: Evolution of the Paradigm. In: Rössler, Patrick et al. (Hg.): The International Encyclopedia of Media Effects. Chichester, West Sussex, UK.

Weinreich, Frank (1998): Nutzen- und Belohnungsstrukturen computergestützter Kommunikationsformen. Zur Anwendung des Uses and Gratifications Approach in einem neuen Forschungsfeld. In: Publizistik 43(2), S. 130-142.

Weiß, Andreas (1999): Wer sieht sich das nur an? Den Zuschauern von Daily-Talkshows auf der Spur. München.

Weiß, Ralph (1996): Soziographie kommunikativer Milieus. Wege zur empirischen Rekonstruktion der sozialstrukturellen Grundlagen alltags-kultureller Handlungsmuster. In: Rundfunk und Fernsehen 44(3), S. 325-345.

Wember, Bernward (1976): Wie informiert das Fernsehen? München.

Wenner, Lawrence A. (1985): The Nature of News Gratification. In: Rosengren, Karl E./ Wenner, Lawrence A./Palmgreen, Philip (Hg.): Media Gratifications Research. Beverly Hills et al., S. 171-193.

White, William F. (1996 dt./1943[1]): Die Street Corner Society: Die Sozialstruktur eines Italienerviertels. Berlin/New York.

Wicks, Robert H. (2001): Understanding Audiences. Learning to Use the Media Constructively. Mahwah.

Widyanto, Laura/Griffiths, Mark (2006): 'Internet Addiction': A Critical Review. In: Int. Journal of Mental Health Addict 4, S. 31-51.

Wiebe, Gerhart D. (1973): Mass Media and Man's Relationship to His Environment. In: Journalism Quarterly 50(3), S. 426-432.

Wilson, Timothy D./Lindsey, Samuel/Schooler, Tonja Y. (2000): A Model of Dual Attitudes. In: Psychological Review 107(1), S. 101-126.

Windahl, Sven (1981): Uses and Gratifications at the Crossroads. In: Wilhoit, G. Cleveland/Bock, Harold (Hg.): Mass Communication Review Yearbook 2. Beverly Hills/ London, S. 174-185.

Winkel, Olaf (2001): Die Kontroverse um die demokratischen Potenziale der interaktiven Informationstechnologien – Positionen und Perspektiven. In: Publizistik 46(2), S. 140-161.

Winkler, Hartmut (1990): Switching: Die Installation der Tagtraummaschine. In: EPD Kirche und Rundfunk 85, S. 5-8.

Winn, Marie (1977): The Plug-In Drug. New York; dt.: Die Droge im Wohnzimmer. Reinbek 1979.

Winter, James P./Eyal, Chaim H. (1981): Agenda Setting for the Civil Rights Issue. In: Public Opinion Quarterly 45(3), S. 376-383.

Winterhoff-Spurk, Peter (2001): Fernsehen. Fakten zur Medienwirkung. Bern.

Winterhoff-Spurk, Peter/Vitouch, Peter (1989): Mediale Individualkommunikation. In: Groebel, Jo/Winterhoff-Spurk, Peter (Hg.): Empirische Medienpsychologie. München, S. 247-257.

Wirth, Werner (1997): Von der Information zum Wissen. Die Rolle der Rezeption für die Entstehung von Wissensunterschieden. Opladen.

Wirth, Werner (1999): Methodologische und konzeptionelle Aspekte der Glaubwürdigkeitsforschung. In: Rössler, Patrick/Wirth, Werner (Hg.): Glaubwürdigkeit im Internet. Fragestellungen, Modelle, empirische Befunde. München, S. 47-66.

Wirth, Werner (2013): Grundlagen emotionaler Medienwirkungen. In: Schweiger, Wolfgang/Fahr, Anderas (Hg.): Handbuch Medienwirkungsforschung. Wiesbaden, S. 227-246.

Wirth, Werner (2014): Emotion. In: Wünsch, Carsten/Schramm, Holger/Gehrau, Volker/Bilandzic, Helena (Hg.): Handbuch Medienrezeption. Baden-Baden, S. 29-43.

Wirth, Werner/Kühne, Rinaldo (2013): Grundlagen der Persuasionsforschung. Konzepte, Theorien und zentrale Einflussfaktoren. In: Schweiger, Wolfgang/Fahr, Andreas (Hg.): Handbuch Medienwirkungsforschung. Wiesbaden, S. 313-332.

Wirth, Werner/Matthes, Jörg/Schemer, Christian/Wettstein, Martin/Friemel, Thomas/ Hänggli, Regula/Siegert, Gabriele (2010): Agenda Building and Setting in a Referendum Campaign: Investigating the Flow of Arguments among Campaigners, the Media and the Public. In: Journalism and Mass Communication Quarterly 87(2), S. 328-345.

Wirth, Werner/Schramm, Holger/Gehrau, Volker (Hg.) (2006): Unterhaltung durch Medien. Theorie und Messung. Köln.

Wirth, Werner/Schweiger, Wolfgang (Hg.) (1999): Selektion im Internet. Empirische Analysen zu einem Schlüsselkonzept. Opladen/Wiesbaden.
Wirth, Werner/Stiehler, Hans-Jörg/Wünsch, Carsten (Hg.) (2007): Dynamisch-transaktional denken. Theorie und Empirie der Kommunikationswissenschaft. Köln.
Wober, Mallory (1998): Cultural Indicators: European Reflections on a Research Paradigm. In: Dickinson, Roger/Harindranath, Ramaswami/Linné, Olga (Hg.): Approaches to Audiences. A Reader. London u.a., S. 61-73.
Woelke, Jens (2014): Kanalspezifika. In: Wünsch, Carsten/Schramm, Holger/Gehrau, Volker/Bilandzic, Helena (Hg.) (2014): Handbuch Medienrezeption. Baden-Baden, S. 61-80.
Wolfe, Katherine. M./Fiske, Marjorie (1949): The Children Talk about Comics. In: Lazarsfeld, Paul F./Stanton Frank N. (Hg.): Communication Research 1948-1949. New York, S. 3-55.
Wolling, Jens (1999): Politikverdrossenheit durch Massenmedien? Der Einfluss der Medien auf die Einstellungen der Bürger zur Politik. Opladen/Wiesbaden.
Wood, Michelle L. (2007): Rethinking the Inoculation Analogy: Effects on Subjects with Differing Preexisting Attitudes. In: Human Communication Research 33(3), S. 357-378.
Wu, Xu/Seltzer, Trent (2006): First- und Second-Level Agenda-Building and Agenda-Setting Effects: Exploring the Linkages Among Candidate News Releases, Media Coverage, and Public Opinion during the 2002 Florida Gubernational Election. In: Journal of Public Relations Research 18(3), S. 265-285.
Wünsch, Carsten (2002): Unterhaltungstheorien. Ein systematischer Überblick. In: Früh, Werner (Hg.): Unterhaltung durch Fernsehen. Konstanz, S. 15-49.
Wünsch, Carsten/Schramm, Holger/Gehrau, Volker/Bilandzic, Helena (Hg.) (2014): Handbuch Medienrezeption. Baden-Baden.
Wünsch, Carsten/Nitsch, Cordula/Eilders, Christiane (2012): Politische Kultivierung am Vorabend. Ein prolonged-exposure Experiment zur Wirkung der Fernsehserie „Lindenstrasse“. In: Medien&Kommunikationswissenschaft, 60(2), S. 176-196.
Xenos, Michael/Moy, Patricia (2007): Direct and Differential Effects of the Internet on Political and Civic Engagement. In: Journal of Communication 57(4), S. 704-718.
Xu, Qian (2017): Dual Process Models of Persuasion. In: Rössler, Patrick et al. (Hg.): The International Encyclopedia of Media Effects. Chichester, West Sussex, UK.
Yang, Janet Z./Aloe, Ariel M./Feeley, Thomas Hugh (2014): Risk Information Seeking and Processing Model: A Meta-Analysis. In: Journal of Communication 64(1), S. 20-41.
Yang, Jin/Stone, Gerald (2003): The powerful role of interpersonal communication in Agenda-Setting. In: Mass Communication and Society 6(1), S. 57-74.
Young, Kimberly S. (1996): Internet Addiction: The Emergence of a New Clinical Disorder. In: CyberPsychology & Behavior 1(3), S. 237-244.
Young, Kimberly S. (1998): Caught in the Net: How to Recognize the Signs of Internet-Addiction and a Winning Strategy for Recovery. New York.
Yows, Suzanne R./Salmon, Charles T./Hawkins, Robert P./Love, Richard R. (1991): Motivational and Structural Factors in Predicting Different Kinds of Cancer Knowledge. American Behavioral Scientist 34(6), S. 727-741.
Yzer, Marco (2013): Reasoned Action Theory: Persuasion as Belief-Based Behavioral Change. In: Dillard, James P./Shen, Lijiang (Hg.): The Sage Handbook of Persuasion. Developments in Theory and Practice. Thousand Oaks/London/New Delhi, S. 120-136.

Yzer, Marco/Southwell, Brian/Stephenson, Michael T. (2013): Inducing Fear as a Public Communication Campaign Strategy. In: Rice, Ronald E./Atkin, Charles K. (Hg.): Public Communication Campaigns. Los Angeles u.a., S. 163-176.

Zajonc, Robert B. (1968): Attitudinal Effects of Mere Exposure. In: Journal of Personality and Social Psychology 9(2), S. 1-27.

Zaller, John (2003): A New Standard of News Quality: The Burglar Alarms of the Monitorial Citizen. In: Political Communication 20(2), S. 109-130.

Ziegele, Marc (2016): Nutzerkommentare als Anschlusskommunikation. Theorie und qualitative Analyse des Diskussionswerts von Online-Nachrichten. Wiesbaden.

Zillien, Nicole (2008): Auf der anderen Seite. Zu den Ursachen der Internet-Nichtnutzung. In: Medien & Kommunikationswissenschaft 56(2), S. 209-226.

Zillien, Nicole (2009[2]): Digitale Ungleichheit. Neue Technologien und alte Ungleichheiten in der Informations- und Wissensgesellschaft. Wiesbaden.

Zillien, Nicole (2013) Wissenskluftforschung. In: Schweiger, Wolfgang/Fahr, Andreas (Hg.): Handbuch Medienwirkungsforschung. Wiesbaden, S. 495-512.

Zillien, Nicole/Haufs-Brusberg (2014): Wissenskluft und Digital Divide. Baden-Baden.

Zillmann, Dolf (1979): Hostility and Aggression. Hillsdale, N.J.

Zillmann, Dolf (1988): Mood Management: Using Entertainment to Full Advantage. In: Donohew, Lewis/Snypher, Howard E./Higgins, Tory T. (Hg.): Communication, Social Cognition and Affect. Hillsdale, N.J., S. 147-171.

Zillmann, Dolf (1991): Television Viewing and Physiological Arousal. In: Bryant, Jennings/Zillmann, Dolf (Hg.): Responding to the Screen. Hillsdale, N.J., S. 103-134.

Zillmann, Dolf (1994): Mechanisms of Emotional Involvement with Drama. In: Poetics 23(1-2), S. 33-51.

Zillmann, Dolf (1996): The Psychology of Suspense in Dramatic Exposition. In: Vorderer, Peter/Wulf, Hans J./Friedrichsen, Mike (Hg.): Suspense: Conceptionalizations, Theoretical Analyses, and Empirical Explorations. Mahwah, S. 199-231.

Zillmann, Dolf (2002[2]): Exemplification Theory of Media Influence. In: Bryant, Jennings /Zillmann, Dolf (Hg.): Media Effects. Advances in Theory and Research. Mahwah, S. 19-41.

Zillmann, Dolf/Brosius, Hans-Bernd (2000): Exemplification in Communication. The Influence of Case Reports on the Perceptions of Issues. Mahwah.

Zillmann, Dolf/Bryant, Jennings (Hg.) (1985): Selective Exposure to Communication. Hillsdale, N.J./London.

Zillmann, Dolf/Vorderer, Peter (Hg.) (2000): Media Entertainment. The Psychology of Its Appeal. Mahwah.

Zimmerl, Hans D./Panosch, Beate/Masser, Joachim (1998): „Internetsucht" – eine neumodische Krankheit? In: Wiener Zeitschrift für Suchtforschung 21(4), S. 19-34.

Zubayr, Camille/Gerhard, Hans (2017): Tendenzen im Zuschauerverhalten. Fernsehgewohnheiten und Fernsehreichweiten im Jahr 2016. In: Media Perspektiven (3), S. 120-144.

Zuckerman, Marvin (1979): Sensation Seeking: Beyond the Optimum Level of Arousal. Hillsdale, N.J.

Zuckerman, Marvin (1990): The Psychophysiology of Sensation Seeking. In: Journal of Personality 58(1), S. 313-345.

Index